Wolf Bloemers, Vanda Hajkova

# Richtung Inklusion in Europa / Towards Inclusion in Europe



Frank & Timme
Verlag für wissenschaftliche Literatur

ISBN 978-3-86596-029-0
ISBN 3-86596-029-4

Acknowledgements to the European Commission
for the financial support out of the funds of the
Socrates Programme to develop the European Bachelor
Study Programme "European Bachelor of Inclusion Studies"



Herstellung durch das atelier eilenberger, Leipzig.
Printed in Germany.
Gedruckt auf säurefreiem, alterungsbeständigem Papier.

www.frank-timme.de

Wolf Bloemers / Vanda Hajkova

# Richtung Inklusion in Europa

## Inhaltsverzeichnis

# 0. VORWORTE

## 0.1 VORWORT DER HERAUSGEBER

Als eine der Antworten auf die herausfordernden Transformationsprozesse eines zusammenwachsenden Europas haben – im Sinne grenzüberschreitenden Denkens und grenzüberwindender Neuorientierungen – der 1999 von 39 Wissenschaftsministern vereinbarte „Bologna-Prozess“ sowie seine Folgeabkommen von Prag (2001), Berlin (2003) und Bergen (2005) eine europaweite universitäre Kooperation und akademische Strukturreform befördert, mit denen bis zum Jahr 2010 ein europäischer Hochschulraum aufgebaut werden soll, dem eine tragende Säule der zukünftigen „Europäischen Wissensgesellschaft“ zugedacht ist. Ein Europa des Wissens, das als unerlässliche Voraussetzung für die gesellschaftliche und menschliche Entwicklung und als unverzichtbare Komponente einer Festigung und Bereicherung der europäischen Bürgergesellschaft angesehen wird. Kompatibilität, Harmonisierung und Vergleichbarkeit von Curricula, Transparenz, Mobilität, internationale Wettbewerbsfähigkeit sowie eine optimale arbeitsmarktbezogene Qualifizierung der europäischen Bürger sind die Ziele, die im Rahmen des zu schaffenden Hochschulraumes mittels verschiedener Instrumente erreicht werden sollen. Zu diesen Werkzeugen gehört ein verbindliches, einheitliches System gestufter Abschlüsse – Bachelor (BA), Master (MA), Doctorate (PhD) – sowie ein Leistungspunktesystem (ECTS), das erworbene Teilleistungen transferierbar und an allen Hochschulen gegenseitig anerkennbar macht.

Im Sinne dieser Zielsetzungen und als fachliche Untersetzung eines bereits zuvor entwickelten Masterstudienganges „European Master of Development Studies in Social and Educational Sciences“ haben in den Jahren 2003 bis 2006 mit finanzieller Unterstützung des von der Europäischen Union getragenen Socrates-Erasmus-Programmes 12 Universitäten aus acht europäischen Ländern unter der Federführung der Hochschule Magdeburg-Stendal einen innovativen „European Bachelor of Inclusion Studies“ entwickelt, der von der Europäischen Kommission im Jahr 2004 als „best practice“ und „europäisches Modellvorhaben“ eingestuft wurde. Ziel dieses Curriculums ist die Qualifizierung Studierender, neue wissenschaftliche Erkenntnisse sowie europäisch-sozialpolitische Ziele bezüglich Inklusion, Barrierefreiheit und gleichberechtigter Partizipation behinderter Menschen und marginalisierter Gruppen in einem zusammenwachsenden Europa zu verstehen und die erworbenen Kenntnisse und Fähigkeiten professionell in pädagogischen und sozialen Berufen zur Förderung, Lebensbegleitung und zum Empowerment dieser Menschen in einem regionalen, nationalen und europäischen Kontext einzusetzen.

Mit der Etablierung des europäischen BA-Studienganges verbindet sich also die Erwartung, dass hiermit ein Beitrag zur Gestaltung des europäischen Sozialraumes durch interkulturelles Lernen in Studium und Forschung geleistet wird und ebenso, dass hiermit den Studierenden bessere Möglichkeiten und Wettbewerbschancen auf dem zukünftigen europäischen Arbeitsmarkt von Erziehung und sozialer Förderung eröffnet werden. Weiterhin wird erwartet, dass mit diesem Vorhaben ein Schritt zur Einbindung neuer EU-Mitgliedsstaaten (Estland, Tschechien, Slowakei, Slowenien und auch der Ukraine) in gemeinsame Entwicklungs- und Gestaltungsprozesse von Lehre und Forschung gemacht wird.

Hier stehen wir erst am Anfang: Die veränderten Sichtweisen in den Human- und Sozialwissenschaften (interdisziplinär-ökologisches Verständnis, ein neues Menschenbild, z.B. geprägt von Selbstbestimmung und selbstreferentiellem Lernen) einschließlich des Paradigmenwechsels heil- und sozialpädagogischer Theoriebildung über den deutschsprachigen Raum hinaus, haben einen erheblichen Bedarf in der Revision und Neukonzeption von akademischen Qualifikationen hervorgerufen, besonders für den Bereich der Inklusion marginalisierter Personengruppen. Die an diesem BA-Studiengang beteiligten Universitäten haben dies mit diesem Curriculum versucht.

Das hier vorliegende Buch ist Teil dieses „European Bachelor of Inclusion Studies“ Studienprogramms, das insgesamt 12 Lehrbausteine (10 Lehrmodule, 1 Projektmodul und 1 Bachelor-Thesis Modul) umfasst, wobei für jedes der 10 Lehrmodule ein zweisprachiges Buch entwickelt worden ist; diese in deutscher und englischer Sprache erschienenen Bände verstehen sich nicht als Lehrbücher, sondern als Handbücher, als Basismaterial und „Quellenpool“ für vertiefende und erweiternde Studien sowie als Orientierungsgerüst und Anregungspaket für die Lehrenden. Für die Studierenden sind sie als gemeinsame Startgrundlage Pflichtlektüre. Alle Bücher wurden entsprechend des Konzeptes der Internationalisierung von Forschung und Lehre von Dozentinnen oder Dozenten von mindestens zwei verschiedenen Hochschulen geschrieben und folgen alle demselben Aufbau: einer *Einführung* mit Problemaufriss und Zielen folgt im zweiten Teil ein kondensierter Überblick mit informierender Darstellung über für das Modul relevante *Inhaltsaspekte*, dem sich *weiterführende Aufgaben* als Angebote für vielfältige eigene Lernaktivitäten oder für Arbeit in Gruppen anschließen. Der letzte Teil enthält jeweils die *Bibliographie* für das vertiefende Selbststudium.

Im Sinne eines auch durch dieses Studium erhofften weiteren Zusammenwachsens zu einer europäischen Sozialgemeinschaft und Bürgergesellschaft sind vielfältige Kontakte, Erfahrungsaustausche und Begegnungen der Studierenden und Lehrenden aller teilnehmenden Hochschulen während des Studiums (und auch anschließend!) – real und virtuell – besonders erwünscht und sogar durch das Modul 11 (Europäisches Projekt) eingeplant.

Magdeburg, im Sommer 2006

Wolf Bloemers
Fritz-Helmut Wisch

Hinweis:
Aus Kostengründen musste leider darauf verzichtet werden, die vorliegenden zehn Modulbücher lektorieren zu lassen. Für etwaige sprachliche „Holprigkeiten“ bitten wir deshalb um Verständnis.

## 0.2 VORWORT DER AUTOREN

Dieses Buch ist als Handbuch konzipiert und stellt einen Teil des Lehrmaterials eines europäischen Bachelor-Curriculums dar; als erstes von insgesamt 12 Modulen (Lehrbausteinen) des „European Bachelor of Inclusion Studies“ fungiert es sozusagen als Leit-Modul für das ganze Studienprogramm. Es befasst sich mit den Theorien und Praxen der sozialen Gefährdungen und exkludierenden Prozesse marginalisierter Menschen vor dem Hintergrund der europäischen Geschichte und des aktuellen Kontextes der gravierenden Transformationsvorgänge der europäischen Staaten und Gesellschaften; diesen Gegebenheiten stellt es das Paradigma von Selbstbestimmung und Empowerment sowie das sozialethische Konzept der Inklusion gegenüber, das auf den Vorstellungen und Forderungen der neuen sozialen Bewegungen sowie auf spezifischen wissenschaftlichen und politischen Diskussionen und Vorstellungen basiert.

Dies geschieht zunächst durch einen Überblick über Theorien und Zusammenhänge von *Identität und Ethik* sowie über deren gesellschaftliche Wirklichkeiten in *Europa* (Kapitel 2.1 und 2.2). Daran schließen sich Darstellungen von Theorie und Praxis von *Exklusion und Fremdbestimmung* im historischen Kontext und im autobiographischen Spiegel von Betroffenen an (Kapitel 2.3), gefolgt von Ausführungen zum Konzept und zu Realisierungsschritten der paradigmatischen Wende zur *Selbstbestimmung* benachteiligter und behinderter Menschen (Kapitel 2.4). Den Abschluss der Beleuchtungen des sozialen Umgangs mit bislang marginalisierten Personen und Gruppen bildet die Auseinandersetzung mit dem sozialethischen und europapolitischen Konzept der *Inklusion und der gleichberechtigten Sozialpartner* an Hand von Skizzen zu Theorien und entsprechenden Handlungsansätzen für eine europäische Sozialgemeinschaft (Kapitel 2.5).

Im Sinne eines zu vertieften Auseinandersetzungen und zu eigener Recherche anregenden *„Quellen-Pools“* (*„resource bank book“*) sollen die Benutzer dieses Bandes weitere Beispiele und andere Theorien und Praxen von Exklusion und Inklusion in unterschiedlichen europäischen Zusammenhängen selbst erkunden, vergleichend reflektieren und hinsichtlich des gesamten Studienmaterials kritisch Position beziehen. Dazu dienen die Anregungen von Kapitel 3, die *weiterführende Aufgaben* anbieten, welche aus den vorangehenden Kapiteln eins und zwei erwachsen.

Entsprechend des Konzeptes der eigens für diesen Studiengang geschriebenen Handbücher dient dieses Buch vornehmlich als *Grundlage* für das Studienmodul; es stellt so etwas wie das „gemeinsame Basislager einer Expedition" dar, von dem aus die Erkenntniszuwächse über etliche verschiedene, gemeinsame oder individuelle Erkundungswege der Studierenden zum Ziel führen sollen. Insofern beschränken sich – aus Sicht der Autoren – die Inhalte auf das Fundamentum, wobei bezüglich der Stoffauswahl Kompromisse erforderlich waren, auch aus Gründen des Umfanges. Wir gehen aber trotzdem davon aus, einen hinreichenden Einstieg und einen relevanten Überblick in die Thematik vorgelegt zu haben, der zu einem erweiterten und vertieften Studium der Inhalte motiviert.

Dieser Modulband stammt aus den Federn einer Dozentin und eines Dozenten unterschiedlicher europäischer Herkunft (aus Tschechien und aus Deutschland) sowie verschiedener Berufsbiographie. Daraus resultieren Unterschiede im gedanklichen Zugriff, in der Darstellungsweise und im Sprachstil, die sich in den Texten niederschlagen und unterschiedliche Herangehensweisen an ein gemeinsames Thema – und auch kleine Überlappungen – sichtbar machen. Im Sinne der Vielfalt europäischer Blickwinkel und der Zielsetzung dieses Studiengangs, sowohl das Gemeinsame, als auch den Reichtum der Variationen europäischen sozialen Denkens und Handelns sichtbar werden zu lassen, ist dies durchaus gewollt: nicht ein homophones Ganzes, sondern eine polyphone Gemeinsamkeit entstehen zu lassen und zu gestalten.

Magdeburg und Prag, im Frühjahr 2006

Wolf Bloemers
Vanda Hajkova

# 1. EINFÜHRUNG
## Wolf Bloemers

## 1.1 PROBLEMAUFRISS

Die gravierenden Umwälzungen der gegenwärtigen Gesellschaften in Europa mit ihren politischen, ökonomischen, sozialen und kulturellen Transformationsprozessen

- Stichworte: Globalisierung, Technokratrie, Europäisierung, Ressourcenknappheit, Werteverfall, Sinnkrise,

ihren sozialen und ökologischen Verwerfungen und Entgrenzungen,

- Stichworte: Leistungsgesellschaft, Überflussgesellschaft, Pathologisierung und Ökonomisierung des Sozialen, Massenarbeitslosigkeit, Ethnozentrismus und Genozid,

sowie ihren Erosionen bzw. Destabilisierungen bisheriger Normen und Regelsysteme

- Stichworte: Deregulierung, Pluralisierung, Individualisierung, Biotechnologie, Orientierungsverluste, Migration, Ausgrenzungen

sind bezüglich behinderter Menschen und anderer randständiger Sozialgruppen gesellschaftsdiagnostisch als *Gefährdungen und exkludierende Prozesse* wahrzunehmen. Im Sinne einer Anwaltschaft und Verantwortung für bedürftige und marginalisierte Menschen gehen insbesondere Anthropologie, Ethik, Heil- und Sozialpädagogik und Sozialpolitik diesen komplexen Phänomenen von gefährdenden Lebenswirklichkeiten und Exklusionen kritisch nach, um ethisch-normative und sozial-strukturelle neue Grundorientierungen zu entwerfen. Anders gewendet: den vorgenannten Wissenschaften kommt – besonders auch vor dem Hintergrund der Verschränkungen sozio-ökonomischer, pädagogischer, sozialer, ethischer und politischer Gegebenheiten sowie gleichfalls der Neuorientierungen im Wissenschaftsbereich

- Stichworte: veränderte Sichtweisen in den Human- und Sozialwissenschaften, Perspektivwechsel (interdisziplinär-ökologisches Verständnis, ein neues Menschenbild – z.B. geprägt von Selbstbestimmung und selbst-referentiellem Lernen –); Paradigmenwechsel heilpädagogischer Theoriebildung; Interdisziplinarität

– neben der kritisch-analytischen Reflexion und Gesellschaftsdiagnose der derzeitigen, politisch verfassten, normativen Lebenswelt die Aufgabe zu, effiziente Interventionen zur Verbesserung der Lebensumstände zu entwerfen, also der Diagnose eine „Therapie" entgegenzusetzen.

Diese „Therapie" unter dem Signet „Inklusion" bildet nicht nur ein „normatives Herzstück gegenwärtiger Behindertenpädagogik" (Dederich 2001, 128), sondern ist bereits in vielfältigen nationalen und europäischen Bereichen – bildungspolitisch, gesellschaftspolitisch und sozialphilosophisch – als Zielperspektive sozialethisch normativ postuliert und richtet sich als radikaler und umfassender Veränderungsentwurf auf die – europäische – Gesellschaft als Ganzes. Gemeint ist die radikale Anerkennung von Heterogenität, Anderssein, Asymmetrie und Differenz, die behinderten und marginalisierten Menschen einen gleichberechtigten, einen gleich-*sicheren*, gleich-*starken* Platz neben allen anderen Menschen in einer von Exklusion freien Gesellschaft einräumt.

Mit dieser durchgängigen Neuorientierung durch alle sozialen Bereiche (Bildung, Ausbildung, Arbeit, Wohnen, Freizeit) eröffnen sich nicht nur die Chancen zu einer vollen sozialen Akzeptanz und Dazugehörigkeit, sondern es gehen auch erhebliche Risiken damit einher; so sind z.B. die Erfordernisse / Verpflichtungen zu „aktiver eigener Lebensgestaltung“, „Selbstorganisation des Lebenslaufes“, „Individualisierung“ oder „Flexibilität“ für bislang von voller Partizipation Ausgeschlossene viel riskanter, bergen sie doch größere Gefahren eines Scheiterns oder Absturzes in sich, für das dann das Individuum allein die Verantwortung zu übernehmen hat, wenn keine verantwortliche Unterstützung – Ressourcen, Institutionen und Personen – oder Begleitung das Risiko abfedert oder verringert.

Der gesamte Transformationsprozess von der Exklusion zur Inklusion stellt sich deshalb als höchst ambivalent dar; so ist Selbstbestimmung zwar ein heilpädagogisches Kardinalkonzept, doch setzt eben diese Selbstbestimmung „eine einigermaßen stabile Identität voraus, und Identität kann sich modernen Identitätstheorien zufolge nur ausbilden, wo der einzelne Mensch in einer einigermaßen klar strukturierten, geordneten Orientierung und auch Reibung gewährenden familiären und sozialen Lebenswelt aufwächst. Gelingende Identitätsarbeit ist ein Prozess, der an den schrittweisen Erwerb von Kompetenzen gebunden ist und dessen Gelingen nicht voraussetzungsfrei ist. Aus ihm muss in der Gegenwart u.a. die Fähigkeit hervorgehen, mit den skizzierten Umbrüchen fertig zu werden und sie für das Gelingen des eigenen Lebens produktiv zu nutzen“ Dederich 2001, 131).

Im Kontext der gesamteuropäischen Risiken, Umbruch- und Zerfallprozesse einerseits und der unionseuropäischen Vorgaben einer ordnenden, sozialethi-schen und sozialpolitischen normativen Neuorientierung mit Namen Inklusion andererseits wird deshalb *Identitätsbildung*, wird der intersubjektive *Identitätsbildungsprozess* – besonders für bislang Ausgegrenzte – zur fundamentalsten pädagogischen und sozialen Aufgabe für das Gelingen, für die Unterstützung und Begleitung eines Gestaltwandels von Menschen mit einer ehedem durch Exklusion „beschädigten Identität“ (Goffman 1967) zu einer durch Inklusion „gestifteten, geglückten und stabilen Identität“. Gleichermaßen wird diese Aufgabe eines Orientierungshilfe und Schutz vermittelnden *Identitätsstiftungssprozesses* für eine stabile individuelle und soziale Identität für die „Risikobiographien“ (Beck 1986) der heranwachsenden Generation in Europa eine der zentralen Obliegenheiten pädagogischer und sozialer Fachkräfte, möglichst in einem grenzüberschreitenden europäischen Verbund oder Netzwerk. „Die kollektiven Abschiede von der Ohnmacht verändern zum einen die soziale Landschaft der Lebenswelt (...). Sie verändern aber auch zum anderen das Selbstkonzept und die Ich-Identität der Akteure (...)" (Herriger 1997, 193, zitiert nach Dederich 2001, 217).

Aus diesem Grund wird der Themenkomplex dieses Moduls – „Richtung Inklusion in Europa / Towards Inclusion in Europe" – weitgehend entlang der Figuren von Identitätskonzepten bearbeitet, das heißt, dass sich Fragen und Phänomene der Identitätsbildung sozusagen als roter Faden durch die verschiedenen Gedankenblöcke dieses Lehrbausteines ziehen, in dessen Zentrum ethisch-normative Fragestellungen bezüglich der Lebensbedingungen, der Entwicklungschancen, der sozialen Anerkennung und solidarisch verfasster Lern-, Lebens- und Arbeitszusammenhänge sogenannter behinderter Menschen und anderer „Risikogruppen" in einem zusammenwachsenden Sozialraum Europa stehen.

## 1.2 Schlüsselbegriffe

Anerkennung, Ausgrenzung (Exklusion), Europa, Identität, Inklusion, inklusive Pädagogik, Integration, Pathologien des Sozialen, Ethiken, gefährdende Lebenswirklichkeiten, Bioethik, Symbolischer Interaktionismus, Konstruktivismus, Autopoiesis, Kommunitarismus, Liberalismus, Systemtheorie, Salamanca-Resolution, Selbstbestimmung, Empowerment, Ressourcen, Humankapital, Würde, Kultur, Menschenrechte, Bürgerrechte

## 1.3 Lernziele

Das Modul sieht vor, sich mit einer Reihe von grundlegenden Zielen bezüglich des Verstehens von und Einwirkens auf Fragen gesellschaftlichen Zusammenlebens mit sogenannten behinderten Menschen und ausgeschlossenen Gruppen in einem zusammenwachsenden Europa auseinanderzusetzen:

- Entwicklung eines Wissenskorpus´ hinsichtlich ausgewählter wissenschaftlicher Erklärungsansätze zur Geschichte und zur Lebenspraxis behinderter Menschen und anderer sozial gefährdeter Gruppen,
- Soziale Probleme und ihre sie verursachenden Machtstrukturen wahrzunehmen und im Schnittfeld interdisziplinärer Betrachtung kritisch zu reflektieren,

- Gesellschaftliche Werte und Normen in ihrem kulturell-historischen und europäischen Kontext zu identifizieren und sich damit auseinanderzusetzen,
- Wertgebundenheit pädagogischen und sozialen Handelns zu erkennen und über kritische Auseinandersetzung mit verschiedenen Ethiken ein ethisches Grundbewusstsein zu entwickeln,
- Ethik als Legitimation spezifischer Formen individuellen und sozialen Handelns kritisch einzuschätzen und ein Bewusstsein für spezifische Ethiken als Antwort auf und Schutzbereiche für gefährdende Lebenswirklichkeiten zu erwerben
- Sinn und Bedeutung der europäischen Einigung und der Entwicklung europäischer Bewusstseinselemente zu verstehen und als pädagogische und soziale Aufgabe zu identifizieren,
- Inklusion als traditionelle Begrenzungen überwindendes, sozialethisches europäisches Ziel im Kontext wissenschaftlicher und politischer Neuentwürfe zu verstehen und dazu eigene Positionen und Handlungsentwürfe zu entwickeln.

## 1.4 LERNERGEBNISSE

Nach der Bearbeitung des Moduls sollten die Studierenden folgendes erlangt haben:

- Wissen über die historischen, kulturellen und sozialen Kriterien von Exklusion behinderter Menschen und Randgruppen,
- Einsicht in Zusammenhänge und Verknüpfungen von Macht, Normen, Werten und Identitäten,
- Überblick über verschiedene Ethiken und Werkzeuge zu deren kritischer Überprüfung,
- Bewusstsein für die Notwendigkeit eigener ethischer Positionsbestimmung,
- Kenntnis bezüglich europäischer Kultur, Werte und Sozialpolitik
- Verständnis von Inklusion als sozialethisches Postulat für eine europäische Sozialgemeinschaft.

# 2. VON „BESCHÄDIGTEN IDENTITÄTEN“ ZU „GLEICHBERECHTIGTEN SOZIALPARTNERN“

## 2.1 IDENTITÄT UND ETHIK: ZUGÄNGE

### 2.1.1 WAS IST IDENTITÄT? – EIN AUFRISS

**Wolf Bloemers**

*„Mit ihm stimmt etwas nicht*
*denn er würde sich nicht so verhalten*
*wenn es bei ihm stimmt*
*also verhält er sich so*
*weil etwas mit ihm nicht stimmt*
*er glaubt nicht, dass mit ihm etwas nicht stimmt*
*denn*
*was unter anderem*
*mit ihm nicht stimmt*
*ist, dass er nicht glaubt, dass irgendetwas*
*mit ihm nicht stimmt*
*daher*
*müssen wir ihm zur Einsicht verhelfen,*
*dass die Tatsache, dass er nicht glaubt, dass irgendetwas*
*mit ihm nicht stimmt*
*unter anderem das ist,*
*was mit ihm nicht stimmt.“*

Das vorangestellte Zitat entstammt dem aphoristischen Buch des Psychiaters Ronald Laing (1970); es konturiert in einer – stilistisch und sprachlich bewusst so gewählten – apodiktischen Sprache exemplarisch das Spannungsfeld gestörter Beziehungen, das durch Annahmen, Phantasien, Vorstellungen, Unterstellungen, Projektionen und Zuschreibungen über den Anderen gekennzeichnet wird. Es geht dabei um das Bild, das jemand von sich selbst und von einem Anderen, einem Gegenüber hat; es geht um Beziehungsdefinitionen in Bezug auf Personen der eigenen Umwelt, die für das eigene Überleben von großer Bedeutung sind, denn: „wir hängen auf Gedeih und Verderb von den Ratifizierungen unserer Wirklichkeit durch die anderen ab, die ihrerseits ihre eigene Wirklichkeitserklärung von uns fordern“ (Watzlawick 1989, 44 f.). Anders gewendet: Menschen müssen sich sozial angenommen und bestätigt, sozial verortet und eingebunden fühlen und dies in Einklang bringen mit ihren eigenen Vorstellungen von sich selbst, um psychisch gesund zu bleiben und um nicht in eine Psychose abzugleiten, die das Ergebnis einer Resignation und Kapitulation einer Persönlichkeit ist, die Balance der oft einander widerstrebenden Bedürfnisse von äußeren sozialen Anforderungen und inneren persönlichen Wünschen herzustellen. So kann eine Psychose als das Resultat einer nicht gelungenen Passung zwischen den Bildern und Vorstellungen von der inneren Welt der eigenen Wünsche und Bedürfnisse und den Wahrnehmungen der äußeren Lebensverhältnisse und Umweltrealitäten angesehen werden (vgl. Bleueler 1987, 18).

Die Bilder, die wir uns über uns selbst und über andere machen, sind Konstruktionen, Annahmen, Interpretationen auf die Frage, wer man selbst oder wer jemand anderer ist. Psychologisch betrachtet formen diese Bilder – aus allen Einzelteilen zusammen gebündelt – das Mosaik, das Konstrukt unserer *Identität,* das heißt, die Summe der Merkmale, anhand derer wir uns als Individuum in unserer Wesenseinmaligkeit von anderen unterscheiden und kennzeichnen, und durch welche die anderen uns zugleich als unverwechselbare Wesenseinheit wahrnehmen und identifizieren. Identität – als Antwort auf die Frage „Wer bin ich?" – ist demnach zunächst das Ergebnis eines Vorgangs sozialer Konstruktion, da ich mich selbst – oder eine andere Person – in einem Bedeutungsnetz erfasse, das sowohl von mir, als auch von „den Anderen" um mich herum hergestellt worden ist.

Konstitutiv für diesen Wahrnehmungs- und Verhaltensvorgang der Identitätsbildung ist der Doppelcharakter, der sowohl das jeweils Unverwechselbare, das Individuelle, als auch das sozial Akzeptable repräsentiert und stets eine Balance zwischen dem subjektiven „Innen" und dem gesellschaftlichen „Außen" herzustellen versucht, um zu einer individuellen Selbstbestimmung und Bedürfnisbefriedigung im Rahmen sozial anerkannter Formen zu gelangen (vgl. Keupp 2002). Deshalb entwickelt sich Identität stets im Spannungsfeld von Selbstbestimmung und Fremdbestimmung; Identität als „Echtheit einer Person" ist also immer auch ein Kompromiss zwischen den sozialen Festlegungen und Zuordnungen von außen (den kulturellen, gesellschaftlichen, religiösen Normen, Anforderungen des Umfeldes etc.) und Anpassungen daran und den jeweiligen individuellen genetischen „Mitgiften".

Zur Differenzierung dieses Komplexes von Identität kann man grob zwei, bzw. drei „Anteile" unterscheiden:

Die *persönliche* Identität erwächst aus den individuellen Merkmalen, den biographischen Einzigartigkeiten einer Person – so, wie sie sich etwa in einem Personalausweis als „Dokument" der Identität niederschlagen –, ebenso wie aus den Sichtweisen von sich selbst.

Die *soziale* Identität wird von der jeweiligen Gruppenzugehörigkeit – etwa als „Student", als „Deutscher", als „Parteimitglied" – sowie von den sozialen Rollen geprägt, die eine Person innerhalb einer Gruppe einnimmt; entscheidend ist hier, wie diese Person in den Rollen von den Mitgliedern dieses Sozialverbandes gesehen und bewertet wird.

Die *Ich*-Identität ist das Ergebnis der Balance zwischen den Anteilen persönlicher und sozialer Identität; sie ist eine subjektive und reflexive Angelegenheit und zielt ab auf eine angemessene Anpassung und Selbstdarstellung ohne Verleugnung der damit einhergehenden Konflikte (vgl. Haeberlin / Niklaus 1978, 41).

Zu vorgenannten Einteilungen von Identität finden sich etliche Variationen, Differenzierungen oder Nuancierungen, die von unterschiedlichen theoretischen Erklärungsmodellen bzw. deren Vertreter abhängig sind.

#### 2.1.1.1 Identitätstheorien – Eine Skizze

**Wolf Bloemers**

Mit dem Konzept der Identität setzen sich mehrere Wissenschaftsdisziplinen auseinander, so z. B. die Philosophie, die Psychologie und die Soziologie, die dazu verschiedene Identitätstheorien entwickelt haben. Im Folgenden eine sehr kursorische Skizzierung einiger ihrer Grundlinien.

Aus *philosophischer* Betrachtungsweise unterscheidet z.B. Tugendhat (1979) eine *numerische* Identität – im Sinne von Einzigartigkeit und Unverwechselbarkeit – und eine *qualitative* Identität, die sich im soziohistorischen Kontext von konkreten Gestaltungsformen aus praktischen, emotionalen, kognitiven Aspekten als Merkmalen menschlicher Subjektivität entwickelt. Gemeint sind die Elemente und Horizonte verschiedener Lebensorientierungen, die sich im Laufe der Biographie aus oftmals sich verändernden Konfigurationen entfalten und der Lebensführung Sinn und Bedeutung verleihen. „Das Kind steht von allem Anfang an in sozialen Beziehungen: zu seinen Eltern und anderen wichtigen Bezugspersonen. Die Beziehungen entwickeln sich in regelmäßigen, unmittelbaren und wechselseitigen Handlungen. Das Kleinkind ist des Handelns in der vollen Bedeutung des Wortes noch nicht fähig. Als individuierter Organismus hat es aber die der menschlichen Gattung angestammten Leib- und Bewusstseinsfähigkeiten, die es in seinem Verhalten gegenüber anderen einsetzt. Das Handeln der Anderen gegenüber dem Kind ist seinerseits weitgehend durch Erfahrungs- und Handlungsschemata bestimmt, die aus den Sinnreservoirs ihrer Gesellschaft stammen. Das Kind lernt schrittweise, das Handeln des jeweiligen Gegenübers zu begreifen und seinen Sinn zu verstehen. Zugleich beginnt es, die Reaktionen der anderen als *Spiegelung* des eigenen Verhaltens zu verstehen. So kann es seine Verhaltensweisen als typische Handlungen im Lichte der historisch vorgegebenen Erfahrungs- und Handlungsmuster erfassen. Das Kind setzt sich selbst in Beziehung zu den gesellschaftlichen Sinnbeständen. In diesen Vorgängen entwickelt es nach und nach seine persönliche Identität“ (Berger & Luckmann 1995, 20). Somit sehen Berger und Luckmann das Konstrukt der Identität in einer grundlegenden Verschränktheit von anthropologischen Gegebenheiten, sozialen und individuellen Prozessen (vgl. Borcsa 2001).

Der Fokus der *Psychologie* auf das Konstrukt der Identität wird von Fragen der Selbstreflexion und des Gefühls hinsichtlich der anthropologischen Bestimmungsstücke Kontinuität und Kohärenz bestimmt, der lebensgeschichtlichen und situationsüberdauernden Bedingungen der Wahrnehmungen der eigenen Person. So definiert Erikson (1966, 107) Identität als ein Grundgefühl, das subjektives Vertrauen in die eigene Kompetenz zur Aufrechterhaltung von Kontinuität und Kohärenz ausdrückt und das sich im Gefüge eines kontinuierlichen Stufenmodells bis zum Ende der Pubertät als stabiler Kern und als „inneres Kapital" herausgebildet haben soll: Ich-Identität ist der „Zuwachs an Persönlichkeitsreife, den das Individuum am Ende der Adoleszenz der Fülle seiner Kindheitserfahrungen entnommen haben muss, um für die Aufgaben des Erwachsenenlebens gerüstet zu sein". Dem gegenüber fassen Simon und Mummendey (1997, 16) Identität mehr als einen kognitiven Kompetenzzuwachs auf, den sie unter dem Begriff der Selbst-Interpretation wie folgt kennzeichnen: „Selbst-Interpretation ist im weitesten Sinne ein kognitiver Klärungsprozess, mittels dessen ein Mensch sein eigenes Verhalten und Erleben sowie die Reaktionen seiner Umwelt ihm gegenüber in einen Sinnzusammenhang bringt. Selbst-Interpretationen begründen somit Selbst-Verständnis, welches wiederum als Orientierungsgrundlage für Verhalten und Erleben fungiert". Der genetische Ansatz Eriksons der Entwicklung der Identität als soziale Funktion des Ichs in Stufen mit psychosexuellen und psychosozialen Aspekten – gekennzeichnet von normativen Entwicklungskrisen im Wechselspiel von biologischem Reifen, der Erweiterung motorischer Fähigkeiten und den jeweiligen Reaktionen der Umwelt darauf – , steht im Kontrast zu neueren psychologischen Erkenntnissen. Diese machen deutlich, dass die fundierenden Elemente von Identität zwar in den frühen Phasen der Sozialisation entstehen, Identität aber einen subjektiven Konstruktionsprozess von lebenslanger Dauer darstellt: „Der Identitätsprozess ist, so sehen es die meisten neueren Ansätze der Identitätsforschung, nicht mehr nur ein Mittel, um am Ende der Adoleszenz ein bestimmtes Plateau einer gesicherten Identität zu erreichen, sondern der Motor lebenslanger Entwicklung" (Keupp et al.1999, 190). Zu ergänzen ist noch die Tatsache, dass Menschen mehrere, überlappende (soziale) Identitäten besitzen, die sich jeweils auf die situative Zugehörigkeit zu einer sozialen Gruppe oder Klasse beziehen (z.B. ich als Sohn, ich als Katholik, ich als Manager eines Unternehmens, ich als Schüler mit Gehörlosigkeit etc.) und nicht statisch sind, sondern durch dynamische Prozesse und eben durch Vielfalt gekennzeichnet werden.

Beiträge der *Soziologie* zu Identitätstheorien finden sich u.a. bei Goffman, Krappmann, Thimm und Frey, die sich besonders mit erschwerten Identitätsbildungsprozessen bei benachteiligten Menschen auseinandergesetzt haben. Vom Konzept des Symbolischen Interaktionismus ausgehend arbeiten sie heraus, dass das Individuum auf soziale Beziehungen zu anderen angewiesen ist und nur in diesen Beziehungen ein „Selbst“ aufbauen bzw. eine eigene Identität als „Instanz“ zur Organisation der eigenen Handlungsweisen gewinnen kann mit der Strategie, sich und den anderen zu belegen, sowohl „einmalig“, als auch „wie alle anderen“ zu sein und zu handeln. Der Mensch muss also stets unter Beweis stellen, dass er sozial kategorisierbar ist (soziale Identität) – er muss sich allgemeinen Erwartungen anpassen und unterordnen und sich attribuieren lassen – und zugleich seine Einmaligkeit präsentieren (persönliche Identität). Die gleichzeitige Erfüllung dieser gegenläufigen Anforderungen wird nach Krappmann durch das Zeigen einer sogenannten „Schein-Normalität“ und einer „Schein-Einzigartigkeit“ gewährleistet (vgl. Krappmann 1969, 74 ff.). Während Goffman (1967), sich vornehmlich mit den Außenanforderungen und Fremdbestimmungen stigmatisierter Personen befasst und davon ausgeht, dass „stigmatisierte“ Individuen automatisch in ihrer Identität aufgrund der dominanten sozialen Zuschreibung von Andersartigkeit beschädigt sind geht Krappmann in seinem Konzept davon aus, dass Identität lernbar und damit pädagogisch vermittelbar ist. (Anmerkung: zur Stigma Theorie und ihrer Kritik erfolgen im Kapitel 2.3 noch nähere Ausführungen).

Eine Weiterentwicklung der Konzepte von Goffman und Krappmann findet sich bei Frey, der sich intensiver mit der Erfassung des *Innen*aspektes von Identität beschäftigt, in dessen Mittelpunkt die internen Verarbeitungsprozesse von Fremdwahrnehmungen stehen. Für Frey ist Identität die „Integrationsleistung diskrepanter Selbsterfahrung“ (1983, 55), mithin also das Resultat eines aktiven Vorgangs zum Schutz der eigenen Identität vor Überformung durch dominante Fremddiskreditierungen, das durch rationale Verarbeitung und durch die Aktivierung von Handlungsstrategien – Identitätsstrategien – bewirkt werden kann. Damit zeigt dieses Modell Bearbeitungsmöglichkeiten von Identitätsproblemen auf – vor allem zur erfolgreichen Abwehr negativer Folgen von Stigmatisierung für das Selbstkonzept – und verweist wiederum darauf, dass Identität ein kontinuierliches, unabgeschlossenes Prozessgeschehen ist.

### 2.1.1.2 Konstrukte von Identitäten im Wandel der Geschichte
**Vanda Hajkova**

Jede geschichtliche Epoche und jeden Gesellschafts- und Kulturtyp kann man mittels der Hierarchie der von der Gesellschaft anerkannten Werte charakterisieren. Ein großer Teil des psychologischen Wissens über die psychosoziale Identität geht von der Vorstellung der Identität eines Individuums aus, die mit dem breiteren sozialen Umfeld, mit der Entwicklung der Gesellschaft und deren Geschichte, Wertsystem und Ethik eng verbunden ist. Die Identität als Schnittpunkt, in dem die persönliche mit der sozial-kulturellen Ebene des menschlichen

Lebens zusammentrifft, interpretierte auch Erik Erikson, den wir schon erwähnten.

R.F. Baumeister (1987) legte Typen der Selbstdefinierungsprozesse vor, die er in Zusammenhang mit dem gesellschaftlichen Wertsystem in der jeweiligen geschichtlichen Epoche setzte. Anerkannte Werte der Gesellschaft beeinflussen die Bedeutung und Veränderlichkeit der Identitätskomponenten eines Individuums und bestimmen das Ausmaß der Kompliziertheit der Selbsterkenntnis. Die Gesellschaft legt mittels der gesellschaftlichen Ideologie und mit Hilfe der gesellschaftlichen Institutionen fest, inwieweit und unter welchen Bedingungen die Identitätswahl überhaupt möglich ist. Das Formen der Identität eines Individuums betrachtet Baumeister als einen ausschließlich internen psychischen Prozess im Verlauf der geschichtlichen Entwicklung der Menschheit, und dies im „Zeichen" der Bedeutung, das ihm von der konkreten Gesellschaft und deren Kultur vermittelt wird.

Einige Kulturen in der Geschichte der Menschheit schrieben dem Individuum die Identität sehr strikt vor, z.B. nach seiner Zugehörigkeit zu einer Gesellschaftsschicht oder aufgrund einer einmaligen entscheidenden Leistung (Beförderung zum Stammesführer, Beförderung in den Adelsstand), jedenfalls vor allem aufgrund materieller Kriterien. Dies gab dem Menschen eine minimale Chance, die Identität im Verlauf des Lebens durch eigene Bemühungen zu verändern, im Prozess des sich Selbstdefinierens eine von der Gesellschaft gebilligte Alternative zu wählen (d.h. sich an die von der Gesellschaft gebilligten Werte zu halten), oder diese abzulehnen und „gegen den Strom" zu schwimmen, d.h. seine eigene Wahl ohne eine gesellschaftliche Anweisung zu treffen.

Ein Individuum z.B. mit einer Behinderung, das als Angehöriger einer höheren Gesellschaftsschicht geboren wurde, genoss im Mittelalter alle mit dieser Zugehörigkeit verbundenen Privilegien (es wurde gebildet, erhielt eine spezielle Erziehung sowie gesellschaftliches Ansehen), obwohl es behindert war (Richard III.), während sein vergleichbar behinderter Zeitgenosse aus einer nicht adeligen Familie mitleidslos an den Gesellschaftsrand gedrängt wurde. Auch das Geschlecht stellte im Mittelalter eine Identitätskomponente dar, es bestimmte eindeutig die Richtung des menschlichen Lebens. Es gab auch strikt festgelegte Meilensteine für die Gewinnung von solchen Identitätskomponenten, wie z.B. die mit der Mutterschaft, Ehe oder Elternschaft verbundene Identität.

R. F. Baumeister (1987) weist in seinen Studien darauf hin, dass die Identität bis zur modernen Zeit auf eine stabile oder „passive" Weise gewonnen wurde und dass die Person stark von außen definiert wurde. Die Selbstdefinierung eines Individuums hing von seiner sozialen Definition in einem so großen Maße ab, dass die Entstehung eines Widerspruchs zwischen der von ihm selbst gebildeten und der von dem sozialen Umfeld vorgeschrieben Identität praktisch nicht möglich war, weil man seine soziale Position nicht ändern und eine höhere gesellschaftliche Stellung nicht erzielen konnte. Diesen Identitätstyp, der auf der individuellen Ebene nach fixen Kriterien (Moral und Tugend, Ehre, Ruhm, Ruf) und auf der gesellschaftlichen Ebene aufgrund der Familienherkunft und Familienzugehörigkeit gebildet wurde, bezeichnete Baumeister als die relativ *unproblematische* Identität (siehe Tabelle).

Komplikationen mit der Ausgestaltung von Identität brachte nach seinen Einschätzungen erst die moderne Zeit mit sich (16.-18. Jhd.), die auch im europäischen Raum mit der Kulturvielfalt verbunden ist, und die auch dem hier lebenden Individuum ermöglichte, seine Gesellschaftsrolle frei zu wählen und die von ihm erwünschte Stellung zu erlangen. Die Identitätsentwicklung wurde in der modernen Zeit zum Entscheidungsprozess und zur Wahl unter mehreren Alternativen, was auch mit der Entstehung der sog. Mittelschicht zusammenhing. Reichtum und Besitz als neu entstandene Kriterien der Selbstdefinition ersetzten allmählich die Familienherkunft und begannen den gesellschaftlichen Status eines Individuums zu bestimmen. Dies brachte einige bis zu diesem Zeitpunkt unbekannte Begleiterscheinungen mit sich, wie z.B. Unsicherheit, Wechsel, Wettbewerb und Unzufriedenheit. Der Mensch war gezwungen, sich selbst im Verlauf seines Lebens in Bezug auf den Stand seines Besitzes sowie seine Leistung oft erneut zu definieren. Die Identität (ähnlich wie der Selbstdefinierungsprozess) wurde *problematisch*.

Eine vollkommen freie Identitätswahl brachte erst der Protestantismus, der mit dem Rückgang des christlichen Glaubens in europäischen Ländern verbunden war. Das Individuum konnte zwischen ihm und dem Katholizismus entscheiden, es konnte den Glauben seiner Eltern und Familie übernehmen oder sich davon entfernen. Genauso suchte und wählte es seine Selbstdefinition und persönliche Identität. Während der viktorianischen Zeit wandten sich immer mehr Leute vom Christentum ab und es entstand dabei die Frage, ob Moral auch ohne Religion als Schiedsrichter dafür, was richtig und was falsch ist, überleben kann. Allmählich ging auch das christliche Menschenideal zugrunde. Die Phase der Adoleszenz wurde als die Zeit der Suche und der Identitätskrise betrachtet, die Epoche legte einen großen Wert auf die persönliche Authentizität. Die Selbstauffassung eines Individuums war stark individualistisch und das Selbstdefinieren hinsichtlich der Karriere wurde sehr problematisch. Während in der vormodernen Zeit die erlebte soziale Wirklichkeit zur Grundlage der Identität wurde, die aus vielen örtlichen, ethnisch-linguistischen, regionalen, religiösen Identitäten bestand, wurde in der Zeit der europäischen Moderne ein universelles (rationelles, ethnokulturelles) Modell der menschlichen Identität gebildet, die unter den Auspizien des Staates – als monopole Identität für die ausübende Gewalt – realisiert wurde. Vor allem frühe liberale Denker postulierten die menschliche Identität auf der Basis des universalistischen Rationalismus, der verschiedene Ziele und Interessen der Menschen unter dem Schirm rationaler, öffentlich festgelegter Regeln einbezog. So wurde der Raum bestimmt, in dem der Mensch der Aufklärung sein Wesen, nämlich die Vernunft, verwirklichen sollte. Die Vernunft begrenzte rückwirkend den gewollt neutralen Raum mithilfe der Regeln, die den Rahmen der Gerechtigkeit gebildet haben, über die sich die Bürger – abgesehen von ihren persönlichen Überzeugungen – einig werden konnten. Die universelle menschliche Identität wurde jedoch bald paradoxerweise mit einer Einstellung verbunden, die deren Verwirklichung im Rahmen der getrennten Nationalstaaten verlangte. Diese sollten residuale Clan-, Regional- oder Religionsidentitäten überdecken und eine kulturelle Homogenisierung verursachen, dank derer das universelle Individuum sich mit einer partikularen (und disjunktiv aufgefassten) Nationalidentität identifizieren musste. Der Nationalstaat als einer der Ausdrucksformen des aufklärerischen Rationalismus beruhte auf der Territorialisierung der durch universelle Vernunft homogenisierten Identität.

Die postmoderne Kritik der „Einheit" (der Vernunft, der Geschichte, des Lebensstils, der Sprache und Religion usw.) als eines künstlich von der Macht eingeführten Diktats der Lebenswirklichkeit, stellte das Problem der Identität in einem anderen Licht dar. Sie mündete in die Überzeugung, dass die Identität durch die Identifikation mit einem soziokulturellen Umfeld oder Diskurs eine Art Subjektivierung darstellt, deren Verbindlichkeit auf der Zustimmung zu den Bedingungen der Identitätskonstituierung basiert.

Infolge dynamischer Änderungen in der Lebensweise im zwanzigsten Jahrhundert in den sog. postmodernen Gesellschaften des europäischen Typs vergrößerte sich allgemein die Bedeutung eines Einzelnen und parallel dazu auch die Bedeutung des Bewusstseins seines eigenen Wertes. Ein Bestandteil des Wertsystems des sog. postmodernen Menschen ist die volle Übernahme der Verantwortlichkeit für sich selbst. Harter (1997) meint, dass die Suche nach dem echten „Ich" beim Menschen zum Hauptmotiv seines Lebens wurde. Der Mensch ist gezwungen, über seine eigene Entwicklung als Selbstaktualisierung, Selbsterfüllung und Selbsttranszendenz nachzudenken (Macek, 2003). Im Zusammenhang mit der steigenden Lebensqualität vergrößern sich beim Menschen der zweiten Hälfte des 20. Jahrhunderts seine persönlichen Erwartungen dramatisch. Man nimmt in der Regel an, dass man mindestens das Alter von siebzig Jahren erreicht und das dass eigene Leben wertvoll und sinnvoll sein wird. Der Mensch begann, seine eigene Biographie und persönliche Perspektive zu schaffen, er lernte, Lebensereignisse als normative zu antizipieren und als solche durchlebte er sie. In der postmodernen Gesellschaft wurde die Unterstützung aller Tätigkeiten des Individuums – die in erster Linie zur Selbstdefinition und Selbstbewertung führen – zum Modell der erzieherischen Wirkung. Der postmoderne Mensch des 20. Jahrhunderts macht bei der Selbstdefinition folgende Haupterfahrungen: Erlebnis der Selbstregelung (Disziplin), Erfahrung der Zusammengehörigkeit im Rahmen einer Gruppe (die den sozialen Aspekt der Identität stärkt) und Erfahrung der Autonomisierung (die zum Bewusstsein der Einmaligkeit führt).

In den gegenwärtigen europäischen Gesellschaften zu Beginn des 21. Jahrhunderts ist es möglich (und vor allem vollkommen normal), dass das Individuum aus subjektiver Wahrnehmung heraus mehrere Identitäten aufweist. Der deutsche Philosoph W. Welsch behauptet, dass Identität heute nur als Pluralität möglich ist, und der französische Soziologe G. Lipovetsky fügt eine Erklärung hinzu, wie die plurale Identifikation der Individuen mit marginalen, örtlichen, regionalen und manchmal auch sehr bizarren Gruppierungen zu einem der Merkmale der heutigen Gesellschaft wurde. Seiner Meinung nach kommt es zum Anschluss der eigenen Identität an spezialisierte und miniaturisierte Interessen der Gruppen (Lipovetsky führt Vereine der Witwer, Eltern von homosexuellen Studenten, der stotternden oder an Bulimie leidenden Menschen auf).

| **Der historische Zeitraum** | **Selbstkonzept Selbsterkenntnis** | **Selbstdefinition** | **Beziehung des Individuums zur Gesellschaft** |
|---|---|---|---|
| **Spätes Mittelalter** | Unproblematisches Gefühl der Einheit eines einzigen Lebens | Individuelle Identität: nach fixen Kriterien (Moral und Tugend, Ehre, Ruhm, Ruf); Gesellschaftliche Identität: durch Gesellschaftsschicht, Familie definiert | Das Individuum als Bestandteil „einer großen Kette der Menschen“, „Ich“ ist identisch mit dem sozialen, öffentlichen „Ich“ |
| **Frühe Neuzeit 16.-18. Jh.** | Innerlich: unproblematisch; Äußerlich: das Problem des wirklichen Ich im Gegensatz zu dem offenbarten Ich, steigendes Interesse an Identität, Einzigartigkeit | Möglichkeit der persönlichen Entwicklungsänderung. Aufrichtigkeit: der Einklang zwischen dem inneren und dem äußeren „Ich“ wird zur Tugend. Identität wird nicht mehr durch den Stammbaum bestimmt | Wegen der sozialen Mobilität nicht stabil. Eine gewisse Trennung des Individuums von der Gesellschaft – Respekt vor dem Privaten |
| **Puritanismus** | Interesse an Selbsttäuschung, Selbsterkenntnis ist unsicher | Vorbestimmung, prinzipiell keine Selbstdefinition | Arbeit: Erfolg bedeutet Erlösung |
| **Romantik 18.-19. Jh.** | Bedürfnis, sein Schicksal aufzudecken, und Pflicht, es zu erfüllen, Hypertrophiertes „Ich“ | Individualität ist wichtiger als soziale Rolle; Suche nach Möglichkeiten des Selbstdefinierens. Persönlichkeit als Identität | Das Individuum im Gegensatz zu der Gesellschaft; Kampf für Freiheit des Individuums. Das Individuum ist von der Gesellschaft trennbar, aber ohne Rollenwechsel. |
| **Viktorianische Zeit 19. Jh.** | Repressalien, Verstellung. Unfreiwillige Auf- | Selbstbewusstsein, starker Individualismus. Adoleszenz als | Ruhige Koexistenz (Transzendentalismus); |

| | | | |
|---|---|---|---|
| | deckung .Hypertrophiertes „Ich" | Krise der Selbstdefinition. | Gesellschaftswandel |
| **Das frühe 20. Jh.** | Selbstdevalvierung. Vollkommene Selbsterkenntnis ist nicht möglich. | Soziowirtschaftlicher Status. Existenzieller Zweifel, Authentizität. Persönlichkeit, soziale Fertigkeit. | Unfreundlich, kritisch, skandalös. Verurteilung. |
| **Das späte 20. Jh.** | Überzeugung von persönlicher Einzigartigkeit. Bedeutung der Selbsterforschung. | Persönlichkeit. Soziowirtschaftlicher Status. | Akkommodation. |
| **Anfang des 21. Jh.** | ? | ? | ? |

Tab. 1: Verflochtenheit von Identität und historischem Gesellschaftstyp – Modifizierung nach Baumeister (1987, S. 164)

Mit dem Anstieg der kulturellen, ethnischen und Nationalitätenvielfalt in Europa und mit den ansteigenden Möglichkeiten der Selbstdefinition wird der Prozess der Identitätsbildung bei einem Anfang des 21. Jahrhunderts lebenden Europäer wieder komplizierter. Den Menschen eröffnet sich die Möglichkeit, das Zuhause, die Staatsbürgerschaft, Nationalität, den Beruf, die Familie, Sprache, die Werte und Lebensweisen zu wechseln. Mit der Pluralisierung der sozialen Systeme wächst die Kompliziertheit der Sozialwelt und es entsteht die Möglichkeit, unter verschiedenen Systemen von sozialen Regeln zu wählen. Wir sind Zeugen davon, dass sich das Leben einer Person aus unterschiedlichen Gründen in zwei oder drei sozialen Welten abspielen kann, von denen jede andere Möglichkeiten der Selbst-Bewusstwerdung und andere Regeln für Selbstbewertung (in ethnisch gemischter Umwelt, bei vorübergehend im Ausland lebenden Migranten, Personen mit bisexuellen Orientierung) gewährleistet. Eine Person kann heutzutage auch mehrere Sozialrollen parallel erfüllen und sich mit ihnen identifizieren, kann sie kontinuierlich und flexibel auswechseln. Außerdem erscheinen in modernen europäischen Gesellschaften neue, starke und einflussreiche Sozialgruppen (z. B. berufliche), die an der Entstehung neuer Werteorientierungen partizipieren und auf deren Boden sich ein neuer Raum für individuellen Wettbewerb und individuelle Selbstbestätigung auftut. Soziale Wertschätzung hängt immer mehr von bestimmten ganz spezifischen, oft exklusiven Fähigkeiten oder Qualitäten des Einzelnen ab. Die in einer wertpluralistischen Gesellschaft lebende Person sieht sich immer öfter gezwungen, nach neuen Möglichkeiten der Selbstverwirklichung zu suchen, sei es im Dialog, partnerschaftlicher Zusammenarbeit und Kooperation mit anderen, oft auch mit sehr unterschiedlichen Menschen (ethnisch, kulturell, sprachlich; angesichts der Weltanschauung, der Hobbys…). Durch Nicht-Respektieren der pluralen (mehrfachen) Identität versetzt die Gesellschaft den Einzelnen in eine Lage, in der er seine Identität als bedroht und konfliktgeladen empfindet. Oft werden wir Zeugen davon, wie in den derzeitigen Gesellschaften europäischer Länder Konflikte von Personen und verschiedenen Macht-Interessengruppen als „Identitätskampf" bezeichnet werden. Diese

Bezeichnung ist im politischen Wörterbuch, das den Geist unserer Zeit widerspiegelt, souverän heimisch geworden. In einem so aufgefassten Identitätskampf geht es jedoch vor allem um soziale Position, Einfluss und Macht, mittels derer man die Regeln des gesellschaftlichen Zusammenlebens und der gesellschaftlichen Anerkennung bestimmen kann. Weil eine gerechte Gesellschaft bis jetzt nicht existiert, gibt es das Faktum, dass die Gesellschaft einigen Gruppen breitere Möglichkeiten der Selbst-Definierung gewährleistet, wohingegen sie anderen Gruppen die Möglichkeit ihrer Selbstdefinierung praktisch abstreitet. Die Verbundenheit der sozialen Definierung und des sich daraus ergebenden individuellen Identitäts-Konstruierens mit der Problematik der gesellschaftlichen Autorität ausgewählter Gruppen und ihrer gesellschaftlichen Macht im postmodernen Europa aufzudecken, stellt für die Forscher der Sozialwissenschaften einen weiteren Grund dafür dar, sich mit dem Aufdecken von Prozessen zu befassen, dank derer der Einzelne in der zeitgenössischen europäischen Gesellschaft Kräfte für die Entfaltung seiner eigenen Identität gewinnen kann.

#### 2.1.1.3 Identitätsprozesse – Identitätsarbeit

**Wolf Bloemers**

Die zuvor in der Einleitung (1.1) aufgezeigten gesellschaftlichen Umbruchprozesse sowie die gesamteuropäischen Transformationsvorgänge haben bislang gesicherte Identitäten radikal in Frage gestellt. So haben einerseits strukturelle Begrenzungen ausgedient und sind Systemzusammenhänge mit ehedem stabilen Normen und Orientierungsvorgaben sowie traditionellen Formen der Vergemeinschaftung zum Teil in Auflösung begriffen ( z.B. privat: Familie; beruflich: Arbeitsplätze und -organisationsformen; sozialstaatlich: Wohlfahrtsstrukturen), andererseits jedoch hat sich der Spielraum der Selbstentfaltung mit größeren Individualisierungskomponenten erheblich vergrößert. Vor dem Hintergrund einer „Enttraditionalisierung" (Berger & Luckmann 1995) und der „Erosion stabiler sozialer Zusammenhänge und identitätsverbürgender Lebensformen" (Eickelpasch & Rademacher 2004, 6) folgt die Konsequenz, dass neue Identitätsausbildungen erforderlich sind, die sich in veränderten Formen und Prozessen vollziehen und als „Identitätsarbeit" verstanden werden, die in einem täglichen Prozess Verknüpfungen von Erfahrungsfragmenten zu sinnhaften Zusammenhängen vornehmen (vgl. Keupp 1999, 60), das heißt, ein Gefühl für soziale Anerkennung und Zugehörigkeit zu erzeugen, ein Gefühl „richtig" zu sein und die jeweils richtige Rolle in den changierenden und fragilen Gemeinschaften der Postmoderne gefunden zu haben.

Diese Identitätsarbeit erfolgt in permanenter Eigenleistung als „riskante Chance", steht doch dem Zuwachs an Wahlmöglichkeiten und Spielräumen für die Ausgestaltung des eigenen Lebens der Verlust kollektiver Sicherheit und Zugehörigkeit gegenüber (a.a.O.,7). Zudem kostet das dauernde Aushandeln und Wählen von Alternativen nicht nur erhebliche Energie, sondern bedarf auch des sicheren Zugriffs auf entsprechende materielle, emotionale und kognitive Ressourcen bzw. setzt die Ausbildung der dazu erforderlichen Kenntnisse und Kompetenzen voraus, die aber gerade bei marginalisierten Menschen nicht gesichert sind.

In der pluralisierten und fragmentierten Sozialwelt unserer Postmoderne ist Identitätsbildung derzeit zur privaten Angelegenheit des Einzelnen geworden, der sich in einer „Bastel-Mentalität" (Gross 1985) seine „Patchwork-Identität" (Keupp 1989) in einem kreativen Prozess der Selbstorganisation zusammenstellt. Durch die „Dezentrierung" von Identitäten – durch die Zersplitterung großer kollektiver Zugehörigkeiten wie Nation, Kultur, Ethnie und Geschlecht – kommt es zu Neukonstruktionen, zum neuen „Kampf um Anerkennung" in den aufgegebenen Räumen und Sinnwelten von Nation, Rasse, Ethnizität und Geschlecht, wobei sich diese Identitätsprozesse gleichsam als lebenslange „Baustellen" präsentieren. Neben der damit verbundenen Gefahr der seelischen Fragmentierung, Desorientierung und Kapitulation vor dieser Sisyphusarbeit sind jedoch auch die großen Chancen von Neuorientierungen und Neukonstruktionen sinnschaffender Sozialwelten jenseits bislang ausgrenzender Kollektivgefüge zu sehen, vor allem für unterprivilegierte und entrechtete Gruppen (vgl. Eickelpasch & Rademacher 2004, 11-14), die sich mit dem mittlerweile auch europapolitischen Konzept der Inklusion mit der Feier von Vielheit und Differenz eröffnen.

### 2.1.2 ETHIK UND MENSCHENBILDER
**Wolf Bloemers**

#### 2.1.2.1 ETHIK UND GEMEINSCHAFT

„Solange das Behindertenschicksal immer noch als bedauernswert, ‚nichtseinsollend' empfunden wird, solange erfordert es vom einzelnen Behinderten noch viel Mut, sich im normalen Leben als normaler Mensch behaupten zu wollen. Das Schlimmste ist, dass es ihm schwer gemacht wird, es einfach erst einmal zu lernen. Und wenn er es lernt, dann nur unter verhältnismäßig großen Anstrengungen. Und das nicht, weil er behindert ist, sondern weil er durch die Nichtanerkennung und persönliche Nicht-Respektierung behindert wird" (Saal 1992, 77).

In dieser Passage aus dem biographischen Essay eines körperlich gravierend beeinträchtigten (behinderten) Menschen sind zwei historisch geronnene, gesellschaftliche Phänomene von Einstellungen und Verhaltensweisen gegenüber behinderten Menschen kondensiert – *Ablehnung* und *Ausgrenzung* – die unter historischer und soziologischer Betrachtungsweise als die Jahrhunderte lang, zum Teil bis heute wirksamen Kardinalphänomene der sozialen Wirklichkeit von Menschen mit Behinderungen und anderen, von den gesellschaftlichen Normen abweichenden Personen identifiziert werden und zugleich als zentrale Probleme von Ethik und von politischer Gemeinschaft angesehen können.

Dies gilt es im folgenden ein Stück weit zu entfalten.

Sehen wir Ethik mit Salvater (2001, 49 ff.) als die durch persönliche Reflexion entstandene Haltung, sich in Freiheit für ein *„richtiges"* und *„gutes"* Handeln im Leben zu entscheiden, dabei die eigenen Entscheidungen zu verantworten und diese mit der Moral – der Gesamtheit der Verhaltensweisen und Normen, die Menschen in einer sie betreffenden Umgebung als gültig anerkennen – anderer Personen zu vergleichen, dann stellt sich die Frage, wie es zu den verallgemeinerten und vergesellschafteten Haltungen und Verhaltensweisen von Nicht-Anerkennung und Ausgrenzung von behinderten und nicht der gesellschaftlichen Norm entsprechenden Menschen gekommen ist, und ob dies *richtige* und *gute* Entscheidungen für Lebensführungen waren bzw. sind. Oder anders gewendet: sind Ablehnung und Ausgrenzung tatsächlich Ergebnisse von ethischer Reflexion oder basieren sie auf anderen Begründungszusammenhängen?

Dazu lassen sich – vereinfacht – zwei Antworten finden. Einerseits können die vorgenannten Einstellungen und Verhaltensweisen als Resultate historisch-sozialisierter und internalisierter Denk- und Handlungsweisen identifiziert werden, deren Motivation in der – unhinterfragten – Befolgung von Befehlen, Gewohnheiten oder Launen liegen und überlieferten Routinen folgen bzw. als bequeme, rationalisierte Angepasstheiten an die Gruppenmeinung und Autoritäten gelten, deren Motive wiederum von Ängsten, Aberglauben und anderen irrationalen Beweggründen gespeist sind.

Auf der anderen Seite – so hat die Geschichte bislang erwiesen – ist die Antwort nach der ethischen Frage, was „gut" für die Menschen ist, was eine „gute Lebensführung" bedeutet, immer abhängig von der Interpretation dessen, was unter „gut" verstanden wird, welche Wertentscheidungen in diesem „gut" impliziert sind. Solche Entscheidungen sind z.B. zu treffen bei Fragen wie:

- Sollen Menschen mit Schädigungen / Behinderungen als „Mängelwesen" aus unserem Blickfeld verbannt werden oder sollen wir sie in unserer Mitte so behandeln wie nichtbehinderte Menschen?
- Ist es anderen Menschen zumutbar, die Schreie eines Menschen mit Autismus anzuhören oder sollte er „ruhiggestellt" werden, damit er andere nicht stört?

- Sollen in öffentlichen Einrichtungen Rampen für Rollstuhlfahrer eingebaut werden oder sollte dieses Geld eher für neue Außenanstriche von Rathaus, Theater und Museum investiert werden, damit sich alle daran erbauen?
- Sollen Menschen mit geistiger Behinderung eine eigene Wohnung haben oder ist es nicht besser und für die Gemeinschaft einfacher, sie in Gruppen und Heimen unterzubringen?
- Sollen Säuglinge mit Spina bifida mit hohem finanziellen Aufwand am Leben erhalten werden und der Gesellschaft später durch hohe Zahlungen wirtschaftlich eine Bürde sein oder ist es „gut" und „richtig", sie sterben zu lassen und Leid und Kosten für Angehörige und Staat zu vermeiden?
- Sollen Kinder mit Behinderung in einer besonderen Einrichtung beschult werden oder ist es besser, wenn sie gemeinsam mit nichtbehinderten Kindern lernen?
- Sollen Roma und Sinti mit ihrer eigenen Kultur respektiert werden, oder haben sie sich in Sprache, Kleidung, Schulpflicht, Steuerzahlung, etc. den Regeln ihres Residenzlandes anzupassen?
- Was ist jeweils „gut" und „richtig"?

Diese wenigen Fragen können als Beispiele für die mögliche Spannungsbreite und Gegensätzlichkeit von ethischen Auffassungen, von Gesinnungen gelten, aus denen Handeln hervorgeht und von Werten, die verwirklicht werden sollen; solche Werte sind u. a. Brauchbarkeit, Durchsetzbarkeit, Leistungsfähigkeit, Leidfreiheit, Glück, Nützlichkeit, Gewinn, Selbstbestimmung und viele andere mehr. Diese Werte, Gesinnungen und Haltungen sind die Gegenstände der Ethik, die als divergierende Leitvorstellungen für menschliches Handeln stets verbunden sind mit dem Bild vom Menschen, mit dem Bild von Welt, mit Grundfragen menschlicher Existenz, wie z. B. dem Wert und Sinn des Lebens, dem Sinn von Helfen, von Krankheit, Leid, Tod, Beeinträchtigungen und Behinderungen, dem Sinn von Gemeinschaft und von Autonomie etc.

„Das Ringen um Antworten auf ethische Kernfragen ist schwer, da es keinen Konsens in der Gesellschaft bezüglich des Menschen- und Weltbildes gibt. Konkurrierende und divergierende Wertsysteme stehen nebeneinander" (Haupt 1994, 68). Ein Blick in die Sozialgeschichte zeigt, dass Menschen mit Schädigungen und Beeinträchtigungen immer schon in der Gefahr standen, als minder*wertig* und als tierähnlich, ja als ersäufungswürdig (vgl. Luther 1919, 8) und als vernichtens*wert bewertet* zu werden und dass im Rahmen und im Namen von dogmatischen Formen von Rationalismus, von Biologismus, von Emotionalismus und auch von religiösem Fundamentalismus das Lebensrecht von behinderten Menschen diskutiert und in Frage gestellt worden ist (vgl. Haeberlin, 1996, 178).

### 2.1.2.2 Konkurrierende Menschenbilder

Auf den Feldern der einzelnen Wissenschaften existieren bezüglich des Menschenbildes sehr unterschiedliche grundlegende Theorien, sozusagen eine Galerie von „Menschenbildern“, Modelle und Vorstellungen über das Wesen und die Verhaltensweisen des Menschen, die als „anthropologisches Vorverständnis“ von Forschungstheorien und Forschungsmethoden zum Ausdruck bringen, z. B. ob man sich den Menschen als „Maschine“ in funktionaler Abhängigkeit und von außen steuerbar, als verantwortlichen „Handler“ mit rational-zielbezogener absichtsvoller Tätigkeit, als „Erzähler“ einer persönlichen und sozialen Geschichte im lebensgeschichtlichen Entwicklungskontext als bedeutungsgebenden Menschen vorstellt (vgl. Körner 1997, 11 ff.) oder ob sich Menschsein grundsätzlich zunächst an Kriterien wie Personsein, Bewusstsein etc. legitimieren muss (Singer 1984). Alle diese – und andere – Modellvorstellungen prägen das Menschenbild, die Vorstellungen von „Normalität“ und Abweichungen und damit auch die Entscheidungen des Verhaltens gegenüber behinderten und nicht den Normen entsprechenden Menschen.

Am Beispiel konkretisiert:

- Wird der Mensch als „Maschine“ gesehen, die weitgehend passiv ist, so wird sich die Haltung gegenüber Menschen mit Behinderungen und „Normabweichlern“ weitgehend an Vorstellungen und Methoden von mechanistischer Machbarkeit, Reparierbarkeit, äußerer Steuerbarkeit, von berechenbarer Determiniertheit orientieren und überwiegend naturwissenschaftlich-physiologische "Behandlungsweisen" favorisieren.

- Wird der Mensch als „verantwortlicher Handler“ betrachtet, so wird die Forschung darum bemüht sein, Lösungen zu suchen, beeinträchtigten Menschen mehr Einsicht in eigene rationale Problemlösungen zu vermitteln und unausgesprochene Absichten von „Fehlverhalten“ aufzudecken.

- Wird der Mensch als „Erzähler“ verstanden, wird die Forschung darum bemüht sein, Handeln und Verhalten als symbolische Verschlüsselungen gemeinsam mit dem Betroffenen zu interpretieren und durch hermeneutisches Verstehen den gemeinsamen gesellschaftlichen Kontext für Begrenzungen und für Verbesserungen aufzuhellen.

- Wird der Mensch in seinem Wert als Mensch aufgrund seiner Schädigungen grundsätzlich in Frage gestellt, gibt die Forschung a priori ethische Normen zugunsten technokratischer Rationalität auf und maßt sich mit der Frage nach dem "Lebensrecht", der Daseinsberechtigung, gottähnlichen Richterstatus an.

Mit der zunehmenden Spezialisierung der Einzelwissenschaften sowie den rasanten Wissenszuwächsen, mit den vielfältigen sozialen Veränderungen und dem damit einhergehenden Wertewandel in den modernen Gesellschaften werden die Fragen nach dem Menschen, dem Leben, dem Ganzen und seinem Sinn immer schwerer zu beantworten, zumal sich Gadamer' s Forderung nach einer „Metawissenschaft", die den Versuch unternimmt, Wissenschaft und Normativität zu vereinigen, als Illusion erwiesen hat (1972, XXX 51) und eine integrale Anthropologie nicht in Sicht ist. Das Gegenteil scheint der Fall zu sein, denn wie u. a. Speck (1996), Bleidick (1990) und Haeberlin (1995) herausstellen, stehen gerade für Menschen mit Beeinträchtigungen und Behinderungen ethische Standards mehr und mehr in der Diskussion und damit zur Disposition. Ein evolutives, primär am „Wachstum von Lebensqualität" orientiertes, naturwissenschaftlich-materialistisch begründetes Wertesystem, Anzeichen für schleichende neosozialdarwinistische Selektionsweisen, volkswirtschaftliche Wertgesichtspunkte, pathologische Erziehungsprozesse und andere Erosionsvorgänge weichen die Grenzen der überkommenden Ethik zugunsten einer Art Stromlinienethik auf, mit deren „weichen" Linien sie in schlingernde Fahrweise gerät: es wird mehr und mehr die vorbehaltlose Menschenwürdigkeit des Lebens behinderter Menschen in Frage gestellt. Ein deutlicher Hinweis darauf ist u. a. der Vorgang der 1994 vorgenommenen Novellierung des Grundgesetzes der Bundesrepublik Deutschland, bei der in Artikel 3 der Zusatz aufgenommen worden ist: „Niemand darf wegen seiner Behinderung benachteiligt werden"; diese ausdrückliche, differenzierende (und damit unterscheidende!) Nennung und Herausstellung dieses Personenkreises macht eine Art „Sonderstellung" deutlich und weist auf besonderes Schutzbedürfnis hin, obwohl dieses nach Artikel 1 für *alle* Menschen gleichermaßen gilt.

#### 2.1.2.3 VERSCHIEDENE ETHIKEN

Die Fragen nach dem, was „gut" und „richtig" in der Lebensführung ist, welche ethischen Grundsätze Gültigkeit besitzen und welche der Revision bedürfen, sind – wie die Geschichte belegt – in ihren Entscheidungsfindungen zwischen den verschiedenen Antworten stets durch Machtpositionen bestimmt. Diese entstammen mittlerweile überwiegend naturwissenschaftlich-technischen und technokratisch-finanzwirtschaftlichen Interessensgruppierungen, die sich mehr und mehr auf staatliche und suprastaatliche Institutionen verlagern. So wurde z. B. 1981 eine wirtschaftswissenschaftliche Dissertation vom deutschen Bundesminister für Arbeit und Sozialordnung ausgezeichnet, die in einer Forschung zur Kosten-Nutzen-Analyse Möglichkeiten aufzeigt, durch intensive genetische Beratung die Geburt von schwergeschädigten Kindern zu verhindern und sozusagen durch „prophylaktische Entsorgung" (Bleidick 1990, 10) ökonomische Effizienzen aufzuweisen.

In der ethischen Auseinandersetzung um Fragen nach dem Sinn und Wert geschädigten Lebens, menschlicher Begrenztheit und Benachteiligung, werden die damit verbundenen Wertkonflikte zunehmend zugunsten ökonomischen Nützlichkeitsdenkens entschieden, wird behindertes Leben zunehmend ent-*wertet*. Die Tatsachen, dass das Begriffspaar „lebenswert" und „lebensunwert" überhaupt als Frage diskutiert wird und eine öffentliche Orientierung am „Recht" auf Gesundheit und an einem „rigiden, normativen Gesundheitsbegriff" (Christoph 1990, 29) immer stärker wird, sind unüberhörbare Signale eines „tödlichen Zeitgeistes" (Christoph 1990) und „tödlichen Mitleides" (Dörner 1993), mit denen der Wert der vorbehaltlosen menschenwürdigen Existenz jedes Menschen und die unbestrittene Daseinsberechtigung eines Menschen mit Behinderung aufgegeben und die grundsätzliche Möglichkeit des ethischen Dammbruches eröffnet wird. Eine neue Ethik, eine Neubewertung menschlichen Lebens kündigt sich fordernd an und viele aktuelle Forschungsansätze richten sich weitgehend an ihr aus.

Stellten bislang die beiden Ethikpositionen der grundsätzlichen „Ehrfurcht vor dem Leben" (Albert Schweitzer) sowie das Gattungsargument der „Unverletzlichkeit und Heiligkeit menschlichen Lebens" (Sanctity of Life) als religiöse und naturrechtliche, als christliche Fundamente die Wertrichtungsweiser für eine Ethik des Lebens eine Art universaler Ethik dar, so gewinnt die neue Position einer an ausgewählten Qualitätskriterien festgelegten Bestimmungsethik von „Lebenswertheit" (Quality of Life) mit den Forderungen nach Selbstbewusstheit, Kommunikationsfähigkeit, Personsein mehr und mehr an Bedeutung für die Forschung und die Einstellung des sozialen Miteinanders.

Vorrangige Felder der Behinderungsforschung sind deshalb derzeit Bioethik, Gendiagnostik, Gentechnologie, Genom-Analyse und Gen-Therapie – so dass Wagner bereits 1969 vom Umschlag der Demokratie zur „Genokratie" spricht (zitiert nach Klees, 1989, 35) – deren Wertorientierung des störungsfreien, gesunden, leidfreien Lebens hauptsächlich von der Philosophie des Utilitarismus vermittelt wird. Auf einen kurzen Nenner gebracht propagiert der Utilitarismus, dass die Vermeidung von Leid und die besseren Aussichten auf ein glücklicheres Leben eines nicht behinderten Kindes durchaus die Tötung eines Menschen mit Schädigungen legitimieren: „Der Kern der Sache ist freilich klar: die Tötung eines behinderten Säuglings ist nicht moralisch gleichbedeutend mit der Tötung einer Person. Sehr oft ist sie überhaupt kein Unrecht". Und: „Sofern der Tod eines geschädigten Säuglings zur Geburt eines anderen Kindes mit besseren Aussichten auf ein glückliches Leben führt, dann ist die Gesamtsumme des Glücks größer, wenn der behinderte Säugling getötet wird. Der Verlust eines glücklichen Lebens für den ersten Säugling wird durch den Gewinn eines glücklicheren Lebens für den zweiten aufgehoben" (Singer 1984, 188 u. 183).

Hier wird offenbar, dass

- ein medizinisch-naturwissenschaftliches Behinderungsverständnis wieder aufersteht und die gesamten sozialwissenschaftlichen Diskussionen und Forschungsergebnisse ausgelöscht zu sein scheinen,
- die Bedrohung menschlichen Lebens nur den Interessen sogenannter Nichtbehinderter dienen soll,
- am „Modell von Behinderungen" neue Kriterien für Lebensqualität entwickelt werden und behinderte Menschen somit als Mängelwesen der Entsorgung zugeführt werden können,
- durch die Fremdbestimmungen über Lebenswert und Lebensrecht „eine Klasse lebenswerter Selbstbewusstseinsbesitzer von einer ,Rasse lebensunwerter Vegetierender` getrennt wird" (Rösner 1997, 53),
- durch die daraus resultierenden Forschungsansätze Menschen mit Beeinträchtigungen wieder zu Forschungsobjekten instrumentalisiert werden.

Ganz unverhohlen wird dieses qualitätsorientierte Machtverhältnis der mächtigen naturwissenschaftlichen Forscher und politischen Entscheidungsträger gegenüber den in der Regel ohnmächtigen Menschen mit Beeinträchtigungen, Einwilligungsunfähigen (z. B. komatösen Personen, altersdementen Menschen, Kindern) in den Zielen der prädiktiven Medizin (Genomanalyse) und der Bioethik deutlich.

Die Bioethik versteht sich als Ethik zur Anwendung der Biowissenschaften am Menschen, die sich mit den Themen der rasanten medizinisch-biologischen Forschungsergebnisse und ihren Umsetzungen beschäftigt (Stichworte: Genmanipulation / Embryonenforschung / Klonen / Euthanasie / Transplantation / Koma / fremdnützige Forschung an Einwilligungsunfähigen / Präimplantationsdiagnostik PID). Dabei stützt sich die Bioethik im Gegensatz zu der alten Natur- und Speziesrecht-Ethik nicht auf die Universalität der Menschenrechte, sondern auf Nützlichkeitserwägungen und ist somit eine Ethik der Güterabwägung (Krebs 1998, 65), eine Selektionsethik, die den Menschen als medizinische Ressource und nicht mehr als leiblich-seelisch-geistige Einheit be*wertet*. Damit werden bestimmte menschliche Daseinsformen abge*wertet* und der Fremdbestimmung anheim gegeben. Andere entscheiden abwägend darüber, ob zum Leben „vorgeschriebene" Qualitäten (Selbstreflexion, Bewusstsein, Personstatus etc.) vorhanden sind. Rösner (1997, 47) beschuldigt dabei den Utilitarismus als praktische Philosophie, die „mehr und mehr zum Servicebetrieb einer hybriden Bio-Politik verkommt" und sich an den naturwissenschaftlichen Wissenschaftsbetrieb ausverkauft. Aus diesen Gründen werden mittlerweile menschliche Erscheinungsformen / Existenzweisen wie Disability / Impairment / Handicap auch als Fragen von „naturwissenschaftlichen Vereinbarungen" (Krebs 1998, 67) betrachtet, deren Verhandelbarkeit mit den ethischen Zielsetzungen legitimiert wird, von Leid zu befreien (Betroffene wie Angehörige gleichermaßen) bzw. Forschung zur Prävention, zur Verhinderung von Schädigungen (und vermutlichem Leid) zu betreiben. Allerdings: Dieser ethische Wert von „Prävention“ birgt eine ambivalente, eine janusmäßige Doppelköpfigkeit in sich, die Antor aufdeckend herausarbeitet: „Prävention hat ein Doppelgesicht. Sie verspricht, Leiden im Gefolge von Krankheit und Behinderungen gleichsam an der Wurzel zu bekämpfen – und steht damit zugleich im Dienst einer stromlinienförmigen, behindertenfeindlichen Normalität gesellschaftlicher Leitbilder wie Gesundheit und Intelligenz. (…) Die ethische Fragwürdigkeit solcher Prävention wird u. a. darin gesehen, dass sie in verhängnisvoller Weise zurückwirken dürfte auf die soziale Akzeptanz bereits lebender bzw. trotz Prävention weiterhin geborener behinderter Menschen. (…) Prävention wird zu einer Gefahr für die Integration“ (Antor 1989, 21), ja schließt sie letztlich sogar aus, da ja in der Forschung alles verhindert werden soll, was behindern kann.

Dieser Widerspruch wird des weiteren im Spannungsfeld des beabsichtigten Antidiskriminierungsgesetzes der Bundesrepublik Deutschland zum bioethischen Denken sichtbar: dieses eben beabsichtigt durch präventive Selektion die Ausmerzung von „Behinderungen“, jenes will die Herabwürdigung geschädigter, behinderter Menschen gesetzlich unterbinden.

Auf internationalem Terrain sind die Tendenzen der bioethischen Denkweisen und Forschungsinteressen / -perspektiven in internationalen Dokumenten wie z. B. der Bioethik-Konvention des Europarates vom 18.11.1996 niedergelegt, der schon mehr als 20 europäische Staaten beigetreten sind. Deutschland hat sich bei der Abstimmung der Stimme enthalten und hat noch nicht unterzeichnet, u. a. auch deshalb, weil es in Deutschland zur Zeit keine mehrheitliche Akzeptanz für diese Vereinbarung zu geben scheint. Auch die Bioethikdeklaration der UNESCO von 1997 sieht im Artikel 12 die „Freiheit der Forschung als Teil der Gedankenfreiheit vor, die dazu genutzt werden und deren Ziel es sein soll, Leiden zu mindern und die Gesundheit des einzelnen und der gesamten Menschheit zu verbessern“ (zitiert nach Klees 1998, 55). Trotz aller Beschwichtigungen und Hinweise auf Menschenrecht und Menschenwürde: der problematische kriterienbezogene Personbegriff (Mindestmaß an Intelligenz, Selbstbewusstsein, Zeitgefühl, sprachlicher Kommunikationsfähigkeit), die fremdnützige Forschung an Einwilligungsunfähigen, die zugelassene Embryonenforschung u. a. m. sind erste legitimierte – weil in internationalen ethisch-rechtlichen Regelungswerken festgeschrieben – Dammbruchsignale für die bisherigen Sozial- und Machtstrukturen, sind deutliche Hinweise auf Erosionsprozesse traditioneller Sittlichkeit zugunsten sozialdarwinistischer Evolutionsethik. Die Machtverhältnisse beginnen sich – nach Euthanasieprogrammen und Auschwitz – erneut zu verschieben auf eine Zukunft hin, von der Chargaff in Anlehnung an den amerikanischen Molekularbiologen Ethan Signer (zitiert nach Klees 1998, 42) eine Vision eines „molekularen Auschwitz“ hat.

Die bislang aufgezeigten neuen ethischen Haltungen als Denkprozesse und -ergebnisse der Mächtigen, Bestimmenden, naturwissenschaftlich Forschenden, der „Macher", „Glückverrechner", „Kriterienfestleger" und „Fremdbestimmer" sind weitgehend ohne Beteiligung der „Zielpersonen", ohne Kommunikation / Diskussion mit den „Beforschten", ohne gleichberechtigte partnerschaftliche Mitwirkung der „Ohnmächtigen" über deren Köpfe und Empfindungen hinweg entwickelt worden: allein diese Vorgehensweise belegt die unausbalancierten Machtverhältnisse und die Verfügungsgewalt der Fremdbestimmenden gegenüber den Fremdbestimmten.

So bleibt den Betroffenen bislang nur der Protest, die Resignation bzw. der Versuch, sich Verbündete zu machen und interessenvertretende Advokaten zu gewinnen, um auf die hybriden, lebensbedrohenden, lebensverachtenden Tendenzen solcher Art von medizinisch-naturwissenschaftlicher Selektionsethik hinzuweisen und die dialektischen sozialen Verschränkungen und gesellschaftlichen Hervorbringungen von Lebensentwicklung und Lebensqualität wieder im gesellschaftlichen Bewusstsein zu verankern: sich als gleichberechtigt einzubringen in die universellen Auseinandersetzungen um die ethischen Fragen und um die krisenhaften Wertunsicherheiten.

(Die Themen von Bioethik und Utilitarismus werden in Kapitel 2.3.3 – „Logik von Ausgrenzern" – noch einmal erweiternd und vertiefend aufgenommen.)

#### 2.1.2.4 Das sozialethische Postulat nach Inklusion

Solche Wortmeldungen der „Machtlosen" sind noch recht sporadisch, wenngleich in jüngster Zeit biographische und autobiographische Zeugnisse vermehrt anzutreffen sind und aktuelle, partizipatorische Forschungsvorhaben dies bewusst verstärken (vgl. Bloemers / Wisch 2001). Als profilierte Kontrapunkte im Machtpoker um die Frage „Was ist gut und richtig?" zwei Zitate, bzw. Gedanken von sogenannten behinderten Menschen, die sich gegenüber der ökonomisierten, utilitaristischen und unsolidarischen Haltung der Selektionsethik zur Wehr setzen:

- Erstes Beispiel:
  Unter dem Titel „Die Demokratin" schildert Grond (1995, 219-222) als Begleiter einer jungen Frau („adrett gekleidet, etwas nervös, aber froh ...") eine Begebenheit auf einem wissenschaftlichen Kongress zum Thema „Der Fötus als Patient". Textauszug:

  *„Silja wurde unruhig und stellte fest, daß sie nichts verstehe und fragte, was das sei, ein selektiver Eingriff bei Trisomie 21. Ich erklärte ihr, daß es u. a.*

*darum gehe, zu verhindern, daß Menschen mit Down-Syndrom, also Mongoloide geboren werden. Sie war nicht schockiert, denn genau um das zu hören, wollte sie mitkommen. In der Pause ging sie zum Vorsitzenden und fragte ihn, warum es denn Menschen wie sie nicht geben dürfe. Sie lebe gerne, habe es schön, komme gut mit Menschen aus, helfe am Wochenende ihrer alten Mutter im Haushalt, arbeite täglich in einer Werkstatt, besorge ihre 1-Zimmer-Wohnung selber, fahre auch in die Ferien, sorge sich dann einzig, ob ihre Freundin ihr Meerschweinchen auch gut pflege und sei glücklich, wenn es anderen gut gehe. Sie habe sogar einen Freund. „Warum studiert Ihr soviel, um herauszufinden, wie man Mongoloide und andere besser töten kann? Schauen Sie mich doch an."*

*Der Vorsitzende fixierte Siljas rote Lippen und schien tatsächlich kurz verlegen zu sein. Dann, an mich gewandt und in gepflegtestem Deutsch „Wer hat Sie eingelassen? Sie sind nicht eingeladen." Und: „Wollen Sie bitte sofort diesen Saal verlassen."*

*Wir gingen. Silja war nicht erzürnt. „Ich sage das meiner Regierung, daß diese Männer Menschen wie mich nicht leben lassen wollen. Warum tun sie das?" „Weil sie Dich nicht kennen." Mehr brachte ich nicht heraus.*

*Wird ihre Regierung sie anhören? Welche Regierung wird die erste sein, die sich zu diesem Tötungsgeschäft aufgrund von Vorurteilen, zu dieser menschenverachtenden Forschungsmaschinerie äußert? Silja will diese Regierung zu sich einladen, „denn", stellt sie fest, „auf den Wahlplakaten steht, daß die Regierung für uns alle da ist".*

- Zweites Beispiel:
Die Widersprüchlichkeit des „Fremdbildes" vom Behindertsein, vom Leid und von den Bürden dieser Existenzform wird an einem „Selbstbild" eines Menschen mit Athetose offenbar, der von sich selbst sagt:

*„Gehen wir von meinem eigenen Beispiel aus: Ich, der Autor dieser Sendung, Fredi Saal, wurde mit einer spastischen Lähmung geboren. Das heißt: ich kann nicht richtig laufen; meine Hände taugen nicht viel für einen sachgerechten Gebrauch; ich spreche so schlecht, daß ich nicht einmal imstande bin, meine eigenen Referate, also auch diesen Beitrag, vorzutragen. Als gelernter Schauspieler und Sprecher verliest Olaf Quaiser für mich meinen Text. Würde ich heute geboren, lautete die sichere Diagnose: Cerebralparese – also muß der Junge sofort behandelt, therapiert werden, um ihn vielleicht noch rehabilitieren zu können. Auf den Gedanken, daß ich selber die spastische Lähmung gar nicht als Übel empfinden könnte und deshalb eigentlich nicht rehabilitiert werden muß, darauf kommt so schnell niemand. 1935, bei meiner Geburt, galt der Behinderte zwar ebenso wenig wie heute als voll-*

*menschliches Wesen, aber man dachte auch nicht daran, mich über diverse Therapien rehabilitieren zu wollen, sieht man einmal von dem dreijährigen Gipsbett ab, in das man mich als Kleinkind legte. Allerdings durfte ich auch froh sein, als ärztlich anerkannter Nichtbildungsfähiger nicht dem Euthanasieprogramm der Nazis zum Opfer gefallen zu sein. Man war zu jener Zeit auf eine zynische Weise ehrlicher. Man versuchte gar nicht erst, den sogenannten defekten Körper zu reparieren, sondern schaffte das Unglück einfach beiseite und gab ihm den sogenannten Gnadentod. Heute krempelt man mit dem Mut der Verzweiflung die Ärmel auf: Das Unglück der Behinderung muß beseitigt werden! Niemand macht sich Gedanken darüber, ob wir nicht vielleicht das Kind dadurch verunsichern, wenn wir ihm das Gefühl geben, man wollte es eigentlich ganz anders, als es ist. Der Frauenarzt Klaus-Peter Runkel fragte in einem Zeitungsbeitrag mit dankenswerter Deutlichkeit: „Wer gibt uns eigentlich das Recht, einen Menschen wie am Reißbrett zu entwerfen?"*
*Der Behinderte ist in der Tat alles andere als ein Reißbrettmensch. An ihm läßt sich am besten ausmachen, was menschliche Individualität bedeutet – die unverwechselbare Einmaligkeit jedes Einzelnen. Aber wünschen wir uns überhaupt menschliche Individualität? Ist uns nicht der Einheitslook viel lieber? So bemühen wir uns nach allen Kräften, ein behindertes Kind durch Therapie um fast jeden Preis akzeptabler zu machen und nennen dies dann Integration"* (Saal 1984, zitiert nach Vernooij 1998, 51 f.).

Der Vergleich beider Werthaltungen (aus der Sicht der „Macher" und aus der Sicht der „Betroffenen") macht offenkundig: es ist *nicht* das Faktum der Schädigung, der Funktionsbeeinträchtigung, der „Behinderung" an sich, es ist die Be*wert*ung, der *Wert*, der diesen Phänomenen durch andere zugeschrieben, zugesprochen wird, bzw. der *Wert*, der als abgesprochener zum Un*wert* wird.

Wie kann dieses Dilemma gelöst werden? Oder mit Kant gefragt: „Was sollen wir tun?" (und dabei nicht nur das „Tun" betonend, sondern genauso das *„wir"* : wir, als alle Mitglieder einer Sozialgemeinschaft). Die Antwort kann

- erstens nur in einer wertsetzenden, empirisch nicht beweisbaren Gewissensentscheidung liegen, die grundsätzliche Unverfügbarkeit menschlichen Lebens in all seinen Existenzformen zur Grundlage jeglicher Handlung und Forschungsaktivität zu machen im Sinne einer deontologischen Pflicht- und *Verantwortungsethik,* wie sie von Jonas (1980) als Ausdruck dialogischer Existenz gefordert wird. Diese Ethik geht von der Unzulänglichkeit des Menschen und seiner ethischen Doppelvalenz („Zweideutigkeit") aus, d. h. die technisch-brisante Entwicklung hat Probleme erbracht, deren Lösung nur durch eine Rückkehr zu bescheideneren Zielen möglich sein wird. Nach Jonas ist im zwischenmenschlichen Bereich Verantwortung „die als Pflicht anerkannte Sorge um ein anderes Sein, die bei Bedrohung seiner Verletzlichkeit zur Besorgnis wird" (1980, 391). Damit wird eine universale, „unverkümmerte Menschlichkeit“ (393) wieder in den Mittelpunkt von Haltung und Forschungsperspektive gestellt, die nur in dialogischer Verständigung zwischen unterschiedlichen Denkweisen möglich ist; beispielsweise als Austausch über den Sinn von Leiden, über den Lebens*sinn* von Menschen mit Beeinträchtigungen und nicht nur über „Lebens*rechte*“.

- Einen zweiten, weiteren Bestandteil zur Lösung des vorgenannten Dilemmas eröffnet die Rezeption der Erkenntnisse der Neurobiologen und Neurophilosophen Maturana und Varela (1990), die in einer sich anbahnenden Konvergenz der modernen Natur- und Geisteswissenschaften wissenschaftlich herausgearbeitet haben, dass die Lebensgeschichte der Menschen biologisch-kulturell verflochten ist und dass wir in einer Welt leben, die wir in je ontologischer Unterschiedlichkeit miteinander hervorbringen; wir können nur koexistieren, wenn wir die eigene Position und Weltsicht nicht verabsolutieren und wenn wir akzeptieren, dass die Existenz des anderen, und sei sie noch so verschieden von der eigenen, genauso legitim und gültig ist wie die eigene. Die Entwicklung jedes einzelnen Menschen ist zwingend eingebunden in die Entwicklung, den Austausch und die Zusammenarbeit mit anderen und Konflikte sind nicht durch Verweigerung (der Existenz) des anderen, seiner Abwertung, seiner Ausklammerung zu lösen, sondern nur durch Erweiterung der Perspektiven für einen gemeinsamen Existenzbereich: ohne diese gibt es keine Sozialisation, keine Menschlichkeit. Die ethischen Grundlagen der Erzeugung der menschlichen Welt, „diese Verknüpfung der Menschen miteinander, ist letztlich die Grundlage aller Ethik als eine Reflexion über die Berechtigung der Anwesenheit des anderen“ (1990, 265) und sei er noch so anders oder fremdartig als wir.

In diesen letztgenannten Befunden wird von einer rein naturwissenschaftlich-mechanistischen Sichtweise zu einer interdisziplinären, zu einer neuen, die sozialen Bedingtheiten und Notwendigkeiten berücksichtigenden Wahrnehmung menschlich unterschiedlicher Entwicklungsprozesse und Erscheinungsformen übergegangen, die eine körperliche, seelische, geistige, psycho-physische Andersartigkeit als Teil sozialer Verflochtenheit begreift und als sozial-strukturelle Ko-Ontogenese versteht. Der entscheidende Punkt ist die *gegenseitige* Akzeptanz, ohne die eine Koexistenz nicht denkbar ist; und die einzige Chance für die Koexistenz ist die Suche nach einer umfassenderen Perspektive, einem Existenzbereich, in dem *beide* (Hervorhebung Bloemers) Parteien in der Hervorbringung einer gemeinsamen Welt zusammenfinden (264).

In einem zu einer Sozialgemeinschaft zusammenwachsenden Europa ist eine für *alle Menschen gültige Ethik jenseits aller nationalen Herkünfte* unverzichtbar; eine sozialethische Charta, in deren Mittelpunkt die identitätsstiftende, bedingungslose Anerkennung des Anderen als Anderen steht, die sich darin äußert, dass jeder Mensch die Chance erhält, einen wie auch immer gearteten individuellen Beitrag zur Gemeinschaft zu leisten, wobei nicht die gesellschaftlichen Erwartungsnormen, sondern die individuellen Fähigkeiten entscheidend sind (vgl. Dederich, 2001 188f.)

Im Sinne ihrer Orientierungs- und Führungsaufgabe und hat die europäische Union dazu erste entscheidende Schritte getan: sie hat einen Einstellungswandel von bisheriger – zum Teil noch geregelter und praktizierter – *Ablehnung* und *Ausgrenzung* marginalisierter Menschen zum Postulat von *Anerkennung und Teilhabe* propagiert, der sich auf den sozialethisch-normativen, radikalen Veränderungsentwurf einer „inklusiven europäischen Gesellschaft" gründet: gemeint ist die radikale Anerkennung von Heterogenität, von Anderssein, Asymmetrie und Differenz und die Realisierung eines sozial-strukturellen Transformationsprozesses, der behinderten und anderen marginalisierten Menschen einen gleichbe-*rechtigten*, einen gleich-*sicheren,* gleich-*starken* Platz neben allen anderen Menschen in einer von Exklusion freien Gesellschaft einräumt.

(Weitere Ausführungen zum Konzept der Inklusion erfolgen in Kapitel 2.5.2)

## 2.2 EUROPA UND EUROPÄISCHES
**Wolf Bloemers**

### 2.2.1 EINFÜHRUNG

Dieses Teilkapitel setzt sich mit dem Problemfeld der / einer europäischen Lebensgemeinschaft auseinander.

Gibt es eine solche propagierte, gewünschte, beschworene, bezweifelte überhaupt? Ist sie Mythos, Tradition, Faktum oder Desiderat? Ist sie notwendig, und wenn ja, wozu? Welche Sozialisationseinflüsse hat ein mögliches „europäisches" Kulturerbe und welche Konsequenzen können für die zukünftige Entwicklung von humaneren Lebensformen aus den Antworten auf diese Fragen gezogen werden? Welchen spezifischen Beitrag für ein sozialeres Miteinander kann ein internalisiertes europäisches Bewusstsein leisten?

Diesen und weiteren Fragen will dieses Teilkapitel durch einige Reflexionen hinsichtlich der Geschichte, der Politik, der Kultur, der Sozialgemeinschaften, der Glaubenssysteme, kurz, der Manifestationen menschlicher Lebensverständnisse in Europa nachgehen und Antworten nach einer „europäischen" Identität suchen.

 

Internationalisierung, Globalisierung, Europäisierung – internationale Tendenzen von Zusammenschlüssen und suprastaatliche Kooperationen sind weltweit zu verzeichnende Entwicklungen, die das soziale Zusammenleben, die Zugehörigkeit zu traditionellen Gemeinschaften in zunehmendem Maße verändern und zu erheblichen Verunsicherungen führen. Neue Ideen, Lebensformen, Politiken, Kommunikationsmöglichkeiten, Wirtschaftsverbünde und Verkehrssysteme stellen bisheriges in Frage und fordern zu neuen Bewältigungsansätzen heraus. Dies trifft in besonderer Weise gesellschaftliche Randgruppen. Dem ökonomisch-politischen Einigungsprozess Europas und dem erweiterten Handlungsspielraum der Mächtigen und Leistungsstarken mit den ihn begleitenden Lebensqualitäten und Signaturen der Moderne wie: individuelle Freiheitsrechte, wachsender materieller Wohlstand, rasante technologische und naturwissenschaftliche Fortschritte, optimale Kommunikationsmöglichkeiten, beste Bildungs- und Freizeitangebote, umfassender Rechtsschutz und breite soziale Absicherungen steht ein struktureller und sozialer Zerfallprozess mit den Merkmalen von Destabilisierung bisheriger Lebensmuster, wachsender Armut, zunehmender Arbeitslosigkeit und Orientierungsleere gegenüber, der die Modernisierungsverlierer – leistungsschwache, arme, behinderte und andere, nur begrenzt zur volkswirtschaftlichen Produktion beitragenden Menschen – nach neoliberalem Brauchbarkeitsprinzip ausgrenzt und weitere Marginalisierungen fördert. Dazu kommen – nach langer Unterdrückung als Rache für verweigerte Lebensqualität, stigmatisierende Benachteiligung, Unterdrückung und Abgrenzung – blindwütig nationalistische Zersplitterungen und Grenzauflösungen, ethnozentrischer Wahnsinn und völkermörderische Blutspuren als düstere Signaturen der Postmoderne.

### 2.2.2 WAS IST EUROPA? WER (WAS) SIND EUROPÄER?

Was denken Sie über die folgenden Antworten?

- „Man ist Europäer, wenn man >civis romanis< geworden ist“ (Curtius 1969, 22).
- „Die Idee der universalen Einigung der Menschen ist die Idee der Menschheit Europas, ihr verdankt sie ihre Zivilisation, für sie allein lebt sie“. (Dostojewski).
- „Jeder Europäer ist ein Schlachtfeld von Leidenschaften, von Willensrichtungen, von Charakteren. In jedem Europäer morden und vergewaltigen seine Vorfahren einander“ (Coudenhove-Kalergi 1949).

Drei Meinungen von vielen, unzähligen, die das Europäische, das Gemeinsame, das Proprium, das Typische zu erfassen und auf den Punkt zu bringen versuchen. (Kennen Sie aus anderen Bezügen ähnliche oder abweichende Definitionsversuche?)

Hinter diesen Auffassungen stehen Grundhaltungen und Kontexte (anthropologische / politische / nationale etc.) und individuelle Vorverständnisse, deren Kenntnis und Herkunft zum Verstehen unabdingbar sind.

Den beispielhaft vorangestellten Zitaten unterschiedlichster Herkunft und gedanklichen Zugriffs ist gemeinsam, dass sie ein *Zusammengehörigkeitsbewusstsein* und ein *Wertbewusstsein* widerspiegeln bzw. unterstellen, mit dem eine große, über nationale Begrenzungen hinweg gesehene, empfundene Lebensgemeinschaft charakterisiert wird. Es sind Versuche der Identifizierung mit Wertvorstellungen von sozialen Gemeinschaften und der Entwicklung bzw. Vision eines Gemeinschaftsbewusstseins.

Vor dem Hintergrund der weltpolitischen Umbrüche und der Organisationsversuche in wirtschaftlichen, politischen, sozialen Großstrukturen sind die Bewusstseinsbildungsprozesse für neue Gemeinschaften in vollem Gange. Bezogen auf Europa heißt dies, Anknüpfungspunkte an Bisheriges, Geschichtliches, gewachsenes, Verbindendes zu suchen und dieses auf ihre Tragfähigkeit und Verwertbarkeit, bzw. tatsächliche oder gewünschte Wertgemeinsamkeit und Ideenheimat für zukünftige gemeinsame Lebensformen hin zu überprüfen.

„Ohne ein Bewußtsein von Europa als einer geschichtlich begründeten, politisch sinnvollen und moralisch legitimierten Gemeinschaft dürfte ein europäisches Parlament jedenfalls stets nur ein Abbild der nationalen Machtverhältnisse auf diesem Kontinent sein: Der Wirtschaftskraft, der Bevölkerungszahl, der politischen Koalitionen der einzelnen Völker – und ständig vor einem europäischen Verfassungsgericht weitere Verwaltungsnormen einklagen müssen, weil es ein von allen erkennbares und anerkanntes europäisches Gemeinwohl nicht gibt“ (von Hentig 1993, 73).

Rückbesinnungen auf europäisches Gemeinsames haben vielfältige Zugänge. Einzelpersonen, soziale Gruppierungen, Künstler, Wissenschaftler, Politiker erschließen und interpretieren solche tatsächlichen oder empfundenen Ordnungsgefüge aus historischen Konstellationen, geistigen Traditionen, Symbolbezügen, Sozialstrukturen und anderen Wurzeln, je nach interessensgeleiteter und sozialisationsbedingter Sichtweise.

Im Folgenden hierzu stichwortartig eine Auswahl:

– ***Länderübergreifendes, europäisch-verschränktes Kulturgut:***
  Antike Kultur verbreitet durch römische Kaiser / Christianisierung durch Klöster (Religion) / dynastisches Verständnis von „Ahnherren“ (z.B. Karl der Große in Deutschland und Frankreich) / Hanse / Reformation und Gegenreformation / lateinische Sprache / Kreuzzüge / militärische Bündelung gegen Türken / Künstler und Gelehrte als Europäer / wissenschaftliches Denken und

Universitäten / Ästhetik / Trias: Regnum, Sacerdotium, Studium (vgl. Schleicher 1993, 4 ff.).

- ***Geistige Ordnungen:***
  Europäische Menschenrechte (Individualrechte) / Demokratieentwicklung / Geldwirtschaft / Herrschaft des Rechts / Aufklärung / Kapitalismus / universale Wissenschaft / Berechenbarkeit/Freiheitsrechte / Humanitätsidee (vgl. Jaspers 1947, 9).

- ***Literarische Tradition:***
  „We need not remind ourselves that, as Europe is a whole (and still, in its progressive mutilation and disfigurement, the organism out of which any greater world harmony must develop), so European literature is a whole, the several numbers of which cannot flourish, if the same blood-stream does not circulate throughout the whole body" (Eliot, zit. nach Assmann 1993, 98).

- ***Das Fundament der „Latinitas":***
  „Latinitas bedeutet ja mehr als nur sprachliche Zusammengehörigkeit, wie sie die romanischen Völker miteinander verbindet, Latinitas ist die knappste Formel für die Gesittung, die der europäische Geist, allen Rückschlägen und Rückfällen zum Trotz, seit mehr als zwei Jahrtausenden zu verwirklichen trachtet" (Eberle 1966, 230).

- ***Wertorientierungen:***
  „Zum Lebensstil und *Verhaltens- wie Wertstandard*, die nach Ansicht der Befragten spezifisch europäisch sind und denen die größte Zuneigung entgegengebracht wurde, gehörten 1990: Frieden (47%); Demokratie (38%); Kultur (33%) und Lebensqualität (28%)… „Auf ähnliche Akzentuierungen weist ein Resümee von Erhebungsdaten aus dem Jahr 1989 hin, und zwar gehörte danach „die Achtung der Grund- und Menschenrechte … zum gemeinsamen Erbe politischer Traditionen und Ideale in Europa. 78% der Europäer halten die Demokratie für die beste aller Regierungsformen. Für 60% ist die Achtung der Menschenrechte eines der Anliegen, für die „es der Mühe wert ist, einiges zu riskieren und auf manches zu verzichten" (Eurobarometer Juni 1990, S. 3; November 1989, S. 4, 31ff.).

Europäische Kultur und Identität beruhen entscheidend „auf der Entwicklung einer Gesellschaft, die auf Achtung der Menschenrechte beruht, auf Demokratie, Meinungs- und Redefreiheit, Pluralismus, (…) auf dem Bewußtsein eines gemeinsamen kulturellen Erbes, dem Wunsch, gemeinsam die Zukunft aufzubauen (…)". Auf dieser Grundlage soll zwischen den verschiedenen Kulturen ein Ausgleich gesucht und eine Kooperation angestrebt werden (Mulcahy 1992, 46).

Auch Nichteuropäer beschäftigen sich mit Vorstellungen über Europäisches:

- ***„Typische Verbindungen“:***
  Individualismus und kollektive Sicherheit, humanistische Tradition und wirtschaftliche Dynamik, Abgrenzung nach außen bei gleichzeitig begrenzter globaler Verantwortlichkeit (vgl. Schleicher 1993, 2).

- ***Aus amerikanischer Perspektive:***
  „Wenn ich beschreiben müßte, was Europa mir als Amerikanerin bedeutet, würde ich anfangen mit – Befreiung. Befreiung von dem, was in Amerika als Kultur durchgeht. Die Vielfalt, Ernsthaftigkeit, der Anspruch, die Dichte der europäischen Kultur bilden einen archimedischen Punkt, von dem aus ich geistig, die Welt in Bewegung setzen kann“ (Sontag 1988, 131 f.).

Nicht nur Verbindendes, auch Trennendes scheint ein Spezifikum von Europa zu sein. Hierzu ebenfalls eine beschränkte Auswahl von Fakten, Entwicklungen und deren Interpretation, mit Hilfe derer die derzeit stark zentrifugalen wie diversifizierenden, sozialen und kulturellen Entwicklungstendenzen angedeutet werden sollen, die sich in offensichtlichem Gegensatz zu den auf Vereinheitlichung ausgerichteten wirtschaftlichen und politischen Anstrengungen befinden (vgl. McLean 1993, 264).

Zu nennen sind hier:
- Zunehmende Regionalismen wie z.B. in Spanien oder Belgien,
- neue nationale Abgrenzungen (Tschechien / Slowakei),
- ethnische Ausgrenzungen und Gewalttätigkeiten / Völkermord (Serben, Kroaten, Kosovo-Albaner),
- religiöse Segregationen (Islam / Christentum),
- politisch-rechtliche Entzweiungen (Bio-Ethik-Konvention),
- Kluftvergrößerung zwischen Arm und Reich (Arbeitslosigkeit)

All dies führt zu auch Euroskepsis, welche die von der Europäischen Union zuweilen als „gegeben“ unterstellte europäische Identität Lügen straft. Statt dessen zeigen letztgenannte Trends auch, dass der Aufbau einer europäischen Identität durch Erblasten von Nationalismus, Chauvinismus, Rassismus und Fremdenfeindlichkeit gefährdet ist (vgl. Bürli 1997, 18), die allesamt als Zeichen tiefsitzender Angst vor dem Fremden, dem Dunklen in jedem von uns zu verstehen sind und zu innerer Fremdheit führen und das Entstehen von Zusammengehörigkeitsgefühl blockieren.

So ist Europäisches auch:

> „...unsere Lage – die geographische, die historische, die welt- und umweltpolitische. Was einst Barrieren waren: Weichsel und Rhein, Alpen

 

und Pyrenäen, Nordsee und Adria, sind heute Nahtstellen geworden, Ziel von Reisen, Gelegenheiten für Austausch und Begegnung – aber auch tödliche Verbindungen:

Die Flüsse tragen das Gift von einem Land ins andere; alle Anlieger eines Meeres erleiden dessen Verseuchung; die Windseite der Gebirge fängt den sauren Regen auf, der Hunderte von Kilometern entfernt entstanden ist; radioaktive Wolken kennen ohnedies keine Hindernisse. Kriege – die Erblast vergangener Jahrhunderte – und die Beschädigung der gemeinsamen Natur, die Flucht der Armen aus Regionen ohne Zukunft in Regionen ohne Raum – das alles wird uns nötigen, kontinental zu denken, uns auf ein Kerncurriculum europäischer Überzeugung zu einigen, ohne die die Völker die Opfer und Kompromisse nicht aufbringen werden, die die Lage von ihnen fordert.

Daß Europa kein oder nur ein schwaches Bewußtsein von einem ihm eigenen Gemeinwohl, einer es auszeichnenden und verbindenden Gesinnung hat, beweist der politische Alltag: Wenn Kernkraftabfall von einem Land ins andere verschoben wird; wenn Einheitsgesetze benutzt werden, um den Import zu regulieren; vollends wenn die Staatengemeinschaft so gut wie tatenlos dem jugoslawischen Völkermorden zusieht. Ich richte nicht; ich habe keine schlüssige Vorstellung, was hier hätte geschehen können; ich stelle nur den Mangel fest" (von Hentig 1993, 79 f.).

Was ist Europa? Wer (was) sind Europäer? Resümierend können wir nach der Reflexion über die vorangegangenen Skizzierungen mit Bürli festhalten: „Das Konsistente in der historischen *Entwicklung* der europäischen Zivilisation, Kultur und Politik ist, u.a. nach den Ausführungen von Künzli (1992), das Widersprüchliche, das Ambivalente, die Skepsis. Europa war und ist in der Bestimmung der eigenen kulturellen Identität unsicher, hat sich sogar geweigert, eine vollständige Identifikation zuzulassen, so daß Unruhe und Ungewißheit bestehen bleiben. Europa hat, wenn es von außen bedroht war und sich deshalb seiner eigenen kulturellen Identität bewußt wurde, auch gleichzeitig die Überlegenheit seiner eigenen Werte in Frage gestellt und einen Prozeß der permanenten Selbstkritik in Gang gesetzt. Das gesamteuropäische Bildungserbe war bisher nicht in der Lage, ein gemeinsames europäisches Bewußtsein zu stiften. So läßt sich denn heute noch europäische Identität nicht in erster Linie durch Einheitlichkeit, sondern durch Vielfalt charakterisieren" (Bürli1979, 15).

Dies bedeutet aber auch, „daß das Bewußtsein einer gemeinsamen europäischen Kultur, der gegenseitigen Bindungen und der gegenseitigen Abhängigkeit der Geschicke aller Länder des Kontinents sowie der Notwendigkeit der Zusammenarbeit noch nicht verlorengegangen ist" (Gorbatschow 1987, 258) und dass damit ein ethischer Imperativ zur Entwicklung gemeinsamer Perspektiven begründet ist.

### 2.2.3 EUROPÄISCHE IDENTITÄT?

Identitätstheorien stellen heraus, dass Identität stets einen Balanceakt zwischen dem Selbstbild, dem vermuteten und dem realen Fremdbild, zwischen Ich-Identität und sozialer Identität darstellt und dass Menschen stets danach streben, das einmal etablierte Selbst zu behalten, d.h. Veränderungen abzuwehren. Die gesicherte Verortung im sozialen Bezugssystem stellt einen besonders hohen Wert dar, so dass Kontinuität für den Erhalt von Identität besondere Priorität besitzt. Außerdem erfolgen nach entwicklungs- und sozialpsychologischen Forschungserkenntnissen die fundamentalen Identitätsbildungen und -prägungen weitgehend in den primären und sekundären Sozialisationsinstanzen (Familie, Schule) über Enkulturations- und Sozialisationsprozesse, vor allem im *regionalen* Kontext.

Diese Merkmale der Identitätsprozesse
- stärkere Prägung durch Zeit als durch Raumdimensionen (vgl. Schleicher 1994, 113),
- Vermeidungstendenzen von Wandlungen mit Beharrungsstrategien,
- Ausbildung von Bewusstseins- und Wertstrukturen eher in frühkindlichen als in Erwachsenenjahren und eher in Lang- als in Kurzzeitprozessen,
- Identitätsbedürfnisse nach relativ stabilen Umwelt-, Kultur- und Kommunikationserfahrungen

machen deutlich, dass aufgrund dieser psychologischen Gegebenheiten das Ringen um neue transnationale Gemeinsamkeiten, um eine (neue) europäische Identität mit erheblichen Konfliktpotentialen befrachtet ist (vgl. Schleicher 1994, 7). Außerdem sind nach Aussagen der politischen Sozialisationsforschung grundlegende ethnische und national ausgerichtete Einstellungen bis zur Pubertät vorgeprägt (Torney-Purta u.a. 1986) und ethnische Erfahrungen und gemeinsame Bewusstseinsprozesse meistens älter als nationalstaatliche und sie wirken viel stärker auf die Bevölkerung ein als neue europäische, von „anderen" konstruierte Konstellationen. Gleichermaßen sind langfristig gewachsene religiöse Zugehörigkeiten verbindender und identitätsstiftender als politisch ausgehandelte oder verordnete, nicht kommunizierte Lösungssetzungen.

Auch eingegrenzte soziale Räume wie Regionen und Kulturkreise dienen als „Identifikationsräume", mehr noch als die als Identitätsbedrohung empfundenen, anonymen, europäischen Großstrukturen. Wie bedeutsam diese Identifikationsmöglichkeiten für die Bürger sind, zeigt ein *Vergleich ihrer lokalen, regionalen, nationalen und europäischen Identifikationsbereitschaft*. Nach Umfragedaten von 1991 empfinden wesentlich mehr Bürger (85% +) enge Bindungen zu lokalen, regionalen und nationalen Lebensformen als zur Europäischen Gemeinschaft bzw. zu Europa insgesamt (47% +) (vgl. Eurobarometer, Dezember 1991, S. 66).

Offensichtlich fühlen sich etwa nur halb so viele Bürger der Europäischen Gemeinschaft wie ihrem Land oder ihrer Region verbunden. Im Ländervergleich sind die *lokalen und regionalen Bindungen* am stärksten in Griechenland, Portugal und Spanien (lokal 73% +, regional 69% +), die *nationalen* daneben sehr ausgeprägt: ebenfalls in Griechenland, aber auch in Dänemark und Irland (72% +). Zur EG sind sie generell geringer, am höchsten noch in Spanien, Italien und Luxemburg (16% +) (ibid., S. 66 f.)".

Anhand dieser empirischen Befunde des Eurobarometers wird neben der Tatsache der stärkeren Bindung und Identifizierung mit kleinräumigeren und nahräumigeren Gemeinwesenstrukturen aber ebenfalls deutlich, dass es auch mehrstufige, überlappende, doppelte, partikulare Identitäten gibt, die nicht statisch sind, sondern durch dynamische Prozesse und durch Vielfalt gekennzeichnet sind.

Identitätsfindung und -bewahrung sind fundamentale, für die psychische Gesundheit unverzichtbare Prozesse.

Diese Prozesse eines zwischen den verschiedenen Anforderungen von außen ausbalancierten Selbstkonzeptes, eines Welt- und Menschenbildes, dem man sich verbunden, zugehörig, in dem man sich beheimatet und „behaust" und verwurzelt, also eins (vereint) fühlt, gedeihen am besten im nächsten = nahesten Lebenskontext, in bedeutsamen Erfahrungen mit Gruppen und Sozialgebilden, vor allem dann, wenn diese Bewusstseinbildungen durch starke eigene erfolgreiche Beteiligung und vielfältige Kommunikationsprozesse zu Identitätsklärungen = Sinnstiftungen führen. Selbstbestimmte Teilnahme und Teilhabe, aktives Mitgestalten an sozialen Lebensformen vermitteln die gefühlsmäßige Sicherheit in der Beziehung zu Partnern und Gruppenmitgliedern, das Gefühl „richtig" zu sein und die richtige Rolle in der Gesellschaft gefunden zu haben.

In einer pluralistischen und sich vor allem durch die derzeitigen gesamtgesellschaftlichen, europäischen Umbruchprozesse sehr fragil und changierend darstellenden Gesellschaft, die stets neue Erwartungen postuliert und neue Gruppierungen produziert, werden Identitätsfindungsprozesse ungeheuer erschwert und schon bestehende in Frage gestellt. Die daraus resultierenden sozialpsychischen Gefahren der Flucht in, bzw. Anklammerung an abschottende Identität von rassistischen, religiös-fanatischen und anderen vorurteilsgeprägten Gruppen sind derzeit in Europa allzu bekannt.

 

## 2.2.4 WIE SOLL EUROPA SEIN, WERDEN?

Die zuvor mehrfach erwähnten ökonomischen, politischen und kommunikativen Herausforderungen mit nationalen, supranationalen, suprakontinentalen und globalen Dimensionen haben zu ebenso groß-dimensionierten Umstrukturierungsprozessen geführt, die jedoch – noch – weitgehend vornehmlich auf administrativem und wirtschaftlichem Gebiet sichtbar und spürbar sind und übergreifende humane Gestaltungs- und Bewältigungsprozesse vermissen lassen.

Wohin soll die Entwicklung gehen und wer bestimmt dies?

Ökonomisch und verwaltungsmäßig wächst Europa strukturell immer mehr zusammen und vernetzt sich auf diesen Feldern immer stärker, wohingegen die Trennungstendenzen, Konkurrenzen und Insuffizienzen auf dem Gebiet transnationalen Bewusstseins und gemeinsamer Identität immer klarer hervortreten. Die Wahrung nationaler Vorteile (Finanzierungsrabatte / Asyldebatte etc.) und die Hilflosigkeit, ja das Versagen bei außenpolitischen Krisen (Bosnien / Kosovo) machen deutlich, wie weit Europa noch von einer Gemeinschaft im Sinne von internationaler Solidarität, Loyalität und Effektivität entfernt ist.

Europa als Wirtschaftsraum und als Verwaltungsraum: Ja; aber Europa als Sozialraum?

„Räume“ verweisen assoziativ auf ein übergeordnetes Merkmal: auf ein Haus. In der Zeit der Perestroika entwarf der vormalige sowjetische Präsident Michail Gorbatschow 1987 das Bild vom „Gemeinsamen Haus Europa“, wobei er ausdrücklich feststellte, dass diese Metapher kein Märchen, sondern das Ergebnis einer sorgfältigen Analyse der Lage auf dem Kontinent sei (1987, 254). Er verstand darunter vor mittlerweile fast zwei Jahrzehnten ein gemeinsames Haus, in dem jede Familie zwar ihre eigene Wohnung hat und es auch verschiedene Eingänge gibt, doch die Bewahrung des Hauses vor Feuersbrunst und anderen Katastrophen, die Sicherung und Erhaltung in einwandfreiem Zustand könne nur gemeinschaftlich erfolgen (vgl. 1987, 253). Dies impliziert einen moralischen Imperativ, der im Wort der gemeinsamen, gegenseitigen *Verantwortung* zentriert.

Weiter oben wurde deutlich, dass die Mehrzahl der Bewohner Europas durchaus transnationale Ziele und Kompetenzen befürwortet, d.h. Nationalräume übersteigende Ziele und Aufgaben identifiziert.

Eine aus unterschiedlichen Kulturen und Traditionen sich zusammensetzende Gesellschaft ist als Gemeinschaft mit realen, partnerschaftlichen Partizipationsmöglichkeiten für alle Mitglieder, mit voller Teilhabe aller an allen Gemeinschaftsgütern jedoch nur möglich, wenn sie sich auf einige gemeinsam anerkannte Kern- und Grundwerte – Smolicz (1985) nennt sie *core values* – in einem übergreifenden Wertesystem, in einem zwei oder mehrere Kulturen verbindenden Überschneidungssegment – *overarching framework* – stützen kann. Die Bedeutsamkeit gemeinsamer Grundwerte und ideologischer Identifikationen haben Anweiler / Kuebart (1987) beispielsweise für das ethnisch-pluralistische Kanada herausgearbeitet: das Integrationskonzept der „Canadian citizenship" als gesamtkanadisches Staatsbewußtsein. Je weniger gemeinsame Grundwerte als Stiftungen für Zusammengehörigkeitsgefühle in einer Vielvölkergemeinschaft vorhanden sind, desto mehr Gefahren der Destabilisierung sind vorhanden; die erschütternden Erfahrungen im ehemaligen „Zwangsstaat" Jugoslawien belegen dies schmerzlich.

Was heißt dies übersetzt auf unsere Frage nach den Zielen Europas, nach der Überwindung interethnischer Konflikte zugunsten des Aufbaus einer humanen europäischen Union, eines alle Bürger der Europäischen Gemeinschaft verbindenden, innerlich einenden Europabewusstseins? Welche Kern- und Grundwerte können als *Europäische,* als alle europäischen Völker und mit und zwischen ihnen lebenden Minderheiten als verbindende ausgemacht werden? Das ethnisch hoch bewertete Kulturmerkmal Sprache scheitert auf Grund der politischen Festlegung zur europäischen Mehrsprachigkeit dafür aus. Was statt dessen?

Unter Zugrundelegung der sozialwissenschaftlich abgesicherten Erkenntnis, dass Identitätsbildungen und interne Orientierungen jeweils historischen Veränderungsprozessen unterworfen und damit prozesshaft angelegt sind (vgl. u.a. Leontjew 1982) – erinnert sei hier an die sogenannte Migrantenkultur, die in der Regel zwei sozialen Welten angehört (vgl. Straube 1987) – und dass Identität als Prozeß und als Leistung vom historischen Individuationsverlauf und von den aktuellen Lebensbedingungen abhängig ist (vgl. DECS / EGT 1986, 41), sind die *core values,* die Kern- und Grundwerte einer sich bildenden europäischen Identität aus eben diesen Bedingungen entwickelbar: Als anstehende aktuelle Deutungsversuche der Beziehungen zueinander und als gemeinschaftliche Sinnsuche.

Wie soll Europa sein? Wie soll Europa werden? Welche Kern- und Grundwerte scheinen entwickelbar im Sinne von „Synchronen Bewußtseinselementen" (Schmidt 1987, 116) von übergreifenden europäischen Wertprinzipien, etwa aus dem Bündel der spezifischen Probleme des italienischen Rechtsstaates, des britischen Sozialstaates, des irischen Glaubensstaates und des französischen Agrarstaates? (vgl. Schleicher 1993, 302).

Ohne Hierarchisierung wären zu nennen:
- Schutz der Biosphäre
- Beseitigung der Armut
- Gemeinsame Kontrolle der gesellschaftlichen Entwicklung und Güter

- Einheit nicht als Einheitlichkeit, sondern als tolerierte, akzeptierte Vielfalt und Variationsbreite unterschiedlicher Identitäten und Identitätsbedürfnisse
- Komplementarität von Identitäten und föderale Strukturen
- Durchlässigkeit von Bildungssystemen
- Akzeptanz von kulturellem Pluralismus, Wahrung und Bejahung und Achtung von Fremdem
- Multikulturalität: Migranten und Minderheiten als Bereicherung und gesellschaftlicher Gewinn.

Diese gemeinsamen und verzahnten Ziele und Aufgaben könnten von unterschiedlichen Weltbildern, kulturellen Traditionen und Lebensstilen her angegangen werden.

Dies wären die Konstruktionspfeiler, tragenden Wände und das Dach des „gemeinsamen europäischen Hauses", wobei das Fundamentum, die Basis ethischer Natur ist: eine „Ethik der Verantwortung" (Weber 1958), ein „Prinzip Verantwortung" (Jonas 1980), eine „gemeinsame Verantwortung in gegenseitigem Respekt" (Küng 1991, 61) und eine „Moral der einfühlenden Voraussicht" (Mitscherlich 1977).

Aus diesem Blickwinkel richtet sich damit die Aufmerksamkeit von den bisherigen Grenzauflösungen quantitativer Steigerung und Erweiterung in Europa zu den *qualitativen* Entfaltungen des menschlichen, auf die Erforschung und Ausdehnung der inneren Grenzen und Erfahrungen der individuellen und der sozialen Bewusstheit, auf die Steigerung und Ausschöpfung der *„human resources"*, des *„human potentials"*, der Entdeckung, Aufarbeitung und Nutzung innerer Fülle, auf das im epistemologischen Menschenbild und Subjektmodell beschriebene Potential zur Rationalität, Reflexivität, Autonomie und Kommunikation (Schlee 1992).

Den Kerngedanken des darin zum Ausdruck kommenden grundlegenden neuen Paradigmas der humanistischen subjektiven und sozialen Bewußtheit (vgl. Harman 1978, 57) hat Aurelio Peccei, der Präsident des Club of Rome 1981 auf den Punkt gebracht, in dem er sagte, dass das Problem, mit dem wir es individuell, europäisch und global zu tun haben „in uns selbst und nicht in äußeren Umständen" steckt (1981, 153).

Wie soll Europa werden?
Psychosoziale Unsicherheiten, strukturelle Umbrüche und Auflösungserscheinungen traditioneller Werte zeigen einen „Europabedarf" auf, bieten gerade auf Grund der derzeitigen Vertrauenskrise und Entfremdungen und der fundamentalen bildungspolitischen Lücken im Aufbau Europas die Chance einer Neubesinnung auf Ziele, die vor allem eine soziale, humane Neuorientierung und Sinnfindung eröffnen.

In diesem Geist wird gedanklich ein „neues Europa“ entworfen, das

> „auf den Menschenrechten und fundamentalen Freiheiten fußenden Demokratie, eine Gesellschaft, die auf Wohlstand durch ökonomische Freiheit und soziale Gerechtigkeit sowie auf gleicher Sicherheit für alle Länder“ beruht (Europarat 1990).

Und dass damit keine Einheitsgesellschaft gemeint ist, zeigt der Artikel 128, 1 des Maastrichter Vertrages, der besagt:

> „Die Gemeinschaft leistet einen Beitrag zur Entfaltung der Kulturen ihrer Mitgliedsstaaten unter Wahrung ihrer nationalen und regionalen Vielfalt sowie gleichzeitiger Hervorhebung des gemeinsamen kulturellen Erbes“ (Europäische Gemeinschaft / Europäische Union 1992)“.

Es gibt „Europabedarf“, doch wie weit ist eine, unsere „Europafähigkeit“ (Schleicher 1993, 306) gediehen? Dies ist eine Frage, die nicht mehr nur für die „Europäer“ selbst von Bedeutung ist: das außereuropäische Ausland hat anlässlich der Golfkriege sowie der kriegerischen und völkermörderischen Auseinandersetzungen im ehemaligen Jugoslawien nach der Haltung „Europas“, zumindest nach derjenigen der Europäischen Union, der „Gemeinschaft“ gefragt, d.h. jenseits von Europa geht man bereits von einer gesamteuropäischen Verantwortung im Kräftespiel der Welt aus: politisch, wirtschaftlich, human-sozial (vgl. Pingel 1994, 168 f.).

### 2.2.5 (WIE) WERDEN WIR EUROPÄER?

Die bisherigen Ausführungen haben gezeigt, dass – summarisch gesehen – einerseits die Notwendigkeit europäischen Zusammenwachsens, des Bedarfs an europäischer Identitätsentwicklung wahrgenommen wird und dass seitens der Bevölkerungen durchaus Zustimmung zu diesen Veränderungen vorhanden ist (wenn auch mit nationalen Unterschieden); andererseits machen aktuelle Meldungen in den Medien aber immer wieder deutlich, dass es Euroskepsis, Euroabwehr und Euroängste gibt. Die Ablehnung der Europäischen Verfassung bei den Volksabstimmungen durch die Franzosen und die Niederländer im Mai 2005 legt davon ein deutliches Zeugnis ab. Dieses Missverhältnis, bzw. Spannungsfeld, diese Ambivalenz von gleichzeitiger Zustimmung und Ablehnung provoziert zwei Fragen:

1. Welche Gründe gibt es für diese Diskrepanz?

2. Wie könnte / müsste sie behoben werden, d.h. wie soll es weitergehen?

Wenden wir uns zunächst der Suche nach Antworten auf die erste Frage zu.

Zwei Hauptursachen können für die gegenläufigen Tendenzen ausgemacht werden, wobei beide in wechselseitiger Abhängigkeit stehen:

a) psychosoziale Gegebenheiten von bestehenden, gewachsenen Sozialgruppen / Bürgern
b) politisch-administrative Setzungsvorgänge von Organisationen und politischen Gremien.

Zu a):
Die Auflösungen und Veränderungen von identitätsstiftenden Schutz, Sicherheit und Zugehörigkeit vermittelnden Gemeinschafts- und Lebensformen, vor allem durch Eindringen, Durchdringen von „Fremden“, „Nicht-Zugehörigen“, „Anderen“, verursachen Ängste. Dieses Phänomen läßt sich am besten am Beispiel von interethnischen Konfliktkonstellationen beleuchten.

Arbeitsmigranten, Asylbewerber, Flüchtlinge, Aussiedler oder autochthone Minderheiten in allen europäischen Ländern: Einwanderungswellen und vielfältige Lebensraumsuche von sich bedroht fühlenden Einzelpersonen und Gruppen haben zu gewaltigen Veränderungen geführt; die europapolitisch gewollte Mobilität, die berufliche und niederlassungsmäßige Freizügigkeit wird den Prozentsatz der ethnischen und kulturellen Durchmischung wahrscheinlich noch beträchtlich erhöhen. Dabei macht nicht die Tatsache der Anzahl das Problem, sondern das Bewusstsein davon, und zwar auf beiden Seiten; dieses Bewusstsein wird von mehreren Faktoren bestimmt, und zwar von der *Funktion* der Einwanderer, von ihrer *Verteilung*, ihrer *Dynamik*, ihrer *äußeren Erscheinung,* ihrem *ethnischen, kulturellen, religiösen, politischen Selbstbewusstsein* wie auch *dem des Aufnahmelandes* (vgl. Hentig 1993, 82).

Entscheidend ist das gesellschaftliche Wertesystem, sind die Einschätzungen, Empfindungen, Gefühle zueinander, die sich an den kulturell gelernten und tradierten Wahrnehmungsmustern, an den dadurch gefilterten Erfahrungen des Unterschiedes entzünden, beunruhigen und Fremdheit bewirken. In seinem Aufsatz über Rassismus stellt der aus Tunesien stammende Soziologe Memmi 1987 fest: „Der Unterschied beunruhigt (...) Der Unterschied, das ist das Unbekannte, und das Unbekannte erscheint uns voller Gefahren. Der Unterschied beunruhigt uns sogar in jenen seltenen Fällen, in denen er uns zugleich verführt“ (1987, 35). Das Gefühl des Bedrohtseins führt zu Reaktionen mit Erscheinungsformen wie Fremdenhass und nationalem Eigensinn, Fundamentalismus und Okkultismus, autonomem Chaotentum und politischem Terror oder zu totaler Apolitie, die als die irrationalen Ausdrucksformen dieser Ängste, seelischer, politischer, intellektueller und existenzieller Nöte mit körperlicher, seelischer, ökonomischer und struktureller Gewalt neue Grenzen ziehen; diese lassen zugleich die ganze Ratlosigkeit, Wut, Hilflosigkeit, die Lebenslügen deutlich werden, die aus Überforderung resultieren.

 

Dies sind nicht gerade günstige Bedingungen für den weiteren Einigungsprozess Europas, wenn sich mit den wirtschaftlichen und mobilitätsorientierten Grenzaufhebungen, wenn sich mit der Entgrenzung und der Entfesselung der Wirtschaft zugleich unbearbeitete Emotionen gegeneinander entladen und sich Irrationales schrankenlos, unbegrenzt austobt, die Grenzen der Menschenrechte und Menschenwürde missachtend. Militärische Auseinandersetzungen auf dem Balkan ohne Ende, Attentate der ETA und der IRA, egozentrische Ellenbogenmentalität und soziale Unbekümmertheit sind einige der hässlichen, äußeren Wirklichkeiten als Spiegelungen unserer inneren Grenzen, Spaltungen, Trennungen. Nach tiefenpsychologischer Auffassung verdrängen diese das Ungeliebte, die Schatten und die Unterschiede in sich, richten das abgespaltene „Böse" nach außen gegen hergestellte Feindbilder (Projektion) und brechen als Angstabwehr die Grenzen zum Du gewaltsam ein.

Unterschiede beunruhigen, Veränderung und Umwälzungen machen Angst. Individuen wie Gruppen leisten Widerstände und verdrängen gerade das Wissen, was man am meisten zur Problemlösung braucht. Die Tiefenpsychologie spricht von Neurotikern, die bedrohliches Wissen um sich selbst, gefährdende Nähe und echte offene Beziehungen zu anderen zum Schutz der eigenen Lebensordnung so lange abwehren und bekämpfen, bis sie psychisch zusammenbrechen, weil die Umwelt dies nicht mehr toleriert. Nach Harman (vgl. 1978, 25) kann es analog auch zu einem möglichen „gesellschaftlichen Nervenzusammenbruch" aufgrund nicht mehr zu beschwichtigender Beunruhigungen über drohende Entfremdungen, Vereinzelungen, Identitätsfragmentierungen, Perspektiv- und Sinnlosigkeit für einen steigenden Prozentsatz Arbeitsloser, Obdachloser, sozial Entwurzelter und durch aufgelöste Bindungen Orientierungsloser kommen; ein solcher Zusammenbruch wird aber *nicht* als ein weiterer Grund zu kulturpessimistischen Klagen begriffen, sondern als große Chance und Herausforderung jenseits aller bislang verfehlten Antworten, aller Lähmungen und Kaschierungen, den Dingen auf den Grund zu gehen, zu grundsätzlicheren Überlegungen zu kommen und zu konstruktiven Übergängen zu gelangen; denn tief im Inneren wissen wir, dass es *so* wie jetzt *nicht* sein sollte und dass die Brüche und Zusammenbrüche die „psychosozialen Kosten" (Hurrelmann) unserer derzeitigen Lebensweise sind.

Zu den zuvor angerissenen, komplexen Bedingungszusammenhängen und Problemfeldern psycho-sozialer Wirklichkeiten gruppenbezogenen Gegeneinanders von Mehrheiten gegen Minderheiten und von defizitärem Gemeinschaftsbewusstsein einer in multiethnischer und multikultureller Transformation befindlichen Gesellschaft und auf dem Weg zu einem vereinten Europa (?) gibt es eine Fülle von human- und sozialwissenschaftlichen Erklärungsansätzen, Deutungsmustern und Forschungsergebnissen. Hier sind u.a. stichwortartig zu nennen die Forschungszweige der „Ausländerpädagogik", der „multicultural education", der „éducation interculturelle", der „Migrationsforschung", der „ethnic heritage studies", der „vergleichenden Erziehungswissenschaft" mit jeweils anderem Bedeutungskontext. Zur schlaglichtartigen Erhellung des vielschichtigen Problemfeldes interethnischer Konflikte in Europa im folgenden eine Übersicht von Heitmeyer (1993), die für das Verstehen der Fremdheitserfahrung als Voraussetzung für deren Bewältigung im Sinne europäischen Zusammenlebens hilfreich erscheint.

| Syndromvariante | Argumentationskern | Dominierende psychische Verankerung |
|---|---|---|
| Rassismus (Antisemitismus) | Abwertung anderer aufgrund der Bewertung biologischer Unterschiede („natürliche Höherwertigkeit") | Glauben |
| Ethnozentrismus | Eigene Aufwertung durch Reklamation von kultureller und ökonomischer Leistung (Entwicklungsunterschiede) | Stolz / Überheblichkeit |
| Fremdenfeindlichkeit | Konkurrenz gegen ethnische andere (Ressourcen, kulturelle „Überfremdung") | Angst |
| Heterophobie | „Norm"-Abweichung (Nicht-Zulassen von „Anders-Sein" bei ethnisch Gleichen: Homosexuelle, Behinderte etc.) | Angst |
| Etablierten-Rechte | Raum-zeitliche Vorrangstellung und Ansprüche gegenüber „Außenseitern" (z.B. auch, wenn ansässige Ausländer gegen den Zuzug von „neuen" Ausländern votieren). | Egoismus / Selbstdurchsetzung |

Allen Einstellungen dieses Spektrums ist gemeinsam, dass ihnen Phantasien und Ideologien der *Ungleichheit* aus unterschiedlichen Ursachen zugrunde liegen, welche die Legitimationsbasis für Gewalt bilden. Wie zu sehen ist, sind in dieser Grobtabelle verschiedene Formen und Haltungen verzeichnet, die auch verschiedener pädagogischer Interventionen bedürfen. Ausschlaggebend sind die *negativen Wertungen* der Unterschiede aus verschiedenen Interessenslagen heraus.

Von entscheidender Bedeutung sind nun die sozialwissenschaftlich herausgearbeiteten Forschungsergebnisse, dass die Festschreibung der Differenzen und ihrer damit verbundenen Einstellungen vor allem durch sozialstrukturelle Unterschiede begünstigt werden, d.h., dass die Minderheitspositionen und Marginalisierungen durch soziale Randstellungen – Qualifikationen, Entlohnung, Wohnung, Bildung etc. – festgeschrieben werden. Anders gewendet: die *Sozialstruktur, die soziale Realität der schlechten Lebensbedingungen* sind die eigentlichen Ursachen für die soziale und psychosoziale Lage der Minderheiten (vgl. Griese 1980 und 1984). Sozioökonomische Benachteiligung kann mit Galtung auch als *strukturelle Gewalt* bezeichnet werden (1975), an der wir alle teilhaben, „indem wir durch unsere Tätigkeit dafür sorgen, dass der reiche Norden dieses Globus immer reicher wird und der Süden entsprechend ärmer. Das neutrale Kennzeichen dafür heißt: terms of trade, das Gesetz der Weltwirtschaft. Da alle in unterschiedlichem Maße an dieser Disproportion mitwirken, sind wir kaum interessiert, daß sich das alsbald ändere“ (Gamm 1993, 56).

So ergibt sich ein circulus vitiosus von verschiedenen Gewaltformen, der unheilvolle Lernprozesse in Gang setzt: Ungleichheit der Menschen wird als naturgegeben aufgefasst – und nicht als gesellschaftlich-historisch vermittelt – und führt zu Hegemoniestreben. Dadurch zu Unrecht festgeschriebene ethnische Unterschiede stellen sich demnach als verdrängte Schichtunterschiede dar und widerlegen kulturalistische Konfliktdeutungen.

Adorno beschreibt in seinen „Studien über Autorität und Vorurteil“ Ethnozentrismus als verhältnismäßig konstante mentale Struktur mit unelastisch abwertenden Reaktionen gegen alles Fremdartige. Unter Rückgriff auf die psychoanalytische Theorie stellt er heraus, dass durch rigide Erziehung negativ bewertete Anteile des Selbst abgespalten und auf andere, auf Fremdgruppen projiziert werden. Die sogenannten Ich-Funktionen sind schwach und eine Identifikation kann nur mit der Eigengruppe erfolgen: der Ethnozentriker ist unfähig, individuierte Erfahrungen zu machen (vgl. Adorno 1968).

Diese hier vorgestellten Ursachenskizzen deuten darauf hin, dass zum einen die gesellschaftlichen Voraussetzungen, die sozialstrukturellen Tatsachen und zum anderen die durch die soziale Erziehung erworbenen, psychosozialen Einstellungen des Einzelnen in erheblichem Maße ursächlich für die interethnischen Konflikte mitverantwortlich sind. Da soziale Fakten prinzipiell gesellschaftlich hergestellte sind, sind sie aber auch veränderbare Tatsachen.

Die Tatsache der Zunahme „struktureller Gewalt“ und der gegenseitigen Abgrenzungen lässt darauf schließen, dass die zuvor referierten sozialwissenschaftlichen Erkenntnisse in politischen Weiterentwicklungsprozessen nicht / kaum Berücksichtigung gefunden haben; damit kommen wir

Zu b):
Nahezu alle kritischen Analysen bisheriger offizieller Europapolitik stimmen darin überein, dass die europapolitischen Entwicklungen weitgehend durch Setzungen von oben, von den Regierungen und Organisationen ohne hinreichende

Information und kommunikative Beteiligung der Bürger und ihrer sozialen Gruppierungen erfolgt sind; diese „top down policy", welche die öffentliche Meinung als unverzichtbares Demokratie- und Identifizierungsinstrument sträflich vernachlässigt, vergessen und durchaus (auch aus Angst vor der Übermittlung unangenehmer Wahrheiten, und daraus resultierender Angst, nicht wiedergewählt zu werden) verdrängt hat, hat dazu geführt, dass die zuvor aufgezeigten Angstmechanismen vor Fremdem unaufgearbeitet blieben, ja verstärkt wurden, und die Bürger weitgehend unvorbereitet, unangeleitet von oben auf Europa hin „umprogrammiert" wurden.

Nicht mehr verstehbare, eurokratische Auseinandersetzungen und Regelungen z.B. über die Länge und Krümmung von eurogerechten Bananen haben zusätzlich als abgehobene, bürgerfremde, erzwungene Merkmale von Vereinheitlichungen zu Europawut oder Europaresignation geführt.

Die „psychischen Bedingungen für eine rationale und europäisch selektive Wahrnehmung" (Schleicher 1994, 95) sind viel zu wenig beachtet worden; eine öffentliche Abklärung von Gemeinschaftszielen hat nicht stattgefunden. ... „Wie können Bürger europamündig werden und wie soll eine europäische Öffentlichkeit entstehen, wenn diese an ihrer Bildung und der Gestaltung Europas nicht mitbeteiligt werden?" (Schleicher 1994, 79).

Festzuhalten ist, dass neben der als herrschaftlich empfundenen top-down-policy vor allem eine fundamentale Lücke in bildungspolitischer Hinsicht bzgl. des Aufbaus von Europa besteht und dass diese Leerstelle der Bildungsdefizite als gravierendes politisches Versagen bezeichnet werden muss, vor allem vor dem Hintergrund der durch die Lücken mitverursachten, neuen psychosozialen Ängste und Abgrenzungsprozesse gewachsener, festgefügter sozialer Gruppierungen gegenüber dem neuen Europa.

Nach einigen hier gefundenen Antworten auf die Frage 1 nun der Versuch, für den zweiten Fragenkomplex („Wie kann sich ein bürgerorientierteres, ein mehrheitlich akzeptiertes und gelebtes Europabewusstsein entwickeln?") einen Horizont für konstruktive Problemlösungen und Zukunftsorientierungen auszumachen.

Kritische Europaanalysen aus unterschiedlichen Betrachtungswinkeln kommen durchgängig zu dem Schluss, dass

- die im vorigen Teilkapitel entworfenen „core values", diese visionären, realutopischen Umwandlungsaufgaben, großen Ideen und Worte und inneren Bilder zur Entwicklung eines neues Bewusstseins zur sozialen Verantwortung und Respektierung der multikulturellen Vielfalt nur erreicht werden können, und

 

– dass die in diesem Teilkapitel skizzierten Trennungen und Ausgrenzungen und die angstmachenden Empfindungen des Unterschiedes nur überwunden werden können,

wenn wir uns auf *große Umlernprozesse* einlassen.

Mit diesem Lernen ist das gesamte bildungspolitische Feld angesprochen – das 1988 sogar als „Herzstück der europäischen Integration“ erkannt (EG-Kommission 1988) aber bislang leider nur sehr verkürzt auf den beruflichen Sektor ausgerichtet war – , dem für das Wachsen des Europabewusstseins, für das europäische Werden die Schlüsselaufgabe zukommt. Das Bildungswesen wird deshalb als Hauptfaktor für den sozialen und wirtschaftlichen Fortschritt sowie für die Erhaltung des Friedens gesehen (vgl. Bürli 1997, 189). Auf diesem Feld müssen vielgestaltige Vorbereitungen für Kenntniserweiterungen, für Überwindung von nationalen Wahrnehmungsverengungen, für interkulturelle Kommunikation, für Mobilisierung politischer Basiskräfte und andere Maßnahmen zur Aufhebung von Entfremdungen getroffen werden.

## 2.3 „Beschädigte Identitäten“ – Oder: Exklusion / „Ausgeschlossene“ und „Behandlungsobjekte“ Wolf Bloemers

### AUFRISS

**„Nachts war Kinder-Sklave Gökhan an eine Kuh gefesselt“**
*Ein in Deutschland lebender Türke machte Skandal publik: Menschenhändler verkaufen geistig Behinderte an türkische Großbauern.*

*Von unserer Korrespondentin Susanne Güsten, Istanbul*
*„Als der 15-jährige Gökhan (Name geändert) die Strümpfe herunterrollte und seine Narben vorzeigte, erschraken selbst die Polizisten. Tiefe Striemen haben sich rings ums Knöchelgelenk in die Haut gegraben und sind vom eingewachsenen Schmutz schwarz gefärbt.*

*Die Narben stammen von dem Strick, mit dem Gökhan nachts an eine Kuh gefesselt wurde, damit er nicht aus dem Stall fliehen konnte, in dem er als Sklave gehalten wurde. Ein Jahr lang leistete der geistig behinderte Junge tagsüber unbezahlte Fronarbeit für den Großbauern in der südtürkischen Provinz Adana, in dessen Stall er nachts eingesperrt wurde, bis die Polizei ihn jetzt befreite. Bei einer Razzia im Bezirk Kozan entdeckten die Behörden insgesamt 19 geistig behinderte Kinder, Jugendliche und Erwachsene, die teils seit Jahren als Sklaven gehalten wurden.*

*Auf die Spur der Sklavenhalter kamen die Behörden durch einen verzweifelten Vater aus Deutschland, dessen geistig behinderter Sohn während eines Türkei-Urlaubs im August in der Stadt Adana verschwunden war. Auf der Suche nach dem*

*13-jährigen Kaan folgte Ahmet Sik den Hinweisen von Anwohnern und Zeugen, bis sich die Spur des Jungen am Kalekapisi-Platz von Adana verlor – einem Platz, von dem Ahmet Sik erfuhr, dass er gerüchteweise als Umschlagplatz von Menschenhändlern gilt. Als Interessent getarnt nahm der Vater Kontakt zu drei mutmaßlichen Sklavenhändlern auf und ließ sich von ihnen nach Kozan führen, von wo aus die behinderten Sklaven offenbar weiterverkauft wurden. Den eigenen Sohn fand Ahmet Sik dabei zwar nicht, dafür aber auffällig viele geistig Behinderte bei der Feldarbeit. Sik ging zur Polizei.*

*Als Viehhändler und Finanzbeamte getarnt ermittelten Polizisten in den Dörfern des Bezirks, bis die Beweise für einen Durchsuchungsbefehl reichten; dann schlugen sie zu. 400 Gendarmen durchsuchten bei einer Großrazzia die Scheunen und Ställe des Bezirkes und förderten dabei 19 Jammergestalten zutage, von denen manche nach jahrelanger Sklaverei nicht einmal mehr den eigenen Namen wussten. Ein älterer Mann war dabei, der seit 40 Jahren als Sklave gehalten wurde.*

*>Was wollt ihr denn, das machen wir hierzulande schon seit 350 Jahren so<, verteidigte sich einer der beschuldigten Großbauern. Bisher hätten die Behörden auch nichts dagegen einzuwenden gehabt, sagte der Bauer Halil Topaloglu. Doch selbst wenn das stimmt, sind diese Zeiten nun vorbei. 20 mutmaßliche Sklavenhändler und -halter nahm die Polizei fest.*

*Als einer der ersten wurde Gökhan abgeholt, dessen Familie ganz in der Nähe lebt. Als der Vater in den Raum trat, küsste Gokhan ihm respektvoll die Hand und führte sie an die Stirn, wie sich das auf dem anatolischen Land gehört – dann fiel er ihm aufschluchzend um den Hals. Der kleine Kaan Sik, dessen Vater die Befreiungsaktion auslöste, bleibt aber verschwunden – und mit ihm womöglich auch weitere Sklaven." (Braunschweiger Zeitung 23.09.2004).*

Dieser Zeitungsbericht stammt nicht aus der Vorzeit, sondern aus dem beginnenden 21. Jahrhundert; der berichtete Sachverhalt steht in der traditionsreichen Linie uralter Ordnungsmuster unseres Fühlens und Denkens, die trotz Aufklärung, Humanismus, Idealismus und Kritischer Theorie bis in unsere heutige „Wissensgesellschaft" hereinreichen und immer wieder – mittlerweile aus Gründen internalisierten Wissenskanons und demokratischer Sozialisierungsgeschichte nur noch sporadisch auftauchend und offiziell verfemt – die in der Tiefenschicht unserer menschlichen Seele abgelagerten Ängste vor dem Fremden in verschiedenen Formen zum Ausdruck bringen. Die historische Linie dieser Haltungen und die aus ihnen resultierenden Verhaltensweisen der Ausgrenzung von Menschen lassen sich anhand vielfältiger Zeugnisse gut zurückverfolgen und belegen; dazu nun nachfolgend einige subjektiv ausgesuchte Beispiele (Zitate) aus vorigen Epochen:

- *„A Down´s not a person"* (Fletcher 1973, zit. nach Stolk 1988, 120) 20. Jahrhundert.

- *„Wir wollen Menschen, die gesund, freundlich, emotional stabil, sympathisch und gescheit sind. Wir wollen keine Idioten, Schwachsinnigen, Al-*

*mosenempfänger und Kriminellen.“* (Richter Oliver Wendell Holmes; in: Paul, 1995, 2, zitiert nach Fukuyama 2001, 125). 20. Jahrhundert.

- *„Noch vor wenigen Jahren glaubte das Landvolk in mehreren Gegenden Deutschlands, dass die Eltern eines arg verunstalteten Neugeborenen über Tod und Leben desselben zu verfügen das Recht hätten. Unter Anderem wurde in der Gegend von Breslau ein Arzt zu einem ohne Arme und Beine geborenen Neugeborenen gerufen, um an demselben Henkersdienste zu verrichten, denn man meinte dort allgemein, daß so mißgestaltete Kinder getödtet werden müßten“* (Ploss 1876, 173). 19.Jahrhundert.

- *„Fast alle betrachteten diese Unglücklichen als Maschinen, die man nun wie die im Dienste des Menschen stehenden Tiere verwenden kann. Daher sind gewisse Zuschauer äußerst überrascht, wenn sie zum ersten Male dem Unterricht Taubstummer beiwohnen und sehen, dass die Taubstummen auch Geist haben“* (Sicard 1800, 183). 18. Jahrhundert.

- *„Es war ein eckiger, sehr beweglicher Klumpen, der in einem Sack steckte. Nur der Kopf guckte heraus ... ein mißgestaltetes Ding“ ... „Es ist ein wahres Ungeheuer von Scheußlichkeit, dieses sogenannte Findelkind“ ... „Ich glaube, es ist ein Tier, der Bastard eines Juden und einer Sau; irgendetwas Unchristliches ist es ganz gewiß“ ... „Man müsste es ins Wasser oder ins Feuer werfen“* (Hugo 1977, 14f; ). Schilderung aus dem Mittelalter.

- *„Tolle Hunde bringen wir um, einen wilden und unbändigen Ochsen hauen wir nieder, und an krankhaftes Vieh, damit es die Herde nicht anstecke, legen wir das Messer, ungestaltete Geburten schaffen wir aus der Welt, auch Kinder, wenn sie gebrechlich und mißgestaltet zur Welt kommen, ersäufen wir. Es ist nicht Zorn, sondern Vernunft, das Unbrauchbare von dem Gesunden abzusondern“* (Seneca 1828, zitiert nach de Mause 1982, 48). Altertum.

Auch wenn heute offiziell eine „behindertenfreundlichere“ Atmosphäre vorherrscht – dokumentiert in der Gesetzgebung, in Konzepten von Institutionen oder technischen Vorschriften von Bauten und subtilere Formen von Ausgrenzung praktiziert werden – : „... hinter den Stirnen, ja in den Augen der <<Unbetroffenen>> wohnt weiterhin Argwohn, der zur Meidung mahnt und auf Distanz drängt“ (Müller 1996, 63; vgl. auch Cloerkes 1985, 35 und 179).

Warum dies so ist, nach welchen – unbewussten, *irrationalen* – „grammatikalischen Regeln“ dies abläuft und was dies für die Persönlichkeit, die Identität der Betroffenen, bedeutet, soll im folgenden überblickartig entfaltet werden (2.3.1).

Im Anschluss an den Aufweis dieser „Grammatik" werden einige „beschädigte Subjekte" aus verschiedenen europäischen Ländern in kurzen Statements zu ihren psychosozialen Befindlichkeiten, zu ihrer Identität, eigene Aussagen machen (2.3.2), um

- zum einen dem Anliegen von Frey (1983) nachzukommen, den in der Identitätsforschung so oft vernachlässigten bzw. nicht erfassten „Innenaspekt" bei der Identitätskonstruktion zu berücksichtigen („Wie sehe ich mich selbst"), das heißt, die *Verarbeitung* der Zuschreibungsprozesse und Fremdwahrnehmungen zu ergründen,
- und zum anderen dem Prinzip der partizipativen Forschung Rechnung zu tragen, die beforschten Menschen selbst zu Wort kommen zu lassen, sie in die Untersuchung als mitgestaltende Erkenntnis*subjekte* mit einzubeziehen.

Der letzte Gedankenblock dieses Teilkapitels (2.3.3) beinhaltet dann noch in skizzierter Form Argumente / Theorien, die Ausgrenzungen damals wie heute wissenschaftlich zu legitimieren versuchen und die den *rationalen* Nährboden für die Verdinglichung von Menschen, für ihre Identitätsbeschädigung bzw. ihre Existenzverhinderung abgeben.

### 2.3.1 GRAMMATIK VON AUSGRENZUNGEN

Der Terminus „beschädigte Identität" geht auf Goffman zurück (1967), der im Rahmen seiner Stigma-Theorie – Stigma ist ein Merkmal, eine Eigenschaft, einer Person, „die zutiefst diskreditierend ist" (1976, 11) – davon ausgeht, dass am Endpunkt eines diskriminierenden Stigmatisierungsprozesses ein stigmatisierter Mensch in seiner Identität beschädigt ist, das heißt, dass er durch die Negativbewertungen und Zuschreibungen seiner Umwelt eine (veränderte) Persönlichkeit geworden ist, die in ihrem Selbstbild und Selbstbewusstsein so schwach ist, dass

- sie sich an die Bewertungen durch die Außenwelt anpasst,
- sie sich in eine Gruppe „ihresgleichen" zurückzieht,
- sie sich in die Existenz ihrer Randgruppe fügt,
- sie *fremdbestimmt* anstatt selbstbestimmt lebt,
- sie isoliert, ausgegliedert, ohne Kontakte und „desintegriert" ist (vgl. Cloerkes 1997, 176).

Dieser Zustand ist das Resultat eines Interaktionsprozesses zwischen Menschen, die ursprünglich am Beginn eines sozialen Verkehrs, eines Miteinanders standen. Ein solches soziales Miteinander kommt nicht zustande, weil eine Person ein Merkmal, ein *Stigma* hat, dessen sich die anderen in ihrer Aufmerksamkeit nicht entziehen können, weil es von den Vorstellungen vom „Normalen“ abweicht und nicht den Antizipationen von normativen Erwartungen der Umwelt entspricht. Es ist *unerwünscht anders*, wird negativ bewertet, bzw. es werden ihm negative Eigenschaften *zugeschrieben* mit der Konsequenz, dass die betroffene Person aufgrund der sozialen Vorurteile von der sozialen Akzeptanz ausgeschlossen, stigmatisiert wird: Sie „passt“ nicht zu den Vorstellungen der Gruppe, ist nicht Teil dieser, weil ihre Andersartigkeit in negativer Weise als *Inferiorität* oder *Bedrohung* bewertet wird (vgl. Hohmeier 1975). Zu unterscheiden sind das Stigma als *Faktum*, und die Stigmatisierung als *Verhalten,* als Folgeerscheinung des zueigen gemachten Stigmas.

#### 2.3.1.1 STIGMATYPEN

Abwehr, negative Reaktionen oder Ambivalenzen auslösende Stigmata – Eigenschaften, Verhaltensweisen, Merkmale – sind von den jeweiligen Werten einer Kultur abhängig. Ubiquitär sind es gemäß verhaltensbiologisch ausgewiesenen Wissenschaftlern Abweichungen im körperlichen, geistigen und / oder seelischen Bereich, vor allem diejenigen mit großer Visibilität, weil diese eine hohe Stimulusqualität besitzen, also starke optische Signale aussenden, und Reaktionen provozieren. Deshalb sind es die *phänomenologisch* zu identifizierenden Unterschiede, die *optisch* wahrnehmbaren Andersartigkeiten des Körpers und seiner Funktionen – z.B. der Wuchs, die Motorik, das Sehen (Schielen) –, welche die Aufmerksamkeit auf sich ziehen und zum Stigma werden. Goffman unterscheidet soziologisch drei Typen von Stigmata (1967, 12 f.):

- physische Deformationen ( z.B. körperliche Schädigungen)
- individuelle Charakterfehler ( z.B. Sucht, geistige Verwirrung)
- phylogenetische Stigmata (z.B. Merkmale von Rasse, Nation, Religion),

die Müller ethnologisch-anthropologisch unter dem Begriff der abartigen „Ungestalt“ subsumiert (1996, 9-29) und mit den Antizipationen und Wertvorstellungen der „Normalen“ von Schönheit und Ebenmaß – als Inbegriff der Ordnung und der Sehnsucht danach, als deren Ziel und Erfüllung – mit den Termini „Wohlgestalt“ und Maßgestalt“ kontrastiert.

### 2.3.1.2 Motive und Einstellungen – Soziale Reaktionen auf Andersartige

Die Forschungen nach den Motiven und Ursachen dieser Orientierungen an der „Wohl-“ und „Maßgestalt“ und der (meist) negativen Bewertung der „Ungestalt“ bzw. des Maßstabs, der zu dieser Einteilung und seiner wertmäßigen Einschätzung geführt hat, haben eine Reihe von Ursachen zutage gefördert, die weitgehend den Tiefenschichten des Irrationalen, des Unbewussten und der Phylogenese zuzuordnen sind.

Schönheit, Gesundheit, Intaktheit des Körpers als wohlproportionierter, wohlgeordneter Abglanz eines kunstvoll gestalteten, wohlge“maßten“ Kosmos war und ist das Leitbild für menschliches Aus- und Ansehen. Ein aufmerksamer Blick in die heutige Werbungswelt stellt fest, dass Schönheit nicht nur mit Kosmetika, Kleidung, Haarpflege etc. zum Zentralinhalt der menschlichen Attraktivität – mit großem psychologisch-ökonomischen Erfolg! – und zum Dauerthema gemacht wird, sondern dass dies auch an „makellosen“, „schönen“, jungen und dynamischen, energiegeladenen, erfolgreichen „Idealtypen“, an Glamour Stars und Jet-Set-Society-Typen inszeniert und zur Nachmodellierung angepriesen wird. Der (globale) Wert, der körperlicher Schönheit in der Öffentlichkeit als Inbegriff und Ausdruck für Lebensqualität, Fehlerlosigkeit und Vollkommenheit (symbolisch) beigemessen wird, ist nach wie vor seit Jahrtausenden ungebrochen hoch. Dies verdeutlicht der neueste Armutsbericht des UN-Entwicklungsprogramms UNPD, in dem dies sinnfällig auf den Punkt gebracht wird: So gibt die Menschheit z.B. 66 Milliarden Dollar für Kosmetika aus, wohingegen alle armen Staaten der Welt nur 46 Milliarden Dollar Entwicklungshilfe pro Jahr erhalten.

Schönheit im traditionellen Sinne mit ihren ästhetischen Merkmalen von *Ordnung, Ebenmaß (Symmetrie), Klarheit* und *Gleichmaß* ermöglicht Gemeinsamkeit und Allgemeingültigkeit, da ihre orientierende und strukturierende Komposition Wahrnehmungsgestalten als Ganzheiten erfassen lässt (konsensharmonisiertes Mittel“maß“) und die Wertmaßstäbe der Gruppe, der Gemeinschaft „idealisiert“: Jeder hat Anteil daran und man teilt das Gemeinsame; von dieser Ganzheit des Ebenmaßes Abweichendes „stört“, „irritiert“ das Empfinden und wird als Nicht-Dazu-Gehöriges abgelehnt (vgl. Müller 1996, 113). Dieses phylogenetische Erbe der Sehnsucht nach Ebenmaß und Schönheit und der Irritation durch Fremdartigkeit (= das Gleichmaß Störende, wie etwa das Hinken, der unproportionierte Zwergwuchs, der Buckel, das Schielen), diese uralten Orientierungskoordinaten unserer Wahrnehmung und Empfindung sind Ausdruck einer furchtgeleiteten Auseinandersetzung mit dem Störenden als nicht Dazugehörigem, als dem Fremden. Das Störende, Unschöne (= Unproportionierte, das „Maß“ verlassende Hässliche) mit dem vom Maß und damit von der Gemeinschaft abweichenden Zugehörigkeit, das als Stigma die „Regel verletzt“ und

Angst erzeugt: gleiches Aussehen, gleiches Verhalten signalisiert Zugehörigkeit zum „Ganzen“, Abweichendes, Unterscheidendes ist „fremd“, nicht zugehörig, wird abgelehnt. Dies ist ein angeborenes Verhaltensmuster, ein gleichsam biologisch-natürliches Verhalten, eine kreatürliche Ablehnung. Verdeutlicht werden kann dies an dem Beispiel der ersten, spontanen und in aller Regel ablehnenden Reaktion auf die nicht erwartete Geburt eines körperlich sehr schwer geschädigten Kindes, der dann der Pflegeinstinkt und später ein sittlich-reflektiertes (rationales und sozialisiertes) Verhalten der Annahme folgt (vgl. Schaefer 1994, 71 f.).

Was aber erzeugt – neben dem Unbehagen aufgrund der ästhetischen Nicht-Passung – die *Angst* vor dem Störenden, Fremden, Andersartigen und generiert die verschiedenen Formen der Abwehr? Hierzu geben uns die Resultate der Mythologie- und Ideologieforschungen entsprechende Auskünfte. Zu der *biologischen Wurzel* der primären, kreatürlichen Ablehnung gegenüber sich physisch und psychisch nicht erwartungskonform zeigenden und verhaltenden Menschen, gegenüber Personen, die den physiognomischen, ästhetischen, moralischen und kognitiven Standards nicht entsprechen, gesellt sich das Regelwerk *sozial ererbten, emotionalen* Verhaltens, das sich als Kanon von Vorurteilen und Schutzmaßnahmen in Bezug auf Angst vor Überfremdung gebildet und kulturell als hartnäckiges Stigmatisierungsarsenal tradiert und verfestigt hat. Dieses aus dem Fundus kollektiven Vorwissens und geschichtlich gewachsener Gemeinschaftsmythen – z.B. auch überliefert in Märchen! – entstandene „Regelwerk“ enthält einen spezifischen Wissenskorpus von Wahrnehmungs- und Deutungsmustern, die sich in Begegnungen mit „fremden“, stigmatisierten Menschen verankert haben und deswegen keine ontologische oder naturale Eigenschaft widerspiegeln (vgl. Dederich 2001, 108). Es sind also kulturell und gesellschaftlich hervorgebrachte Bewertungsprozesse, die imaginativ aufgeladen sind, affektive Bedeutungen, Wertungen und Vorstellungen transportieren und diese als Hypothek und Urteil den Bewerteten auferlegen (a.a.O.).

Zu diesem Kanon gehören unter anderem die Vorstellung, dass

- Hässlichkeit einen Ausdruck innerer Unstimmigkeit darstellt,
- Äußeres als Abdruck der Seele gilt,
- Begegnungen mit andersartigen Menschen „infizieren“ und „kontaminieren“,
- eine Ungestalt Ausdruck „verfalteter Seelen“ ist (vgl. Müller 1996, 69),
- Hässlichkeit mit Dummheit und Bosheit gleichgesetzt wird,
- körperliche Gebrechen „Ausdruck einer minderen Seinsstufe, einer untergeordneten Entelechie, einer defekten, durch dämonische Kräfte gestörten Harmonie der Schöpfungsordnung“ sind [gemeint waren Blinde und Alte, Kranke und >Krüppel<] (Hergemöller 1990, 30),

- Besessene Sinnbild des Bösen und animalisch = wieder zum Tier gewordene Menschen sind,
- Gebrechen und andere Stigmata Merkmale von Sünden und der Bestrafung Gottes sind,
- vom Leiblichen auf mentale Qualitäten, von Physis auf Geist und Seele geschlossen wird, nach dem alten wie naiven Glaubenssatz >mens sana in corpore sano< (vgl. Müller 1996, 54),

und den mit diesen *negativen Zuschreibungen* Befrachteten die soziale Anerkennung der Zugehörigkeit mit allen jeweiligen Konsequenzen zu verweigern ist (Bildung, Kontakt, Wohnen, Rechte etc.).

Die Entstehung und die Perpetuierung von abwertenden Einstellungen in Bezug auf Stigmata ist, wie bereits erwähnt, durch Sozialisationsprozesse gewachsen und weitergegeben, das heißt, sie wird dominant von den soziokulturellen Werten der jeweiligen Kultur geprägt. Entsprechend den Grundannahmen des Symbolischen Interaktionismus (vgl. u.a. Cooley 1922, Thomas 1928, Mead 1934/1968), dass

- Gesellschaft und Kultur *vor* der Existenz jedes Individuums besteht,
- Werte in einem geschichtlich und soziokulturell *geformten Kontext* vermittelt werden,
- der fundamental auf soziale Beziehungen angewiesene Mensch anderen Menschen Interpretationen in Bezug auf *sich selbst* zuschreibt und dadurch ein „Selbst“, eine „Identität“ gewinnt,
- der Mensch alle sozialen Phänomene seiner Umwelt *„interpretiert“* und mit sozialen Bedeutungen versieht und somit
- unsere Wirklichkeit gesellschaftlich konstruiert ist (vgl. Berger / Luckmann 1970),

sind Einstellungen und Zuschreibungen in Bezug auf Stigmata auch *unterschiedlich* und von *ethnozentrischer* und kultureller Optik geprägt. So gilt Korpulenz und körperliche Üppigkeit in agrarischen Gesellschaften z.B. in Afrika als Schönheitsideal, als Symbol von Reichtum und Fruchtbarkeit; in Europa dagegen sind diese Körperformen eher ein Makel, zeugen sie doch eventuell von Fresssucht, Unbeherrschtheit oder Kompensation seelischer Defizite. Während Leiden und Gebrechen, Besessenheit und „Irrsinn“ aus christlicher Sichtweise auch als Bestrafung für moralische Schuld und als Läuterungsanlass interpretiert wurden, bedeuteten diese Phänomene in der hellenistischen Kultur soziale Inferiorität, die es zu vernichten galt.

Es handelt sich bei diesen negativen Einstellungen und daraus abgeleiteten Verhaltensweisen also um Erscheinungen *symbolischer Ordnungen*, um eine von

Menschen konstruierte und bewusstseinsprägende, symbolische Umwelt, mittels derer das Fremdartige, das Andere, das Störende (= das unerwünscht und befürchtete Andere) unter Einsatz verschiedener Praktiken handhabbar, beherrschbar gemacht werden und das psychische Klarheit und Sicherheit vermittelnde Ordnungssystem „rein" gehalten werden kann: von ästhetischer oder von anderer „Verschmutzung". Die Reinhaltung der „Norm" – analog darwinistischer arttypischer Verhaltensweisen – scheint als dominantes *Angst- und Machtmotiv* dem Menschen ebenfalls durch die Zeiten hindurch zu eigen zu sein. Dies kann aus sozial vermittelter Angst vor den fremdartigen Phänomenen aufgrund angenommener Bedrohung der eigenen physischen Integrität resultieren (z.B. vor dem geistig behinderten Menschen als „sexueller Wüstling" [vgl. Walter / Hoyler-Herrmann 1987, 137f]). Weiterhin kann die machtvolle Reinhaltung der Norm motiviert sein durch sozial sehr hoch bewertete Funktionsleistungen (wie heutzutage Kontakt- und Kommunikationsfähigkeit, Mobilität und Flexibilität), die stigmatisierte Personen aufgrund ihrer mangelnden körperlichen oder psychischen Integrität *vermeintlich* nicht erbringen können. Nicht zuletzt kann die Motivation zur Normreinhaltung aus Projektionen eigener Schuldgefühle auf Stigmatisierte resultieren (Sündenbock- und Bösewichtfunktion).

Weitere Motive für Stigmatisierungen liegen in konkreten Machtinteressen von Personen und / oder Institutionen – Politik, Wirtschaft, Kirche – begründet (vgl. Hohmeier 1975, 20 ff.).

Diese und ähnliche Einstellungen und sozialen Reaktionen auf Andersartige sind auch als künstlerisch verarbeitete Lebensmuster in der Weltliteratur widergespiegelt; sie stellen ubiquitär-soziale Grundkonstellationen, alltägliche menschliche Lebenswirklichkeiten dar und zeichnen auf der literarisch-ästhetischen Folie Bilder komplexen sozialen Lebens mit allen Widersprüchlichkeiten der menschlichen Psyche. Wir finden solche literarischen Zeugnisse z.B. bei Victor Hugo (1977) in seinem Roman „Notre-Dame von Paris", bei Fjodor Dostojewski (1989) in „Die Dämonen" oder bei Friedrich Hebbel (1906) in seinem Werk „Meine Kindheit". Auch die neuere anspruchsvolle Literatur der Gegenwart hat Themen von Stigmata und des Umgangs mit Andersartigkeiten und Stigmatisierungen in ihre Gestaltung aufgenommen; hier sei der Roman „Eine persönliche Erfahrung" von Kenzaburo Oe ($1994^2$) erwähnt, in dem der Autor eigene biographische Gegebenheiten verarbeitet hat.

Einstellungen und Diskriminierungsmotive als soziale Reaktionen auf Stigmata haben – wie zuvor skizziert – eine beachtliche Variationsbreite; ihr gemeinsamer Nenner ist das Ansinnen und die Zuschreibung inferiorer Qualitäten, um sich unerwünschte Andere im wahrsten Sinne „vom Leibe zu halten". Dafür wurden im Laufe der Geschichte sehr unterschiedliche *Formen* des sozialen Ausschlusses praktiziert, die im folgenden überblickartig dargestellt werden.

### 2.3.1.3 FORMEN DER EXKLUSION / DES AUSSCHLUSSES

Exklusionsvorgänge von sozialer Teilhabe sind stets auf ein Macht- oder Gewaltverhältnis gegründet, auf eine *asymmetrische* Beziehungskonstellation zwischen Menschen, bei der auf der Machtseite bestimmt, befohlen und gehandelt wird, auf der Ohnmachtseite gehorcht, befolgt und ausgeführt wird. „Macht ist zunächst und vor allem: Aktion, Initiative, Aufprägen und Durchsetzen des eigenen Willens gegen das Widerstreben anderer, und sie ist ebenso die elementare Erfahrung des Ausgeliefertseins, der puren Objekthaftigkeit, Realisierung eines fremden Interesses im Medium des eigenen Handelns. Die Macht wird ergriffen und erlitten, sie wird von Menschen gemacht und stößt den Menschen zu" (Paris 2005, 19). Das heißt, dass sich Macht als eigener Wille und *Tun* gegen das Widerstreben und das *Leiden* (zumindest eines *Erdulden Müssens*) des anderen durchsetzt. Zur Durchsetzung dieses Willens werden vielfältige Formen bemüht, deren Gebrauch wiederum – wie die Motive und sozialen Reaktionen auf Andersartigkeit – von soziokulturellen und sozio-historischen Kontexten abhängt. Die in der Soziologie bekanntesten Machtformen sind die Legitimationsmacht, die Strafmacht und die Belohnungsmacht (vgl. Paris 2005, 20), die nicht trennscharf voneinander abzugrenzen sind und in ihren jeweiligen Funktionsbereichen auch unterschiedliche Formgebungen aufweisen.

In Anlehnung an Hanks / Hanks (1948) unterscheidet Cloerkes sechs abgestufte (Macht)Formen der sozialen Reaktion auf Andersartige (vgl. 1997, 101 f.):

*a)* aktive Tötung,
*b)* passive Tötung bzw. Ausstoßung aus der Gruppe mit der Folge physischen oder sozialen Todes,
*c)* Isolation,
*d)* Partizipationseinschränkung,
*e)* Modifikation von Partizipation und
*f)* Laisser faire.

Als Extremform ist die *aktive Tötung* (Infantizid, Genozid) zu nennen, die nicht nur die Naturvölker aus *irrationalen und archaischen* Ängsten und aus kreatürlichen Reinerhaltungsvorstellungen praktizierten; sie wurde und wird gleichfalls auch von Menschen in alten Hochkulturen und neuen Zivilisationen auf der Basis rationaler, ethisch-philosophischer Argumentationsfiguren und Ideologisierungen ausgeübt, wie z. B.

- von den Griechen und Römern mit der Entledigung eines schwach und übel gestalteten Kindes durch Wurf in eine tiefe Kluft am Berg Taygetos, legitimiert durch das Ideal der Kalokagathie,
- im „Dritten Reich" des Nationalsozialismus mit dem Völkermord, mit der mechanisierten Vernichtung der Juden, Roma und anderer „Untermen-

schen“ wie geistig behinderten Personen auf der Basis von Sozialdarwinismus und Eugenik,

- oder in der heutigen Zeit mit den mörderischen Maßnahmen der sogenannten „ethnischen Säuberung“ in Bosnien-Herzegowina, Kosovo, Sudan oder in Uganda auf der Grundlage von Nationalismus und Ethnozentrismus.

In der „absteigenden“ Skala der Reaktionsformen folgt die *passive Tötung* (so z.B. das „Liegenlassen“, das heißt die medizinisch-pflegerische Nicht-Versorgung etwa von Spina Bifida geschädigten Kindern) bzw. die *Ausstoßung* / Exkommunikation aus dem sozialen Verband – mit der Folge eines sozialen Todes – wie z.B. das Wegsperren in Ställe (wie im einführenden Zeitungsbericht dieses Kapitels dargestellt); zusätzlich zur lokalen Marginalisierung erfolgte meist noch eine optische Kennzeichnung mit Markierungen zur Isolierung und Vermeidung von Kontaminierung: *Aussätzige* mussten Schellen, Klappern und eine besondere Tracht tragen, *Narren* ein langes Gewand mit Gugelkappe und Schellenstab, *Juden* hatten sich mit Sternen kenntlich zu machen und *Besessene* (psychisch Gestörte) mussten an einer Kreuz-Tonsur erkennbar sein. „Der optischen Markierung entsprachen die soziale Stigmatisierung und im Innern der Betroffenen selbst ein bleibendes Wundmal“ (Müller 1996, 56). Meist waren diese optischen Markierungen und seelischen Blessuren verbunden mit den vorgenannten lokalen Isolierungen, typographischen Fremdsetzungen und Marginalisierungen, wie der Ghettoisierung der Juden, der Unterbringung von „Geistesgestörten und Irren“ in geschlossenen Psychiatrien, der Einsperrung von Besessenen und Narren in „Tollhäusern“ oder „Narrentürmen“, der Unterbringung von Armen, von behinderten Menschen in Hospitälern – „hinter Schloss und Riegel gehalten“: dies alles an der äußersten Peripherie, an den Randbezirken der „normalen“ Gesellschaft. Entsprechend den geistigen Raumordnungsstrukturen war der Besuch der Stadtkerne nur tagsüber – und dies mit Einschränkungen – , nicht aber nachts gestattet. So lebten z.B. im Mittelalter in Paris alle von der Gesellschaft ausgegrenzten Menschen zusammen am Rande der Altstadt in einem Areal namens „Mirakelhof“; diesen abgeschiedenen Ort beschreibt Victor Hugo in seinem Buch „Notre-Dame de Paris“ als scheußliche Warze am Angesicht von Paris, eine Kloake, in der es nur so kroch, hinkte und wimmelte von „Krüppeln, Blinden, Lahmen, Einarmigen, Einäugigen und „wundenbedeckten Aussätzigen“ (Hugo 1977, 100 f.).

Dies ist zwar eine Schilderung aus dem Mittelalter, doch sind die sich darin spiegelnden Einstellungen und Ausgrenzungsformen längst nicht nur Vergangenheit. Man braucht nur in die achtziger Jahre des 20. Jahrhunderts nach Rumänien zu gehen, um in den in abgelegenen Wäldern verborgenen Heimen für die „Irecuperabili“ – wie etwa in Cighid – dieselben Haltungen und von menschlich-sozialer Gemeinschaft ausschließenden Machtformen wiederzuerkennen. „Cighid“ gilt als Inbegriff der in der Ceaucescu-Ära versteckten, außerhalb von

Ortschaften gelegenen rumänischen Kinderheime, in denen bis 1989 „behinderte" Kinder und Sozialwaisen ohne jegliche Entwicklungsanregung unter unsäglichen hygienischen und räumlichen Bedingungen und in jeder Hinsicht menschenunwürdigen Verhältnissen dahinvegetierten und von der Gesellschaft fern und ausgesondert unter Verschluss gehalten wurden. „Irecuperabili" war die rumänische Bezeichnung für die in den Kinderheimen lebenden (geistig) behinderten Kinder als „nicht rehabilitationsfähig", „unproduktiv und lebensunwert", mit der Konsequenz fehlender jeglicher Förderung, totaler Vernachlässigung und 50% jährlicher Sterberate (vgl. Hofsäss 1990, 162 f.).

Etliche heute noch bestehende isolierte Wohnheime oder Werkstätten für Menschen mit Behinderungen und andere Sondereinrichtungen am Rande von Städten als Folgeeinrichtungen damaliger geschlossener Anstalten sind immer noch Zeugnisse solcher auf „Distanzierung" von den „Normalbürgern" hin angelegten, separierten und abgeschiedenen „Verwahrorte": für Menschen, die man am besten „versteckt". Lokale Absonderung und Marginalisierung ist deshalb auch heute noch sichtbar und wird weiterhin praktiziert.

Mit den auf der Skala verbliebenen Reaktionsformen der „Einschränkung von Partizipation" und „Modifikation der Partizipation" sind Rollenverluste und Sonderrollen in der Sozialgemeinschaft gemeint, die – rationalisiert – die Bedeutung von Schutzfunktionen *für* die Ausgegrenzten haben sollen, insofern, als ihnen weniger soziale Rechte und Pflichten zugemessen werden; de facto jedoch waren und sind es weitgehend Selbstschutzfunktionen der Ausgrenzer und „Definierer", da sich diese vor einer Machtteilung, vor der aktiven, gleichberechtigten Partizipation mit den „Beschützten" an allen gesellschaftlichen Gütern selbst „schützten" mittels der von ihnen machtvoll auferlegten Einschränkungen, rechtlichen Beschneidungen und Bevormundungen.

Zu diesem Formenkreis der Einschränkungen und Modifikation von Teilhabe kann auch das „labeling" gezählt werden, das Menschen mittels Bezeichnungen und Begriffen zu *Objekten* der Behandlung, der Fürsorge, der Inobhutnahme und auch der Entrechtung macht. Mit diesem Instrument feiern die im Mittelalter als verhöhnende und mit ätzender Verachtung benutzten Bezeichnungen und Stigmatermini wie „Teufelsfratze", „Hinkefuß", „Buckliger" oder „Krüppel" als verbale Anwürfe und rüde Pöbeleien – die früher wie heute emotionaler Abfuhr dienten und der Angst machenden Abscheu Luft verschufen – heute noch fröhliche Urständ: wenn aktuelle Beschimpfungen wie „Dreckstürke", „Spasti", „Mongölchen" oder „Hammeltreiber" die so Bezeichneten in ihrer Seele treffen sollen. Durch diese Definitionen soll nicht nur den Definierten selbst auf sadistische Weise ihre inferiore Anders- und Abartigkeit zu Gehör gebracht werden, sondern sie werden zugleich für alle anderen Mithörenden an den akustischen Pranger gestellt. In „zivilisierteren" Kommunikationskonstellationen geschieht Ähnliches subtiler mittels entsprechender Witze.

 

Darüber hinaus werden – am Beispiel von Behinderung und behinderten Menschen aufgezeigt – durch Begriffe und Diktionen Außen- und Fremdsteuerung von Menschen legitimiert, da diese aufgrund zugeschriebener Inkompetenzen aufoktroyierte Hilfe und autoritäre Strukturen über sich ergehen lassen müssen. Signifikant dafür ist die bis in die achtziger Jahre des 20. Jahrhunderts benutzte – allerdings auch heute noch teilweise anzutreffende – Diktion, die generalisierend von den, bzw. dem „Behinderten“ spricht und darin begrifflich das Anderssein und in Sprache gefasste Machtverhältnisse zum Ausdruck bringt. Gekennzeichnet wurde / wird dies in den unkritisch bestimmten Begriffen wie: die Körperbehinderten, die Geistigbehinderten, die Hörbehinderten etc., werden doch in diesen Begriffen nur Schwächen und Defizite unter dem ausschnitthaft verkürzten Blickwinkel von Leistungsforderungen wahrgenommen. Details werden willkürlich verallgemeinert und als die Person kennzeichnendes Etikett nach konstruiertem Merkmal für das Ganze genommen. Die ganze Fülle, der ganze Reichtum an Gefühlen, Fertigkeiten, Fähigkeiten, Symbolen, Ausdrucksformen etc. wird in diesen Formeln, in solcher Begrifflichkeit sich niederschlagender Mängelzentrierung, Defizitorientierung und Übergeneralisierung ausgeblendet, verdrängt und damit als nicht existent angesehen. Mit diesen Reduktionen auf einzelne Funktionsbereiche auf Kosten der Ganzheitlichkeit und mit dem diffusen Eintopfdenken im Alltagssprachgebrauch, das die Existenz von Menschengruppen unterstellt, die sich nur durch Defizitmerkmale unterscheiden (die Blinden, die psychisch Behinderten etc.), werden Menschen in Schubkästen abgelegt, nach Defiziten klassifiziert und mit der Macht der Sprache definiert, aus- und 'abgegrenzt': durch Nichtbehinderte, von Nichtbehinderten. Dabei ist festzustellen, dass die Sichtweisen des sogenannten Behinderten durch den sogenannten Nichtbehinderten von dessen Einstellungen vermittelt ist (vgl. Bleidick 1988, 34). Die in dieser Sprache deutlich zum Ausdruck kommende Trennung von menschlicher Gemeinschaft, die an den Rand drängt und in Privilegierte und Untergebene, in Definierende und Definierte, in Starke und Schwache, in Beteiligte und Ausgeschlossene aufteilt, offenbart prinzipiell das Modell der Unterdrückung (vgl. Buchkremer 1982, 41), bzw. belegt darin auch das Phänomen der im Gesellschaftssystem begründeten *strukturellen Gewalt* als indirekter Beeinflussung von Menschen, d.h., dass ihre aktuelle körperliche oder geistige Verwirklichung geringer ist als ihre mögliche Verwirklichung, dass eine Kluft besteht zwischen real existierenden Lebensbedingungen und alternativen Möglichkeiten der Selbstentfaltung (vgl. Galtung 1975, 9 / Schirp 1993, 14).

Insofern kann eine an ausschnitthafter Merkmalsbeschreibung, an ausgrenzender Kategorisierung, an diagnostizierendem Normenfokus sich orientierende Sichtweise und deren sich in Begriffen niederschlagende Einstellung als repressiv und inhuman gekennzeichnet werden, wenn auch in der unreflektierten Alltagssprache zumeist unbewusst. Das individuelle Bild des Einzelnen, die Subjektivität in der Fülle des Person- und Menschseins geht in diesen Etiketten völlig unter. So ist die generalisierende Bezeichnung des „Behinderten“ das Ergebnis des historisch-traditionellen Verständnisses von Behinderung, bei dem es zu einer Ontologisierung der auf der Ebene der Wahrnehmung gewonnenen Erkenntnisse kommt: „...was uns an einem Menschen in einem *ersten Schritt* als klassifizierbare Erscheinungen (als psychologisierbare Merk-Male) auffällt (das ist unsere Wahrnehmung des anderen), machen wir in einem *zweiten Schritt* zu seinem >inneren Wesen<; wir deuten sie, – pars pro toto – als seine ‚Eigenschaften', seine seine ‚Natur'..." (Feuser 2000, 151).

Am Beispiel des Rassismus macht Singer (1997, 45 ff.) deutlich, dass die asymmetrische Definitionspraxis, die Unterschiede zwischen „uns" und „den anderen" (generalisierend!) hervorbringt, nicht nur das Ergebnis kulturell tief verankerter Wahrnehmungs- und Zuschreibungsprozesse ist, sondern dass die Festlegung von Unterschieden zwischen Menschengruppen ein Verhältnis von Über- bzw. Unterlegenheit begründet. Als signifikantes Merkmal der asymmetrischen Beziehungspraxis gilt der Sachverhalt, „dass die Bezeichnenden sich selbst nicht als etwas Messbares und als etwas Relatives – wie die Bezeichneten – in die Rede einbringen, sondern als Maßstab selbst, der dann selbst nichts zu Messendes ist" (ebd. 49). So ist bei der Unterscheidung Nichtbehinderter und Behinderter das zweite Glied – wie bei jeder binären, zweiwertigen Unterscheidung, also z.B. Christ und Nicht-Christ (Heide), Grieche und Barbar – stets nur der markierte *Andere* des ersten, die degradierte und unterdrückte Seite des ersten. Die dominante, die *definierende* Gruppe ist unmarkiert, „normal". Mit dieser Klassifikationspraxis *der Konstruktion von Andersheit* setzen sich die Definierer mit ihrer Definitionsmacht ins Zentrum und drängen die Anderen, die „Markierten" an den Rand ins Abseits (vgl. Hall 1999, 93) Deshalb kann ein solcher asymmetrischer Bezeichnungsvorgang als Zeichen *struktureller Gewalt* gesehen werden, mittels derer die Anderen symbolisch aus der ursprünglich zugehörigen sozialen Welt vertrieben und tendenziell pathologisiert werden.

Die in Begriffen – als *Konstrukten* von Realitäten! – enthaltenen Wertungen können also durch abwertende Hervorhebungen von spezifischen Merkmalen und daran angehängten Zuschreibungen zu Diskriminierungen, Etikettierungen, Stigmatisierungen und Ausgrenzungen führen und damit im Sinne Bourdieus (1998, 141) auch zu Werkzeugen *„symbolischer Gewalt"* werden, zumal dann, wenn sich die „markierten" und definierten Personen nicht gegen die in den Definitionen enthaltenen negativen Attribuierungen und daraus folgenden Ausschlüssen auflehnen können. Die Grammatik solcher gewaltträchtiger Sprachfiguren und ihrer Folgen sind u.a. in den historischen Zeugnissen der Psychiatrie (Hospitalismus), der Ghettos des Mittelalters und der Neuzeit sowie aktuell in den „gesetzesfreien" Mechanismen in Guantánamo zu finden: als erschreckende Belege für die mit asymmetrischen, binären Definitionen verbundene *strukturelle* und *symbolische* Gewalt. Zu diesem Gefahrenfeld der asymmetrischen Bezeichnung gehört auch die *Diagnostik,* vor allem dann, wenn sich ihre terminologische Systematik, ihre „Tiefengrammatik", am binären Code des Unterscheidens orientiert. Der Macht dieser Definitionen von sozial mächtigen Personen und Organisationen können die Definierten in der Regel nur ihre Ohnmacht entgegensetzen. Dazu kommt meist noch der sehr niedrige ökonomische Status der Definierten, der es ihnen nicht ermöglicht, den Attribuierungsinstanzen zu entfliehen; außerdem generiert eine geringe sozioökonomische Lebenslage oft noch das weitere Stigma der Armut.

Als letzte hier zu erwähnende Form der Exklusion von sozialer Gemeinschaft sei kurz noch die *Verhinderung* von störenden Stigmata mittels biogenetischer und biomedizinischer Verfahren erwähnt, die ein in unerwünschter Weise „anderes Sein" im Vorfeld seiner Ausprägung – vorgeburtlich – unterbindet, gar nicht erst entstehen lässt. Stichworte dazu sind Maßnahmen der PID, der genetischen Manipulation, der Abtreibung etc. Betrachtet man diese Form des Ausschlusses jedoch vor dem Hintergrund der hier zuvor zugrunde gelegten Stufungslogik von sozialer Reaktion auf Andersartige, so ließe sie sich – je nach ethischem Standpunkt bezüglich der Festlegung des Beginns menschlichen Lebens – unter der ersten Gruppe der „aktiven Tötung" subsumieren.

Bei allen Unterschieden weisen die hier skizzierten *Formen der Exklusion* durchgängig Gemeinsamkeiten auf: Sie zielen ab

- auf eine *Objektivierung* von Menschen,
- auf die *Generalisierung* eines Merkmals auf die ganze Person,
- auf die *Entrechtung* von Menschen zur Entmachtung, Autonomiebeschränkung und Fremdbestimmung,
- auf *Kontrolle* über Personen,

deren Folgen bei den definierten, stigmatisierten, diskriminierten, marginalisierten und exkludierten Menschen in der Regel zu einer „beschädigten Identität" führen

#### 2.3.1.4 Beschädigte Identität

In Anlehnung an Goffmans These der „beschädigten Identität" (vgl. Goffman 1976) als Ergebnis von Stigmatisierungsprozessen verstehen Eickelpasch / Rademacher beschädigte Identität als einen Persönlichkeitszustand „nicht autonomer Lebensgestaltung" (2004, 118 f.), in dem das stigmatisierte Individuum fremdbestimmt sein Selbst, sein Ich den Forderungen der ihn Ausschließenden anpasst, bzw. orientierungs- und hilflos als „Vagabund" und „Nomade" ohne Teilhabe am sozialen Leben widerstandslos in neue Gehäuse eingepasst wird.

Obwohl es einige widersprüchliche Forschungsergebnisse zur Frage einer automatisch einsetzenden Identitätsstörung stigmatisierter Menschen gibt (vgl. Wocken 1983, Grohnfeld 1976) – siehe auch nachfolgend unter 2.3.2 dargestellte

Beispiele von nicht beschädigter Identität trotz Stigma und Stigmatisierungsprozessen –, geht jedoch die Mehrzahl der Studien zur Stigma-Identitäts-These davon aus, dass stigmatisierende Zuschreibungen von negativ attribuierten Persönlichkeitsmerkmalen zwangsläufig zu einer massiven Gefährdung bzw. Veränderung der Identität stigmatisierter Personen, zu einer Störung der Ich-Identität führen.

Solche Gefährdungen, Veränderungen oder Beschädigungen können sich u.a. äußern in:

- Verhaltensunsicherheiten, Ambivalenzen und Ängsten in Interaktionen (Inferioritätsgefühl, Depression, Vermeidungen, Kontaktstörungen, Kontaktverlust),
- Konformismus / Überanpassung (vgl. Thimm 1975),
- einem negativen Selbstbild.

In Anlehnung an Dederich (2001, 186-191), der sich bei den nachfolgend referierten Gedankengängen auf die Ausführungen von Meier-Seethaler (1997, 270) bezieht, können wir diese Identitätsstörungen als Resultate von *Verweigerung* der Befriedigung psychischer und sozialer menschlicher Grund*bedürfnisse* begreifen; es sind dies

- *das Bedürfnis nach Zuwendung und Fürsorge*: Mitgefühl, Verantwortung, Solidarität und liebevolle Zuwendung,
- *das Autonomiebedürfnis*: Selbstbestimmung und selbstbestimmte Lebensführung,
- *das Bedürfnis nach Anerkennung* (des individuellen So-Seins und sozialer Anerkennung): Wertschätzung, Wohlwollen, Mitfreude, Bestätigung
- *das Bedürfnis nach Gerechtigkeit*: Fairness, Verantwortung, Aufrichtigkeit und Transparenz, Gleichbehandlung.

Dabei kommt dem Grundbedürfnis nach *Anerkennung* für das hier zu behandelnde Thema besondere Bedeutung zu, da Anerkennung für die Herausbildung und Stabilisierung der individuellen und sozialen Identität der Person die zentrale Rolle spielt. Ähnlich sieht auch Buber Anerkennung und Bestätigung als Kernelemente von ausbalancierter Bezogenheit und Menschlichkeit: „In allen Gesellschaftsschichten bestätigen Menschen einander [...] in ihren menschlichen Eigenschaften und Fähigkeiten, und eine Gesellschaft kann in dem Maße menschlich genannt werden, in dem ihre Mitglieder einander bestätigen“ (1957, 97 ff.). Auch Taylor (1993, 13 f.) streicht die besondere Bedeutung der Anerkennung für eine gesunde Ich-Identität heraus, indem er sagt: „unsere Identität werde teilweise von der Anerkennung oder Nicht-Anerkennung, oft auch von der *Ver*kennung durch die anderen geprägt, so dass ein Mensch oder eine Gruppe von Menschen wirklich Schaden nehmen, eine wirkliche Deformation erleiden kann, wenn die Umgebung oder die Gesellschaft ein einschränkendes, herabwürdigendes oder verächtliches Bild ihrer selbst zurückspiegelt. Nichtanerkennung oder Verkennung kann Leiden verursachen, kann eine Form von Unterdrückung sein, kann den anderen in ein falsches, deformierendes Dasein einschließen."

Letztlich ist die Verletzung des sozialethischen Postulats der Anerkennung für Fukuyama der Grund dafür, dass Machtmissbrauch, Allmachtsphantasien und Grandiosität von Mächtigen mit ihren Stigmatisierungen „der Anderen" zu den Signaturen der Unterdrückung, des Ausschließens und der Beschädigung von menschlicher Identität führen: wie die Massaker Pol Pots in Kambodscha, der Genozid der Hutus in Ruanda, die Anarchie in Somalia, die Bomben-Attentate der ETA und der IRA, die Kriege im Kosovo und in Tschetschenien, der 11. September 2001 in New York und Washington, der 11. März 2004 in Madrid, die Intifada in Israel, Al Kaida in Afghanistan (und mittlerweile auf allen Kontinenten), der Irakkrieg und seine Terror-Folgen, und nun der sich abzeichnende Völkermord im Sudan; alle diese Grausamkeiten sind aufgebaut auf den Nicht-Anerkennungen anderer. Dies geschieht nach Fukuyma seit Alters her nur deshalb, weil Menschen sich von anderen Menschen nicht anerkannt fühlen bzw. auch nachweislich nicht in ihren Eigenarten akzeptiert, respektiert und als gleichberechtigt behandelt werden. Es ist genau dieses menschliche Urbedürfnis nach Anerkennung: Wir können auch mit den chilenischen Neuro-Philosophen Maturana und Varela (1990) sagen: das Bedürfnis, einen gleichberechtigten Platz neben einem anderen zu haben, dessen Einräumung sie auch „Liebe" nennen. Dieses Motiv, als menschliches Wesen anerkannt zu werden, als ein Wesen mit Wert und Würde, das die Anerkennung dieses Wertes einfordert – was wir als Selbstachtung bezeichnen – sowie die schrecklichen Folgen als *Reaktionen* seiner Nichtberücksichtigung durchziehen mit den Signaturen von Verfolgung, Unterdrückung und Vernichtung die gesamte Menschheitsgeschichte. Erniedrigung, „Kleinmachung", Unterwerfung und Vernichtung sind die Mittel, den jeweils anderen zur „Anerkennung" der eigenen menschlichen Würde und Identität zu zwingen, bzw. sich selbst durch Gewalt und Stärke Anerkennung zu verschaffen. Dabei ist zu betonen, dass diese Mittel heutzutage überwiegend nur dann eingesetzt werden, wenn tatsächlich Nichtanerkennung, Beherrschung und Unterwerfung erfolgt ist, Kampf und Vernichtung also Reaktionen darstellen, die aberkannte eigene Würde unter Einsatz des eigenen Lebens zurückzuerobern. Bezieht man die tiefenpsychologische Erkenntnis mit ein, dass Täter in der Regel vorher immer Opfer waren, denen Liebe und Anerkennung versagt wurde und diese sich später für ihre erlittenen Kränkungen und Entwertungen grausam gegenüber anderen rächen, dann werden viele unsägliche Erscheinungsformen von Machtmissbrauch plausibler. In diesem Lichte betrachtet gewinnen viele Grausamkeiten zwar keinerlei Legitimation, regen aber wohl zu Reflexionen in Bezug auf die Mitschuld derjenigen an, gegen deren Arroganz, Überheblichkeit und Verletzung von Selbstachtung sich die rächende Vernichtung richtet. Das Streben nach Anerkennung ist das zentrale Problem der Politik, denn es ist der

Ursprung von Tyrannei und Imperialismus und bedingt das Verlangen, über andere zu herrschen und ihnen die Ehrbarkeit, die Würde zu beschneiden; dies ist die schwarze Seite. Gleichzeitig bildet der Ehrgeiz nach Anerkennung aber auch die psychologische Basis der politischen Tugenden von Mut, Gemeinsinn und Gerechtigkeit (vgl. Fukuyama 1992, 22): Letzteres ist ein eminent wichtiges Moment für die Entstehung und Propagierung des sozialethisch-normativen Konzepts von Inklusion, auf das später noch genauer einzugehen sein wird. Ebenso ist für die Entwicklung des sozialen Inklusionskonzepts die Tatsache bedeutsam, dass die Erfüllung der vorgenannten vier Grundbedürfnisse (*Zuwendung und Fürsorge, Autonomie, Anerkennung, Gerechtigkeit*) eine sozialethische Dimension im Sinne einer intersubjektiven und solidarischen Responsivität besitzt, ist doch die Bedürfnisbefriedigung stets an das Mitwirken, an die Hilfe von Interaktionspartnern gebunden, was bei den bislang behandelten Einstellungen, Stigmatisierungsweisen und Identitätsbeschädigungen nicht der Fall war.

Wie weiter oben dargelegt, ist der Spiegel der anderen, der Interaktionspartner, zur Konstruktion der Ich-Identität, zum Prozess der Selbstverwirklichung unverzichtbar: zum einen, um das eigene Selbstbild zu entwerfen, zum anderen, um die Fähigkeit zum Aufbau der balancierenden Identität zwischen den von außen herangetragenen Erwartungen und den ich-identischen Vorstellungen zu entwickeln. Spiegeln nun die anderen die von ihnen konstruierten und diskreditierenden „Unwerte" permanent in Kommunikation, Nichtbeachtung, mangelndem Respekt, Verachtung, Ausschluss oder Vernichtung wider, wird die Identität „beschädigt"; das heißt, der betroffene Mensch fühlt sich im Inneren, in seiner Eigeninstanz getroffen, verletzt, entwertet, meint er doch, eine ganz normale Person zu sein, so wie alle anderen auch, weil das erfahrene Stigma – auf das die Verweigerung der Anerkennung und der Ausschluss zurückgeht – nicht Teil seines Wesens ist. Ich und Ich-Ideal sind gespalten, unausbalanciert, die Persönlichkeit in ihrer Ganzheit und Einzigartigkeit (die Identität), das eigene Normensystem, das *Selbstkonzept* ist gestört. Während Soziologen den Begriff „Identität" benutzen, bevorzugen viele Entwicklungspsychologen statt dessen den Begriff des Selbstkonzeptes; sie verstehen unter Selbstkonzept ein multidimensionales Konstrukt, das in seinen materialen, sozialen und geistigen Bezügen ein System von Einstellungen gegenüber der eigenen Person bewirkt (vgl. Schmetz 1999, 139).

### 2.3.2 KRITIK VON AUSGEGRENZTEN

In Ergänzung zu anderen Identitätskonzepten hat Frey (1983) seinem Identitätsmodell den aus seiner Sicht zuvor nicht genügend berücksichtigten *Verarbeitungsaspekt* externer sozialer Zuschreibung – die *Innenperspektive* – der negativ Attribuierten hinzugefügt, die Beobachtern verschlossen bleibt, da diese Verhalten stets nur aus ihrer eigenen Lebensführung beurteilen, wie schon Jaspers in seinen Tagebuchaufzeichnungen feststellte (1976, 140). Frey versteht unter dem internen Aspekt des „Selbst“ des Menschen einen *reflexiven* Selbsterfahrungsprozess, der zum einen die Wahrnehmungen aufnimmt, wie man von *anderen Menschen* gesehen wird – vermutetes Fremdbild – und zum zweiten die *Selbstinterpretation* beinhaltet, wie man sich selbst sieht – Selbstbild – (vgl. Frey 1983, 43 ff.).

Fremdsicht und Selbstsicht als unterschiedliche Wahrnehmungen und Interpretationen von Welt und Wirklichkeit sind nicht nur zentrale Inhalte von Identitätstheorien, sondern auch Kardinalthemen des *Konstruktivismus*, dessen Grundüberzeugung dafür steht, dass wir über die Realität stets nur das wissen können, wie der jeweilige Betrachter sie selbst erlebt und für wirklich erachtet und dass die Vorstellungen von Realität immer subjektiv sind (vgl. Glaserfeld 1996, Watzlawick 1989, Bateson 1981, Maturana / Varela 1990, Luhmann 1999). Wenn wir demnach unsere Wirklichkeit nach unseren Wahrnehmungen und Vorstellungen – jeder – selber konstruieren, dann ist es zu einem gegenseitigen Verstehen und zu einem besseren menschlichen Miteinander unerlässlich, das Denken und Fühlen über sich selbst (und über den anderen) offen zu legen, gleichsam Einblicke in das Innere zu gewähren, um nicht weiterhin unseren vagen Spekulationen über den anderen und seine Anderheit, über sein „vermeintliches“, unseren Vorstellungen entsprechendes, angedichtetes So-Sein aufzusitzen.

Eine solche Vorgehensweise könnte vielleicht zu einer Theorie „von innen heraus“ vorstoßen (vgl. Eggert 1999, 58), auf deren Basis es möglich wäre, „in den Schuhen des anderen zu gehen“ (Rogers 1978), die empathische „Erfahrung der Gegenseite“ (Buber 1960, 41) zu machen und zu einem verstehenden menschlichen Miteinander zu gelangen. Für einen solchen Weg aufeinander zu liefern die Erklärungen der Erkenntnistheorie des Konstruktivismus nicht nur die entsprechenden Begründungen, sondern auch mögliche Werkzeuge (vgl. Palmwoski / Heuwinkel 2000).

Während Erklärungen sogenannter Objektivität davon ausgehen, dass Menschen und Dinge (Hautfarbe, geistige Fähigkeiten etc.) durch Wahrnehmung oder Denken objektiv erkennbar sind und Verschiedenheit damit individuelle, reale Eigenschaften einer Person *sind,* dass also die Verschiedenheit und als deren Folge demnach Ungleichwertigkeit als unausweichliche Fakten anzusehen sind, schlägt der Erklärungsweg des Konstruktivismus eine ganz andere Richtung ein, nämlich die, „dass jede Beobachtung oder Erkenntnis das Ergebnis wirklichkeitskonstruierender Tätigkeit ist. Aussagen eines Beobachters über Objekte, Entitäten, Relationen sind abhängig von biologischen, sensomotorischen, affektiv-kognitiven sowie sozialen Operationen. Demnach gibt es, anstatt eines Universums, die Möglichkeit der Konstruktion so vieler Multi-versen, wie es Operationen des Beobachtens gibt. Die Hautfarbe, die Kultiviertheit, das Geschlecht, der Entwicklungsstand, die geistigen Fähigkeiten, körperlich-seelisch-geistige Schädigungen als Aspekte von Verschiedenheiten sind aus dieser Perspektive Unterscheidungsoperationen bzw. Wirklichkeitskonstruktionen, die wir als Beobachter im Zusammenleben mit anderen Beobachtern hervorbringen. Ebenso entsteht im sozialen Umgang mit diesen Aspekten von Verschiedenheiten dann die Bewertung der von uns als verschieden beobachteten Menschen als gleichwertig oder ungleichwertig" (Balgo 2000, 148).

Unter Zugrundelegung dieser konstruktivistischen Erklärungsansätze von subjektiven Wahrnehmungen, Wirklichkeitskonstruktionen und Bewertungen gewinnen die nachfolgenden Beispiele von Selbstbildern, von Kritiken ausgegrenzter Personen, beschädigter Identitäten, bzw. von Menschen, die sich in ihren Reflexionen den negativen Zuschreibungen und Stigmatisierungen, d.h. den Ungleichwertigkeitsurteilen anderer widersetzen, nicht nur einen erweiterten Verstehenshorizont, sondern aus ihnen lassen sich auch eindringlich zwei ethische Desiderate ableiten:

- das Postulat nach mehr, nach grundsätzlicher „Doppelsicht", Wahrnehmung und Einschätzung beider Interaktionspartner voneinander, und
- das Postulat nach Reflexion, Verantwortung sowie Akzeptanz von Pluralität und Wertschätzung von Differenz.

#### 2.3.2.1 Selbstbilder und Selbstwahrnehmungen stigmatisierter Personen – Ausgewählte Beispiele

Die nachfolgenden – subjektiv ausgewählten – Textstücke entstammen zwei Arten von Textmaterialsorten. In der ersten Gruppe kommen Menschen zu Wort, die sich in bereits *publizierten* autobiographischen Selbstzeugnissen zu ihren Gedanken und Empfindungen hinsichtlich ihres Selbstwertgefühls und ihrer Beziehungen zur Sozietät äußern; im zweiten Teil der Dokumentation folgen Ausschnitte von noch unveröffentlichten Interviews mit sogenannten behinderten Menschen, die ich im Winter 2001 / 2002 anlässlich eines Forschungsvorhabens zu der Frage von „sozialen Wirklichkeiten behinderter Menschen in vier mittel- und osteuropäischen Staaten aus autobiographischer Sicht" geführt habe; im Mittelpunkt stand die Erkundung nach der Einschätzung dieser Menschen bezüglich ihrer gesellschaftlichen Akzeptanz und ihrem Dazugehörigkeitsgefühl, ihrer gesellschaftlichen Eingebundenheit sowie ihrer sozialen Teilhabe. Zwei kurze Ausschnitte aus Interviews mit deutschen behinderten Personen – durchgeführt von zwei Studentinnen im Jahre 1999 – ergänzen diese Texte. Die Beispiele dieser Selbstbilder sind mit *„Stimmen ausgeschlossener Menschen"* überschrieben.

### 2.3.2.1.1 AUSSCHNITTE AUS PUBLIZIERTEN AUTOBIOGRAPHISCHEN SELBSTZEUGNISSEN

**Christopher Nolan: Unter dem Auge der Uhr (1993)**
*„Und so entbrannte der Kleinkrieg zwischen einem verkrüppelten, geistig gesunden Jungen und einer normalen, feindlichen, insgeheim brutalen, wenn auch mitunter barmherzigen Welt. Kann ich künstliche Berge erklimmen (…). Kann ich von der Gesellschaft errichtete Barrieren überwinden? (…) Was kann ein verkrüppelter, wortloser Junge tun (…), meine Behinderung beschneidet mein soziales Gewissen, tilgt meine Stimme, lädt ein zur Verspottung meines Lächelns und macht meine Chance zunichte, als normal akzeptiert zu werden" (1993, 12 f.).*

**Jürgen Knop: Lasst mich wie ich bin (1995)**
*„Das größte Hindernis zur natürlichen Lebensentwicklung eines Schwerstkörperbehinderten sehe ich in der mangelnden Chance, ein Selbstbewusstsein zu entwickeln. Ja, ich möchte im Rückblick auf mein bisheriges Leben behaupten, dass ich erst in den letzten Jahren auf der Suche nach meiner Identität bin.(…) Doch mit der Erfahrung des Abhängigseins, mit dem Wissen, fast ständig Hilfe zu brauchen, entwickelte sich meine Kritikfähigkeit minimal; ich identifizierte mich zu sehr mit meinen nichtbehinderten Helfern. In gelegentlichen Wutausbrüchen suchten sich meine aufgestauten Aggressionen ihr Ventil. (…) Dieser Prozeß der Bewusstseinbildung der sich >normalerweise< fortsetzt und zur Identität führt, wird von uns Schwerstkörperbehinderten nur so weit vollzogen, wie es den Pflegepersonen nicht gelingt, den totalen Herrschaftsanspruch in Besitz zu nehmen und zu halten „ (1995, 8f.).*

*„Dass dieses <Unmündighalten> nichts zum Aufbau eines Selbstwertgefühls beiträgt, ist klar" (76).*

**Christy Brown: Mein linker Fuß (o. J.)**
*„Sie schaute zu mir herüber, aber – es war ein* Blick des Mitleids. *Ich erfuhr damals wie bitter und vernichtend ein Blick des Mitleids für jemanden wie mich sein kann, für jemanden, der etwas anderes braucht als Mitgefühl – die stärkende Kraft, die nur echte menschliche Zuneigung dem schwächsten Herzen zu schenken vermag. (…) Nun hatte es mit diesen Selbsttäuschungen ein Ende. Aber am bittersten von allem war die Erkenntnis, dass ich mich selber soweit überlistet hatte, glauben zu können, mein jammervoller Zustand sei ohne Bedeutung, meine >Absonderlichkeit< sei nur eine persönliche Voreingenommenheit, die sonst niemand beachte. (…) Ich war zu dem Glauben gelangt, außer in meiner eigenen Vorstellung bestünde kein >Unterschied< zwischen mir und anderen Menschen" (75).*

*„Mein Leiden war letzten Endes nicht >unheilbar<. Aber etwas anderes war nicht zu bessern – das Fehlen einer wirklich >normalen< menschlichen Verständigung und Verbundenheit. Gleichgültig, wie weit ich meines Gebrechens Herr werden mochte, niemals würde ich ein normales Individuum sein, das ein normales Leben führt. Der alte >Unterschied< würde immer bestehen bleiben. (…) Wenn ich niemals wirklich wie andere Menschen sein konnte, dann wollte ich wenigstens ich selber sein und das Beste aus mir herausholen" (139 f.).*

*„Wenn man die Vorstellung von seinem – im Vergleich zu normalen Kindern – >Anderssein< in seiner Seele Wurzeln schlagen lässt, wird sie mit ihm zusammen bis ins Jünglingsalter und schließlich bis ins Mannesalter hinein immer noch weiterwachsen, so dass dieser heranwachsende Mensch das Leben mit einer Seele betrachten wird, die ebenso entstellt ist wie sein Körper. Das Leben wird für ihn nur zum Spiegelbild seiner eigenen >Verkehrtheit<, seiner eigenen seelischen Pein" (158).*

**(R. Crossley) / Anne McDonald: Annie – Licht hinter Mauern (1994)**

*„Ein Mensch wird danach beurteilt, was er sagt. Beschränkt zu sein auf Worte, die andere auswählen, nimmt den Schwerbehinderten das einzige Mittel, das ihnen bleibt, um ihre Individualität auszudrücken. (…) Jemand anders muß den Sprung auf eine neue Ebene der Verständigung mit dem behinderten Menschen tun, denn der Sprachlose selbst kann es nicht. Unterlassung ist keine Sünde. Aber die Unterlassung, den Zweifel zugunsten des behinderten Menschen sprechen zu lassen, ist ein Verbrechen" (82).*

*„Ich war völlig am Boden zerstört, als Rosies Verwandte sagte, dass ich einen Schlag auf den Kopf bekäme, wenn ich ein Welpe wäre. Ablehnung war ich gewohnt, aber noch nie hatte mich etwas so verletzt. Ich hatte mir selbst oft gewünscht, dass mich jemand töten würde, aber ich fand, es stand anderen nicht zu, mir den Tod zu wünschen. Am meisten verletzte mich die Erkenntnis, dass Menschen draußen genauso über Behinderte dachten wie die Schwestern in St. Nicholas. Heute weiß ich, dass die meisten anderen nicht so extrem denken wie Rosies Verwandter. Sie mögen es nur nicht, dass wir uns auf der Straße blicken lassen" (90).*

**Franz Christoph: Tödlicher Zeitgeist – Notwehr gegen Euthanasie (1990)**

*„Meine Persönlichkeit entwickelte sich dadurch, dass ich alles als Behinderter wahrnahm. Wieso sollte ich über dreißig Jahre meines Lebens auf den Müll werfen, nur um etwas zu werden, wovon ich gar nicht weiß, was es ist. Dies wäre für mich ein Abenteuer um des Abenteuers willen. Ich habe im Gegenteil nicht den Wunsch, mich der >Normalität< anzupassen, die ich momentan als immer aggressiver und bedrohlicher empfinde" (11).*

*„Normalität dagegen braucht überhaupt nicht definiert zu werden. Sie bestimmt sich durch Aussonderung“ (131).*

**Birger Sellin: ich will kein inmich mehr sein (1993)**
*„ich will es tatsächlich dass ihr wisst wie es da innen in autistischen kindern aussieht ohne das schreiben zu tangieren haben wir sagen wir solche angst die ohnegleichen ist kannst du dir vorstellen wie es ist in einem sozialen system zu leben dass dich auf immer für verrückt erklärt es ist die inkarnation solcher auswüchse elementarer bösigkeit dass es keine beschreibung gibt…“ (81)*

*„ich eifere wieder so in die liebenswerte menschliche gesellschaft aufgenommen zu werden dass alle mich akzeptieren können (…) quatsch ist ich bin autistisch die anderen sind es sie sind eingeengt durch massenhafte erziehungsmaßnahmen widerliche sittengesetze und moralbegriffe“ (152).*

**Birger Sellin: ich deserteur einer artigen autistenrasse (1995)**
*„…einen film denke ich mir so dass er in die beschissenen einrichtungen filmt wie wir gehalten werden wie eine herde esel ohne verstand und menschenwürde wie unmenschen widersacher der gesellschaft wie aussaetzige wie ausdauernd aussergewoehnliche schwerverbrecher ich will auch die autistischen unsinnarten zeigen aber ich werde sie deuten und den menschen erklaeren denn jeder unsinn hat einen tiefren sinn wie alles bei uns sinn hat…“ (61).*

*„quatsch ist wesen wie ich seien anders wir sind auch richtige aergerlich irre typen wieder einmal ausgesondert diesesmal weil wir so aergerlich aussergewoehnlich sind…“(87).*

**Donna Williams: Ich könnte verschwinden, wenn du mich berührst (1992)**
*„Ich war bekloppt, zurückgeblieben, spastisch. Ich tickte aus und konnte mich nicht normal benehmen. >Guck´ sie dir an, guck´ sie dir an<, sagten sie über ein Kind, das in ihren Augen entweder >retardiert< war, wenn ich mich nämlich in meiner eigenen Welt befand, oder >bekloppt<, wenn ich in ihrer Welt war. Ich konnte nicht gewinnen.“ (29)*

*„Ich hatte ein Ego geschaffen, getrennt von dem Selbst, das immer noch von verkrüppelten Gefühlen gefesselt war. Es wurde mehr als bloßes Theaterspielen. Es wurde mein Leben, und weil ich jedes Eingeständnis eines emotionalen Selbst von mir weisen musste, musste ich auch jedes Eingeständnis, dass Donna existierte, von mir weisen.(…) Mit zweiundzwanzig, auf der Suche nach mir selbst, kroch ich noch einmal in jenen Schrank und schloß die Tür“ (40).*

**Donna Williams: Wenn du mich liebst, bleibst du mir fern (1996)**
*„Bei fast jeder Erinnerung hatte man mir gesagt, es sei nicht mein eigenes Leben, an das ich mich da erinnerte. Ich war >krank im Kopf<. Ich war >beses-*

*sen<. Ich hatte >das Maul zu halten, sonst würde ich es gestopft kriegen<. Schließlich misstraute ich meinen eigenen Wahrnehmungen, und die Angst, sie als ich selbst zu äußern, wurde noch größer. Gleichzeitig rechtfertigte diese Angst den Zwang, jeder zu sein, nur nicht ich selbst." (82)*

**Fredi Saal : Warum sollte ich jemand anderes sein wollen? (1992)**
*„Meine Behinderung war für mich nie etwas in Frage zu Stellendes. Ich hatte sie, und damit basta! Ebenso könnte man mich fragen, ob ich ICH sein wollte. Natürlich will ich ICH sein – und meine Behinderung gehört dazu." (23)*

*„Damit pflanzte mir diese Umwelt ein Minderwertigkeitsgefühl ein. Zwar wird behauptet, dieses sei die unmittelbare Folge der Behinderung, ein Irrtum, der gewiß nicht von Behinderten in Umlauf gebracht wurde! Denn dass ich nicht wie andere Menschen laufen, greifen, sprechen kann, das ist für mich normal. Nein, das Minderwertigkeitsgefühl habe ich gelernt. Dem Behinderten wird seit frühester Jugend eingebleut, für ihn kämen viele Dinge nicht in Frage. (...) Kurzum, er bekommt zu spüren, auf Grund seines Soseins sei er ein Mensch geringerer Güte. Das Gift der Minderbewertung wird dem Betroffenen solange in homöopathischen Dosen eingeträufelt, bis er selbst ganz von der Überzeugung seiner Minderwertigkeit durchdrungen ist. (...) Das verseuchte Unterbewusstsein lacht seinen verstandesmäßigen Argumenten Hohn." (233)*

*„Aber lassen wir dem Behinderten die Chance des Wachsens und Reifens? Doch sicher nicht, solange wir sein Schicksal als schrecklich, leidvoll und bedauernswert ansehen. Solange wir vor ihm das Ideal des unversehrten Körpers und des gesunden Geistes aufrichten, zwingen wir ihn zu dem selbstmörderischen Beweis, er sei ebenso tüchtig wie der unbehinderte andere. Es bleibt ihm nichts anderes übrig, als dem absurden Gedanken nachzujagen, ein anderer sein zu müssen, um anerkannt zu werden. Denn er braucht Anerkennung, nicht Mitleid, das ihn erniedrigt." (236)*

#### 2.3.2.1.2 Stimmen ausgeschlossener Menschen

**Stimmen aus Rumänien**
**a) Diskriminierung**
*„Glauben Sie, dass die Gesellschaft die Behinderten diskriminiert?*
Einerseits *ja.* Sie diskriminiert. Die *unglücklichste Weise,* Behinderte zu diskriminieren, ist, sich nicht um sie zu kümmern. Und die Gesellschaft *kümmert sich nicht um sie.* Ich glaube, dass man sich in unserem Land nicht um sie kümmert. Dass jemand von einer Rente von 800.000 Lei leben kann, Personen, die nicht arbeiten, das sagt alles, nicht wahr? Ah, dass man ihnen Ermäßigung für das Telephon oder die Verkehrsmittel anbietet, *das ist Politik.* Man gibt einer Person,

die sich nicht bewegen kann, Ermäßigung in den Verkehrsmitteln, *lass uns ernst sein*! Wenn wir hier ein Niveau hätten wie bei Herrn [sie meint den Professor X, der mitinterviewt], dann würde es anders sein, aber so?"

**b) Missachtung**

„alles hatte sich infiziert, und sie haben mich nicht geheilt, die Augen auch nicht, keine Augentropfen, nichts, sie haben mich wie eine Schlangenbrut behandelt, und das hat in mir ein, tiefes, sehr tiefes Misstrauen erweckt, der, soll ich es Anständigkeit nennen, der, Menschlichkeit, oder soll ich es Professionalismus nennen, gegenüber, bei manchen Ärzten, //mhm// denn *sie haben mich erblinden lassen*, nur, weil ich ihnen nicht genug Geld geben konnte, (...) ich halte sie für Kriminelle //mhm//, anders könnte ich sie nicht nennen, //ja// und nachher hat der Kampf mit dem Leben begonnen, //mhm.// was mich am meisten verletzt hat, 1951, als die Staatsorgane mich nach Focsani geschickt haben, sie wollten mich in ein Altersheim bringen, obwohl ich damals erst 16 war, und meine Eltern haben sich geweigert, mich in das Altersheim zu bringen //mhm//."

**Stimmen aus Polen**

*„Verstehe, also, wenn es um den Staat als eine Organisation oder, oder unsere Lokalbehörden geht, na, dann kann man eigentlich sagen, dass, dass...*
Man hat uns sich selbst überlassen".

*„Also, Ihrer Meinung nach, soll der Staat doch viel mehr in der Richtung der Behindertenhilfe tun?*
„Ja, und was das Einstellen der behinderten Personen angeht, na, dann momentan, na, durch die Steuer gehen alle die Behindertengenossenschaften, die geschützte Arbeitsplätze anbieten, pleite. Und welche Chancen haben wir bei solcher Arbeitslosigkeit auf dem freien Markt? Besonders, wo, na, es ist klar, dass man uns anders behandelt, stimmt's? Ja, wir haben keine Chancen. Es ist klar, dass wenn ein gesunder Mensch und ich kommen, na, dann entscheidet sich der Arbeitgeber für den Gesunden, ne? Vielleicht wäre ich auf Grund von irgendwelchem Ehrgeiz sogar ein besserer Mitarbeiter, weil ich das tun will, weil, wenn jemand mir eine Chance gibt, dann will ich das nutzen. Na, aber bei dem nichtbehinderten Teil der Gesellschaft gibt es noch nicht die Einsicht, dass oft der Behinderte ein besserer und gewissenhafter Arbeiter sein kann. Na, aber auf Grund seiner Behinderung ist man auf dem Arbeitsmarkt oft nichts mehr wert (andere werden eingestellt)."

**Stimmen aus der Ukraine (1)**

„Aber das zu erklären ist unmöglich. Du siehst nur eine Mauer. Und was Behörden anbetrifft, habe ich mich mit dem Stadtoberhaupt, mit diesem und mit jenem unterhalten. Ich habe gefragt, mir zu helfen: mit der Heilung, mit der Uni. Wieder dieselbe Mauer. Wir haben keine Plätze für gesunde Menschen, und *Sie* wollen auch einen? Man kann nur einmal pro Jahr finanzielle Hilfe bieten, und das sind 10 Grivnas. Das sind etwa 2 US-Dollar. Sie dachten, dass ich *das* bräuchte. Ich habe auch versucht, Kontakte mit der Behinderten-Union zu haben. Einige haben sich aufgelöst. Andere habe Leiter, die auch Behinderungen haben, aber es schien mir so, dass diese Menschen mich nicht gehört haben, um bei dem Bild mit der Mauer zu bleiben. Wenn die Menschen mir sagen: „Sie wollen studieren, aber ich habe hier Menschen, die keine Schuhe haben", dann antworte ich: „Hej, wovon reden wir? Ich verstehe, dass es natürlich schrecklich ist. Wenn sie diese Hilfe brauchen, kann ich helfen. Ich habe gebrauchte Sachen zu Hause". Aber das wollen sie nicht hören. Verstehen Sie, man braucht in diesem Leben nicht nur materielle Dinge. Aber sie hören das nicht. Das wichtigste ihrer Meinung nach ist, wenn man etwas zu essen und ein Dach über dem Kopf hat. Aber ich will kein Holzstamm sein…"

*„Alles klar. Denken Sie, dass in der Gesellschaft Diskriminierung gegen Menschen mit einschränkten Möglichkeiten / mit Behinderungen existiert?*
Ja. Ich denke das. Die Gesellschaft hat eine solche Haltung."

*„Auf welche Weise?*
Sie versuchen, solche Menschen nicht zu bemerken und ihnen nicht zu helfen. Man denkt, dass es besser ist, den Gesunden zu helfen, weil sie mehr Gewinn und Profit bringen können. Und wir stehen irgendwo an der Seite. Das Prinzip ist: Es ist ohne sie schon schlecht und sie kommen auch noch dazu. Aber wir sind bereit zu helfen. Wir haben normalerweise breite Köpfe. Verstehen sie? Die Gesellschaft will uns nicht sehen. Du sagst: „Ich bin bereit zu helfen". Ich bin Sekretärin, ich kann mit Unterlagen arbeiten, ihnen helfen. Die eine Sache ist, die Arbeit mir nach Hause zu bringen. Aber wofür? Es gibt Tausende Menschen, die ihre Arbeit verloren haben, aber diese Menschen können andere Arbeit finden. Wir können das aber nicht. Wenn man uns nicht zuhört. Aber man will uns nicht hören. Und *das* ist die Diskriminierung. Man schlägt uns nicht, beleidigt uns nicht. Man will uns bloß nicht."

**Stimmen aus der Ukraine (2)**

*„Sagen Sie bitte, ob Sie sich wie ein Mensch mit eingeschränkten Fähigkeiten oder wie ein Behinderter fühlen? Wie schätzen Sie sich ein?*
Ich schätze mich eigentlich überhaupt nicht ein. Bloß in diesem Moment fühle ich mich, wie es heißt, als ein sehr vollwertiger Mensch. *//hm//*, das ist keine Verdrängung; aber ich weiß um alle Probleme, im vollen Umfang, von dem, was mit Sehkraft, mit Behinderten, mit Stereotypen in der Gesellschaft verbunden ist *//hm//*. Manchmal treffe ich mit denen zusammen, aber jetzt weniger *//hm//*. Eigentlich ist mein Status jetzt viel besser als vorher, *//hm//* weil ich promoviere, die Menschen stellen jetzt nicht mehr solche dumme Fragen, *//hm//* als wäre ich noch in der Schule. Ich fühle mich eigentlich als vollwertiger Mensch, weil ich Freunde habe. *//hm//*. Ich habe meine Lieblingsbeschäftigung, eh *//hm//* ich arbeite schon seit vier Jahren mit Klienten. Eh… Ich habe im Basiszentrum des

 

Sozialdienstes für Jugendliche gearbeitet, für den Staat, sozusagen, aber danach habe ich das sein gelassen. Ich habe noch eine Freundin, ich habe, d.h. ich fühle mich in diesem Moment, wie kann ich es in Worte fassen...*//ah so//.*"

*„Gut. Zenja, sagen Sie bitte, ob die anderen Menschen Sie für einen Behinderten oder für einen Menschen mit Einschränkungen halten? Betrachten sie Sie als einen Menschen mit Einschränkung? Was meinen Sie?*
Nein, in dieser Etappe kann ich fest sagen, dass alle Leute mich als gleichberechtigt betrachten, und manchmal sogar höher als gleichberechtigt *//hm, hm//.* Warum? Weil ich das ganze Leben..., also, als ich gesehen habe, dass mir Zugeständnisse (Boni) gegeben wurden, habe ich sie, kann ich sagen, unterbunden, manchmal in scharfer Form. Das war in der Uni und in der Familie, und in den Beziehungen, Beziehungen mit Freunden und der Freundin. Das war... das ist so nicht richtig, wie ich das gemacht habe. Es war so, dass ich schroff war. Ich verstehe, dass der Komplex „auf Kosten anderer zu leben" existiert und dass er sich ganz gut entwickelt. Wenn man ‚Ermäßigungen' kriegt, wenn gesagt wird, dass man nicht alles kann, gewöhnt man sich daran, passt sich an und lebt so. Und in der Gesellschaft und die Gesellschaft selbst lebt eigentlich auch so. Aber das ist schlecht für den Menschen, und für die Gesellschaft auch. Also egal von welcher Seite aus wir das betrachten, ist es günstiger für die Gesellschaft, besonders ökonomisch, dass die Menschen irgendwie arbeiten und etwas machen. Deswegen habe ich alle diese Vergünstigungen unterbrochen. In meinen Beziehungen auch: „Ah, du kannst nicht, kannst nicht kochen". „Gut", – sage ich. „Ich lade dich heute, sagen wir, zum Lunch ein!" So. Sie ist gekommen, und ich habe selbst z.B. Apfelkuchen gebacken. Die Augen sind dann ziemlich groß geworden. *//aha//*"

**Stimmen aus Ungarn**
„Und es gibt *keine* Möglichkeiten. Die Telefonzentralen wurden fast alle wegrationalisiert. Gibt es irgendwie doch eine *große Zentrale* irgendwo, da werden aber Blinde nicht mehr eingestellt. Obwohl für die Firmen es viel besser wäre, denn die Blinden würden sich mit ihrer Arbeit beschäftigen, und keine Romane lesen. Also: das ist Diskriminierung."

*„Was ist Ihr Eindruck, tun die Politiker in Stadt und Land genug für behinderte Menschen?*
„(lacht) ... vielleicht auch nicht, vielleicht kennen sie sie auch nicht genug. Ich sage nicht, dass sie nie etwas darüber gehört haben. Aber etwas gehört zu haben und unter uns – ich sage nicht zu leben, denn wann sollten sie dann ihre Aufgaben erledigen – aber einige Tage unter uns zu verbringen, das ist was anderes. Und unter uns verstehe ich nicht nur die Körperbehinderten, sonder jegliche Art von Behinderten – das ist was ganz anderes, als etwas zu wissen. Die Körperbehinderten z.B. brauchen eine barrierefreie Umgebung, und größere WCs, und Haltegriffe. Aber wie das dann barrierefrei sein sollte, wie groß ein WC sein

sollte, und wo die Tür zu platzieren ist und der Griff: die armen Politiker, woher sollten sie eine Ahnung haben, wenn die, die nicht unter uns leben, nicht mit uns verkehren, entweder persönlich oder durch Beauftragte. *//mhm//* Nur wenn jemand effektiv sieht, oder persönlich ausprobiert, hja, wirklich, so funktioniert es, dann kann man das wirklich machen. Aber wenn der Beauftragte noch nie in einem Rollstuhl gesessen hat. ... Gut, also die Politiker haben keine Zeit. Aber vielleicht ein *Beauftragter.* Aber solange sie diese Erfahrung – auch nur indirekt – nicht machen, können sie die Sachen nicht wollen. Sie hören zwar, dass es (die Behinderten) gibt, und dass sie barrierefreie Umgebung brauchen *//mhm//* aber wie, davon haben sie keine Ahnung. Und vielleicht kommt es auch nicht darauf an, dass sie es nicht wollen. Die können das nicht *//mhm//*".

**Stimmen aus Deutschland (1)**

*„Weil du jetzt öfter gesagt hast, du bist behindert – wie würdest du deine Behinderung beschreiben?*
Das kann ich nicht sagen. Mir ist das ja eingeredet worden. Ich musste auch ein paar mal zum EEG, noch zu DDR-Zeiten, als Kind in diese Klinik. Da wollten sie doch untersuchen, wodurch mein Schaden entstanden ist – durch Sauerstoffmangel, weil meine Mutti 36 Stunden gelegen hat. Ich bin mit dem Kopf zu lange im Kleinbecken stecken geblieben und da hat ein ganzes Teilchen bei mir, meines Nervensystems, hat Sauerstoffmangel erlitten. Ein Teilchen meines Gehirns ist eingequetscht worden und da kam der naturelle Sauerstoff nicht durch und dadurch ist das passiert."

*„Empfindest du dich selbst als behindert?*
Naja, also ... naja, ich bin ... ich empfinde mich eigentlich ... nö, heutzutage sagt man eigentlich: auch geistig behindert ist normal. Ich meine, jeder Mensch hat positive Seiten. Jeder Mensch hat auch schwache Seiten. Ich muss mich mit meinen schwachen Seiten annehmen, klar. Aber nebenbei gesagt, als behindert empfinde ich mich nicht. Traue ich mir gar nicht zu sagen, weil ich denke, das ist selbstherrlich oder so. Ich empfinde mich eigentlich nicht als behindert. Aber andere machen mich behindert, z.B. meine Eltern. Weißte, die machen mich behindert, weil sie es mir Jahrzehnte lang immer wieder eingeflößt haben. Bloß, weil meine EEG-Befunde das aussagten, angeblich. Ich hab mir ja da schon einmal meine eigenen Gedanken gebildet. Bloß, das darfst du aber da nicht mit aufschreiben in deinem Bericht, was ich jetzt sage. Dass meine Ärztin das da bloß dahinfantasiert haben könnte, meine Nervenärztin. Denn früher, zu DDR-Zeiten, hieß es ja auch oft unter ärztlichen Kollegen: Die eine Krähe hackt den anderen die Augen nicht aus."

**Stimmen aus Deutschland (2)**

*„Wie war das in der Schule? Du bist bis letztes Jahr in die Schule gegangen. Erzähl mal über Deine Schulzeit, Abschluss und auch die Kontakte, Freunde u.s.w.. Da warst du ja auch im Internat. Sag mal so, wie lange z.B.*

In der Schwedenschule war ich – das ist in der Nähe von Freiburg. Und die Hörenden haben mich aber wirklich diskriminiert. Da war ich wirklich traurig drüber.
*Wieso waren da Hörende?*
Ne, Gehörlosenschule. Aber meine Lehrer, oder andere Leute ... Also, es war eine wirklich schwierige Zeit für mich. Es war wirklich keine schöne Schulzeit für mich. Viele Leute haben mich diskriminiert und gelästert über mich und ich hatte auch kaum Kontakt und das war wirklich schade. Und ich war immer lieber zu Hause mit anderen Hörenden. Mit Gehörlosen, das mochte ich irgendwie nicht."

## RESÜMEE

Die meisten dieser Selbstwahrnehmungs- und Selbstbewertungszeugnisse dokumentieren Elemente von Identitätsbeschädigungen bzw. Merkmale massiver Identitätsgefährdungen, wie sie hinsichtlich spezifischer Symptome weiter oben beschrieben worden sind.

In den übrigen Textauszügen werden aber auch deutliche Identitätsstrategien sichtbar – vor allem durch Widersprüche gegen Fremdbewertungen (kognitive Ebene) und durch Widerstandsaktionen, welche die Plausibilität der Fremdzuschreibungen infrage stellen (Handlungsebene) – mittels derer anscheinend nicht-beschädigte Identitäten trotz Stigmatisierungen entwickelt werden konnten, das heißt, mit Hilfe derer die Bewahrung eines positiven sozialen Selbst und eines stabilen privaten Selbst möglich wurde. Hier scheint ein Stück authentischer Identität gelungen zu sein aufgrund eines geglückten Balanceaktes, einer erfolgreichen Vermittlung zwischen den „Bildern": dem Selbstbild, dem vermuteten Fremdbild sowie dem realen Fremdbild der anderen. Allerdings muss betont werden, dass alle vorstehenden schriftlichen Identitätspräsentationen nicht unbedingt das „wahre" sich in ihnen spiegelnde Selbst zeigen, da diese Darstellungen kein getreues Bild der Identität sind, sondern durchaus auch selbst wiederum als Ausdruck selbstschützender Identitätsstrategien gesehen werden können, z. B. durch Überspielen von unangenehmen Erfahrungen, durch verzerrte Wahrnehmungen oder durch Überbetonung besonderer eigener Qualitäten oder Leistungen u.a.m. Ungeachtet dieser Problematik gilt dennoch die Feststellung von Grimm: „In Menschen, die wir als behindert bezeichnen, treten uns häufig Persönlichkeiten entgegen, deren Lebensintensität, Willenskraft und Sozialfähigkeit uns zutiefst beeindrucken können. Sie machen uns bewusst, dass der Mensch nicht sein Leib ist, sondern einen Leib hat, mit dem er sich auseinandersetzt und den er sich mehr oder minder zu eigen machen kann, vergleichbar einem Musiker, der auf einem Instrument spielt. Unsere eigene Lebenslage gehört daher nicht als passive Gegebenheit zu uns, sondern erweist sich als individuelle Sinnorientierung, als Ausgangspunkt für unsere biographische Aufgabenstellung" (2002).

### 2.3.3 LOGIK VON AUSGRENZERN

Lieferten im Altertum die philosophischen Lehren der Kalokagathie – vertreten z.B. durch Aristoteles – und im Mittelalter die katholisch-theologischen Auffassungen der Gottesordnung und ihrer Sanktionen bzw. der protestantischen Prädestinationslehre die wissenschaftlich-rationalen Legitimationen der Ausgrenzung und Aussonderung „Andersartiger" und „Abweichender", so übernahmen in der Neuzeit die wissenschaftlichen Strömungen des Sozialdarwinismus und der Eugenik, und in der Postmoderne die Biomedizin, die Gentechnologie und der Präferenzutilitarismus diese Funktionen der Begründung für soziale Ein- und Ausgrenzungsvorgänge bzw. der normativen Vorgaben und Rechtfertigungen für gesellschaftliches Zusammenleben (vgl. dazu auch Kapitel 2.1.2.3).

#### 2.3.3.1 SOZIALDARWINISMUS

Im 19. Jahrhundert hatte Charles Darwin herausgefunden, dass nur diejenigen Lebewesen, die sich am besten den Lebensbedingungen in der Natur angepasst hatten, über die besten Fortpflanzungsmöglichkeiten verfügten und die schlechter angepassten verdrängten. In seiner Evolutionstheorie „Über die Entstehung der Arten durch natürliche Zuchtwahl" stellte er 1859 fest, dass diese Selektion als Kampf zwischen Starken und Schwachen über Jahrmillionen hinweg stets von den biologisch Starken – das heißt, den sich kräftigster Gesundheit, höchster Durchsetzungskraft und stärkster Vitalität erfreuenden Lebewesen – gewonnen und dass vor allem deren Erbgut an die nachfolgenden Generationen weitergegeben wurde.

Im naturwissenschaftlich orientierten Zeitgeist des 19. Jahrhunderts fiel diese Deszendenzlehre sozial- und gesellschaftspolitisch auf fruchtbaren Boden, zumal Darwin seine Evolutionstheorie selbst in seiner Schrift „Die Abstammung des Menschen und die geschlechtliche Zuchtwahl" (1861) auf die menschliche Gesellschaft übertragen hatte. Der sich daraus entwickelnden philosophischen Strömung des Sozialdarwinismus fühlte sich übrigens auch Friedrich Nietzsche verbunden, der vor allem massiv gegen das Christentum Partei ergriff, da sich dieses für schwache, sozial niedrig Stehende und geschädigte Menschen einsetzte; dies geißelte er auch in seinem Werk „Der Antichrist": „Die Schwachen und Mißratenen sollen zugrunde gehen: erster Satz *unserer* Menschenliebe. Und man soll ihnen noch dazu helfen. Was ist schädlicher als irgendein Laster? – Das Mitleiden der Tat mit allen Missratnen und Schwachen – das Christentum..." (1969, 1166). Mit den Gedanken des Sozialdarwinismus ließ sich trefflich zwischen „wertvollen" und unterstützungswürdigen Individuen einerseits und „minderwertigen" und schwachen Menschen andererseits unterscheiden, wobei letztere die Kraft der Gesellschaft „genetisch" belasteten und auch noch viel Geld kosteten.

Von diesen Gedankengängen war es dann kein großer Schritt mehr zu den aus diesen Bewertungen der Hilfereduktion für Schwache bzw. deren Eliminierung unter dem Signet der sozialen Hygiene zu ziehenden Konsequenzen, vor allem unter dem sich immer stärker durchsetzenden ökonomischen Aspekt volkswirtschaftlicher Belastungen. So publizierte der Hygieniker Prof. Kaup 1909 einen Aufsatz mit dem Titel: „Was kosten die minderwertigen Elemente dem Staat und der Gesellschaft", in dem er die finanziellen Aufwendungen für 75.000 minderwertige Krüppel kritisierte (Kaup 1913) und damit nur ein Beispiel einer Vielzahl von Publikationen darstellte, die ebenfalls den volkswirtschaftlichen Schaden der Aufwendungen für Leistungsschwache thematisierten und unter Bezugnahme auf sozialdarwinistisches Gedankengut massiv anprangerten.

In Verbindung mit der 1883 von Francis Galton – einem Vetter Darwins – entwickelten Lehre der Eugenik, die darauf abzielte, gezielt in die Evolution einzugreifen zugunsten einer Förderung höchst erwünschter Erbanlagen und zur Ausmerze negativer Erbanlagen – also Menschen zu züchten –, ist der Sozialdarwinismus als Nährboden für die Theorie und Praxis der „Rassehygiene" der Nationalsozialisten des Dritten Reichs zu sehen; mit diesen Theoriegebäuden bekamen die Nazis die wissenschaftlich abgesegneten Legitimationsfiguren zunächst für Einschränkungen sozialer Leistungen und später dann für die Vernichtung sogenannter „Nicht-Rassereiner" in die Hand, mit denen sie die „Todesstrafe für ungenügende Befähigung zum gesellschaftlichen Leben" aussprechen konnten (vgl. Thomann 1994, 20).

Dieses bereits u.a. von Platon und Thomas Morus propagierte Gedankengut biologistischer Utopien von genetischer Gesundheit durch künstliche Selektion bzw. der Entsorgung genetisch abweichender „ent-arteter" (das heißt der sozial definierten Art nicht entsprechender) Individuen (vgl. Bayertz 1987 und Grassi 1979) scheint bis heute noch nicht völlig überwunden zu sein, sind doch wiederum viele intellektuelle Anstrengungen in Philosophie und Naturwissenschaft zu finden, in denen das Lebensrecht, z.B. schwergeschädigter Personen in Frage und in Abrede gestellt wird, bzw. der finanzielle und soziale Einsatz für „Schwache" und „Hilfsbedürftige" im Sinne einer Ökonomisierung des Sozialen zur Disposition steht.

#### 2.3.3.2 Biomedizin, Biotechnologie, Gentechnologie

Die rasante Weiterentwicklung der Molekularbiologie sowie die enormen Fortschritte der Genetik und der Gentechnologie zur Entschlüsselung und Kartographierung des menschlichen Erbgutes lassen – in neuem Gewande – zwei alte Menschheitsträume wieder auferstehen:

- zum einen die seit der griechischen Antike bestehenden eugenischen Züchtungsutopien der Selektion und Steuerung menschlicher Fortpflanzung und der damit verbundenen Ideologie „gesunden" Lebens in Form leistungsfähiger, tüchtiger Menschen,
- zum anderen die Realisierung der generellen „Machbarkeit" des Lebens durch den Menschen, die etwa durch Klonen und andere neue biomedizinische Verfahren nun zum Greifen nahe ist.

Auf der Grundlage einer veränderten wissenschaftlich-empirischen Rechtfertigungsschiene von molekularbiologischen Kenntnissen und Verfahrensweisen gelangt jetzt – im Gegensatz etwa zur Denkweise der Rassehygiene von Ploetz (1895) – ein von nationalsozialistischem Denken „gereinigtes" eugenisches Denken durch die Hintertür wieder in bevölkerungspolitische Denkfiguren, diesmal begründet als „Wohlstands- und Fortschrittseugenik" (vgl. Altner 1991, 22).

Begünstigt werden diese Schöpfungs- und Allmachtsphantasien durch die zunehmende Loslösung von religiösen Normen und den damit ehedem verbundenen Orientierungen an ethische Bindungen – wie etwa die „Sanctity of Life"-Ethik eines Albert Schweitzer – sowie durch die nationenübergreifende Dimension der eugenischen Denkweisen und Forschungsverfahren, wie sie sich im Human Genom Projekt, dem europäischen Forschungsprogramm zur prädiktiven Medizin und einigen Gedanken der Bioethik-Konvention des Europarates von 1995 („Übereinkommen zum Schutz der Menschenrechte und der Menschenwürde im Hinblick auf die Anwendung von Biologie und Medizin") hinsichtlich der Forschungsmöglichkeiten an nicht-einwilligungsfähigen Personen niederschlagen.

Wenn auch diese Konvention laut ihrem Titel den Schutz der Rechte und der Würde menschlichen Lebens in den Mittelpunkt stellt, so werden doch trotz sehr großer Einschränkungen erhebliche Eingriffe in das menschliche Leben grundsätzlich als Möglichkeit eröffnet, die letztlich erbhygienisch legitimiert und bevölkerungspolitisch motiviert sind und mittels negativer Eugenik kranke und abweichende Erbanlagen verhindern wollen. Dies kann durch pränatale diagnostische Verfahren wie In-Vitro-Fertilisation oder durch Gen-Diagnostik mittels Amniozentese erfolgen, mit denen genetische Mängel feststellbar sind. Die mit diesen Technologien verbundenen ethischen Folgen einer Entscheidung der Eltern für oder gegen die Geburt eines mit einem „genetischen Makel" behafteten Kindes, sowie die damit gleichfalls verbundenen ökonomischen und gesellschaftspolitischen Konsequenzen haben erneut und verschärft die ethische Dimension und Legitimation von Prävention und Selektion, von Verfügbarkeit von Leben, von menschlicher Würde und von einer finanziellen Verrechenbarkeit menschlichen Lebens in die Diskussion gebracht. Gemeint sind daraus resultierende, neo-eugenische Kosten-Nutzen-Debatten, dokumentiert z.B.

a) in der von Stackelberg 1982 mit dem Gesundheitsökonomiepreis des Bundesministers für Arbeit und Sozialordnung dotierten Dissertation zu volkswirtschaftlichen Kosteneinsparungen, der darin empfahl, genetische Beratungen und pränatale Auslesen vorzunehmen, um jährlich 173,3 Millionen DM Folgelasten für die lebenslange Betreuung behinderter Kinder zu verhindern (vgl. 1980),

oder

b) im Vorschlag von Beamten des bayerischen Justizministeriums, Pflichtuntersuchungen für Schwangere einzuführen, um bei jedem nicht geborenen organgeschädigten (behinderten) Kind 7,3 Millionen DM einzusparen. Bei entsprechender Diagnose werde sich dann die Gemeinschaft aller Krankenversicherten überlegen, ob sie bei „eigenem Verschulden" der die Geburt zulassenden Eltern dann noch bereit sei, den „vermeidbaren Luxus" eines erbkranken Kindes zu finanzieren (vgl. Hirsch/Eberbach 1987/345 f; Klee 1990, 49 ff, zitiert nach Mattner 2000, 124).

Die zur Diskussion dieser Problematik pränataler Diagnostik und ihrer breiten individuellen und gesellschaftlichen Konsequenzen eingerichteten Gremien wie z.B. die humangenetischen Beratungsstellen in Deutschland (seit 1972), der deutsche Ethikrat, die Enquete-Kommission „Chancen und Risiken der Gentechnologie" (1987) und andere Gruppierungen haben dazu differenzierte Positionspapiere erarbeitet, die jedoch sehr kontrovers diskutiert werden.

Zu den ethischen Fragen des geradezu „zauberlehrlingshaft" wachsenden, biomedizinischen und gentechnologischen Arbeitsfeldes gehört gleichfalls die Ungeklärtheit des Umgangs mit den befruchtungstechnologisch überzählig erzeugten Feten sowie die Bewertung der künstlichen Produktion von Stammzellen: Ist der mit entsprechender Wissensmacht ausgestattete Mensch der Postmoderne nun „Herr über Leben und Tod"? Darf sich der Mensch anmaßen, an die von ihm erzeugte „Leerstelle" zu treten, die zuvor Gott inne hatte, um als Schöpfer seines reproduzierten Selbst seine Allmachtsträume in die Wirklichkeit umzusetzen?

Erbitterte Gegner der Biologisierung der sozialen Frage sind nicht nur Vertreter von Theologie und Glaubensgemeinschaften, sondern ebenfalls diejenigen Forscher, denen die kausale Erklärung von Erbanlagen als Grund und als alleinige Ursache für soziale Schwäche, körperliche, intellektuelle und psychische „Minderwertigkeit" oder Behinderung nicht bewiesen erscheint; sie messen den Umwelteinflüssen (interaktionale, ökologische, gesellschaftliche) als Einflussfaktoren für die menschliche Entwicklung größere Bedeutungen und Wirkungen zu als den Genen und stellen das Miteinander und Ineinander von *Anlagenreifung* und *sozial vermittelten Lernprozessen* als Quelle gelingender individueller und sozialer Entwicklung heraus. Vertreten wird eine solche *biopsychosoziale* Sichtweise bezüglich gelingender menschlicher Individual- und Sozialgenese und balancierter Identität u.a. von der Systemtheorie, den Kognitionswissenschaften, der Pädagogik sowie den Neurowissenschaften, welche die Utopien der molekularbiologischen Forschungsinterpretationen und der Humangenetik – einer Erschaffung eines genetisch-qualitativ perfekten Menschen durch Optimierung der biologischen Unzulänglichkeiten des Körpers – fachlich und ethisch zurückweisen; sie wenden sich gegen die Einflussnahme auf und die Eingriffe in das menschliche Leben, da diese ausgerichtet sind an Gütekriterien und Qualitätsanforderungen wie der „Leidensfreiheit", „Leistungsfähigkeit", genetischer Risikovermeidung und letztlich der Reproduktion des idealen Menschen. Dass es in der Biomedizin und Gentechnologie dazu noch um internationale Milliardengeschäfte geht, macht den (geheimen) Machtkampf um die „Ressource Mensch" um so härter bzw. lässt die Frage nach den (eigentlichen?) Motiven der Forschung und ihrer politischen und wirtschaftlichen Protagonisten hinsichtlich der eugenischen Ausrichtung von Krankheitsabwehr und ihrer Legitimation nach Kontrolle über den Körper noch radikaler erscheinen und die „Biomacht" (Manzei 1997, 49) noch kritischer sehen. (vgl. zu diesen Gedanken auch Kapitel 2.1.1.3)

#### 2.3.3.3 Präferenz-Utilitarismus

Neben den zuvor skizzierten naturwissenschaftlichen Legitimationskonzepten von Exklusion bzw. der Tötung nicht-normgerechter Menschen kommt der philosophischen Position des Präferenz-Utilitarismus des australischen Bio-Ethikers Peter Singer eine aktuelle Bedeutung zu, vor allem hinsichtlich der Exklusion somatisch und genetisch geschädigter und intellektuell beeinträchtiger Menschen.

Auf der Basis des von Bentham und Hill im 18. Jahrhundert begründeten klassischen Utilitarismus, der moralische Entscheidungen auf Vernunft, Unparteilichkeit sowie auf den Grundsatz der Unlustverringerung, der Lust- und der Nutzenmaximierung und auf „das Prinzip des größten Glücks der größten Zahl" gründet (Bentham 1988), entwickelte Singer in seinem Buch „Praktische Ethik" (1984) die Variante des Präferenz-Utilitarismus. Diese Philosophie legt bei einer Interessensabwägung für Handlungsentscheidungen hinsichtlich des *Lebenswertes* bestimmte Kategorien und Kriterien zugrunde, anhand derer Menschen, die diesen Kriterien entsprechen, bevorzugt werden, Vorrang eingeräumt bekommen, d.h. *Präferenz* erhalten gegenüber denjenigen, die diese Qualitätsmerkmale nicht erfüllen. Die Abwägung erfolgt nach dem Prinzip, die Interessen aller Beteiligten unter dem Aspekt der „besten Konsequenzen" für alle Betroffenen zu berücksichtigen (vgl. Singer 1984, 24).

 

Als Qualitätskriterien bestimmt Singer die Kategorien „Leidensfähigkeit“ und „Wert des Lebens“, wobei er letzteren grundsätzlich *nicht* mit der allgemeingültigen und unverrückbaren Würde, der Heiligkeit des Lebens und dem Speziesargument der Zugehörigkeit zur Gattung Mensch beantwortet sieht, sondern spezifische Gütekriterien für Mensch-Sein aufstellt; dies ist vor allem der *Person*-Status, der nur den Menschen zugestanden wird, bei denen Selbstbewusstsein, Selbstkontrolle, Beziehungs- und Kommunikationsfähigkeit, Vernunft, Wahlfähigkeit und Autonomie erkennbar sind (ebd.104 und 115), also vernunftbegabten, selbstbewussten Individuen. Demgegenüber sind nicht-selbst-bewusste Wesen für Singer *keine* Personen; es sind Wesen ohne personale Eigenschaften, Nicht-Personen, denen keine Präferenz bezüglich ihrer Lebensexistenz, ihres Lebensrechtes im Vergleich zu *Personen* zukommt. Er streitet also das Recht einer „Nicht-Person“ auf Leben ab, da dieses keinen Wert an sich hat. Die aus dieser Argumentation resultierenden Konsequenzen finden sich in folgenden Kernaussagen:

> „So scheint es, daß etwa die Tötung eines Schimpansen schlimmer ist als die Tötung eines schwer geistesgestörten Menschen, der keine Person ist.“ (ebd.135)
>
> „Der Kern der Sache ist freilich klar: die Tötung eines behinderten Säuglings ist nicht moralisch gleichbedeutend mit der Tötung einer Person. Sehr oft ist sie überhaupt kein Unrecht.“ (ebd. 188)

Diese hedonistisch orientierte Ethik

- betrachtet menschliche Gefühle als objektiv verrechenbar,
- operiert mit einem willkürlich festgesetzten Personbegriff,
- ignoriert völlig die menschliche Subjektivität,
- lässt außer Acht, dass alles das, was die Gesellschaft als pathologisch krank oder als normabweichend stigmatisiert, in Wirklichkeit ein gesellschaftlich-sozial hergestelltes Phänomen ist (vgl. Foucault 1999),
- bindet Zubilligung von Würde an entsprechende Erlebnisfähigkeit

und nimmt dabei in Anspruch, Menschen, die ihrer Definition nach ohne entsprechende „Person-Befähigungsnachweise“ sind, im Konfliktfall der „Güter- und Interessensabwägung von Glücklichsein“ bei Negativprognosen der zu erwartenden Lebensqualitäten das Lebensrecht abzusprechen zugunsten von privilegierten, bevorzugten „Personen“.

Wie weit die Reichweite dieser Argumentation bzw. wie groß die Beliebigkeit und Relativität der Interpretation von „Glück“ und Steigerung der Glückssumme ist, zeigen Singers Gedanken der legitimen Tötung eines Säuglings mit sogenannter Negativprognose, um dadurch die Chance für die Geburt eines „Ersatzkindes“ mit eventuell besseren Konstellationen für ein glückliches Leben für das neue Kind und die Eltern zu erhalten: Gemeint sind dabei die Eltern eines Kindes mit Hämophilie (1984, 185). Mit dieser weiteren präferenzutilitaristischen

Legitimationsfigur, mit diesem „Ersetzbarkeitsargument“, wird eine Art Austauschbarkeit von Leben als gegeben hingestellt. Die Anführung dieses medizinischen Schädigungsbildes als Argument für Euthanasie macht die große Dammbruchgefahr bezüglich einer Lebensverfügbarkeit offensichtlich, zumal die Euthanasieempfehlungen auch unter Kosten-Nutzen-Denken zusätzlich ökonomischen Zündstoff erhalten und einer Ökonomisierung des Sozialen weiteren Vorschub leisten: „Weil wir nicht glauben, daß Neugeborene ein inhärentes Lebensrecht haben, halten wir es für rechtens, wenn eine Gemeinschaft beschließt, die vorhandenen Mittel für Aufgaben einzusetzen, die dringlicher sind als die Betreuung und Pflege behinderter Neugeborener, deren Eltern nicht bereit sind, für sie zu sorgen.“ (Kuhse / Singer 1993, 246)

#### 2.3.3.4 Fazit

Die Grenzen zwischen dem humanen Konzept von Hilfe und Therapie für Schwache einerseits und dem Allmachtswahn nach Vollkommenheit andererseits scheinen in den latenten und auch manifesten (Unter)Grundlinien der zuvor skizzierten Wissenschaftspositionen aufgelöst zu sein; die philosophische Entgrenzungsoption macht die „Entsorgung der sozialen Frage“ (Mattner 2000, 152) mittels Eingriffen in menschliches Leben bzw. dessen Verhinderung oder Vernichtung erneut diskutierbar. Die Philosophien / Ethiken des Sozialdarwinismus, der Bioethik und des Präferenz-Utilitarismus dienen nicht mehr als genereller Schutzbereich einer unveräußerlichen Menschenwürde, sie inkludieren nicht mehr alle Wesen mit menschlichem Antlitz, sondern sie selektieren, segregieren und exkludieren auf der Basis normativ aufgeladener Qualitätskriterien und verhandelbarer Güterabwägungen und geben den naturwissenschaftlichen Disziplinen von Biomedizin und Gentechnologie die entsprechende Forschungslegitimation. Sie grenzen aus und machen den Menschen zum Verfügungs- und Behandlungsobjekt von Mächtigen: von Wissenden und von ökonomisch Bestimmenden. Dem kann nur politisch-demokratisch und sozialethisch-normativ unter grundsätzlich gleichberechtigter und partizipativer Einbeziehung (Inklusion) aller Bürger Einhalt geboten werden.

## 2.4 „Anerkannte Subjekte – Oder: Akzeptanz“ / Ressourcenorientierung und Selbstbestimmung

**Vanda Hajkova**

### 2.4.1 UMDENKPROZESSE

Die Wurzeln verschiedener Selbstbestimmungsbewegungen körperlich und geistig behinderter Menschen sind in den 60er Jahren zu suchen. Zu dieser Zeit begannen in den westeuropäischen Ländern Menschen mit Behinderung Selbstbestimmung zu verlangen; sie wehrten sich gegen gesellschaftliche Ausgrenzung und Diskriminierung. Kritisiert wurde auch die Einschränkung der Selbstbestimmungsmöglichkeiten behinderter Menschen, die aus den Abhängigkeitsverhältnissen institutioneller Versorgungsstrukturen der Behindertenhilfe hervorging.

Gleichzeitig kam es auch zu einem Wandel in der Betrachtungsweise und im Umgang mit behinderten Menschen auf dem Gebiet der Behinderten-, Heil- und Sonderpädagogik. Die alte Praxis der Verwahrung und Förderung wurde in Frage gestellt. Neue konzeptionelle Leitideen, auf wissenschaftliche Erkenntnisse gestützt, fanden ihren Ausdruck in Paradigmen wie Normalisierung, Integration, Deinstitutionalisierung und Selbstbestimmung. All dies führte zur Verbesserung der Lebenssituation behinderter Menschen und zum Anstieg ihrer Selbstbestimmungsmöglichkeiten.

Die „kulturelle Revolution“ von 1968 brachte auch die Veränderung der Bedingungen für die Identitätsbildung der Menschen mit sich. Während des Neoliberalismus wurden Forderungen nach Individualität, Pluralität und Liberalität mit der Betonung eines verallgemeinernden Anspruches gestellt. In der Zeit der späten Moderne stieg die Bedeutung sozialer Praktiken. Die gesellschaftliche Entwicklung wirkte sich auch auf die Situation behinderter Menschen aus. Menschen mit Behinderung wurde Zugang zum Ideengut der neoliberalen Gesellschaft nicht mehr abgestritten, sie begannen sich zu organisieren und wandten sich gegen Diskriminierung und gesellschaftliche Segregation. Die Selbstbestimmungsbewegungen wurden begleitet von Veränderungen der paradigmatischen Wenden im Bereich der Pädagogik und Psychiatrie. Neue wissenschaftliche Erkenntnisse kontrastierten stark mit den Dogmen der „Endogenität“, „Unbildbarkeit“, „Unerziehbarkeit“, „Unverstehbarkeit“ und stellten diese in Frage.

In Anlehnung an Hähner (1998) können wir diesen Wandel mit einem Übergang von der „Verwahrung“ über die „Förderung“ hin zur „Selbstbestimmung“ (zitiert nach Bartuschak, 2002) beschreiben. Während der neue „pädagogische Optimismus“ einen Aufschwung in der „Rehabilitation“, der Förderung und Therapie brachte, wobei das Durchlaufen einer „Förderkette“ den behinderten Menschen an die „normale“ Gesellschaft anpassen und ihnen Aufnahme und Akzeptanz ermöglichen sollte, wurde durch die Selbstbestimmungsbewegungen behinderter Menschen in starkem Maße auf diesen Prozess als auf das eigentliches Grundproblem von Behinderung hingewiesen. Aus diesem Grund stieß diese Praxis auf Ablehnung.

Das Problem der sogenannten ‚Isolationskarrieren', die mit dem Eintritt in die Frühförderung beginnen und über Sonderkindergärten und Sonderschulen bis zu Werkstätten für Behinderte fortgesetzt werden, wird auch durch die Fachöffentlichkeit wahrgenommen. In diesem Zusammenhang gewinnt die Selbstbestimmung behinderter Menschen allmählich an Bedeutung. Diese Entwicklung können wir uns mit Hilfe eines Schaubildes von Hähner veranschaulichen:

| **Leitbild** | **Zeit** | **Gängiges Menschenbild** | **Professionelle Orientierung** | **Methodische Ausrichtung** | **Zugehörige Institutionen** |
|---|---|---|---|---|---|
| **Verwahrung** | 1945 bis die 70er Jahre | „Biologistisch-nihilistisches" Menschenbild; Gleichsetzen von geistiger Behinderung und Krankheit; der behinderte Mensch ist Patient | Primat der Medizin | Pflegen, Schützen, Bewahren | Anstalten und psychiatrische Kliniken |
| **Förderung** | ab den 60er Jahren | Der Mensch mit Behinderung als defektes Wesen – Defizitorientierung: der Mensch als Summe der motorischen, kognitiven, sozialen und emotionalen Fähigkeiten | Medizinisch-(funktions)-therapeutische Richtungen wie Krankengymnastik, Ergotherapie u.a., Heilpädagogik, Geistigbehindertenpädagogik | Förderung, Therapie | Sondereinrichtungen |
| **Selbstbestimmung** | ab Mitte der 80er Jahre | Der Mensch ist ausgestattet mit der Fähigkeit zur Selbstregulation (humanistische Sichtweise); der Mensch in seiner sozialen und Umweltbezogenheit (ökosystemische Sicht) | „Entpädagogisierung"; Eine über neue Curricula erweiterte sozialpädagogische Ausrichtung | Empowerment, dialogische Begleitung, Erwachsenenbildung | Integrative Kindergärten, Schulen, ambulante Hilfen (betreute Wohnformen), offene Hilfen |

Abb.: Von der Verwahrung über die Förderung zur Selbstbestimmung (Hähner in Bartuschak, 2002)

### 2.4.1.1 THEORETISCHE FUNDAMENTE

Eine der ersten Definitionen des Begriffes Selbstbestimmung, die wir im Lexikon finden, ist „Möglichkeit und Fähigkeit des Individuums, der Gesellschaft oder des Staates, frei dem eigenen Willen gemäß zu handeln und die Gesetze, Normen und Regeln des Handelns selbstverantwortlich zu entwerfen" (Lüpke / Voss, 1994, 1-10). Im Folgenden stellen wir die bedeutendsten theoretischen Richtungen vor, die Einfluss auf die Entwicklung des Begriffes der Selbstbestimmung und auf die Entwicklung der Selbstbestimmungsbewegung in Europa hatten. Es handelt sich dabei um *Liberalismus*, *Kommunitarismus* und die *Systemtheorie*.

Der *Liberalismus* stellte im Zusammenhang mit der Herausbildung einer neuen Auffassung der Verantwortung des Individuums für die Verwirklichung individueller Interessen unter den Bedingungen der Marktwirtschaft und der sich formierenden Demokratie in Europa in den 70er und 80er Jahren des 20. Jahrhunderts eine wichtige Gedankenströmung dar. Liberale Prinzipien wurden in die soziale Politik aus dem ökonomischen, bzw. wirtschaftlichen Liberalismus (A. Smith) übernommen, in dem sie in der Balance angesichts der Grenzbestimmung für die eventuellen Eingriffe des Staates in die Marktwirtschaft und bürgerliche Gesellschaft mehr oder weniger radikale Formen angenommen hatten. Im extremsten Zweige des Liberalismus wurde die Aufgabe des Staates auf die Rolle eines Garanten und „Überwachers" des allgemeinen Wohlstandes reduziert, der am besten sichergestellt wird, wenn jedem Individuum erlaubt ist, seinen eigenen Nutzen ohne Beschränkungen zu verfolgen. Jedwede staatliche Intervention in das Funktionieren des Marktes oder der Gesellschaft wurde von dieser äußersten Strömung abgelehnt. Der gemäßigte Liberalismus hat hervorgehoben, dass der Staat das Bestreben und die Freiheit des Individuums und der gesellschaftlichen Gruppen unterstützen soll und hat gleichzeitig zugestanden, dass der Staat positiv eingreifen kann, wenn er den Personen hilft, die nicht fähig sind, sich um sich selbst zu kümmern, was dem allgemeinen Nutzen dient.

Die klassischen Liberalen sahen im Markt ein Mittel der Emanzipierung des Individuums, das zur Verbesserung seiner Eigenschaften führt, vor allem seiner Bemühungen, des Arbeitsfleißes, der Eigenverantwortung und des Auf-Sich-Selbst-Verlassens. Ohne negative staatliche Intervention führt der Markt ihrer Meinung nach beim Einzelnen, der sich an ihm beteiligt, zur Herausbildung eines inneren selbstregulierenden Mechanismus. Gleichzeitig stellt der Markt die adäquateste Gelegenheit für die Geltendmachung eines jeden Individuums in der Gesellschaft dar, und wenn der Einzelne in eine schwierige Situation gerät, ist es nicht ein Fehler des Marktsystems, sondern des Einzelnen selbst. Der Liberalismus hat nicht verkannt, dass es in der Gesellschaft kranke, alte und – was die Arbeit betrifft – benachteiligte Menschen gibt. Um deren Sozialabsicherung soll sich nach der liberalen Theorie die Familie kümmern und sie soll das Fehlen der Nicht-Arbeitenden auf dem Arbeitsmarkt kompensieren. Einen Ausweg für Familien mit niedrigem Einkommen findet der Liberalismus in der Armenhilfe, vor allem seitens der Gemeinde und der Kirche. Im Nachhinein sind sich die Liberalen der Notwendigkeit eines mindestens minimalen Sozialschutzes des Einzelnen in der Gesellschaft bei Respektierung des Prinzips des allgemeinen Wohlstandes bewusst geworden. Ein wichtiger Begriff war in der liberalen Theorie der Gerechtigkeitsbegriff. Die liberale Gerechtigkeitsvorstellung und die soziale Rolle des Staates, der die soziale Gerechtigkeit kontrolliert, gehen dabei völlig auseinander. Für die Liberalen ist ein Werkzeug der Gerechtigkeit der freie Markt, die Ungleichheit der Menschen selbst ist für sie nicht ungerecht. Sie ist nur Resultat dessen, was verschiedene Leute geschafft haben, aus ihrer Freiheit zu tun. Die Ungleichheit ist richtig, falls sie zum wirtschaftlichen Wachstum beiträgt, das dann Die Erhöhung des Lebensstandards auch für die Schwächsten sichert. Dadurch können produktive und reiche Mitglieder der Gesellschaft indirekt für Bedürftige und Arme sorgen – auch ohne die Existenz des Sozialstaates, der die Marktprinzipien durch soziale Korrekturen praktisch abwerten würde. Aufgrund des Gerechtigkeitsbegriffs und der Aufgabe des Sozialstaates haben sich im Rahmen des modernen Liberalismus nach dem Zweiten Weltkrieg zwei Richtungen herausgebildet: *orthodoxer* Liberalismus und *gemäßigter* Neoliberalismus. Der bekannteste Vertreter des *orthodoxen* Liberalismus ist F.A. Hayek (1899-1992), bedeutender Ökonom, aber auch Sozialwissenschaftler österreichischer Herkunft, Träger des Nobelpreises für Ökonomie, der in seinen Werken den emanzipatorischen Charakter des liberalen Individualismus – die Ehrfurcht vor jedem einzelnen Menschen, Anerkennung seiner individuellen Ansichten, Vorlieben, Gaben und Talente und seiner Freiheit und Autonomie – hervorhob. Nicht einmal die ökonomischen Grundsicherheiten, denen Hayek Bedeutung für das Individuum zumisst, werden von ihm höher gestellt als der Wert der menschlichen Freiheit und der autonomen Wahl. Er stellt sich entschieden gegen sozialistische Ideen, insbesondere gegen den nach distributiver Gerechtigkeit riechenden Begriff „sozial“. In der Frage der Ablehnung von der „Vorannahme der Gleichheit“ und in der Frage der sozialen Politik und der redistributiven Rolle des Staates waren auch andere Vertreter des Liberalismus – Nozick und Buchanan – der gleichen Auffassung wie Hayek. Neben der liberalistischen Orientierung in den 80er Jahren (Periode der sog. Krise des Sozialstaates) begannen sich auch Gedanken des *gemäßigten* Neoliberalismus durchzusetzen, dessen Anhänger sich in dem Bestreben nach einer Kontakterhaltung mit der Realität um eine kompromissbereite Bewertung staatlicher Eingriffe in die Marktwirtschaft einzelner Länder bemühten. Sie interpretierten die soziale Gerechtigkeit breiter, nicht nur im Kontext des marktwirtschaftlichen Funktionierens und der Dienstleistungen, sondern auch im Kontext gleicher Chancen. Von den Vertretern dieses liberalen Denkens sind John Rawls und Ronald Dworkin zu erwähnen. Rawls Gerechtigkeitstheorie fand in den Sozialwissenschaften in Europa auch außerhalb der angelsächsischen Ländern eine breite Resonanz. Rawls formuliert die Grundbedingungen der Gerechtigkeit folgendermaßen: gleiche Freiheiten für alle Bürger, unparteiische Chancengleichheit in der öffentlichen Sphäre und Gleichheit des Reichtums, wobei Ungleichheit nur dann zuzulassen ist, wenn die Ärmsten einen Beitrag zur Erreichung des minimal guten Lebensstandards erhalten. Die Gerechtigkeit bezeichnet Rawls als eine Grundtugend, die von allen gesellschaftlichen Institutionen respektiert werden muss. Ähnlich wie er versteht auch Dworkin unter Gerechtigkeit die Gleichheit und Rücksicht auf die individuellen Rechte der Einzelnen. Seine Grundidee fordert den Staat dazu auf, auf alle Bürger dieselbe Rücksicht zu nehmen und ihre individuellen Rechte ohne Unterschiede zu respektieren. Für die Selbstbestimmungsbewegung brachte die „Trendwelle“ des Liberalismus Ende des 20. Jahrhunderts eine aktivierende Orientierung auf eigene gerechte Ziele (unter anderem Durchsetzung der Rechte von benachteiligten Personen auf Teilnahme am Arbeitsmarkt) und zur sozialen Anerkennung führende Verfahren mit sich.

Unter *Kommunitarismus* ist eine Strömung zu verstehen, die sich in den 80er Jahren des 20. Jahrhunderts vor allem aufgrund ihrer Auseinandersetzung mit dem Liberalismus herausgebildet hat. Im Kontrast zu einigen liberalen Auffassungen wird der Mensch als kein isoliertes Individuum betrachtet, weil er in die Gesellschaft hineingeboren wird und daher von ihr abhängig ist. Die Vertreter dieser Bewegung, die keine einheitliche oder abzugrenzende Gruppe gebildet haben, haben also die Abhängigkeit des Einzelnen von der Gemeinschaft hervorgehoben, sie wandten sich gegen zu starkem Individualismus und Egoismus. Im Rahmen dieser Strömung gerieten die individuellen Interessen in den Hintergrund, betont wurde die Gesellschaft und die entsprechenden gemeinschaftlichen Werte. Es wurde weiter postuliert, dass sich die meisten Menschen eine Abkehr von den durch den Markt diktierten Verhaltensweisen wünschen, das allgemeine Glück sei ihnen wichtiger.

Die Entfaltung des Einzelnen ist nicht ganz verpönt, sie darf jedoch die Gemeinschaft nicht gefährden. Ungleichheiten unter den Menschen sind in einzelnen Bereichen akzeptabel, sie dürfen jedoch nicht zu Ungleichheiten auf anderen Gebieten führen. Dieses – obwohl in der Praxis schwer erreichbare Ziel (weil z.B. ökonomisch Privilegierte mehr Einfluss gewinnen) – soll intensiv angestrebt werden. Die Kommunitaristen gehen von der Überzeugung aus, dass die Grundsätze der Gerechtigkeit erst durch bestimmte, gemeinsam geteilte gesellschaftliche Moralvorstellungen und Traditionen zustande kommen. Die Gemeinschaft mit ihrer Sprache, Kultur, Religion und anderen Werten schafft die Basis dafür, dass über die Grundsätze der Gerechtigkeit überhaupt verhandelt werden kann. Vertreter des Kommunitarismus sind u.a. Walzer und Etzioni.

Eine ganze Reihe von theoretischen Ausgangspunkten für die Bildung des Konzepts autonomen Lebens von behinderten Menschen im Kontext ihrer Umwelt kann man auch in der *Systemtheorie* von Niklas Luhmann finden. Luhmann geht von Systemen aus, er sieht die gesamte Gesellschaft und auch die soziale Gruppe, sowie auch die Zweierbeziehung als System. Die Individuen sind Elemente dieses Systems. Luhmann spricht von Selbsterneuerung der Systeme, von ihrer Selbstsozialisation und von Selbstreproduktion. Seiner Auffassung nach gibt es in Hinsicht auf das Verhalten der Elemente in einem System keine Sicherheit; jede Interaktion ist unterschiedlich und folglich ist sie auch anders, also nicht voraussagbar. Die einzelnen Elemente innerhalb des Systems müssen das miteinander ausmachen, sie müssen dafür sorgen, dass das System nicht auseinander fällt. Eine gewisse Stabilität, eine Einheit muss erreicht werden. Diese erzielen die Elemente selbst durch Selbstsozialisation und Selbsterneuerung. Das heißt, die Elemente befinden sich immer in einem Selbsterneuerungsprozess, sie konstituieren sich im Ganzen und durch das Ganze. Jedes System hat eine Umwelt und es muss sich mit der Umwelt auseinandersetzen. Zeitlich sind die sozialen Systeme immer den Elementen vorgeordnet. Sie sind da, das Individuum kommt ja in sie immer hinein und muss also innerhalb des jeweiligen Systems seinen Platz finden, muss dort handeln und reagieren. Ein soziales System besteht immer aus Handlungen und das Subjekt betritt das System durch seine Handlungen. Die Entwicklung der Komponenten oder die Entwicklung eines Individuum ist nur in der Auseinandersetzung mit der Umwelt zu verstehen, im Zusammenleben mit anderen Menschen. In Hinsicht auf den Selbstbestimmungsbewegungsprozess ist damit ganz deutlich, dass natürlich auch jeder behinderte Mensch Teil des Systems (einer Gesellschaft, einer Familie, einer Schulklasse) ist. Diese Gebilde entwickeln eben ihre eigene Qualität, indem jedes ihrer Elemente an der Aufstellung von Regeln, Interaktions- und Kommunikationsformen beteiligt ist; alle Komponenten sind für das Ganze gleich wichtig und gleich bedeutend. Hier wird niemand ausgesondert, sondern die behinderte Person ist Teil des Systems. Denn wenn man jemanden ausschließt, dann ist er in der Tat diskreditiert oder stigmatisiert. Das ist für Luhmann ganz undenkbar, weil es heißt: Die Teile konstituieren sich im Ganzen und durch das Ganze. Und das Ganze heißt immer normal und behindert zugleich (vgl. Eberwein, 1996). In diesem Sinne ist die Selbstbestimmungsbewegung von behinderten Menschen nicht eine Frage der Humanität oder der Gleichberechtigung, sondern sie ist für eine Gesellschaft als System einfach fundamental notwendig.

### 2.4.2 KONZEPTE UND FORDERUNGEN

#### 2.4.2.1 NORMALISIERUNGSPRINZIP

In Verbindung mit diesem Wandel wurden neue Praxismodelle entwickelt. Im Jahre 1959 formulierte Bank-Mikkelsen die Grundidee des *Normalisierungsprinzips*. Normalisierung beinhaltet, den geistig behinderten Menschen eine möglichst normale Existenz zu ermöglichen, bzw. nach Nirje (vgl. Bürli 2004), ihnen Formen und Bedingungen des alltäglichen Lebens zu ermöglichen, die denjenigen der breiten Gesellschaft so nahe wie möglich kommen. Nach späteren Interpretationen charakterisiert das Normalisierungsprinzip die Lage, wenn man für alle Menschen mit geistigen oder anderen Beeinträchtigungen Lebensmuster und alltägliche Lebensbedingungen schafft, welche den gewohnten Verhältnissen und Lebensumständen ihrer Gemeinschaft oder unserer Kultur entsprechen oder ihnen so nahe wie möglich kommen (vgl. Nirje in Bürli, 2004). Das Normalisierungsprinzip kann auf unterschiedlichen Ebenen (des Individuums, des Gemeinwesen, der Gesellschaft usw.) verschiedene Zielsetzungen und Auswirkungen haben, z.B.: Respektierung des Individuums, Akzeptanz der Selbstbestimmung und des persönlichen Besitzes, Ablehnung der Behinderungskategorien, Stützung sozialer Netzwerke, soziale Teilhabe durch Bildung und Erziehung, schulische und außerschulische Integration, Dezentralisierung und De-Institutionalisierung, Wahl- und Partizipationsmöglichkeiten für die behinderten Menschen, Selbsthilfe-Bewegung, adäquate Gesetzgebungen u.a.

#### 2.4.2.2 INTEGRATION

Neben dem Normalisierungsprinzip wurde in den 80er Jahren das Konzept der „Integration“ entworfen, welches den gesellschaftlichen Ausschluss behinderter Menschen abzuschaffen anstrebte. Es wäre aber irreführend, unter Integration das Einsetzen behinderter Menschen in an sich ausgrenzende Bedingungen zu verstehen. In Anlehnung an Feuser (1996) können wir Integration folgendermaßen definieren:

„[...] die uneingeschränkte Teilhabe an allen regulären Erziehungs-, Unterrichts- und Ausbildungsangeboten, in der Weise, daß jede Person alles auf ihre Art und Weise lernen darf und dazu die Hilfe gewährt bekommt, die im kooperativen Miteinander von behinderten und nichtbehinderten Menschen als dafür erforderlich erkannt wird. Keine Art und kein Schweregrad einer Behinderung kann ein Kriterium dafür sein, einen Menschen davon legitim auszuschließen“ (Feuser 1996, S.28).

Obwohl Feuser sein Grundverständnis von Integration in Bezug auf das Erziehungs- und Bildungssystem zum Ausdruck bringt, kann diese Auffassung auf alle gesellschaftlichen Bereiche ausgeweitet werden.

Eine entscheidende Rolle spielte in dieser Entwicklung die Psychiatriereform in Italien, die Anfang der 60er Jahre einsetzte. Die Abkehr von der Praxis der institutionellen Besonderung unterstützte vor allem Basaglia, der psychiatrische Anstalten als „Institutionen der Gewalt“ an den Pranger stellte. Ihre gesellschaftliche Funktion kritisierte er als Instrument der Segregation, er hinterfragte sowohl ihre Wirkung auf die Insassen, als auch die Position des Psychiaters. Der letztere wird zum „Befriedungsverbrecher“, in dem er – als „Techniker“ im Dienste der herrschenden Klasse stehend – die Funktion und die Folgen des institutionellen Ausschlusses verschleiert, beide auf den Defekt eines Menschen zurückführt und damit rechtfertigt und begründet. Entpsychiatrisierungs- und Enthospitalisierungsbemühungen existierten auch in anderen europäischen Ländern. Anfang der 80er Jahre gewann die Selbstbestimmung als Leitidee in der behindertenpädagogischen Arbeit in den westeuropäischen Ländern immer mehr an Bedeutung; Behinderung wurde dabei als soziale Abhängigkeit thematisiert. Diese Erfolge sind auch dem Engagement der behinderten Menschen zu verdanken.

#### 2.4.2.3 Independent Living

In den 60er und 70er Jahren des 20. Jahrhunderts entwickelten sich in einigen europäischen Ländern gleichzeitig Selbstbestimmungsbewegungen behinderter Menschen. Behinderung und Einschränkung der Selbstbestimmungsmöglichkeiten wurden im Rahmen dieser Bewegung nicht als individuelles, sondern als soziales Phänomen aufgefasst, was ihren Aktivitäten abzulesen war. *Die Independent-Living-Bewegung* (im Verlauf der 70er in den USA) setzte sich dies bezüglich zum Ziel, grundsätzliche Bürgerrechte auch in Bezug auf die Selbstbestimmung von Menschen mit Behinderungen durchzusetzen, wobei die dafür notwendigen gesellschaftlichen Bedingungen geschaffen werden müssen. Zu verändern waren weiterhin die Einstellungen und Denkweisen der Öffentlichkeit, der Betroffenen selbst, wie auch der professionellen HelferInnen. Dejong (1982) stellt Denkweisen der traditionellen „Rehabilitation“ denen der Independent-Living-Bewegung gegenüber:

| | *Rehabilitationsparadigma* | *Independent Living Paradigma* |
|---|---|---|
| *Problem-definition* | Körperliche Einschränkung, mangelnde Fähigkeit zur Berufsausbildung | Abhängigkeit von Fachleuten, Angehörigen etc. |
| *Ort des Problems* | Der einzelne Betroffene | Umwelt, Rehabilitationsprozess |
| *Problemlösung* | Fachkundiges Vorgehen von Arzt, Krankengymnast, Beschäftigungstherapeut, Berufsberater etc. | Beratung durch gleichfalls Betroffene, Rechtsbeistand, Selbsthilfe, Kontrolle durch behinderte „Kunden“, Abbau architektonischer Hindernisse |
| *Soziale Rolle* | Patient / Klient | „Kunde“ |
| *Wer ist tonangebend* | Fachprofi | „Kunde“ |
| *Erwünschtes Ergebnis* | Größtmögliche Fähigkeiten in Bezug auf Aktivitäten des täglichen Lebens, Berufstätigkeit | Independent Living ( = autonom Leben) |

Abb.: Gegenüberstellung der Paradigmen von Rehabilitation und Independent-Living (Dejong nach Bartuschak 2002).

 

Rehabilitation im skizzierten Sinne wurde von der Independent-Living-Bewegung abgelehnt. Die eigentliche Einschränkung der Selbstbestimmung sah diese Bewegung nicht in der körperlichen Beeinträchtigung, sondern in der Abhängigkeit von nicht entsprechenden sozialen und räumlichen Verhältnissen. Im Unterschied dazu resultierte das defektorientierte Denken in der Rehabilitation darin, dass die Fachleute das Problem einzig dem Betroffenen zuschrieben. Die selbstbestimmte, volle Teilnahme am gesellschaftlichen Leben sollte mittels Beseitigung des genau zu definierenden (körperlichen) Defizits erfolgen. Im Gegensatz zu dieser Einstellung betont Walther (1998), dass die Behinderung nur auf einen entsprechenden Dienstleistungsbedarf verweist und nicht als Personenmerkmal zu verstehen ist. Selbstbestimmung darf nicht mit Selbständigkeit gleichgesetzt werden. Mit diesem Motto soll auf notwendige Veränderungen der Umwelt hingewiesen werden, vor allem sind darunter notwendige Veränderungen der Zielorientierungen des professionellen Hilfesystems zu verstehen. Sprechen wir also über selbstbestimmtes Leben behinderter Menschen, kommt es nicht darauf an, wie viele Tätigkeiten behinderte Personen ohne fremde Hilfe ausüben können, sondern entscheidend ist die Qualität des Lebens, das sie mit persönlicher Assistenz führen können (Miles-Paul 1992). Wollen wir verhindern, dass behinderte Menschen von Wertesystemen anderer abhängig werden, bzw. diese Abhängigkeiten möglichst klein halten, müssen die Gestaltungsmöglichkeit dieser Assistenzdienste den behinderten Personen selbst überlassen werden. Schließlich sind diese die wahren Experten auf ihrem Gebiet.

Der Independent-Living-Bewegung in den USA entsprach in Europa die Selbstbestimmt-Leben-Bewegung, wobei die letztere bei der ersten Impulse schöpfte. Diese zwei Ansätze weisen die gleichen Grundsätze, Ziele und Strukturen auf. Vor allem Mitte der 80er Jahre pflegten beide Strömungen Kontakte zueinander. Steiner (1999) konstatiert aber, dass die europäische Bewegung sich auch auf eine eigene Geschichte stützen kann, denn Streben nach einem selbstbestimmten Leben für behinderte Menschen gab es schon früher. Schon ab 1968 begannen sich vor allem jüngere behinderte Personen und Nichtbehinderte zu organisieren, um ihrer Unzufriedenheit mit den damaligen Strukturen der Behindertenhilfe Ausdruck zu verleihen. Im Jahre 1974 fingen Steiner und Klee an, in der BRD Volkshochschulkurse zu geben, in denen sich sowohl behinderte als auch nichtbehinderte Menschen mit diskriminierenden Bedingungen befassten, was zu verschiedenen öffentlichen Protestaktionen führte. Anschließend bildeten sich verschiedene Gruppen, unter denen ein Streit entfachte. Uneinheitlich waren diese Vereinigungen in der Frage, ob die gleichberechtigte Zusammenarbeit mit Nichtbehinderten in diesen Gruppen sinnvoll war oder nicht. Eine Fraktion, die sich selbst „Krüppelgruppen“ nannte, lehnte eine solche Kooperation ab. Zuerst sollten eigenes Selbstverständnis und politisches Bewusstsein in Abgrenzung zur Nichtbehinderten-Normalität gebildet werden. Teilnahme von Nichtbehinderten könne Verschleierung bestehender Probleme verursachen, da durch nichtbehinderte Personen die gesellschaftlichen Strukturen gegenüber behinderten

Menschen in die Gruppen gelangten. So würden die bestehenden Probleme nicht erkannt.

Diese Verdeckung von Problemen wurde auch in anderen Bereichen als Gefahr wahrgenommen. So kam es zum Beispiel 1981 bei den Feierlichkeiten zum UNO-Jahr der Behinderten auf der Reha-Messe zu Protesten. Mitglieder des „Aktionsbündnisses gegen das UNO-Jahr“ besetzten die Rednertribüne, ihr Motto lautete: „Keine Reden – Keine Aussonderung – Keine Menschenrechtsverletzungen“. Am Ende des Jahres fand ein „Krüppeltribunal“ statt, was noch einmal die Kritik am Jahr der Behinderten und der Behindertenpolitik als Teil der Verschleierung wirklicher Probleme behinderter Menschen zum Ausdruck brachte.

Obwohl das Konzept der Selbstbestimmung für behinderte Menschen in vielen Bereichen der Behindertenhilfe und Politik an Bedeutung gewonnen hat, dürfen wir bestimmte Risiken nicht unterschätzen. Nach Miles-Paul (1992), gibt es die Gefahr der „Verweichlichung der Begriffes“ der Selbstbestimmung bis zu seiner Instrumentalisierung gegen die Interessen behinderter Menschen. Auch wenn in der Selbstbestimmt-Leben-Bewegung vor allem Menschen mit körperlichen Behinderungen aktiv wurden, verstand sie sich selbst als eine Organisation aller Menschen mit Behinderungen.

#### 2.4.2.4 Weitere Konzepte und Bewegungen

Die Gruppen geistig behinderter Menschen, die für das Recht auf ihre Selbstbestimmung kämpfen, werden in der Literatur *Self-Advocacy-Bewegung* genannt. Neben diesem allgemein verbreiteten Begriff tragen aber solche Gruppen in verschiedenen Ländern vielfältige Bezeichnungen – wie z.B. „*People First*“ und „*Advocacy in Action*“ in Großbritannien, Kanada und den USA, „*Selbstverteidiger*“ in der Tschechischen Republik, „*Onderling Sterk*“ in den Niederlanden, „*Grunden*“ in Schweden. Die Self-Advocacy-Idee stammt aus Schweden. Nach Rock (1997) ist die Geburt dieser Idee der De-Institutionalisierung von Großanstalten zu verdanken, der die Möglichkeit der Partizipation an den Aktivitäten der Independent-Living-Bewegung und der dort stattfindende Einstellungswandel gegenüber behinderten Menschen in Politik, Wissenschaft und Praxis vorausgegangen waren. Knust-Potter (1994) sieht in der ständig wachsenden Zahl der Self-Advocacy Gruppen eine der bedeutendsten Errungenschaften der sogenannten geistig behinderten Menschen. Diese Menschen gründeten ihre eigenen Organisationen und wählten ihre eigenen Vorstände, die sich nach einiger Zeit auf nationaler und internationaler Ebene miteinander verbanden.

### 2.4.2.4.1 PEOPLE FIRST UND SELF ADVOCACY

1971 fand eine erste Konferenz in Großbritannien statt. Es dauerte jedoch mehr als zehn Jahre, bis diese Gruppen mehr politisches Engagement und Selbstverständnis erlangten. Nach Auffassung verschiedener Autoren spielte in diesem Zusammenhang das Jahr 1984 eine große Rolle, in dem es in London zur Gründung der „People-First"-Gruppe kam. Im September 1988 wurde in London erstmals eine internationale Self-Advocacy Konferenz abgehalten, an der sich fast 300 TeilnehmerInnen beteiligt haben. An der 3. internationalen Konferenz der People-First-Bewegung, die im Juni 1993 in Toronto organisiert wurde, nahmen bereits 1400 Personen teil. Auf internationaler Ebene organisierten sich die Gruppen im „Committee Self-Advocacy" der „Internationalen Liga von Vereinigungen für Menschen mit geistiger Behinderung" (Rock 1997). Das Grundprinzip in der Organisation der einzelnen Gruppen war die Eigenständigkeit. Knust-Potter (1994) beschreibt unterschiedliche Organisationsformen der Self-Advocacy-Gruppen, die sich im Grad der Einbindung in verschiedene Organisationen der Behindertenhilfe unterscheiden. Zu finden sind sowohl ganz unabhängige Gruppen, als auch solche, die innerhalb institutioneller Strukturen tätig sind. In einer solchen Konstellation haben wir es letztendlich mit einer finanziellen, zeitlichen und räumlichen Abhängigkeit zu tun, die in der Interessenlage der Gesamtorganisation ihren Niederschlag findet. Institutionell eingebundene Modelle können eine wichtige Vorstufe sein. Man kann jedoch belegen, dass die Einflussmöglichkeiten der Gruppen tendenziell mit ihrer Unabhängigkeit wachsen. Neben diesem Faktor wird die Unabhängigkeit noch durch einen zweiten Faktor erschwert. Dabei handelt es sich um die Tatsache, dass an den Self-Advocacy Gruppen sogenannte „Advisors" (Rock 1997) als Assistenz teilnehmen. Dadurch unterscheiden sich diese Zusammenschlüsse von den Gruppen der Selbstbestimmungs-Bewegungen körperbehinderter Menschen, die Nichtbehinderte prinzipiell ausschließen.

Knust-Potter (1994) macht darauf aufmerksam, dass Selbstbestimmung und Selbständigkeit zwei unterschiedliche Sachverhalte sind. Unterstützung und Assistenz haben innerhalb der erwähnten Gruppen eine wesentliche Bedeutung (S. 320). Die Self-Advocates wollen aber sicherstellen, dass diese Unterstützung nicht die Form eines bevormundenden Verhaltens annimmt, sondern sie soll sich von einem gleichberechtigten Verhältnis zweier Personen hin auf die Kompensation von ungleichen Lebenschancen abwickeln. Inhaltlich beruht die Arbeit der Self-Advocacy-Bewegung auf dem grundsätzlichen Recht auf Selbstbestimmung. Nach Rock (1997, 354) bedeutet Self-Advocacy in erster Linie „als Mensch mit einer geistigen Behinderung die eigenen Wünsche, Bedürfnisse und Rechte zu kennen, sie zu äußern und selbst zu vertreten". Self-Advocacy wendet sich gegen Segregation und Diskriminierung, man setzt sich dabei nicht nur für individuelle und politische Interessen ein, sondern auch für diejenigen solcher Menschen, die noch nicht für sich sprechen können. Self-Advocacy kritisiert die bisherigen defizitorientierten Interaktionsstrukturen gegenüber geistig behinderten Menschen, sie wendet sich auch gegen institutionelle und gesellschaftliche Verhältnisse. Das Committee Self-Advocacy der „Internationalen Liga von Vereinigungen für Menschen mit geistiger Behinderung“ erstellte im Juni 1993 in Utrecht folgende Grundsatzaussagen:

*Zunächst einmal bin ich ein Mensch!* An erster Stelle müssen wir als Menschen und als Personen behandelt werden.
*Wir entscheiden!* Wir müssen unsere Entscheidungen selber treffen.
*Wir haben ein Recht zu lernen!* Wir müssen Risiken selbst tragen und aus unseren Fehlern lernen.
*Wir haben unsere eigene Identität!* Wir sind alle unterschiedlich und unverwechselbar.
*Wir haben Namen!* Der Begriff „geistig behindert“ wertet uns ab und beschreibt uns nicht.
*Wir haben etwas zu sagen!* Ihr müßt uns zuhören, wenn wir uns mitteilen.
*Wir wollen gleiche Chancen im Leben!* Unabhängig vom Grad der Behinderung müssen alle Menschen die gleichen Chancen haben und optimal unterstützt werden. Und sie müssen auch gehört werden.
*Wir sind etwas wert!* Jeder Mensch ist wertvoll und auch dementsprechend zu behandeln.
*Wir haben das Recht, am Leben der Gesellschaft teil zu nehmen!* Keiner soll abgestempelt oder aus dem gemeinsamen Leben ausgeschlossen werden, damit er an erster Stelle ein Mensch sein kann.
*Wir wollen so wie alle anderen in der Gesellschaft behandelt werden!*

Zur Arbeit der Self-Advocacy-Bewegung gehört aber viel mehr als verbale Forderungen nach Selbstbestimmung. Sie setzt sich aktiv gegen existierende Dienstleistungsangebote und Lebensbedingungen ein. Die Self-Advocacy-Bewegung setzt sich zum Ziel, sich an einem Veränderungsprozess aktiv zu beteiligen. So konstatiert Rock (1997), dass die Self-Advocacy-Bewegung die eigene Position mit Erfolg stärkte und auf diese Weise Theorie und Praxis beeinflusste, sowie auch Veränderungen auf politischen, gesellschaftlichen und institutionellen Ebenen bewirkte.

Die Self-Advocacy-Bewegung hat in den europäischen Ländern unter anderem den Weg für die Beanspruchung des Rechtes auf Selbstbestimmung geebnet.

### 2.4.3 RECHTLICHE VERANKERUNGEN UND POLITISCHE PROGRAMME

„Selbstbestimmung“, „Normalisierung“, „Solidarität“, „Integration“ waren Schlagworte, die in den 70er und 80er Jahren des 20.Jahrhunderts nicht nur zu umfassenden Bewegungsprogrammen führten, sondern auch die Sozialpolitik, die Legislative und die Rechte in den europäischen Staaten zugunsten behinderter Menschen beeinflussten. Von einer stark individuums- und nationalzentrierten Sichtweise ging die Entwicklung mit diesen Jahren stetig in Richtung Gesellschaftszentrierung und Internationalisierung. Die erste internationale, 1971 auf europäischem Boden stattfindende Konferenz zur Legislative in Bezug auf behinderte Menschen, wurde ein klarer Ausdruck dieser Tendenz. Sie wurde von *Rehabilitation International* in Rom organisiert. Hier wurde beschlossen, dass die Hauptverantwortung für die Qualität und das Ausmaß der Dienstleistungen für behinderte Menschen die Regierungen einzelner Länder übernehmen. Jedes Land sollte die Rechte seiner behinderten Bürger wahren und sollte ihnen ermöglichen, ihre Rechte voll zu genießen, ihre Fähigkeiten im vollen Ausmaß auf dem Gebiet der Bildung und auf dem Arbeitsmarkt zu gebrauchen. Die allgemeinen Menschenrechte wurden in spezifischen Erklärungen der UNO auf den Behindertensektor übertragen: In den 70er Jahren wurde vor allem die Lage von geistig behinderten Menschen vom Gesichtspunkt der Menschenrechte her untersucht. Deshalb wurde schon im Jahre 1971 die UNO-Deklaration der Rechte geistig behinderter Menschen und später (1975) die Deklaration der Rechte körperlich behinderter Menschen verabschiedet. Allen behinderten Personen wurde damit das Anrecht auf alle Dienstleistungen anerkannt, die es ihnen ermöglichen, ihre Fähigkeiten und Fertigkeiten maximal zu entfalten und die den Prozess ihrer sozialen Integration beschleunigen. Den behinderten Menschen wurde das Recht auf wirtschaftliche und soziale Sicherheit sowie das Recht zuerkannt, in ihren Familien zu leben, sowie an allen kreativen und Freizeitaktivitäten teilzunehmen. Besonders betont wurden in der Deklaration das Recht der behinderten Menschen, eine ihren Fähigkeiten entsprechende Arbeit zu bekommen und zu behalten und das Recht, eine produktive Erwerbstätigkeit auszuüben. Zu diesem Recht auf eine Arbeit äußerte sich auch *Europäische Sozialcharta.* In ihrem ersten Teil, in Artikel 15, wurde festgehalten, dass Menschen mit Behinderung Recht auf berufliche Ausbildung und auf berufliche und soziale Readaptation ohne Rücksicht auf den Charakter ihrer Behinderung haben. Im zweiten Teil wurden Pflichten der signierenden Staaten aufgeführt, welche die notwendigen Garantien zu schaffen und Maßnahmen für eine wirksame Durchsetzung dieses Rechtes zu ergreifen hatten.

Die Europäische Sozialcharta, die von den Staaten der EG verfasst wurde, führte dann im Art. 26 konkretisiertere Maßnahmen in Bezug auf berufliche Betätigung und auf die damit zusammenhängende Mobilität behinderter Menschen aus. Das Bestreben der UNO, die Bedingungen für eine selbstbestimmende

Wahl und für ein autonomes Leben sicherzustellen sowie eine ganze Reihe konkreter Lösungen dieser Probleme durch die UNO hatten in den 80er Jahren einen positiven Einfluss auf die Selbstbestimmungsbewegung behinderter Menschen in Europa.

Das Jahr 1981 wurde durch die Generalversammlung der UNO zum *Internationalen Jahr der Behinderten* erklärt. Es war sein Ziel, zum Durchsetzen des Gedankens einer vollen Teilnahme behinderter Menschen am Leben und an der Entwicklung der Gesellschaft beizutragen und sich für ihre Gleichberechtigung in Bezug auf menschliche Grundrechte und ihre Freiheit einzusetzen. Bei seiner Evaluierung konnte die Generalversammlung zufrieden konstatieren, dass es in einer ganzen Reihe europäischer Länder gelungen war, die Staaten für die Lösung der Probleme behinderter Menschen zu gewinnen und in dieses Bestreben mehrere Nichtregierungsorganisationen (NGOs), Selbsthilfevereine und nationale Behindertenorganisationen einzubinden. Rehabilitation International proklamierte 1981 die *Charta für die 80er Jahre*. Diese Charta behandelte die Prioritäten auf dem Gebiet der Rechte behinderten Menschen, das Durchsetzen dieser Rechte, unter anderem die Notwendigkeit ihrer Integration sowie das Bedürfnis, negative Konsequenzen ihrer Behinderung zu minimieren. Neben dem Ziel einer Teilnahme von behinderten Menschen am vollwertigen Leben wurde auch öffentliche Information im nationalen und internationalem Kontext zu einem der Ziele.

Das *Weltweite Aktionsprogramm der UNO* (1982) war ein Dokument, das inhaltlich und in seinen Zielen an die Ideen des internationalen Jahres des Behinderten anknüpfte. Die Forderung nach Gleichheit behinderter Personen anderen Menschen gegenüber definierte man hier als „Gleichheit von Chancen" aller Menschen, sich an einer Verbesserung der Lebensbedingungen in einem gemeinsamen Lebensraum beteiligen zu können. Diese Auffassung von Gleichheit war in allen Ländern ohne Rücksicht auf den Grad ihrer wirtschaftlichen Entwicklung zu befolgen. Das folgende *Jahrzehnt des Behinderten* (1983-1993) war eine durch die UNO verkündete Aktion, die sich zum Ziel setzte, die Wahrung und Respektierung menschlicher Grundrechte und Freiheiten von behinderten Menschen zu unterstützen. Nach seinem Ende gab die UNO die erste offizielle Studie heraus, die über die Beschränkungen behinderter Menschen im Bereich ihrer ökonomischen, sozialen und kulturellen Rechte informierte. Dieser Bericht forderte die Mitgliedsstaaten der UNO zu entsprechenden legislativen Aktivitäten auf und empfahl ihnen, sich auf nationaler und internationaler Ebene mit solchen Themen zu befassen, wie z.B. die Integration behinderter Menschen in die Gesellschaft, Chancengleichheit für alle, Abbau von physischen und psychischen Barrieren usw. Unter anderem nahm die EU im Rahmen der Dekade Behinderter auch *Die Empfehlung des EU-Rates (Council Recommendation)* aus dem Jahre 1986 an, die sich mit der Einstellung hinsichtlich von Menschen mit Behinderung in der EU und mit der Beseitigung der Diskriminierung dieser

Menschen beschäftigte. Verabschiedet wurden auch die zur Unterstützung der Integration und eines autonomen Lebens behinderter Menschen bestimmten *Programme HELIOS I* (1988-1992) und *HELIOS II* (1993-1996). Nach dem Ende der Dekade im Jahre 1993 brachte die UNO ihre erste offizielle Studie über die Verletzung ökonomischer, sozialer und kultureller Rechte behinderter Menschen heraus, die in Zusammenarbeit mit internationalen Behindertenorganisationen, vor allem mit *Disabled People International* entstand.

Die *Standardregeln über Chancengleichheit für Menschen mit Behinderung* (1993) gelten als neuer Meilenstein in der Entwicklung einer modernen internationalen Politik zur Problematik behinderter Menschen. Dieses Dokument wurde aufgrund von Erfahrungen im Laufe der erwähnten Dekade der Behinderten erarbeitet, seine politische und moralische Basis bildeten jedoch die Allgemeine Deklaration der Menschenrechte der UNO aus dem Jahre 1948 und die Abmachung über die Kinderrechte, die auf dem Boden der UNO 1989 angenommen wurde. Die Standardregeln wollten für behinderte Personen die gleichen Rechte sicherstellen, über die andere Menschen verfügen. Aus diesem Grunde wurde vorgeschlagen, Maßnahmen zu ergreifen, die Hindernisse aus dem Weg räumen sollten, die Personen mit Behinderungen eine volle Integration in alle Bereiche des gesellschaftlichen Lebens unmöglich machen. Behinderte Menschen sollten ihre Rechte durchsetzen können. Die Deklaration enthielt unter anderem auch einen Aufruf an alle Staaten, konkrete Maßnahmen zur Prävention von Behinderungen, zur Rehabilitation der Behinderten und zum Chancenausgleich zu ergreifen. Besonders bedeutend ist die Regel 18 und zwar dadurch, dass an dieser Stelle die Rolle der Behindertenorganisationen bei der Präsentierung der Rechte, Interessen und Bedürfnisse von Menschen mit Behinderung auf internationaler, nationaler und auch lokaler Ebene wieder angeführt wurde. Hingewiesen wurde auch auf die beratende Funktion dieser Organisationen, welche sie bei der Entscheidung über die mit Behinderungen zusammenhängenden Angelegenheiten erfüllen. Die Standardregeln waren vom Standpunkt des internationalen Rechtes kein verbindliches Dokument, aber von Anfang an war deutlich, dass –falls sie von vielen Staaten in Europa angenommen werden sollten – sie das Potential besitzen, das internationale europäische Recht in Bezug auf das Leben behinderter Menschen bedeutend zu beeinflussen.

Im Gegensatz zu den Vereinten Nationen haben sich die europäischen Organisationen (besonders der Europaparat und die Europäische Union) eher selten mit richtungweisenden Verlautbarungen zum Thema Menschenrechte geäußert. Ihr Engagement konzentrierte sich auf die Bereiche der Rehabilitation sowie auch auf die wirtschaftliche Eingliederung behinderter Arbeitnehmer. Trotzdem hat das Europäische Parlament einige Schritte in Richtung zur Sicherstellung der Menschenrechte behinderter Personen gemacht. Im Jahre 1996 – im Anschluss an die entsprechenden UN-Standardregeln – verabschiedete der EU-Rat eine *Entschließung zur Umsetzung der Chancengleichheit für behinderte* Menschen innerhalb der Europäischen Union. Die Europäische Kommission hat einen europäischen Leitfaden für empfehlenswerte Praktiken auf dem Weg zur Chancengleichheit für die behinderte Personen herausgegeben. Im Februar 1993 wurde – durch Beschluss des EU-Rates initiiert – unter anderem *HELIOS II* (Handicapped people in the European Community living independently in an open society) gestartet. In diesem Programm sollten europäische integrative Angebote zur Förderung von Behinderten verglichen und besprochen werden. Gedacht wurde dabei auch an ihre praktische Umsetzung. Eine zentrale Rolle innerhalb der HELIOS-Aktivitäten nahm der Transfer ein, konkret ausgedrückt waren es: 1. der individuelle Transfer durch Beobachtung, Information und Austausch; 2. der Transfer von Informationen an Behörden; 3. ein Transfer in Richtung Sensibilisierung der Öffentlichkeit. Von dieser Basis ausgehend spannte sich HELIOS II von der funktionellen Rehabilitation, über die Eingliederung in das Bildungswesen, die wirtschaftliche Eingliederung von behinderten Menschen bis zu ihrer sozialen Eingliederung und zu ihrem eigenständigen Leben. Auf dem Gebiet der Bildung gehörten alle Bildungsstufen zum Inhalt von HELIOS II, von der Frühförderung bis zu späteren Lebensphasen.

Im November 1996 wurde HELIOS II mit der *Charta von Luxemburg* zu Ende gebracht. 1997 folgte „ HELIOS II – Europäischer Leitfaden für empfehlenswerte Praktiken – Auf dem Weg zur Chancengleichheit für behinderte Menschen“. Seinen Inhalt bildeten Schlüsselkonzepte empfehlenswerter Praktiken. Behandelt wurde hier auch die mögliche Verwirklichung der sozialen, schulischen und beruflichen Integration von behinderten Menschen. Dieses Dokument machte deutlich, wie wichtig es wäre, ein europäisches integratives Netzwerk zu schaffen. Im Rahmen des Programms wurde von der Europäischen Kommission für den Sektor Independent Living die Gesellschaft *Mobility International* als Koordinator bestimmt, die als internationale Nichtregierungs- (NGO) und Non-Profit-Behindertenorganisation (NPO) zur Unterstützung des autonomen Lebens von Behinderten und zur Unterstützung ihrer Chancengleichheit im Jahre 1982 gegründet wurde. Die Gesellschaft Mobility International, die von Anfang an bei der UNO, beim Europäischen Rat und bei der EU-Kommission über einen rechtlichen Status verfügte, nahm gleichzeitig eine beratende Rolle für die Institutionen der EU in Angelegenheiten behinderter Personen und Mitgliedschaft im European Disability Forum an (EDF). Als eine aus individuellen und kollektiven Mitgliedern aus den Reihen behinderter Menschen bestehende Organisation, in der europäische Mitglieder überwogen, setzte sie sich aktiv für die Erfüllung der Standardregeln der UNO ein. Wie andere Bewegungen für Menschenrechte lernte auch Mobility International mit Regierungen und Behörden zu verhandeln, die für die Verletzung der Behindertenrechte in einzelnen Ländern verantwortlich waren.

In den letzten Jahren des voriges Jahrhunderts haben sich auch andere internationale Organisationen mit den Fragen der Chancengleichheit behinderter Menschen befasst. Zu ihnen gehört z.B. auch die Organisation der Vereinigten Nationen für Erziehung, Wissenschaft und Kultur (UNESCO). Ausschlaggebend war vor allem *der Weltkongress über Bildung bei besonderem Förderbedarf – Zugang und Qualität*, der in Salamanca stattfand. In der von ihm verabschiedeten, der sog. *Salamanca-Deklaration,* wird auf das Recht hingewiesen, dass Kinder, Jugendliche und Erwachsene mit besonderem Förderbedarf Bildungsmöglichkeiten im Rahmen der Regelsysteme bekommen sollten. So wurden die Hauptprinzipien der Erziehung und Bildung ohne Ausgrenzung auf rechtlicher oder politischer Ebene in der Salamanca- Deklaration und dem Aktionsrahmen der UNESCO (1994) zum Ausdruck gebracht.

Wie kompliziert die Entwicklung der Selbstbestimmungsbewegung in Europa war, zeigen die unten angeführten Beispiele aus der Praxis einzelner europäischer Länder. In den folgenden Abschnitten werden die Anfänge ausgewählter Selbstbestimmungsbewegungen in Europa dargestellt.

### 2.4.4 BEISPIELE EUROPÄISCHER PRAXIS

#### 2.4.4.1 BEISPIEL AUS GROẞBRITANNIEN

Im Jahr 1991 begann der BCODP (British Council of Disabled People, der Britische Rat der Menschen mit Behinderung) – die überregionale, repräsentative und demokratische Organisation behinderter Menschen im Vereinigten Königreich – seine Kampagne für die Durchsetzung eines Antidiskriminierungsgesetzes. Die Verabschiedung des ADGs durch die Regierung wurde zur Priorität der Behindertenbewegung, deren Erreichung in Kooperation verschiedener Behindertenverbände angestrebt wurde. Die ADG-Kampagne wurde durch die Veröffentlichung einer wichtigen Forschungsarbeit mit dem Titel „Diskriminierung und Menschen mit Behinderung in Großbritannien", die vom BCODP durchgeführt worden war, unterstützt. Dieser bahnbrechenden Studie folgten weitere Forschungsprojekte behinderter Menschen (vgl. Evans, 1998). Erst diese Studie lieferte unbestreitbare Beweise für eine systematische Benachteiligung behinderter Menschen in Großbritannien, die bis dahin von der Regierung geleugnet worden war. Die Regierung musste angesichts dieser Evidenz eine solche Benachteiligung öffentlich zugeben. Obwohl dies im Januar 1992 geschah, war die Regierung nicht bereit, einen von der Labour Party in Zusammenarbeit mit den Behindertenverbänden eingebrachten Gesetzesantrag zur Gleichstellung behinderter Menschen anzunehmen. Das Hauptargument der Regierung waren die mit dem Verabschieden des ADGesetzes verbundenen Kosten, die zu hoch eingeschätzt waren, was sich Jahre später zeigte. Weiter wurde durch die Regierung betont, dass der Abbau von Diskriminierung nur mit Hilfe einer besseren Bildungspolitik erzielt werden könnte.

### 2.4.4.2 Beispiel aus Schweden

Ein wichtiges Zentrum für die Angelegenheiten der behinderten Menschen war das Stockholmer Institut für Independent Living (STIL). Gegründet wurde es vom schwerbehinderten Sozialwissenschaftler Adolf Ratzka, der die Grundsätze des amerikanischen Selbstbestimmt-Leben-Konzepts nach Europa brachte. Ratzka setzte sich unter der bis dahin unerhörten Parole (vgl. Ratzka, 1996) „Behinderte sind Experten in eigener Sache" für die Anerkennung ihrer Rechte ein. Ein tiefgreifendes Umdenken muss aber auch bei den behinderten Menschen selbst erfolgen. Sie sollen im Kampf um ihre politische und gesellschaftliche Macht keine Zeit mehr verlieren. Die behinderten Menschen sollen sich selbst vertreten, auch diesen Menschen muss gesellschaftliche Macht zuteil werden. Einzelne müssen aktiv handeln, sie sollen keine passiven Objekte einer Pflege in Großheimen mehr sein. Diese Bevölkerungsgruppe wird auch dadurch benachteiligt, dass diese Menschen ihre Bedürfnisse finanziell nicht decken können. Besitz von Geld ist in einer kapitalistischen Gesellschaft nämlich mit Selbständigkeit und Macht verbunden. Diese Voraussetzung kann aber nur dadurch erfüllt werden, dass Leute mit Handicap durch eigene Arbeit Geld verdienen, anders gesagt, dass sie einer Lohnarbeit nachgehen und dadurch die Grenzen einer Pflegeanstalt sprengen. Diese Bevölkerungsgruppe soll von der Gesellschaft nicht weggeschlossen werden, sondern sie soll sich am öffentlichen Leben beteiligen und über das nötige Geld verfügen. Diese Forderungen führten zu Konflikten, entsprechende Institutionen wollten ihre Macht über ihre Pfleglinge und die daran gekoppelten Mittel und Arbeitsplätze nicht aufgeben. Die schwedische Behindertenbewegung hat sich deshalb die Übername der wichtigsten Elemente der Independent Living Bewegung bei Beibehaltung – zu einem bestimmten Maße – der sozialstaatlichen Unterstützung zum Ziele gesetzt. So wurden Bürgerrechte für Behinderte angestrebt, ohne dass das existierende System ganz umgekrempelt worden wäre.

### 2.4.4.3 Beispiel aus Deutschland

Das Forum behinderter Juristinnen und Juristen in Deutschland legte bereits Anfang 1995 die ersten Vorschläge für ein Gleichstellungsgesetz vor, die anschließend in vielen Behindertengruppen weiter ausgearbeitet wurden. Dank dieser Zusammenarbeit konnte das Forum behinderter Juristinnen und Juristen im Jahre 2000 einen neuen Entwurf dieses Gesetzes vorlegen. Dieser Entwurf des Gleichstellungsgesetzes enthält Modifikationen bereits bestehender Gesetze sowie auch neue Regelungen. Auf diese Weise würde die Mehrarbeit entfallen, die mit der Veränderung aller einschlägigen Gesetze verbunden wäre. Das Gesetz enthält sechs Artikel, wobei der erste Artikel den eigentlichen Kern (das Antidiskriminierungsgesetz) bildet. In dieser Neuregelung definiert man das Ziel des

Gesetzes; der Leser wird mit neuen Definitionen in die Problematik eingeführt. Zu weiteren wichtigen Punkten gehören z.B. die Anerkennung der Gebärdensprache; behandelt wird hier u. a. die besondere Benachteiligung behinderter Frauen und man legt eine Berichtspflicht der Bundesregierung fest. Der zweite Artikel beinhaltet einzelne Änderungen im Bundesrecht zur Vermeidung von Diskriminierungen im Privatrecht, zum Beispiel im Mietrecht, Arbeitsrecht und Haftungsrecht. Der dritte Artikel schlägt Änderungen von Bundesgesetzen zum Erreichen von architektonischer und technischer Barrierefreiheit vor. Der vierte Artikel bringt weitere Einzelheiten zur Anerkennung der Gebärdensprache. Der fünfte Artikel befasst sich mit weiteren Änderungen im Bundesrecht und bezieht sich vor allem auf das Ausbildungsrecht, auf Telekommunikationsdienstleistungen und auf das Strafrecht. Der letzte Artikel enthält bis jetzt keine konkreten Vorschläge, ist jedoch für notwendige Übergangs- und Schlussvorschriften gedacht. Der Gesetzesentwurf deckt viele, jedoch nicht alle Bereiche ab. Das Sozialrecht wurde hier nicht miteinbezogen, im Vordergrund dieses Entwurfes stehen die Bürgerrechte. Neue Regelungen in Bezug auf Menschen mit Behinderung müssen noch auf anderen Gebieten erarbeitet werden. Die Bundesregierung will auf der Grundlage des neuen Sozialgesetzbuches IX auch das Rehabilitationsrecht reformieren.

## 2.5 „Gleichberechtigte Sozialpartner – Oder: Inklusion" / Mitbestimmung und Teilhabe

### 2.5.1 CHARAKTERISTIKEN DER PLURALISTISCHEN GESELLSCHAFT AM BEISPIEL EUROPA

**Vanda Hajkova**

Europa ist von alters her ein Kontinent voller Vielfalt. Multiethnische und multinationale Staaten und Reiche waren eine geläufige Erscheinung in früherer und in der jüngsten Vergangenheit Europas (das Osmanische Reich, die habsburgische Monarchie), und die meisten Länder Mittel- und Osteuropas besaßen von Beginn an Minderheitsgruppen. Für historisch quer durch ganz Europa entstandene Minderheiten werden Roma, Sinti und Nomaden (heute zählen sie in Europa etwa neun Millionen Menschen), wie auch einige einheimische Völker – die Sami in Skandinavien und die Tataren in Russland und in der Ukraine – gehalten. Eine kulturelle, nationale, sprachliche und ethnische Mannigfaltigkeit bleibt für Europa weitgehend charakteristisch, sie ist nicht nur ein wesentliches Merkmal des europäischen Raumes als ganzes, sondern auch der einzelnen Länder, Regionen und Städte. Der Globalisierungsprozess erweitert diese Vielfalt dadurch, dass bei der Gründung einer globalen Kultur regionale Kulturen und Gruppenkulturen bestätigt werden und dass dabei neue Minoritäten entstehen. Kulturdeterminierte Gewohnheiten und Verhaltensweisen können ein beiderseitiges Gefühl des Fremdseins zwischen den Angehörigen unterschiedlicher Kulturen, die in der gleichen Gegend leben, verursachen und sie können dazu führen, dass die Unterschiedlichkeit der Angehörigen einer Minderheitskultur im Rahmen eines bestimmten demografischen Gebildes als Defizit wahrgenommen werden kann. Hochmoderne Formen von Kommunikation und Verkehr erhöhen noch das Potenzial für den Austausch von Menschen und den kulturellen Austausch, für internationale Mobilität und Migration. Die Politik der Regierungen muss sich in den einzelnen Ländern auf die Schaffung eines Umfeldes konzentrieren, in der einerseits die nationale Identität, die kulturhistorischen Werte, die Nationalsprache und die überlieferte Lebensweise hochgehalten werden, andererseits auch Pluralität geschätzt wird, kulturelle und sprachliche Unterschiedlichkeit anerkannt und sozialer Ausschluss und alle Diskriminierungsformen bei verschiedenen Gruppen und Einzelnen überwunden werden.

Eine Inspiration für die Migrationspolitik europäischer Länder stellte in den 90er Jahren der vom Europarat herausgegebene Bericht „Community and ethnic relations in Europe“ dar, der als Grundlage für die Bildung von weiteren ähnlichen Berichten diente und der internationale politische Debatten über die Bedeutung der kulturellen und ethnischen Diversität in Europa anregte. Kulturelle Pluralität wurde in diesem Bericht als ein Prozess gewertet, der sich in Europa Jahrhunderte lang entwickelt hat und in dem Immigranten und Minderheiten eine wichtige Rolle spielen. Diese Menschen sind vom ethnischen, religiösen, sprachlichen und kulturellen Gesichtspunkt aus eine heterogene Gruppe und sie bereichern die europäische Gesellschaft mit großer Bedeutung, da sie durch ihre Existenz und ihre Herkunft die griechisch-jüdischen, römischen und byzantinisch-christlichen, wie auch nordafrikanisch-osmanischen und osmanisch-islamischen Wurzeln der europäischen Zivilisation belegen. Sie erinnern uns auch an die Tatsache, dass erst mit der Verlagerung der Machtzentren vom Mittelmeer in Richtung Atlantik Europa ein überwiegend christlicher Kontinent wurde. Trotz des bedeutenden Einflusses des Christentums führte die jüdische Diaspora in manchen europäischen Ländern zur Entwicklung von jüdischen Gemeinden mit hohen Mitgliederzahlen und in einigen Gebieten Europas behielt der Islam seine dominante Stellung bis heute. Der christlichen Tradition sind verschiedene Richtungen und Kirchen entsprungen – römischer Katholizismus, die orthodoxe Kirche und der Protestantismus, die in Europa weit vertreten sind. Der christliche Glaube wurde zur Weltreligion und beeinflusste auch europäische Werte, die sich auf Rationalismus und Säkularität, auf die Freiheit des Einzelnen und auf die Demokratie stützen, die mit der Zeit eine allgemeine Akzeptanz und Verankerung im internationalen Recht erlangten.

Europa war nicht immer imstande, nach seinen eigenen Standards zu leben. Im letzten Jahrhundert wurde der Demokratisierungsprozess auf dem alten Kontinent durch links- und rechtsradikale Diktaturen unterbrochen. Weiterhin verursachten kulturelle und ethnische Unverträglichkeiten Unterdrückungen von

Minderheiten und lokale ethnische Konflikte. Vor dem Hintergrund dieser Erscheinungen bildet sich nur mit Schwierigkeiten eine vereinte „globale“ europäische Kultur heraus. Im Gegenteil: Europa blüht vor allem Dank seiner sich vertiefenden Vielfalt. Einen erheblichen Einfluss auf deren Erhalt üben Migrationsbewegungen aus. Es gibt wohl kein europäisches Land, das davon nicht betroffen wäre. In den meisten europäischen Ländern wurden auch schon Regelungen zur Aufnahme von Immigranten und Flüchtlingen und Programme ihrer Eingliederung eingeführt. In vielen europäischen Ländern gelingt der Integrationsprozess, der hier oft länger als eine Generation dauert, tatsächlich. Das bedeutet jedoch nicht, dass dieser Prozess ohne Konflikte und Spannungen zwischen den Ankömmlingen und einigen Gruppen der Gastbevölkerung verläuft.

Das internationale Recht unterscheidet deutlich zwischen Flüchtlingen und verschiedenen Migrantenkategorien (grenzüberschreitende Arbeiter, Wanderarbeiter, durch das internationale Recht an die Arbeit im Ausland gebundene Arbeitende, usw.). Das Abkommen über die rechtliche Stellung der Flüchtlinge aus dem Jahre 1951, das von einer groβen Anzahl europäischer Länder ratifiziert wurde, definierte zum ersten Mal den Begriff „Flüchtling“. Das Abkommen über den Schutz migrierender Arbeiter und ihrer Familienmitglieder aus dem Jahre 1990 definierte verschiedene Migrantenkategorien. Diese Definitionen bildeten die Basis für die Migrations- und Flüchtlingspolitik in Europa während der gesamten vergangenen Jahrzehnte; zur Zeit bedürfen sie jedoch etlicher Nachträge, die der sich wandelnden Wirklichkeit und vor allem den sich ändernden Faktoren – als einer der Gründe für Migration – Rechnung tragen müssen. Die freiwillige Migration in Europa nimmt heutzutage andere Formen an, auch die Migrantenstruktur ist anders. Ein neues Phänomen ist z. B. Migration von hochqualifizierten Arbeitskräften, Dienstleistenden und Wissenschaftlern. Diese neuen Faktoren, Formen und Gründe ergänzen und ersetzen die traditionelleren (Verletzung von Menschenrechten, Armut, Unmöglichkeit einer würdigen Lebensführung, allgemeine Gewalt und Bedrohung, soziales Leid, Naturkatastrophen, Kriegszustände). Im Widerspruch zu traditionellen Vorstellungen verlaufen die Migrationsbewegungen in Europa nicht mehr ausschlieβlich in Richtung der höchstentwickelten Länder: es ändert sich also auch die Migrationsrichtung. Heterogene Gruppen bilden auch Repatrianten, die in das Land ihrer Herkunft zurückgekehrt sind, wobei ein Teil von ihnen früher unter Zwang deportiert worden war. Einige kamen nach einer vorausgegangenen Grenzänderung zurück oder sie gerieten aufgrund der Entstehung von neuen Staaten im Rahmen der Nachkriegsordnung außerhalb der Grenzen ihrer ursprünglichen Nationalitätsgebiete. Anfang der 90er Jahre haben Millionen von Menschen ihre Staatsangehörigkeit geändert im Zusammenhang mit der Entstehung neuer Staatsgebilde anstelle der untergegangenen föderativen Staaten (z.B. der Tschechoslowakei, der Föderativen Republik Jugoslawien).

Auch sprachlich wird Europa immer vielfältiger. Europäische Sprachen, wie z.B. Englisch, Spanisch, Portugiesisch und Französisch sind Weltsprachen geworden, und es gibt mehr Menschen, die diese Sprachen außerhalb Europas sprechen, als Europäer, was im Endeffekt auch dazu führt, dass sich Immigranten, die aus anderen Kontinenten stammen, in Europa niederlassen; so kommt es hier zum interkontinentalen, kulturellen und sprachlichen Austausch. Auf der sprachlichen Landkarte des europäischen Kontinents selbst „wimmelt" es dabei von einer Unzahl von Sprachen und Dialekten. Gerade Sprachen sind Träger nationaler, regionaler und lokaler Kulturen und damit auch Ausdruck nationaler, regionaler und lokaler Identitäten. Deutlich heterogen ist auch die Bevölkerung einzelner Völker Europas, bei der wir Unterschiede in der Bindung an das Leben, an die sozialen und wirtschaftlichen Stellungen in städtischen und ländlichen Gebieten beobachten können. Ihre eigene Kultur weisen die hohen, mittleren und die unteren Sozialschichten auf. Insbesondere im Zusammenhang mit den Charakteristika der letztgenannten Schicht wurde in europäischen Sozialwissenschaften der Begriff „soziokulturelle Benachteiligung" heimisch, der einen spezifischen Typ kulturell unerwünschter, sozial determinierter Unterschiedlichkeit bezeichnet. Wie es in Europa eine Kultur der Reichen gibt, existiert hier auch eine Kultur der Armen. Bei diesen Kulturen fallen Ähnlichkeiten und Gemeinsamkeiten quer durch Europa auf.

Sowohl der Verlauf der europäischen Globalisierung im wirtschaftlichen, kulturellen und politischen Bereich, als auch seine Begleiterscheinungen bringen in der heutigen Zeit neue Impulse für die europäische Vielfältigkeit mit sich: darunter sind entstehende kulturspezifische Gruppierungen innerhalb Europas (migrierende Arbeiter, Studenten, Künstler, Touristen, Unternehmer ...) – die wir noch nicht beschreiben können –, also Existenzen verschiedener Formen von sogenannten vorübergehenden Migrationen, Transiten, Kulturaustauschen mittels Satelliten u. a. m. zu finden. Dafür müssen neue Formen entwickelt werden, die uns ermöglichen, Solidarität auch zwischen den neu entstehenden gesellschaftlichen Gruppen zur Geltung zu bringen, die aufgrund der wirtschaftlichen Fragmentierung ihren sozialen Zusammenhalt einbüßen. Traditionelle Lösungen bei Problemen von Leuten, die wegen ihrer gesundheitlichen Benachteiligung eine unterschiedliche Leistung im sozialen und beruflichen Bereich aufbringen, müssen im sich transformierenden Europa einem anderen System Platz machen: – so müssen beispielsweise soziale Absicherung oder Pflege für Bedürftige in den einzelnen Ländern etwa durch das Modell des Sozialvertrages oder der persönlichen Assistenz ersetzt werden.

Das zuvor Dargelegte zeigt deutlich, dass die Bewohner Europas neue Kenntnisse und ein deutlicheres Gefühl sozialer Verantwortung brauchen, um sich gut zurechtzufinden und sich im wandelnden Sozialraum Europas, der menschlich sehr mannigfaltig ist, engagieren zu können. Daraus ergibt sich die Notwendigkeit einer gezielten Forschung und einer systematischen Bildung, die auch im interkulturellen Kontext erfolgen muss (d. h. in dem Kontext des Austausches und der Interaktionen zwischen den Kulturen).

Die Bestärkung von spezifischen Identitäten ist eine übliche Reaktion auf die Homogenisierung von Kulturen oder religiösen Unterschieden. Ob diese Erscheinung in offene antagonistische Einstellungen übergeht, hängt von wirtschaftlichen und politischen Faktoren ab, aber auch von der Durcharbeitung der Konzeptionen sozialer Eingliederung von Angehörigen der Minoritätskulturen in die breitere Gemeinschaft und vom Ausmaß an Zusammengehörigkeit zur globalen Kultur und zur größeren Gemeinschaft. In diesem Sinne decken gegenwärtige terroristische Handlungen von extremistischen Gruppen, nationalistische und xenophobe Bewegungen auf verschiedenen Plätzen in Europa das deutliche Fehlen eines systematischen Konzeptes für ein Soziales Miteinander auf. Die Regierungen europäischer Länder haben die Pflicht, mit ihrer Politik zur Schaffung einer Umwelt beizutragen, in der kulturelle Vielfalt und menschliche Heterogenität geschätzt werden. Kulturelle Pluralität findet Resonanz auch in dem Bereich, den wir als Erziehung zum gemeinsamen europäischen Bewusstsein und zur Kultivierung der Beziehung zu Europa nennen. Es geht nicht mehr lediglich um die bloße Informiertheit über Europa, sondern es muss die Fähigkeit der Menschen entfaltet werden, in einer vielfältigen Europäischen Gesellschaft leben zu können.

***„Das Glück des einzelnen der Menschen beruht auf der Verschiedenheit jedes einzelnen, auf der Verschiedenheit des einen zum anderen, es beruht nicht auf Gleichheit.“***
*(Friedensreich Hundertwasser, Centum Aqua Ausstellung Magdeburg 15.07.2005)*

## 2.5.2 VIELFALT ALS WERT – DAS GESELLSCHAFTSMODELL DER INKLUSION
**Wolf Bloemers**

### 2.5.2.1 TRANSFORMATIONSPROZESSE

Die Entstehung der globalen Funktionssysteme in den letzten Jahrzehnten hat die sozialen Strukturen und Beziehungen, die Verhältnisse von Nationen, von Ökonomie, von Generationen, von Kulturen, von Organisationen, kurz: das gesamte Sozialgefüge gravierend verändert. Dies äußert sich in räumlichem Zusammenrücken, in rasanter Zunahme von persönlichen und professionellen Kontakten, in der Entstehung vielfältiger und unzähliger Austauschnetze sowie nicht zuletzt in veränderten politischen Konstellationen. So weist Globalisierung als Eröffnung des Welthorizontes für Handlungen, Entscheidungen, Sozialbeziehungen und Lebensstile, die früher ortsgebundenen waren, verschiedene Dimensionen auf, in denen sich Enträumlichung und Entgrenzung ereignen: ökonomische, politische, informationstechnische, kulturelle und soziale (vgl. Eickelpasch / Rademacher 2004, 57 f.). Aus dieser Globalisierung von Sozialbeziehungen resultieren nicht nur große Umgestaltungen bisheriger sozialer Ordnungsgefüge und Gemeinschaften mit neuen kulturellen, ethnischen, nationalen Mischungen und mit einem Abbau bisheriger kollektiver Zugehörigkeiten, sondern auch ein Anstieg von Individualisierungsschüben mit einer wachsenden Vielfalt von Lebensentwürfen, die aufgrund ihrer Entgrenzungen sowohl destabilisierend sein können, als auch zu kreativen Ausbrüchen aus bislang ausschließenden Begrenzungen vorgegebener sozialer Lebensformen führen können.

Vielfalt, Pluralismus, Heterogenität sind deshalb die neuen, postmodernen Signaturen von neuen Sozialgefügen, in denen bisherige monolithische Orientierungen von individueller wie sozialer Identität, von persönlicher wie gemeinschaftlicher Selbstinterpretation wie: Nation, Ethnie, Geschlecht oder soziale Schicht ausgedient haben und neue Erkundungen und Ausrichtungen erfordern. Die traditionell an der „Normalität" ausgerichteten Machtmuster, mittels derer Individuen Schichten und Ständen früher hierarchisch zugeordnet, entsprechend bewertet und auch räumlich „sortiert" wurden, sind aufgrund der strukturellen Unbestimmtheit von flexiblen und wechselnden Beziehungen so wie des immer größer werdenden Spielraums von Individualität und Freiheit nicht mehr tragfähig. Die bisherige „Dominanzkultur", mit der die gesamte Lebensweise, die Selbstinterpretation sowie die Bilder, die wir vom Anderen entwerfen, in Kategorien von Über- und Unterordnung gefasst war (vgl. Rommelspacher 1995, 22), und mit der die Berechtigungen für den Zugang zu Gestaltungsressourcen verteilt sowie die Benachteilungsmuster konstituiert wurden, ist brüchig geworden. Stand der Normalität – nach dem bisher gültigen, zweiwertigen binären Code – immer das an (Wert)Merkmalen festgemachte und zugeschriebene „Andere" und „Fremde" als Diskriminierungskonstrukt gegenüber, und war das gesellschaftliche Ansinnen davon erfüllt, alles Fremde und Unbestimmte zu exkludieren, so werden diese impliziten Wertungen von Lebensmustern und ihre segregierenden Konsequenzen im Kontext der vorgenannten Transformationsprozesse und der steigenden Pluralität immer fragiler.

Vor dem Hintergrund vorgenannter komplexer Veränderungen und dem Auszug aus dem „stahlharten Gehäuse der Zugehörigkeit" (Nassehi 1997, 177) stellen sich der Wissenschaft und der Politik neue Fragen nach dem sozialen Umgang miteinander, Fragen nach den sozialethischen Fundierungen für das Umgehen mit immer neuen individuellen Unterschieden und Differenzen. Hierin liegt die große Chance, die bisherigen am Modus der *Hierarchisierung* von Differenz legitimierten sozialen Beziehungsmuster neu zu reflektieren und zu überwinden; zugleich ist damit aber auch die Gefahr gegeben, durch „Fragmentierung und Erosion bisheriger kollektiver Identität" (Eickelpasch / Rademacher 2004, 13) nur kurzfristig wirksame Identitätsschablonen mit Ambivalenzen, Unsicherheit und Kontingenzen zu entwickeln (vgl. a.a.O., 43) und durch die „riskanten Freiheiten“, die „Entroutinisierung des Alltags“ (Beck 1994, 10 ff.) und den Zwang zur Individualisierung des Lebens aufgrund der Funktionserfordernisse der Gesellschaft mit den eigenen Biographiekonstruktionen und Flexibilitätszumutungen völlig überfordert und im „Flugsand der Individualisierung“ (a.a.O., 33) atomisiert zu werden.

### 2.5.2.2 Vielfalt als Wert

Aktuelle philosophische und sozialwissenschaftliche Denker machen für die Postmoderne eine Weltauffassung aus, die sie als „Verfassung radikaler Pluralität“ (Welsch 1987,4), als die „Kultur der Vielfalt und Differenz“ (Eickelpasch / Rademacher 2004, 43), bzw. als „Pluralismus von Tradition, Werten und Ideologien“ (vgl. Bauman 1995) beschreiben, die bewusst die Vielfalt von Lebensentwürfen, Überlieferungen und Kulturen *anerkennt* (mit letzteren sind nicht auf Ethnien oder Nationen reduzierte Interpretationen von Kultur gemeint, sondern individuelle und gemeinschaftliche, dynamische Lebensmuster und Handlungskonzepte in einem umfassenden Sinn). Diese Sichtweisen basieren u.a. auf den Erkenntnissen von Neurobiologie, Konstruktivismus und Systemtheorie, dass alle Phänomene (physische, biologische, psychische, gesellschaftliche, kulturelle) grundsätzlich miteinander verbunden sind und voneinander abhängen (vgl. Capra 1988, 293) und sich als autopoietische Systeme und als integrierte Ganzheiten präsentieren, die sich in Wechselwirkungen und sozialen Strukturkoppelungen stets neu hervorbringen und selbst organisieren. Dazu arbeiten Maturana und Varela (1990, 266) in ihren Forschungen heraus, dass nur die bedingungslose Annahme und Anerkennung des Anderen (die sie Liebe nennen), die Begegnung mit einem Fremden als einem *Gleichen* die unabdingbare Voraussetzung für einen sozialen Prozess darstellt: „Ohne Liebe, ohne dass wir andere annehmen und neben uns leben lassen, gibt es keinen sozialen Prozeß, keine Sozialisation und damit keine Menschlichkeit. Alles was die Annahme anderer untergräbt – vom Konkurrenzdenken über den Besitz der Wahrheit bis hin zur ideologischen Gewißheit – unterminiert den sozialen Prozeß, weil es den biologischen Prozeß unterminiert, der diesen erzeugt.“ Hier wird aus naturwissenschaftlicher Sicht die philosophisch-anthropologische Erkenntnis des elementaren Aufeinander-Angewiesenseins-auf-Gegenseitigkeit des Menschen komplementär verdeutlicht, also die existenziell anthropologische Dimension menschlicher Verantwortung für den Anderen aus der Perspektive einer anderen akademischen Disziplin bestätigend aufgezeigt.

Unterschiede, Anderssein, Differenzen erscheinen vor dem Hintergrund dieser Theorien nicht mehr als *Trennendes*, als hierarchisch gegeneinander zu Selektierendes, sondern als *Gleichwertiges* in der Vielfalt, also als Phänomene und Merkmale mit der *gleichen* Wertigkeit. Damit gilt die alte mechanistische Weltanschauung von sozialer Homogenisierung als obsolet. Was aber kann in so hochindividualisierten Gesellschaften an ihre Stelle treten, was kann statt dessen als soziale Grundeinheit entstehen, um soziale Orientierungen, soziale Koordinaten für einen Zusammenhalt zu stiften, die für Identitätsfindungen unverzichtbar sind?

Es sind dies die aktuellen Vorstellungen einer Akzeptanz und Pflege von sozialer Heterogenität, von Wertevielfalt, Gleichheit und Verschiedenheit in Lebensstil und Unbestimmbarkeit und einem Fundus an Ideen, Konzepten, Symbolen und Stilelementen, die sich in einer *Ethik der Anerkennung*, in einem sozialethischen Postulat von *Inklusion* sowie in neuen Sozialpolitiken von *Inklusion und Partizipation* niedergeschlagen haben und sich um eine neue Werteintegration für sozialen Zusammenhalt, für ein Ringen um neue Gemeinschaftsgrundlagen bemühen.

### 2.5.2.3 ETHIK DER ANERKENNUNG

Die ethischen Implikationen dieser neuen integralen Sichtweise von biologischer und sozialer Wirklichkeit und ihrer Auffassung einer Gleichwertigkeit menschlicher Verschiedenheit und Vielfalt sind gespeist von den Werten von Freiheit und Gleichheit. Gleichheit wird hierbei jedoch nicht als nivellierte Unterschiedslosigkeit, nicht als reziprokes und symmetrisches Beziehungsverhältnis zwischen den verschiedenen Subjekten im Sinne einer rein universalistischen Ethik gedacht, nicht als an objektiven Maßstäben vermessenes Gleiches, sondern Gleichheit wird verstanden als Anerkennung des Besonderen, des Unverwechselbaren, des Individuellen als Andersheit oder der Differenz, der Andersartigkeit des Anderen, die einer nicht kontraktualistischen, einer nicht utilitaristischen Respektierung und Verantwortung bedarf (vgl. Dederich 2001, 206 f.). Gleichheit in diesem Verständnis ist dabei eine *komplexe* Gleichheit, die im Kontext von immer stärkeren Individualisierungstendenzen und immer fragiler werdenden sozialen Verbindlichkeiten ein neues Anerkennungsverhältnis für ein gelingendes, gutes individuelles Leben konstituieren kann: die Wahrung und Anerkennung der neuen Freiheiten und Lebensentwürfe der „Nicht-Identischen Anderen“ – nicht nach dem traditionellen Gleichheitsgrundsatz, sondern in der Orientierung und Würdigung „einer Gerechtigkeit gegenüber der ‚Unendlichkeit des konkreten Anderen“ (Honneth 2000, 159) sowie der Anerkennung des Einzigartigen eines jeden Menschen. Diese an der Differenz, der Andersheit, der Unbestimmtheit und Nicht-Festlegbarkeit des Anderen, an einem asymmetrischen Beziehungsverhältnis im Sinne von Gamm (2000) und Lévinas (1995) ausgerichtete Ethik sieht Dederich als Möglichkeit, die zentrale Kontroverse zwischen liberalistischen und kommunitaristischen Ethikpositionen – der Priorisierung *individueller Freiheitsrechte* im Sinne von Kant einerseits, gegenüber der Priorisierung *normativer solidarischer Gemeinwohlwerte* im Geiste des Aristoteles andererseits – zu integrieren, indem eine auf Hegel zurückgehende *Ethik der Anerkennung* sowohl die Pluralität, die individuellen Freiheiten und divergierenden Lebensformen, als auch die Solidarität und die Fürsorge als „Sein für den Anderen" (Bauman 1995) miteinander verbindet (vgl. Dederich 2001, 208 f.). Ein diesbezügliches Ethikmodell mit verschiedenen Interaktionssphären und Anerkennungsmustern und -typen von Honneth (1994) verbindet sowohl eine auf Differenz beruhende *Ethik der Fürsorge*, eine universalistische, von Gleichheit ausgehende *Gerechtigkeitsethik* als auch eine kommunitäre, Solidarität fokussierende *Sozialethik*, auf deren Basis eine Kultur der Heterogenität gelingen könnte: Eine Kultur, in der Menschen ganz unterschiedlicher Lebensentwürfe und Wertorientierungen, Fähigkeiten und Fertigkeiten, Herkunft und Erscheinungsform als komplexe Gleichheiten aufgrund der positiven Wertschätzung von Vielfalt Anerkennung und Lebensgestaltungsmöglichkeiten erhalten und nutzen können.

#### 2.5.2.4 Inklusion als Vision

„Inklusion" und „Exklusion" beschreiben als soziologische Grundbegriffe soziale Differenzierungsprozesse; aufgrund der weltweiten Spannungen und Polaritäten von Armut und Reichtum, von Deprivation und Integration, von Zuwanderung und Aufnahme sowie der gravierenden gesellschaftlichen Transformationsprozesse in Europa sind diese Begriffe zum Epochethema geworden. Da diese Umgestaltungsvorgänge in alle Lebensbereiche hineinreichen, findet der Inklusionsbegriff auch in diesen mehr und mehr Eingang und erhält – entsprechend des jeweiligen Referenzfeldes – in den sich mit diesen Lebensfeldern beschäftigenden Wissenschaften konkretisierende Ausdeutungen, so z.B. in der Soziologie, der Pädagogik, der Theologie oder der Sozialpolitik.

**Soziologische und sozialpolitische Aspekte von Inklusion**

Soziologisch-systemtheoretisch tritt „Exklusion" – als der Gegenbegriff von Inklusion – an die Stelle einer Begrifflichkeit, die ehedem soziale Ungleichheit mit Schichtungsklassifikationen vornahm, und er verdrängt zugleich den Armutsbegriff mittelalterlicher europäischer Prägung, der primär nicht ökonomische Mittellosigkeit, sondern eine strukturell schwache Sozialposition, ein Ausgeschlossensein von lokalen Berechtigungen ausdrückte und somit vornehmlich als ein Machtlosigkeit anzeigender Terminus zu verstehen war (vgl. Stichweh 1997, 126 ff.). „Inklusion" bedeutet demzufolge das Gegenteil von „Exklusion", also eine strukturell starke Stellung, ein Einbezogensein in die Kommunikation aller gesellschaftlichen Funktionssysteme und die Berechtigung zu Teilhabe an ihnen und ihren Gütern, also eine grundsätzliche soziale Zugehörigkeit und plurale Einbettung in alle Funktionskontexte.

Angesichts des Übergangs zu den funktionalen Ausdifferenzierungen gesellschaftlicher Teilbereiche, der Phänomene von Pluralität und Heterogenität und struktureller Unbestimmtheit des Menschen sowie der Tatsache, dass immer weniger Menschen „ihren festen Platz“ in einer Welt innehaben werden, die nicht mehr hierarchisch geordnet ist (vgl. Huf 2004), stellt sich die Frage nach einem sozialen Ort, den jedes Individuum in der Gesellschaft einnehmen kann bzw. soll. Unter Zugrundelegung der zuvor referierten Fakten und Auffassungen ist die europapolitische Antwort das Inklusionsgebot. Gemeint ist damit, dass alle gesellschaftlichen Funktionssysteme allen Gesellschaftsmitgliedern offen stehen müssen und dass sich auch alle Mitglieder gegenseitig zur Verfügung stehen. Aus systemtheoretischer Perspektive, die von einer Ko-Evolution psychischer und sozialer Systeme ausgeht und das Entstehen von Gemeinschaft durch Austausch der Mitglieder sozialer Systeme in Form von Interpenetration versteht (vgl. Luhmann 1999, 299), wird dabei die Selbstproduktion des Systems durch die Strukturen des Austauschs ermöglicht. Interpenetration führt insofern zur Inklusion, als die Komplexität der zum Austausch beitragenden Systeme von den aufnehmenden Systemen mitbenutzt wird. Da autonome Funktionssysteme jedoch nicht automatisch Inklusion garantieren, sondern durch funktionale Differenzierung vielfach Exklusion hervorrufen und Menschen überflüssig machen, die nicht mehr gebraucht werden, bedarf es staatlicher Interventionen, um den Graben zwischen ethisch-visionärem Anspruch und gesellschaftlicher Wirklichkeit zu füllen und die Inklusion aller Bürger zu ermöglichen und zu verwirklichen.

Anders gewendet: Inklusion ist ein gesellschaftspolitisches Postulat nach voller gesellschaftlicher Teilhabe aller an allen Gütern; Ziel ist nicht eine homogenisierende Anpassung an bestehende Systeme einer sozialen Gemeinschaft – im Sinne des alten Integrationsmodells –, sondern die grundsätzliche Einbeziehung aller Individuen (Systeme) so wie sie sind, und damit zugleich auch um eine strukturelle Umgestaltung der Gemeinschaft dahingehend, dass für alle Individuen entsprechend ihres Vermögens Teilnahme, Teilhabe und Mitgestaltung erfolgen kann. Inklusion zielt demnach darauf ab, Systeme zu entwickeln, welche die natürliche „Artenvielfalt“ der Menschen strukturell abbilden und die Verschiedenheit nicht nur begrüßen, sondern sie unterstützen. Zur Akzentuierung: Inklusion fokussiert nicht auf einzelne, auf besondere, auf behinderte Kinder, Jugendliche und Erwachsene, auf Migranten, auf zuvor „definierte“ oder „kategorisierte“ Personen mit besonderen Bedürfnissen; Inklusion meint die volle Dazugehörigkeit, die Einbeziehung *aller* in die Heterogenität *aller* sozialen Gruppierungen. Es geht um systematische Veränderungen von *innen heraus*: Unterschiedlichkeit wird willkommen geheißen und „zelebriert, unabhängig von Geschlechterrollen, Nationalität, Rasse, Herkunftssprache, sozialem Hintergrund, Leistungsmöglichkeiten oder Behinderung“ (Mittler 2000, 359). Mit anderen Worten: Inklusion meint das Einbezogensein, die Dazugehörigkeit als vollwertiges Mitglied einer Gemeinschaft („full membership“, Lipsky / Gartner 1999, 13), unabhängig von Fähigkeiten oder Unfähigkeiten, alles „ohne wenn und aber“. Insofern ist Inklusion ein radikales Postulat, das eine Veränderung von Haltungen, Einstellungen und Menschenbildern ganzer sozialer Gemeinschaften / Institutionen herausfordert und welche das Anderssein als Dialektik von Gleichheit und Differenz versteht (vgl. Hinz 2002, 357). Weitere Quellen dieser Inklusionsphilosophie sind zu finden in den sich weltweit verstärkt wieder aktualisierenden Ideen der „social justice“, deren Konzept direkt und indirekt wie ein roter Faden die Philosophie- und Sozialgeschichte Europas durchzieht, liegt ihm doch das Credo der abendländischen Grundfesten von Demokratie zu Grunde: soziale Gleichheit und Freiheit. Soziale Gerechtigkeit geht von einer gerechten Verteilung bzw. einer Chancengleichheit aller für alle sozialen Güter aus, wozu vor allem Bildung, Gesundheit und Arbeit gehören. Inklusion toleriert also nicht einfach Unterschiedliches, sondern unterstützt gezielt die Verschiedenheit und Individualität im Sinne völliger Gleichwertigkeit jedes Einzelnen; demzufolge schafft sie in diesem Rahmen auch Strukturen und solidarische Hilfen für die Teilhabe auch derjenigen, die zuvor ausgegliedert waren. Da Teilhabe als Recht an der Gemeinschaft und an ihren Gütern betrachtet wird, sind jegliche Formen von exkludierenden Sondereinrichtungen diesem Recht konträr: Inklusion ist folglich mit Entinstitutionalisierung segregierender Einrichtungen verbunden.

**Pädagogische Aspekte von Inklusion**

Der Begriff „Inklusion“ tauchte in der politischen Diskussion in Europa zum ersten Mal in den 90er Jahren im bildungspolitischen Kontext der Salamanca-Resolution auf. In einer von der UNESCO und der spanischen Regierung 1994 in Salamanca durchgeführten Welt-Konferenz mit dem Thema „Pädagogik für besondere Bedürfnisse“ und dem Ziel „Bildung für alle“ unterzeichneten 92 Regierungen diese Resolution, in der eine grundlegende politische und pädagogische Änderung zur Entwicklung einer inklusiven Pädagogik, d.h. einer Pädagogik und einer Schule für alle Kinder propagiert und als Ziel festgelegt wurde (Salamanca-Statement 1994). Die daraus entwickelte „inclusive education“ richtet ihr Augenmerk nicht mehr – wie bei der „Integration“ – auf das Lern- oder Entwicklungsproblem einzelner, entsprechend zuvor „definierter“ Schüler bzw. auf das Ausmaß des Andersseins, sondern auf die Gemeinschaft, auf die Gruppe, die Klasse, auf die Struktur des Systems, innerhalb derer die Lernbedingungen und die Teilhabe an den Ressourcen in einer heterogenen Lerngruppe von allen gemeinsam organisiert werden soll. Teilhabe bedeutet, mit anderen gemeinsam zu lernen und mit ihnen bei gemeinsamen Lernprozessen zusammenzuarbeiten (vg. Booth / Ainscow 2003, 11). Der Fokus der Inclusive education ist auf also auf das *System* gerichtet, welches der Veränderung in Bezug auf ein effektives Lernarrangement der Reichhaltigkeit individueller Verschiedenheit bedarf, nicht hinsichtlich von Anpassungsstrategien für den Einzelnen. Die organisierende Unterstützung richtet sich nicht mehr alleine auf Beeinträchtigungen des einzelnen, sondern im wesentlichen auf die strukturelle Beseitigung institutioneller, bildungspolitischer, baulicher, sozialer und wirtschaftlicher Barrieren. So wird z. B. *Behinderung als eine Dimension von Verschiedenheit* – neben anderen! – begriffen, und nicht als eine zu verändernde Minusvariante von Normalität. Um dieser Verschiedenheit entsprechen zu können, soll sich die Schule mit ihren Lehr-, Lern- und Organisationsformen grundlegend umgestalten (vgl. Biewer 2005a, 102). Inklusion bezieht sich deshalb nicht explizit auf behinderte Kinder oder Erwachsene, sondern (zunächst) auf alle Personen, die bislang wegen ihres Abweichens von der „alten Normalität“, wegen ihres „Andersseins“ von Geschlecht, ethnischer Herkunft, sexueller Orientierung, Glaube, Einkommen oder Fähigkeit marginalisiert und ausgeschlossen waren. Letztlich meint Inklusion die Einbeziehung *aller* Menschen in ein System und das soziale Miteinander ohne irgendeine spezielle Kenntlichmachung oder definitorische Kategorisierung einzelner Personen. Mit anderen Worten: Inklusion heißt Veränderung des Systems für alle und durch alle und nicht Anpassung des Einzelnen an das von wenigen geschaffene (alte) System mit definierter „Normalität“. Demnach gibt es keine fixierte, für allgemein gültig erklärte Normalität mehr (vgl. Sander 2003).

**Theologische Aspekte von Inklusion**
Auch die Theologie meldet sich unter Bezugnahme auf religiös-ethische Begründungen der Gleichwertigkeit aller Menschen zum Konzept und zur Realisierung von Inklusion als „Anerkennung der Normalität von Verschiedenheit“ (Sander 2004, 17) zu Wort. So argumentiert Nipkow (2005, 122 ff.) mit einem Gleichheitsbegriff, der an der biblischen Rede von der Gottesebenbildlichkeit des Menschen orientiert ist und eine Angleichung von Differenz „nach oben“ (vollkommen werden wie Gott) sowie „nach unten“ (zu den hilfsbedürftigen Menschen im irdischen Leben) impliziert. Theologisch handelt es sich dabei nicht um eine Gleichheit in Bezug auf die gleiche „Natur“, sondern um die Kategorie von „Beziehung“ zwischen Gott und den Menschen, also um eine universalistische Ethik, die alle Menschen einschließt. Auch hier steht die axiomatische „Anerkennung des Anderen“ im Zentrum der ethisch-theologischen Begründung, in dem die Gleichheit aller als eine Gleichheit in derselben, *prinzipiellen Endlichkeit*, Hinfälligkeit, Hilfsbedürftigkeit, als völlig normale ontologische Größe gesehen wird, die sich im Einzelnen wiederum sehr unterschiedlich manifestiert. Die theologische Begründung der Gleichheit der Würde durch Angleichung nach unten erfolgt unter Bezugnahme auf den Kreuzestod Christi: „Gott solidarisiert sich mit dem leidenden Gottesknecht und wird in Jesus selbst ein Behinderter am Kreuz als radikalste religiös denkbare Gleichheit ‚unten‘“ (a.a.O. 126).

Ebenso wie in soziologischen und pädagogischen Betrachtungsweisen meint Inklusion aus theologischer Perspektive Gleichheit nicht als Unterschiedslosigkeit oder Vereinheitlichung, sondern als ein in Vielfalt geeintes Miteinander in „Gleichwertigkeit und Differenz“ unter Berücksichtigung der individuellen Unterschiede und der damit einhergehenden, erforderlichen Hilfestellungen nach dem Prinzip, dass jeder so sein darf und soll, wie er ist.

## FAZIT

Inklusion ist ein sozialethisches Konzept und sozialpolitisches Leitbild für eine Gesellschaft, in der

- jeder geschätzt und respektiert wird,
- jede einzelne Person in ihrer Individualität anerkannt wird, gleiche Rechte und Zugang zu allen Funktionsfeldern der Gesellschaft hat,
- unterstützende Ressourcen koordiniert und ständig reflektiert werden (vgl. Boban / Hinz 2003).

Dies gilt für alle Lebensbereiche wie Bildung, Wohnen, Arbeit, Freizeit, Familie und Medien, wie ein aktueller Reader mit vielen Einzelbeispielen aus Theorie und Praxis aufzeigt (Biewer 2005b).

Auf eine komprimierte Definition gebracht:
*„Inclusion (engl.) = Einbeziehung; dieser Begriff ergibt sich aus der Auffassung, dass eine Gesellschaft aus Individuen besteht, die sich alle mehr oder weniger unterscheiden. Um dieser Tatsache gerecht zu werden, muss die Gesellschaft dafür Sorge tragen, dass der Zugang aller Bürger zu Institutionen und Dienstleistungen unter Berücksichtigung ihrer individuellen Möglichkeiten ermöglicht wird. Das Prinzip der Integration strebt die Eingliederung behinderter Menschen in die bestehende Gesellschaft an; Inklusion dagegen will die Veränderung bestehender Strukturen und Auffassungen dahingehend, dass die Unterschiedlichkeit der einzelnen Menschen die Normalität ist. Jeder Mensch soll die Unterstützung und Hilfe erhalten, die er für die Teilhabe am gesellschaftlichen Leben benötigt" (Lexikon Wissenswertes zur Erwachsenenbildung 1999).*

Oder noch kürzer gefasst:
*„Inclusion is ... being able to access activities, take part, make choices and be valued. To be able to join in and to be listened to"* (Barnardo´s 2004, 30).

## 2.5.3 DIE SOZIALE PARTNERSCHAFT UND DIE BÜRGERGESELLSCHAFT ZU BEGINN DES DRITTEN MILLENNIUMS **Wolf Bloemers**

### 2.5.3.1 SCHRITTE IN RICHTUNG REALISIERUNG VON INKLUSION

Dem Anspruch auf Vollinklusion im Sinne einer potenziellen Inklusion aller Personen in alle Funktionssysteme der Gesellschaft stehen die derzeitigen Realitäten von innergesellschaftlichen Ausschlüssen aus vielen Funktionssystemen gegenüber (vgl. Stichweh 1977, 5 ff.). Hier sind gesellschaftspolitische Konzepte und Umsetzungsverfahren gefragt, Inklusionsprozesse zu befördern und Inklusionsverhältnisse herzustellen, also Mechanismen und Strukturen zu schaffen, die *Einbeziehung* und *Teilhabe* ermöglichen. Während Inklusion in systemtheoretischer Perspektive die Einbeziehung von Personen in die systemspezifische *Kommunikation* kennzeichnet, verweist Partizipation auf die spezifische *Teilhabe* an Kommunikation mittels mehr oder weniger formaler Mitgliedschaften in Organisationen (vgl. Bollmeyer 2005, 2). Es geht also zum einen *um die Artikulation* von Bedürfnissen und Anliegen bislang Ausgeschlossener, zum anderen um die *Beteiligung* an Entscheidungen, die sie selbst betreffen. Dazu ist es erforderlich, Strukturen (und Rechte!) für die Zugänge zu den Teilsystemen und der Teilhabe an den Leistungen der Funktionssystem zu schaffen; mit anderen Worten: erforderlich sind *politische Entwürfe und legislative Entscheidungen*, die Inklusion als übergeordnete Zielvorstellungen vereinbaren und dazu z.B. Anti-Diskriminierungsgesetze erlassen, sowie *bürgerliche Initiativen sozialer Partnerschaft* und *Handlungskonzepte und Organisationsverfahren*, mit denen die politisch postulierte Gleichwertigkeit der individuellen Vielfalt in Alltagspraxen umgesetzt werden können.

#### 2.5.3.2 Europapolitische Entwürfe

Beispielgebend für ersteres (*politische Entwürfe*) ist die Politik der Europäischen Union, die auf der Basis des Vertrages von Amsterdam 1997 (in Artikel 13) und des Vertrages von Nizza 2000 (Artikel 21) das Recht zu Maßnahmen gegen Antidiskriminierung festgeschrieben und die Schaffung einer inklusiven Gesellschaft zum Hauptthema des sozialen Aktionsprogramms der Europäischen Kommission für die Jahre 1998 – 2000 gemacht hat. Die Strategie bestand in der Unterstützung einer Politik für eine gesunde Gesellschaft, für eine Modernisierung und Steigerung des Sozialschutzes, für weitere Anstrengungen zu sozialer Inklusion und in der Erreichung von Gleichheit im Kampf gegen die Diskriminierung. Mit der Entschließung des Europäischen Rates von Lissabon (2000), der Mitteilung der Kommission der Europäischen Gemeinschaften vom März 2000 unter dem Titel „Ein Europa schaffen, das alle einbezieht" („Building an inclusive Europe") sowie durch die Prioritätensetzung der „Investition in das Humankapital" auf der sozialpolitischen Agenda für die Jahre 2000-2005, in der sich die europäisch orientierte Sozialpolitik damit erstmals aus der Beschränkung auf die unmittelbare Arbeitswelt löste, wurde das Ziel der Entwicklung einer inklusiven Gesellschaft und die „Modernisierung des europäischen Gesellschaftsmodells durch Investitionen in die Menschen" noch einmal nachhaltig als vordringliches Ziel bekräftigt: „Menschen sind Europas wichtigstes Gut und müssen im Zentrum der Politik der Union stehen. Investitionen in die Menschen und die Entwicklung eines aktiven und dynamischen Wohlfahrtsstaates werden von entscheidender Bedeutung sowohl für Europas Platz in der wissensbasierten Wirtschaft als auch dafür sein, sicherzustellen, dass die Herausbildung dieser neuen Wirtschaftsform die schon bestehenden sozialen Probleme Arbeitslosigkeit, soziale Ausgrenzung und die Armut nicht noch verschärft" (Europäischer Rat 2000, 9). Auch der „Gemeinsame Bericht über Sozialschutz und soziale Eingliederung" der Europäischen Kommission vom Januar 2005 stellt heraus, dass „die Bekämpfung von Armut und sozialer Ausgrenzung die zentrale Herausforderung für die Europäische Union und ihre Mitgliedsstaaten" ist (Kommission der Europäischen Gemeinschaften 2005, 5), zumal immer noch „tief verwurzelte Ausgrenzungsfaktoren zum Tragen kommen, die häufig über Generationen hinweg weitergegeben werden" (a.a.O., 6).

Im Bewusstsein ihrer klaren ethischen Grundlagen aus dem Ensemble von Demokratie, Rechtsstaatlichkeit und Bürgergesellschaft und ihrer zivilisatorischen Werte – die Freiheit des Einzelnen, der gemeinsame Codex von Menschen- und Bürgerrechten sowie die Verantwortung gegenüber der Gemeinschaft mit dem Bekenntnis zu Toleranz, Humanität und Brüderlichkeit – hat die Europäische Union angesichts der Herausforderungen der belastenden wirtschaftlichen, politischen und sozialstrukturellen Transformationsprozesse – welche die Wertegemeinschaft Europa als Lebens- und Sozialgemeinschaft erheblich auf die Probe stellen – entsprechende Politiken und Programme initiiert. Diese sollen Schritt für Schritt zu einer solidarischen Aufgaben-, Ressourcen- und Wohlstandsverteilung zwischen allen Teilen Europas führen und dadurch einen neuen Typus menschlicher Gemeinschaft – eine inklusive – hervorbringen, der *alle* Bürger an der Formung seiner föderalen und humanen Gestalt gleichberechtigt beteiligt. Gemeint ist ein Europa der Bürger, die alle am europäischen Einigungsprozess mitwirken und deshalb in alle Politikfelder aktiv eingebunden werden sollen.

Entsprechend der Devise der Europäischen Union *„In Vielfalt geeint"* sollen die europäischen Bürger – anders als in den USA – sich nicht in einem Schmelztiegel der Kulturen aus den Vielen zu einer Einheit wandeln („E pluribus unum") , sondern eine gesellschaftliche Formation entwickeln, die mit Etzioni als „Gemeinschaft der Gemeinschaften" kennzeichnet werden kann, für die er das treffende Bild eines „Mosaiks" heranzieht, das *Vielfalt und Pluralismus innerhalb einer Einheit* (innerhalb der Einfassung eines soliden Rahmens) symbolisiert (vgl. Etzioni 1997, 256 f.) Dazu ist nicht nur der Erhalt von bereichernden autonomen Subkulturen erforderlich, sondern auch die Entwicklung neuer sozialer Organisationsformen von Partizipation, da der Staat und die Wirtschaft mit ihren Mitteln allein die notwendigen Bedingungen für die Teilhabe aller nicht herstellen können. Mit letzteren ist der sogenannte nicht-staatliche, gemeinnützige, „dritte Sektor" – die *bürgerliche Gesellschaft* – gemeint, welche die Bedingungen für die Partizipation aller Menschen am öffentlichen Leben mittels freiwilliger Organisationen schafft, in denen gemeinsame Interessen artikuliert, gebündelt und auf solidarischer Ebene Hilfen mit dem Ziel der Durchsetzung organisiert werden.

Der am 1. Mai 1999 in Kraft getretene Vertrag von Amsterdam stärkt die Rechte und Rolle des Bürgers, an dem vorbei „künftig keinerlei Fortschritt beim Aufbau Europas möglich sein würde“ (Europäische Kommission 1999, 5). Die Union tritt deshalb für eine Stärkung der Stellung von nichtstaatlichen Organisationen sowie für eine grundsätzliche Zusammenarbeit mit allen Gruppierungen der Bürgergesellschaft ein. Folgerichtig orientieren sich die politischen Leitlinien und Programme der EU an den ethischen Maximen der gleichberechtigten Partizipation aller qualitativ gleichen Bürger sowie ihrer gleichberechtigten, aktiven Mitwirkung bei der Gestaltung dieser neuen europäischen Sozialgemeinschaft als einer Mitmachgesellschaft.

#### 2.5.3.3 Bürgerliche Initiativen sozialer Partnerschaft

Vor dem Hintergrund der gravierenden strukturellen Wandlungsprozesse und den damit einhergehenden, wachsenden Gerechtigkeitslücken nimmt die Nachfrage nach sozialer Sicherheit und Gerechtigkeit immer stärker zu. Weder können die derzeitigen sozialstaatlichen Systeme den Anforderungen nach Lösungen entsprechen, noch ist der Staat selbst – bzw. seine Repräsentanten – in der Lage, die Probleme alleine zu regeln. Im Ideenstreit um die effektivsten Lösungsansätze kristallisiert sich dabei zunehmend heraus, dass das überkommene Muster zur Herstellung sozialer Partnerschaft und Gerechtigkeit

- von Staats wegen,
- mittels Verteilung und Ausschüttung von Finanzmitteln,
- mit gesetzlichen Regelungen und Verwaltungsverfahren sowie
- durch Ausweitung staatlicher Befugnisse

so nicht taugt, sondern dass soziale Gerechtigkeit und soziale Partnerschaft eine vorrangige Angelegenheit der *Gesellschaft* und weniger des Staates ist.

Im diesem Spannungsfeld gesellschaftlicher Modernisierungsprozesse und mit der wachsenden Einsicht in die Überforderung etatistisch-sozialstaatlicher Arrangements hat sich das „wiederentdeckte“ Konzept von „Zivilgesellschaft“, „Bürgergesellschaft“, „civil society“ entwickelt; es nimmt für sich in Anspruch, die sozialen Interessen aller einzelnen Bürger und aller gesellschaftlichen Gruppierungen auf der Basis der sozialethischen Ideen von *Freiheit* und *Pluralismus* partizipatorisch und inkludierend zu regeln.

Den geschichtlichen Hintergrund des Konzeptes von Zivilgesellschaft bilden die Vertragstheorien des 17. und 18. Jahrhunderts (Locke, Hobbes, Rousseau, Kant) gegen absolutistische Monarchien, in denen die Gesellschaft als ein *vor* jeder politischen Ordnung existierender Zusammenhang von Wirtschaftsbürgern, von Eigentümergesellschaften definiert wurde, die miteinander Warenaustausch betrieben. Dabei grenzen die wirtschaftlichen Handel treibenden Individuen ihre persönliche, ökonomisch definierte Privatsphäre gegen die öffentliche Gewalt des Staates ab und schaffen damit eine zivile, zunächst unpolitische Sphäre. Die neuzeitliche Weiterentwicklung der *Sphäre der Gesellschaft* im Kontrast zur *Sphäre des Staates* ist als Emanzipationsbewegung zu verstehen, in der sich die *politischen* Bestimmungselemente einer civil society mit der Sichtweise herausbilden, dass eine Gesellschaft die Macht unter vielen unabhängigen Trägern verteilt, die mit einem ganzen Netz von sich selbst verwaltenden Behörden und Vereinigungen (z.B. Selbsthilfegruppen, NRO, Initiativgruppen etc.) in die Bereiche staatlicher Politik hineinragen (vgl. Nothelle-Wildfeuer 1999, 96).

Eine aktuelle Neubelebung erfuhr das emanzipative civil society Konzept durch die friedliche Revolution 1989; osteuropäische Dissidenten belegten mit dem Aufbau und der Aktivierung eines vom Staat unabhängigen Netzes von Vereinigungen – in denen sich die bislang vom Staat unterdrückten Interessen aller Bürger wiederfanden – die Effektivität bürgergesellschaftlicher Ideen und Arbeitsweisen, der die autoritären Staatsmächte zu Fall brachte. Die Mobilisierung breiter Schichten und die Bündelung aller Kräfte gesellschaftlichen Lebens als Widerstand gegen Bevormundungen bzw. gegen Exklusion von gesellschaftlichen Entscheidungs- und Teilhabeprozessen durch den Staat, sowie gleichermaßen auch die Öffentlichmachung vielgestaltiger, alternativer Vorstellungen und deren Verhandlungen „am runden Tisch" – als Symbol der partnerschaftlichen Gleichberechtigung –, waren die Merkmale einer sich demokratisierenden, zivilen Gesellschaft, aus der zuvor missliebige und andere, nicht der homogenen Norm entsprechende Menschen ausgeschlossen waren.

Das aus Osteuropa re-importierte, wiederentdeckte Konzept der Zivilgesellschaft (synonym auch unter den Termini „Bürgergesellschaft" und „civil society" gehandelt) als Kontrapart zum Staat bzw. als sein gleichberechtigter Partner wird in den Medien hoch gehandelt; der Begriff erfreut sich wachsenden Gebrauchs, die Beispiele bürgergesellschaftlicher Aktivitäten nehmen zu bzw. werden immer häufiger ins Bewusstsein gerückt. Trotz etlicher Unschärfen und auch inhaltlicher Widersprüche lassen sich bei allen Varianten dieser Reformidee von Bürgergesellschaft zwei sozial-ethisch normative Wertmerkmale als die allen gemeinsamen, konstitutiven Pfeiler wiederfinden. Dies sind zum einen

- die *Freiheit des Individuums* als Freiheit vom Machtmonopol und der Bevormundung des Staates, als Freiheit im Sinne der Freiheitsrechte / Menschenrechte mit den unantastbaren Privatzonen, wie sie von den Vereinten

Nationen 1948 proklamiert wurden (www.igfm.de/mrerkl. htm), sowie die Freiheit zur Partizipation; zum anderen

- der *Pluralismus* von politischen, wirtschaftlichen und kulturellen Vorstellungen und Interessen, deren gesellschaftliche Realisierungen – nur im Kontext von Freiheit als Gegenkonzept von staatlichem Monopolismus und Fremdbestimmung – über die Ausbildung eines ethischen Grundkonsenses in der Gemeinschaft, eines „bonum commune", eines „Gemeinwohls" via Aushandlungsvereinbarungen erfolgen.

Über alle unterschiedlichen Auffassungen hinweg sind sich die Diskutanten – Befürworter und Gegner der Ideen bürgergesellschaftlicher Aktivitäten – darüber einig, dass im Zentrum jeglicher Zivilgesellschaftsinitiativen nicht primär eine ökonomische Fragestellung, sondern vorrangig eine *ethische* steht; es geht um das Problem der Partizipation, der *qualitativen* Gleichheit, der Einlösung der gleichberechtigten Mitgliedschaft in einer Gesellschaft, und es geht um das gleichberechtigte *aktive* Mitwirken *aller* gemäß der Menschenrechte und Bürgerrechte. Diese müssen als „ein sittlich verbindlicher Kernbestand betrachtet werden, der dem Staat und dem von ihm gesetzten positiven Recht voraufgeht" (Baumgartner et. al. 1997, 166). Dies fasziniert und aktiviert vor allem bislang benachteiligte, ausgegrenzte Gruppen; sie sehen in diesem auf der Basis der Bürgerrechte erweiterten Konzept der Zivilgesellschaft die Chance, politische Institutionen jenseits des Staates zu schaffen, um in diesen in einer starken Gemeinschaft ihre Bürgerrechte in Anspruch zu nehmen und durchzusetzen. Dazu gehört die Einlösung der persönlichen Freiheitsrechte und politischen und sozialen Mitwirkungs- und Teilhaberechte, um von den fremdbestimmten, vom Staat zugewiesenen Rollen in der „Zuschauerdemokratie" loszukommen und einen selbstbestimmten, aktiven Part in einer „Mitmachgesellschaft" (vgl. Nothelle-Wildfeuer 1999, 248) zu übernehmen. So hat die Idee der civil society zur Entwicklung eines kollektiven Selbstbewusstseins beigetragen – besonders bei den „Modernisierungsverlierern": Zugehörigkeit und Bindungen sind als gemeinsame ethische Werte neu ins Bewusstsein gehoben und Inklusion, Aktivierung und das Entstehen neuer Identitäten mit neuen Verantwortlichkeiten sind in Gang gesetzt worden, ganz ohne dirigistische Anordnungen durch den Staat. „Die Bürgergesellschaft ist eine Welt, die dem einzelnen Lebenschancen offeriert, ohne dass der Staat dabei eine Rolle zu spielen braucht. Sie ist eine Welt, in der ein großer Teil des Lebens in freien Gesellschaften sich abspielen kann, eine Welt, die insoweit den Staat eigentlich nicht braucht, und die den demokratischen Staat allenfalls indirekt stützt, insoweit sie ihn entlastet und Menschen Lebensmöglichkeiten offeriert, für den diese den Staat nicht brauchen" (Dahrendorf 1993, 80).

- Im Verhältnis zum Staat besitzt die Zivilgesellschaft demzufolge eine eigenständige Größe. Gekennzeichnet wird das Verhältnis zwischen den beiden Organisationsformen geordneten Zusammenlebens als ein spannungsgeladenes und als ein wechselseitig sich bedingendes, das sich hinsichtlich der Frage von Zuständigkeit für Aufgaben und deren Lösungen nach Walzer am Subsidiaritätsprinzip zu orientieren hat (vgl. Walzer 1994).

*Unverzichtbar* und ein *Spezifikum* der Zivilgesellschaft ist nach Taylor die *Partizipation*, verstanden als gemeinsames Beraten, Mitbestimmen, Entscheiden in politischen Institutionen über Fragen, die für alle von Bedeutung sind, und deren gemeinsam gefundene Antworten auch für alle bindend zu sein haben.

Zur Vermeidung eines rein girlandenhaften und unpolitischen Charakters bürgergesellschaftlichen Handelns gegenüber dem Staatshandeln plädieren z.B. Beck (in: Süddeutsche Zeitung 23.06.2001) und Münkler (in: Frankfurter Rundschau 16.01.2001) dafür, dass freiwilliges, zivilgesellschaftliches Engagement und selbstorganisierte Bürgerarbeit Verpflichtungscharakter bekommt und auch Bezahlung erhält; zum einen, um Berechenbarkeit und Erwartungssicherheit von Maßnahmen zu gewährleisten (Münkler), zum anderen, um als Qualifizierungschancen auch bis dato Nicht-Aktivierbare in die Erwerbsarbeit zurückzuholen, also „Herausgefallene", „Ausgeschlossene" entsprechend des Inklusions-Gedankens wieder in die Gemeinschaft einzugliedern.

Auch für das Gelingen der postkommunistischen Transformationsprozesse in den neuen Mitgliedsstaaten der Europäischen Union ist nach Auffassung des tschechischen Kardinals Vlk der politisch und *sozial aktive* Bürger der Schlüssel für den Aufbau einer bürgerlichen Gesellschaft (vgl. Vlk 1999, 2). Dies erfordert seiner Meinung nach eine grundlegende Änderung der Geisteshaltung, des Umdenkens ehemaliger „Untertanen" von der Fixierung auf den ehedem entmündigenden und kontrollierenden Staat als vermeintlicher „Allesumsorger" und gerechter „Allesregler", zu einer Haltung von Risikobereitschaft, zu solidarischem Engagement und zu Leistungsfreudigkeit selbstbewusster, aktiver und sich selbst organisierender Bürger, um am politischen Willensbildungsprozess und der verantwortlichen Mitgestaltung von sozialer Gerechtigkeit teilzunehmen.

Deshalb steht im Zentrum des ethischen Verständnisses von Bürger-, bzw. Zivilgesellschaft die Bereitschaft zur Kooperation und zur Solidarität, die Hintanstellung eigener Interessen zugunsten des Gemeinwesens sowie die gegenseitige Rücksichtnahme und Toleranz, um sich in vielfältigen Formen gegen die Atomisierungen des Sozialen und die ökonomisch determinierten Exklusionsprozesse der Gesellschaft zu verbünden und sich aktiv für Veränderungen zu engagieren.

## 2.5.4 DEKLARATIONEN UND AKTIONEN ZUR FÖRDERUNG VON INKLUSION MARGINALISIERTER MENSCHEN

**Wolf Bloemers**

Da Gesetzesänderungen allein einen mentalen Wandel nicht bewirken können, bedarf es zur Herstellung von Umlernbereitschaft und Einstellungsveränderungen in Bezug auf die Inklusion bislang ausgegrenzter Personen vieler und breit angelegter, langfristig konzipierter flankierender Maßnahmen, sowohl von staatlicher, als auch von zivilgesellschaftlicher Seite. Dazu dienen u.a. offizielle Verlautbarungen, *Deklarationen*, also Erklärungen, die etwas für die Sozialgemeinschaft *Grundlegendes* enthalten; Deklarationen sind ethisch fundierte Willensbekundungen, Absichtserklärungen und Handlungsaufforderungen, zwar ohne Gesetzesbindung, wohl aber mit hoher moralischer Verpflichtung zum entsprechenden Handeln, zumal dann, wenn sich Gemeinschaften auf die Inhalte fast einstimmig verständigen. Je nach Dauer und Intensität von Information, Diskussion und Einbindung möglichst vieler Beteiligter und vom Sachverhalt Betroffener entwickeln sich auf der Grundlage dieser Deklarationen viele *Aktionen* und Prozesse, die zum gewünschten Veränderungsprozess führen; ein erstes Beispiel hierfür ist die zuvor erwähnte *Salamanca Resolution* von 1994, die eine inklusive Bildung in vielen Ländern Europas und der Welt in Gang gesetzt hat, wenn auch mit ganz unterschiedlichem Tempo und ganz verschiedenen (Teil)Ergebnissen. Nachfolgend eine kurze Skizzierung einiger europäisch initiierter, bzw. auf Europa hinausgelegter Grundlagenerklärungen und Aktionen zur Forcierung der Inklusion behinderter Menschen.

### 2.5.4.1 DIE BARCELONA-DEKLARATION

Im Jahr 1995 verpflichteten sich die Städte Birmingham, Bologna, Leeds, Lissabon und Barcelona anlässlich des Europäischen Kongresses am 23. und 24. März in Barcelona durch Unterzeichnung der Erklärung „*Die Stadt und die Behinderten*", Diskriminierungen und den Ausschluss von Bildung und von Zugängen zu sozialen Gütern abzubauen (www.netzwerk-artikel-3.de/wsite/ barcelona.htm). Unter Bezugnahme auf die UN Erklärung der Menschenrechte und andere Grundsatzpapiere der Vereinten Nationen sowie auf der Basis einer Präambel, die festschreibt, „dass die Behinderten ein Recht auf Gleichbehandlung als Bürgerinnen und Bürger haben in einer pluralistischen Gesellschaft, die die Verschiedenheit und Unterschiedlichkeit der Individuen, aus denen sie sich zusammensetzt, respektiert, ein Recht darauf, an der sozialen Dynamik der Gemeinschaft ohne Einschränkung teilzuhaben, sowie darauf, sich an dem Wohlstand zu erfreuen, den die Entwicklung dieser Gemeinschaft hervorgebracht hat" (a.a.O., 1), wurden in 17 Einzelartikeln Maßnahmen zum Abbau von Zugangsbarrieren vereinbart sowie Aktionen aufgelistet, die zur Sicherung von

Partizipation an allen Entscheidungsprozessen und an allen Gütern der Kommunen beitragen sollen (z.B. Informationskampagnen für Klischeeabbau, Einrichtungen von Hilfsdiensten, Forschungsprojekte, Fortbildungsmaßnahmen, Kooperationen, Mobilitätshilfen etc.). Von besonderer Bedeutung ist die von allen Unterzeichnern in den einleitenden Grundsätzen erfolgte Verständigung, dass Behinderung als Ergebnis der Interaktion zwischen individueller Begabung und umweltbedingten Einflüssen – die wiederum die Begabung prägen – gesehen wird und folglich das Gemeinwesen und das Sozialwesen dafür verantwortlich ist, dass sich die persönliche Entwicklung der Personen zu den bestmöglichen Konditionen vollzieht und „dass die Grenzen zwischen Normalität und Behinderung so gut wie begrifflich nicht festgelegt sind, und deshalb die Unterschiede zwischen den Bürgerinnen und Bürgern als Teil der Vielfalt verstanden werden müssen, die die Gesellschaft ausmacht…“ (a.a.O.).

Die damalige Initialzündung von 1995 hatte eine so starke Impulswirkung, dass am 5.Mai 2002 im Rahmen des „Europäischen Protesttages zur Gleichstellung behinderter Menschen“ neun deutsche Städte den bindenden Beschluss zur barrierefreien Stadt gefasst haben und der „Erklärung von Barcelona“ beigetreten sind. Mittlerweile ist die Zahl der offiziell beigetretenen Städte und Kommunen in vielen europäischen Ländern auf mehrere Hundert angestiegen.

#### 2.5.4.2 Towards a Barrier Free Europe for People with Disabilities

Unter dem Signet „Inklusion“ firmiert ein Programm der EU aus dem Jahr 2001, das sich speziell mit dem Exklusionsproblem behinderter Menschen auseinandersetzt und deren volle Inklusion zum Ziel hat. „Menschen mit Behinderungen sind eine der am meisten benachteiligten Gruppierungen unserer Gesellschaft und sie stehen immer noch beträchtlichen Barrieren hinsichtlich des Zugangs zu allen Aspekten sozialen Lebens gegenüber“ (Commission of the European Communities COM 2000 – 284 final –, 3). Mit diesem Satz beginnt der Bericht vom 12. Mai 2000 der Europäischen Kommission an den Europäischen Rat, das Europäische Parlament und diverse Ausschüsse, die sich gezielt mit den Lebenserschwernissen behinderter Menschen in Europa auseinandersetzen; unter der Überschrift „Towards a barrier-free Europe for people with disabilities“ fordert der Bericht mit klar definierten Zielen und Aktionen eine neue Politik ein und versucht, neue politische Initiativen auf allen Regierungsebenen anzustoßen. Im Mittelpunkt der Überlegungen stehen der Abbau aller Art von Zugangsbarrieren (Diskriminierungen, Transport, neue Technologien, Beschäftigung, Bildung, Freizeit, und auch mentale), die Förderung der Chancengleichheit zur uneingeschränkten Teilhabe an allen Bereichen gesellschaftlichen Lebens, das Recht auf Mobilität, die uneingeschränkte Wahrnehmung der Bürgerrechte und die Verfestigung des Konzeptes der *„Unionsbürgerschaft für behinderte Men-*

*schen"*: damit wird offensiv der transnationale, europaweite Zugang behinderter Personen zu allen Lebensfeldern (lernen, arbeiten, wohnen, erholen) in einem europäischen Lebensraum jenseits nationaler Grenzen thematisiert.

Nach Einschätzung der EU sind 37 Millionen Menschen in Europa von einer Behinderung in der einen oder anderen Form betroffen. Trotz einiger Verbesserungen der Lebensbedingungen behinderter Menschen in der letzten Dekade des alten Jahrtausends merkt Marie-Therèse Hermange als damalige Vizevorsitzende des Komitees für Beschäftigung und Soziales des Europäischen Parlamentes mit deutlichen Worten an, dass nette Worte und Versprechungen nicht genug seien; sie zitiert einen Abgeordneten des Europäischen Parlamentes mit den Worten, „dass die für diese Themen verantwortlichen Politiker in Europa die wirklich behinderten Menschen von heute seien, denn sie wären taub, blind und stumm gegenüber den Problemen behinderter Menschen" (Hermange [o.J], 2 ).

Die Barrier-free Resolution wurde mit allen darin enthaltenen konkreten Arbeitsvorschlägen vom Parlament gebilligt; es folgte zudem der darin enthaltenen Aufforderung, als europäische Institution selbst mit gutem Beispiel für Barrierefreiheit voranzugehen, indem der Resolutionsentwurf in Brailleschrift übersetzt und die Plenardebatte in der Gebärdensprache gedolmetscht wurde.

#### 2.5.4.3 Europäisches Jahr der Menschen mit Behinderungen und die Madrider Erklärung

Als weiteren Schritt zur europäischen Inklusion hatte die Europäische Union das Jahr 2003 als *„Europäisches Jahr der Menschen mit Behinderungen"* (www.eypd2003.org/eypd/about/index_de.jsp) deklariert. Dazu forderte das Europäische Parlament, das öffentliche Bewusstsein in den Mitgliedsstaaten für Themen von Behinderung zu stärken und vor allem auch zukünftige Mitgliedsstaaten in die europäische Politik der Gleichheit und der Staatsbürgerschaft behinderter Menschen einzubeziehen. Das Besondere an diesem Jahr war die Tatsache, dass es von behinderten Menschen selber gewünscht und in seinen Inhalten und Formen von ihnen unter dem Motto „Nichts über uns ohne uns" eigenverantwortlich geplant und federführend gestaltet wurde. „2003 geht es in erster Linie nicht um die Menschen mit einer Behinderung, sondern um Barrieren, Rechtsverletzungen und Ausschlüsse von Teilhabe, die behinderte Menschen benachteiligen. Das Thema ist die Gesellschaft, die behindert" (Frehe 2002, 13). Deshalb lagen die Ziele dieses Europäischen Jahres in der Sensibilisierung der Gesellschaft für die *Rechte* behinderter Menschen und für die Verdeutlichung dieser Rechte: nämlich die Wahrnehmung ihrer vollen Bürgerrechte, der vollen Gleichberechtigung, dem unbeschränkten Zugang zu Bildung und Berufsbildung, zu allen sozialen Gütern sowie die Umsetzung der Antidiskriminierungsrichtlinie des Artikels 13 des Amsterdamer Vertrages. Das Europäische Jahr war deshalb vor allem die Kampagne der Bürger mit Behinderungen selber, ihre Zukunft mit Partnern aller gesellschaftlichen Gruppierungen, mit neu zu schmiedenden Allianzen und Netzwerken europaweit in Richtung ihrer Ziele zu verändern: Teilhabe verwirklichen, Gleichstellung durchsetzen und Selbstbestimmung ermöglichen (vgl. www.bma.de/print).

Im Vorfeld dieser Initiative, die als ein weiterer Schritt zur Weiterentwicklung Europas zu einer Solidargemeinschaft angelegt war, hatten im März 2002 in Madrid auf dem Europäischen Kongress für Behinderung über 600 Teilnehmerinnen und Teilnehmer mit der von ihnen verfassten *„Madrid Deklaration"* ihre Vorstellungen für ein inklusives Europa propagiert. Auf der Grundlage von sechs theorie- und empiriegestützten Thesen:

1. Behinderung ist ein Menschenrechtsthema
2. Behinderte Menschen wollen Chancengleichheit und nicht Wohltätigkeit
3. Barrieren in der Gesellschaft führen zu Diskriminierung und sozialem Ausschluss
4. Behinderte Menschen: Die unsichtbaren Bürger
5. Behinderte Menschen bilden eine verschiedenartige Gruppe
6. Nicht-Diskriminierung plus positive Handlung(en) = soziale Inklusion

entfalteten die Kongressteilnehmer ihre auf die Zukunft hin entworfenen Vorstellungen unter der – auch expressis verbis so genannten – „Vision" mit folgendem Wortlaut:

**Unsere Vision**

1. Unsere Vision kann am besten beschrieben werden als ein Gegensatz zwischen dieser neuen und der alten Vision, die es zu überwinden gilt:

a) *Weg von* behinderten Menschen als Objekte der Wohltätigkeit ... und *hin zu* behinderten Menschen als Inhaber von Rechten.
b) *Weg von* behinderten Menschen als Patienten ... und *hin zu* Menschen mit Behinderungen als unabhängige Bürger und Verbraucher.
c) *Weg davon*, dass Professionelle Entscheidungen für behinderte Menschen treffen ... und *hin zu* unabhängiger Entscheidungsfindung und Übernahme von Verantwortung durch behinderte Menschen und ihrer Verbände bei Themen, die sie betreffen.
d) *Weg von* der Konzentration nur auf individuelle Beeinträchtigungen ... und *hin zur* Beseitigung von Barrieren, Änderung von sozialen Normen, Politiken, Kulturen und zur Förderung einer unterstützenden und zugänglichen Umwelt.

e) *Weg von* der Abstempelung von Menschen als Abhängige oder nicht zu Beschäftigende … und *hin zur* Betonung der Fähigkeit und der Bereitstellung von aktiven Unterstützungsmaßnahmen.
f) *Weg von* der Gestaltung von Wirtschafts- und sozialen Prozessen für die wenigen … und *hin zur* Gestaltung einer flexiblen Welt für die vielen.
g) *Weg von* unnötiger Trennung in Bildung, Beschäftigung und anderen Bereichen des Lebens … und *hin zur* Integration behinderter Menschen in alle Bereiche des Lebens.
h) *Weg von* einer Behindertenpolitik als ein Punkt, der nur spezielle Menschen betrifft … und *hin zu* Einbeziehung (Inklusion) der Behindertenpolitik als eine generelle Regierungsverantwortung.

**2. Eine Gesellschaft für alle**
Die Durchsetzung unserer Vision wird nicht nur für behinderte Menschen, sondern für die gesamte Gesellschaft von Nutzen sein. Eine Gesellschaft, die einige ihrer Mitglieder ausschließt, ist eine arme Gesellschaft. Aktionen zur Verbesserung der Bedingungen für behinderte Menschen werden zur Ausgestaltung einer flexiblen Welt für alle führen. ‚Was heute im Namen von Behinderung getan wird, wird für alle in der Welt von morgen Bedeutung haben'."
(www.madriddeclaration.org./dec/MADRID_ DECLARATION _EN-final.htm).

Sind die oben unter Punkt eins detailliert aufgeführten Visionen stärker fokussiert auf die Bedürfnisse und Rechte behinderter Menschen selber, so betont Punkt zwei den gesellschaftlichen „Mehrwert" der sozialen Inklusion von Menschen mit Behinderungen und stellt damit die Madrid Deklaration in den Kontext der übergeordneten Gesamtvision und -programmatik der europäischen sozialen Inklusion und des europäischen Sozialmodells der Solidarität.

Um diese Deklaration schrittweise Wirklichkeit werden zu lassen, schließt sie mit konkreten Programmpunkten und Aktionsvorschlägen für das Europäische Jahr der Menschen mit Behinderungen (z.B. gesetzliche Maßnahmen, unterstützende Dienste, Familienhilfen etc.), die den Prozess der tatsächlichen Gleichberechtigung und das volle europäische Bürgerrecht für behinderte Menschen befördern und beschleunigen sollen.

Besondere Priorität wird dabei dem Bildungssystem eingeräumt, da Bildung eine Schlüsselrolle für die persönliche, berufliche und soziale Zukunft jedes Menschen spielt und gleiche Bildungschancen als die ersten Schritt zu einer inklusiven Gesellschaft angesehen werden.

### 2.5.4.4 Umsetzungsinstrumente von Inklusion

In allen Deklarationen finden sich viele konkrete Vorschläge zu Realisierungsschritten in Richtung Inklusion, die auch vielerorts bereits mit Erfolg genutzt werden. Auch etliche Praxisbeispiele zeigen den Weg von der Vision zur Verwirklichung von Inklusion auf. Aus dem Bereich der Inklusion behinderter Menschen sind hier etwa zu nennen die Instrumente des „Index für Inklusion", des „supported employment", des „persönlichen Budgets", der „Zielvereinbarungen", das Modell des „Werkstatthotels" in Hamburg u.v.a.m. Als weitere Verfahren bieten sich die „partizipative Forschung" und das aus den USA stammende Instrument des „Managing Diversity" an.

Letzteres wendet die Anti-Diskriminierungsvorschriften ins Positive und zielt darauf ab, in Organisationen Bedingungen herzustellen, die es allen Personen ermöglichen, ihre Kompetenzen, ihre Kreativität und ihr Leistungspotenzial zur Geltung bringen zu können, unabhängig von soziokulturellen und körperlichen Unterschieden (vgl. Döge 2004, 12). Dies geschieht mittels einer *multikulturellen* Organisationsentwicklung, in der Gleichstellungsansätze mit Quoten für unterrepräsentierte Gruppen, Sichtbarmachung und Diskursivierung unsichtbarer Normen und Werte und Herstellung von Transparenz für die leitenden Wertemuster praktiziert und in heterogen zusammengesetzten Teams Problemlösungsansätze entwickelt werden. Zentraler Aspekt – als Querschnittsaufgabe bei allen Handlungsfeldern – ist die *Interkulturalität*, die Generierung interkultureller Kompetenz (gemeint ist eine Kultur im weiter oben beschriebenen Sinn) und damit verbundene Diversity-Trainings.

Solche bei Wirtschaftsunternehmen wie z.B. Lufthansa, Ford, Telecom (a.a.O., 12) bzw. in inklusiven Schulen praktizierten Inklusionsansätze und Lernprozesse, die Exklusion von den (künstlichen) homogenen Strukturen her aufbrechen, sind modellgebende Beispiele dafür, dass Inklusion als Konzept gleichwertiger Vielfalt

- gelernt werden kann,
- effektiv ist,
- belegt, dass nur die Individualisierung den Spielraum für das Soziale ermöglicht – entgegen kollektiven Tendenzen (vgl. Fuchs 2005, 1).

Die dafür erforderlichen weiteren Voraussetzungen mentaler, kommunikativer, struktureller und materieller Art zu schaffen ist die Kernaufgabe eines zukünftigen sozialen Europas, das alle als Gleichwertige einbezieht = inkludiert.

Damit der zur humanen Gestaltung des neuen, gemeinsamen Europas begonnene Prozess der social inclusion in der sich verschärfenden Auseinandersetzung mit den Gegenkräften der Ökonomisierung, der Gentechnologisierung und der Entsolidarisierung erfolgreich weiter verläuft, wird es darauf ankommen, alle Bürger – und in vordringlicher Weise die bislang ausgegrenzten und marginalisierten – in ihren „human ressources" zu aktivieren – z.B. zur Entwicklung von Beziehungs- und Kommunikationsfähigkeit, zur Fähigkeit zum Aushandeln, zu kreativer Gestaltungskompetenz, zur Einforderung solidarischer Unterstützung und ausreichender materieller Absicherung (vgl. Eickelpasch / Rademacher 2004, 29) – und zudem zu befähigen, vermehrt und verstärkt über bisherige Trennlinien und Territorien hinweg zu kooperieren.

Die Mobilisierung dieser Integrationskräfte ist nicht zuletzt eine Herausforderung und Aufgabe für in Erziehungs- und Sozialbereichen tätige Professionelle, vor allem für diejenigen, die über den nationalen Tellerrand hinaus schauen und sich einer europäischen Sozialgemeinschaft verpflichtet fühlen.

### 2.5.5 EUROPÄISCHE UND GLOBALE PERSPEKTIVEN DER INKLUSION

**Vanda Hajkova**

*„Inklusiv denken bedeutet, bis an die Wurzeln unseres Denkens, unserer Gestaltung von Bildung und Weltkonstruktion nach Elementen zu graben, die es uns ermöglichen zu einer Überwindung der defizitären Sichtweise von Menschen zu finden."*

(DREHER, W. in BINTINGER 2001, 53)

*»Vision without action is merely a dream. Action without vision just passes time. Vision with action can change the world!«*

(BINTINGER 2001, 47)

Trotz vieler positiver Beispiele von Nicht-Aussonderung und Selbstbestimmung von sog. behinderten Menschen sind wir im gegenwärtigen gesellschaftlichen Bereich noch weit von Inklusion entfernt. Im Rahmen der Inklusionsprozesse wird Behinderung nicht als Besonderheit, sondern als normaler Seinszustand von Menschen aufgefasst; man geht davon aus, dass alle Leute, unabhängig von ihren Ansprüchen und Bedürfnissen, eine gemeinsame und ihnen gemäße Bildung, Arbeit und alle Lebensaktivitäten in ihrem regionalen Umfeld erhalten und verrichten können. „Eine grundsätzliche Veränderung des Menschenbildes, des Denkens und der sprachlichen Bezeichnungen – erst das wäre *Inklusion*. Die Inklusion in diesem Sinne ist noch Vision. Diese Vision würde dann Realität, wenn sich die Begriffe und Bezeichnungen ‚Behinderung', ‚Behinderte' aufgelöst hätten, wenn wir sie nicht mehr benötigten", schreibt dazu W. Dreher ( Bintinger, 2001).

Wie sehen heutzutage die Perspektiven einer Veränderung der europäischen Gesellschaft in einen inklusiven Zustand aus? Der wissenschaftliche Fortschritt und die Entwicklung der europäischen Gesellschaft im 20.Jahrhundert haben zum besseren Verständnis für die Einzigartigkeit und Unantastbarkeit eines jeden Lebens beigetragen. Es zeigt sich, dass technische Findigkeit die Zugänglichkeit aller gesellschaftlichen Quellen zu steigern ermöglicht – der physischen, sozialen und kulturellen Umwelt, des Verkehrs, der Informationen und Technologien, des Gerichtswesens, der öffentlichen Dienste, der Arbeitsmöglichkeiten, der Erholung, des Sportes, der Kunst, der Wahlprozesse und der Gottesdienste. Wir treten in das dritte Millennium mit der Überzeugung, dass die europäische Gesellschaft die Rechte eines jeden Menschen anerkennen und schützen muss, dass Zugang zu allen Quellen und eine volle Teilnahme am gesellschaftlichen Leben von allen und nicht nur bei ausgewählten Gruppen sichergestellt werden muss. Die Auffassung von sozialen Themen wird im europäischen Raum deshalb immer deutlicher durch Wahrung von Rechten jedes Einzelnen gekennzeichnet.

Diese Auffassung wird durch das Bedürfnis motiviert, die europäische Gesellschaft so zu verändern, dass jede Individualität beachtet wird – ohne Rücksicht auf ihre individuellen Fähigkeiten, ihr Potenzial, ihre Leistung und ihren gesellschaftlichen Beitrag. Es ist wahrscheinlich, dass wir deshalb im kulturzivilisatorischen Sinne zu einem bestimmten globalen europäischen Sozialmodell gelangen, das sich auf konkrete historische Erfahrungen mit den vorangegangenen Sozialmodellen der euro-amerikanischen Zivilisation (das liberale, konservative, sozial-demokratische, kommunistische, realsozialistische) stützt. Weiterhin lehnt es sich an den christlichen Humanismus an, dessen Grundlage die folgenden drei Postulate bilden: 1. das Leben jedes Einzelnen hat Wert, 2. jeder Mensch hat das Recht, in würdigen Bedingungen zu leben, 3. die Gesellschaft ist verpflichtet, durch Schaffung von passenden Bedingungen und durch soziale Redistribution mindestens einen Grundstandard im sozialen Bereich für jedes Mitglied zu gewährleisten.

Die Regierungen der EU-Länder sind in der heutigen Zeit relativ schnell – was die Annahme von Deklarationen angeht, die zur Bildung eines ähnlichen Sozialmodells führen soll. Als Beispiel kann die „Charta für das dritte Millennium“ genannt werden, die während der Versammlung von Rehabilitation International im September 1999 in London verabschiedet wurde und welche die Schlüsselstrategie für soziale Inklusion enthält. Die Schaffung rechtlicher Grundlagen für soziale Projekte erweist sich als wirksamer Weg, die deklarierten Menschenrechte in einzelnen Ländern schneller in die Tat umzusetzen. Eine solche Einstellung geht von der Überzeugung aus, dass Rechte alle Aspekte jedes menschlichen Lebens berühren. Es handelt sich also nicht nur um „bürgerliche“ Rechte im engeren Sinne des Wortes, sondern auch um ökonomische, politische, soziale und kulturelle Rechte. All diese Rechte sind bei der Gewährleistung einer solchen Lebensqualität relevant, die es allen Menschen ermöglicht, würdig und sicher zu leben. Das Erreichen eines qualitätvollen Lebens für alle könnte die Grundlage dafür schaffen, die individuellen Möglichkeiten aller Leute zu verwirklichen: dies stellt eines der Grundpostulate einer inklusiven Gesellschaft dar. Die Realisierung der auf den Menschenrechten basierenden Einstellung mit dem Ziel, die gewünschte Lebensqualität für alle zu garantieren, erfordert die Einhaltung der folgenden Prinzipien:

- Menschenrechte sind universal: es ist daher notwendig, sich auf das Thema in seiner Vielfältigkeit einschließlich der ganz am Rande liegenden Aspekte zu konzentrieren;

- Rechte sind voneinander abhängig: eine ganzheitliche Auffassung ist nötig;

- die Träger der Rechte sind Subjekte: Gleichheit und Teilnahme aller werden vorausgesetzt;

- aus den Rechten ergibt sich für ein konkretes Subjekt die Pflicht ihrer Einhaltung: Rechte bedürfen der Unterstützung; gleichzeitig bedeutet es eine Herausforderung für die statutarischen Vertreter, insbesondere für die Regierungen der einzelnen Länder.

Die Existenz von Rechtsgrundlagen für soziale Projekte bedeutet nicht, dass aus der Organisation ein typisches für Menschenrechte kämpfendes Subjekt wird, das dazu neigen würde, jede beliebige Verletzung dieser Rechte zu verurteilen. Es ist nötig, einen rechtlichen Standpunkt zu sozialen Projekten einzunehmen, das heißt, eine ganzheitliche Sicht zu entwickeln. Diese kann dann ein Gleichgewicht schaffen zwischen dem artikulierten Bedarf und der Gewährung von sozialen Diensten in der Praxis, die Strukturen und Mechanismen stärken und den Kreis von Vertretern und Klienten konstituieren. Die Stärkung von Strukturen und Mechanismen betrifft die Entwicklung der Legislative, der politischen, administrativen und gesellschaftlichen Strukturen, wie auch der praktischen Mechanismen in den EU-Ländern, die die Unterstützung und Wahrung von Rechten nach vorne bringen. Die Initiativen der EU-Länder (wie z. B. Kommission der Nutzer, Ombudsmann, verfassungsrechtliche / rechtliche Reformen, Nutzerbudgets, lokale oder staatliche Entwicklungspläne) tragen dazu bei, dass Impulse zur Änderung im Rahmen der gesamten EU gesetzt werden.

Die Unterstützung und die gesellschaftliche Verantwortung für die Lösung sozialer Fragen, Fragen der Bildung und der Beschäftigung im europäischen Raum ist in der Zukunft auf allen Ebenen zu suchen und zu bilden – also auf der Ebene der einzelnen Regierungen, der Medien, des privaten Sektors und auch auf der Ebene der Schlüsselgruppen, die von sozialer Benachteiligung bedroht werden. Dies soll z.B. mittels einer möglichst breiten Aufklärung, durch Inklusion in der Bildung oder durch partizipative Forschung erfolgen. Internationale Projekte der EU können eine wichtige Rolle spielen dank der Tatsache, dass sie die Verhaltensmechanismen und die eingefahrene Praxis ändern und zwar auch in weit voneinander entfernten Gebieten des europäischen Raumes und so auf die Bildung eines gemeinsamen europäischen Raumes hinauslaufen – eines Raumes, der durch höchste Bildung, Beschäftigung, Forschung, Barrierefreiheit und soziale Inklusion charakterisiert wird.

In der Lösung von sozialen Fragen, von Fragen der Bildung und der Beschäftigung, müssen in einer inklusiven Gesellschaft Grundzüge ihren Niederschlag finden, die sich aus der Abkehr von der Haltung einer Regelung „nach den Bedürfnissen bestimmter ausgewählter Einzelner (Gruppen)" ergeben. Diese Prinzipien, welche die „Rechte" aller Menschen betreffen, sind in der folgenden Tabelle zu finden:

| **Schlüsselmerkmale der beiden Auffassungen** | |
|---|---|
| ***Perspektive: „nach den Bedürfnissen"*** | ***Perspektive: „Rechte haben"*** |
| - Einzelne, Zielgruppen verdienen Hilfe | - Einzelne, Zielgruppen haben Anspruch auf Hilfe |
| - die Regierungen sind verpflichtet, etwas zu tun, aber grundsätzlich gibt es kein Subjekt, das im Endeffekt die Pflicht hat, es umzusetzen | - die Regierungen haben verbindliche und moralische Pflichten |
| - Einzelne können sich aktiv an Leistung und Verbesserung der Qualität von Dienstleistungen beteiligen | - das Recht des Einzelnen auf aktive Teilnahme an Dienstleistungen ist verbürgt |
| - angesichts der beschränkten Quellen kann es zur Unterlassung einiger Einzelner kommen | - alle haben das gleiche Recht, ihr Potenzial zu erfüllen |
| - jeder Tätigkeitsabschnitt hat sein eigenes Ziel, es existiert kein vereinheitlichendes allgemeines Vorhaben | - es gibt ein Übergangsziel, zu dessen Erreichen die gesamte Tätigkeit führt |
| - bestimmte Gruppen verfügen über technische Möglichkeiten und Erfahrungen zur Befriedigung der Bedürfnisse der Zielgruppe | - alle unterstützenden Gruppen können eine Rolle bei der Durchsetzung der Rechte des Einzelnen spielen |
| - die spezifische augenblickliche Situation wird berücksichtigt | - Analysen helfen, die Ursachen zu entfernen |

Tabelle: Matthijsse / Van Teeffelen – Towards a rights-based approach, CNF Quarterly Journal, Mai 2004

Die Förderung der Chancengleichheit ist bei allen Gemeinschaftsaktivitäten der EU, einschließlich der Bildungs- und Beschäftigungsprogramme, schon heute ein erklärtes Ziel. Die Programme EQUAL, SOCRATES und LEONARDO DA VINCI zum Beispiel, die sich mit dem Zugang zum Arbeitsmarkt und zum Berufs- oder Bildungssystem befassen, beziehen alle Personen, einschließlich behinderter Menschen, ein.

Die Arbeitsämter geben Auskunft über Chancen und Möglichkeiten von Ausbildung, Studium und Beschäftigung in den Mitgliedsstaaten der EU, im Europäischen Wirtschaftsraum (EWR) oder bei den Beitrittskandidaten z.B. in Form von Europäischen Berufsberatungszentren. Eures-Berater (EURES) informieren und vermitteln Arbeitsstellen über die Ländergrenzen hinweg auf dem gesamten europäischen Arbeitsmarkt. Die Gemeinschaftsinitiative EQUAL fördert die Entwicklung von Modellen, die dazu beitragen, die Gleichbehandlung aller benachteiligten Personen oder Personengruppen auf dem Arbeitsmarkt zu verwirklichen. Die Förderung bezieht sich auf:
- die Erleichterung des Zugangs zum Arbeitsmarkt für alle, denen die Eingliederung in den Arbeitsmarkt Probleme bereitet,
- die Erleichterung der Unternehmensgründung und Stärkung der Sozialwirtschaft insbesondere im Hinblick auf die Verbesserung der Qualität der Arbeitsplätze
- die Förderung lebenslangen Lernens
- die Förderung der Anpassung an den wirtschaftlichen und technischen Wandel.

EQUAL löst die bisherigen Gemeinschaftsinitiativen ADAPT und BESCHÄFTIGUNG ab und kann auf den damit gewonnenen Erfahrungen und Erkenntnissen aufbauen. Die EU Programme SOKRATES und LEONARDO DA VINCI dienen dem Erfahrungsaustausch, dem Abbau von Mobilitätshindernissen und der Erleichterung des Zugangs zum Berufs- und Bildungswesen in Europa. Beispiele für die Programmziele dieser beiden Aktionsbereiche sind: Zusammenarbeit zwischen Berufs- und Bildungseinrichtungen, Anerkennung von Studienzeiten, Förderung des Sprachenerwerbs, Entwicklung innovativer Bildungskonzepte, Nutzung der neuen Informations- und Kommunikationstechnologien im Bildungswesen, Erwachsenenbildung, Aufbau von Netzwerken usw.

Zu den allgemeinen Prioritäten der Programme gehören die Bekämpfung von sozialer Ausgrenzung, die Förderung der Chancengleichheit sowie die besondere Unterstützung benachteiligter Personen.

Für die Schaffung eines gemeinsamen Bildungsraumes in Europa am Anfang des dritten Millenniums ist es wichtig, einen möglichst breiten Zugang zur Bildung ohne jeglichen Ausschluss von irgendwelchen Personen sicherzustellen. Eine neue – Studienmöglichkeiten auch für behinderte Menschen schaffende – Form ist das Fernstudium. Beim Fernstudium können die Studierenden Lernort, Lernzeit und Lerngeschwindigkeit weitgehend selbst bestimmen. Im Fernstudium kommen moderne PC-Technologien zum Einsatz. Behinderte Menschen, die aus unterschiedlichen Gründen nicht an Präsenzstudien teilnehmen können oder möchten, haben durch das Fernstudium die Möglichkeit, verschiedene Bildungsziele zu erreichen oder ein Vollstudium zu absolvieren.

Eine bedeutende Dimension in der Chancengleichheit, die mit dem Ziel der Erreichung der inklusiven Gesellschaft angestrebt wird, ist das Gebiet der Forschung. In den 70er Jahren des 20. Jahrhunderts entwickelte sich innerhalb der Sozialwissenschaften im europäischen Raum das Konzept der Aktions-, Handlungs- und Partizipationsforschung. Ziel dieser Forschung war es und ist es immer, Theorie und Praxis in ein engeres Verhältnis zueinander zu bringen und vor allem das Wissen und die Interessen der Betroffenen mehr zu beachten. Partizipative Forschungsansätze lassen sich sehr gut mit der Chancengleichheit vereinbaren. Traditionelle, rein medizinisch und naturwissenschaftlich orientierte Forschung hat im Wesentlichen das Heilen bzw. das Vermeiden von Behinderung zum Ziel, wodurch die Forschungsfragen stark reduziert werden. Konkrete Fragen der Alltagsgestaltung bzw. der Lebensbewältigung von Personen mit einer Beeinträchtigung bleiben davon unberührt. Durch partizipative Forschungsansätze, die den Betroffenen bei der Gestaltung der Fragen und Vorgehensweisen im Forschungsprozess ebenso wie bei der Verwendung der Ergebnisse Raum geben, kann diese Lücke gefüllt werden. Doe und Whyte (1995) fordern, dass Forschung über Personen mit Behinderung für Personen mit Behinderung nützlich sein bzw. Bedeutung für sie haben muss. Neben der Beteiligung Betroffener am Forschungsprozess selbst setzt man sich daher zum Ziel, die Forschungsergebnisse weiter und besser zu verbreiten, auch hin zu jenen behinderten Personen, die sonst keinen Bezug zur wissenschaftlichen Forschung haben. Nach dem Ausmaß der Beteiligung von Betroffenen unterscheidet man verschiedene Dimensionen der Partizipation: Teilnahme, die den Inhalt der Forschung betrifft (Teilnehmer geben als InterviewpartnerInnen Auskunft über einen Sachverhalt, interpretieren, indem sie in begleitenden Forschungsgruppen Ergebnisse analysieren und kommentieren; sie planen Veränderungen, indem sie Anregungen aus einem Forschungsprojekt aufnehmen und umsetzen), Teilnahme, die den Forschungsprozess selbst betrifft (die Beteiligten unterstützen den Prozess der Datengewinnung und -interpretation, sie führen z.B. Interviews im lokalen Dialekt und werden daher von der Zielgruppe besser akzeptiert, gestalten den Forschungsprozess mit, sind Forscher bzw. Co-Forscher), oder auch Teilnahme, die den Inhalt, den Forschungsprozess oder beides betrifft (die Beteiligten werden über den Forschungsprozess und seine Konsequenzen informiert, z.B. sie bekommen Auskunft über den Stand eines Forschungsprojekts in regelmäßigen Informationsveranstaltungen).

## 2.5.6 AUSBLICK
**Wolf Bloemers / Vanda Hajkova**

Wir haben diesem Leitmodul für den Studiengang „European Bachelor of Inclusion Studies“ den Titel: „Richtung Inklusion in Europa“ gegeben; mit dem Wort *Richtung* meinen wir hier eine geistige Orientierung, eine ethische, pädagogische und sozialpolitische *Ausrichtung* auf ein Ziel hin, von dessen Sinnhaftigkeit und Erreichbarkeit wir überzeugt sind.

Richtung deutet aber auch daraufhin, dass bis zur Erreichung des Ziels noch Distanzen, Entfernungen, Wegstrecken und Hindernisse zu überwinden sind mittels individueller und / oder gemeinsamer Anstrengungen, Aktivitäten, Verfahrensweisen und Kooperationen, die Ihnen als Studierenden – die zukünftig eine gesellschaftliche Führungsrolle übernehmen sollen – aufgegeben sind.

Ob und wie Sie diesen Weg zur Inklusion und zum sozialen Zusammenwachsen in Europa mitgehen und mitgestalten wollen, liegt in Ihrer Entscheidung. Wir möchten Sie zu diesem Weg eines Europas, das alle Individuen im Sinne der Inklusionsphilosophie in alle gesellschaftliche Prozesse gleichberechtigt einbezieht, ausdrücklich ermuntern und Sie dazu auffordern, sich auf dieses Wagnis, dieses „Risiko“ im Vertrauen auf Ihre rationalen, emotionalen und sozialen Kompetenzen einzulassen.

In diesem Sinn schließen wir uns den Gedanken von Beck bezüglich seines Vorschlags an, das durch den Zusammenbruch der Ost-West-Ordnung entstandene Orientierungsvakuum durch „reflexive Modernisierung“ wieder aufzufüllen, und beenden dieses Modul mit seinem diesbezüglichen auffordernden Impuls:

*„Im Kontext von Globalisierung, Individualisierung und fabrizierter Unsicherheit gibt es dafür hier und heute ein Wort, eine Arena, ein Ziel: das von den Intellektuellen sträflich vernachlässigte Europa. Nicht (oder nicht nur) das Europa der Institutionen und Bürokratien, sondern das Europa der Individuen.*

*Individualisierung scheint aus sich heraus alle soziale Identität stiftenden Ideen abzustoßen. Das Gegenteil ist – auch – der Fall. Der Kampf um das eigene Leben >verbindet< Franzosen mit Engländern, Polen mit Italienern, Deutsche mit Finnen und Portugiesen, und zwar nicht von oben und außen oktroyiert, sondern im Kern des eigenen Selbstverständnisses. Der Ausdruck >verbindet< hat dabei aber eine besondere Bedeutung. Er meint nicht ein europäisches Nationalbewußtsein im Sinne des 19. Jahrhunderts, sondern dessen Zerfall: das (kollektive) Ringen um ein eigenes Leben in unentwirrbarer Vielfalt. Man könnte vom >Europa der Individuen< als der Nicht-Identität des Nationalen sprechen.*

*Dieser Streit um ein eigenes Leben (das inzwischen auch zum globalen geworden ist) unterscheidet durchaus den europäischen Weg von dem anderer Kulturen. Er verweist, vielfach gebrochen, auf den altgriechischen Anfang Eu-*

*ropas, die italienische Renaissance, die Reformation, die englische und französische Revolution, die amerikanische Unabhängigkeitserklärung, ja er verbindet die Kritik der reinen Vernunft mit dem Zusammenbruch des Ostblocks, sogar mit dem ganz alltäglichen Kampf der Menschen – durch >wilde< Ehen, Scheidung, Wiederverheiratung, mehrere Elternschaften hindurch – , das eigene und das soziale Leben neu aufeinander abzustimmen. In diesem oft nervigen Streit für und gegen den alltäglichen Individualismus – in Familie, Jugend, Arbeit, Politik – ist Europa lebendig. Die europäische Frage, die die Menschen tatsächlich umtreibt, ist die Frage: Wie lassen sich die historisch gewachsenen Ansprüche auf ein eigenes Leben mit den veralteten Vorgaben des Sozialen in den Institutionen verbinden?*

*Zugegeben: auch dieses Europa der Individuen ist ein Risiko. Aber, um ein Bild von Niklas Luhmann aufzugreifen: Wir müssen diesen Frosch küssen, auch wenn wir nicht wissen, ob er sich dadurch in einen Prinzen verwandeln wird" (Beck 1994, 480).*

## 3. WEITERFÜHRENDE AUFGABEN

***Aufgaben zu 2.2***

- Identifizieren Sie entweder: drei bildende Künstler, drei Schriftsteller, drei Musiker oder zwei kunsthistorische Stilrichtungen von europäischer Bedeutung / Dimension / Format und begründen Sie Ihre Auswahl unter Verwendung konkreter Beispiele und deren Einordnungen in übergeordnete Werte- und Bewusstseinsvorstellungen.
- Identifizieren Sie weitere Beispiele für die Pluralität und für die Diversifizierung europäischer Gegebenheiten.
- Bewerten Sie die im Text aufgeführten Zitate kritisch und begründen Sie diese Kritik.
- Identifizieren Sie mehrere Beispiele für aktuelle Tendenzen verstärkter ethnischer Identitätsprozesse / Separationsvorgänge und begründen Sie diese im politisch-historischen Kontext.
- Reflektieren Sie über Ihre eigene(n) Identität(en), schreiben Sie die(se) als Substantiv(e) auf und begründen Sie, weshalb Sie sich damit wohl fühlen – oder auch nicht.
- Stellen Sie eine Liste europäisch-politischer Institutionen und Gremien zusammen und geben Sie stichwortartig deren jeweilige Hauptaufgaben an.
- Erstellen Sie eine Übersicht über europäische Bildungsprogramme und geben Sie stichwortartig deren Zielsetzungen, Zielgruppen und Arbeitsformen an.
- Stellen Sie mit Kommilitoninnen / Kommilitonen eine Collage her zum Thema: „Wie soll Europa nach unseren Vorstellungen aussehen?“
- Stellen Sie mit Kommilitoninnen / Kommilitonen eine Wandzeitung her aus aktuellen Printmedien (Zeitungen / Magazine / Broschüren) zum Thema: „So soll Europa sein!“.
- Lesen Sie die bildungs- und sozialpolitischen Passagen des Maastrichter Vertrages kritisch und stellen Sie daraus eine Soll-Ist-Tabelle her.
- Legen Sie eine Themenmappe aus Printmedienerzeugnissen zur Problematik „Ausländerfeindlichkeit“ an, suchen und begründen Sie Gliederungspunkte für die gefundenen Dokumente und stellen Sie Thesen zu Lösungsansätzen auf.
- Diskutieren Sie in der Gruppe das Zitat von Gamm in diesem Teilkapitel und stellen Sie Thesen zu Lösungsansätzen auf.
- Machen Sie Interviews mit 5 ausländischen Arbeitnehmerinnen / Arbeitnehmern aus verschiedenen Ländern und befragen Sie diese Personen nach deren Gefühlen hinsichtlich Akzeptanz und Integration in ihren deutschen Lebenskreisen (Arbeit / Wohnung). Schreiben Sie auf, welchen Beitrag Sie persönlich zu einer Veränderung, Verbesserung solcher Gefühle leisten können.
- Machen Sie 3 konkrete Vorschläge für eine öffentlichkeitsbewusste Bildungspolitik in Ihrer Stadt hinsichtlich des europäischen Integrationsprozesses.

 

- Welche Werte sind Ihnen wichtig? Gruppendiskussion, Werteskala, Zuständigkeiten der „Kontrolle“

***Aufgaben zu Kapitel 2.3***

- Fallgeschichten: Victor Hugo: Glöckner von Notre Dame, Helen Keller, Fredi Saal, Personen aus der Literatur und reale Personen, Historie und Gegenwart aus verschiedenen europäischen Ländern: Setzen Sie diese Leben in Beziehung zu den Darstellungen des Kapitels 2.3
- Interviews mit Personen aus Randgruppen bezüglich Erwartungen an sich selbst und an die nationale und europäische Gesellschaft.
- Befragen Sie je zehn Kommilitonen technischer und sozialwissenschaftlicher Studiengänge nach deren Auffassung zur Gentechnologie, Pränataldiagnostik und den Singer-Thesen und vergleichen Sie die Ergebnisse.

***Aufgaben zu Kapitel 2.4***

Beispiele für neue Lebensformen suchen und belegen
Politische Aktionen planen mit …
Essay: Grundpositionen von Liberalismus und Kommunitarismus

- Diskutieren Sie in der Gruppe die konkreten gesellschaftlichen Konsequenzen des Normalisierungsprinzips und Integrationsprinzips.
- Besuchen Sie eine Bildungsinstitution Ihrer Wahl und analysieren Sie Ihre Beobachtungen nach folgendem Gesichtspunkt: Sind dort Orientierungen an den Prinzipien „Normalität“ und „Interaktion“ feststellbar? Dokumentieren Sie Ihre Beobachtungen und diskutieren Sie diese in der Gruppe.
- Finden Sie Dokumente von verschiedenen Formen der Selbstbestimmungsbewegung in Europa und bereiten Sie dazu eine Präsentation vor.
- Untersuchen Sie die Entwicklung der Selbstbestimmungsbewegung behinderter Menschen in Ihrem eigenen Land und dokumentieren Sie dies.
- Interviewen Sie mehrere Fachleute in den Pflege- und Bildungsinstitutionen über deren Verständnis von Selbstbestimmung.

***Aufgaben zu Kapitel 2.5***

***Zu Kapitel 2.5.1***

- Ausgehend vom Text charakterisieren Sie die pluralistische Gesellschaft der Gegenwart in Europa
- Sammeln Sie empirisches Material über die Realität des Multikulturalismus und der Mehrsprachigkeit in der erweiterten Europäischen Union.
- Nehmen Sie Kontakt auf zu NGO`s behinderter und anderer marginalisierter Menschen und machen Sie Ländervergleiche
- Recherchieren Sie EU Dokumente in Bezug auf Inklusion

- Überprüfen Sie Definitionen von „Inklusion" in verschiedenen europäischen Staaten: in Parteiprogrammen, NGO´s, in wissenschaftlicher Literatur, in staatlichen Verlautbarungen
- Essay: Vergleich Integration – Inklusion
- Recherchieren Sie Praxisbeispiele für Inklusion ehemals marginalisierter Menschen in Freizeit, Wohnwelt, Arbeit, Medien etc.
- Persönliches Budget: Vergleich der Regelungen in NL, SE, DE
- Schreiben Sie Lebensporträts behinderter Personen, die für Inklusion kämpfen (Frehe, Degener).
- Barcelona Deklaration: holen Sie Meinungen örtlicher Politiker dazu ein.
- „Behinderte Menschen als gleichberechtigte Kunden und Verbraucher": entwickeln Sie (zusammen mit einer Gruppe von Menschen mit Behinderung) eine Werbekampagne für die Kleidungsindustrie.
- Suchen Sie Argumente für die These: „Recht auf Verschiedenheit: es lebe der Unterschied!" (zusammen mit einem behinderten Menschen) und skizzieren Sie dazu ein Flugblatt / einen Flyer.
- Was fehlt noch für eine „Inklusive Unionsbürgerschaft für behinderte Menschen"? Schreiben Sie ein 5 Punkte Programm und leiten Sie dies weiter an Politiker.
- Schreiben Sie eine Selbstverpflichtungserklärung, welchen Beitrag Sie leisten werden, eine europäisch orientierte, nationenübergreifende Partnerschaft zwischen behinderten und nicht behinderten Menschen zu etablieren (zu unterstützen), und auf welche Weise Sie dies sicherstellen
- Machen Sie sich und Ihren Kommilitonen / Kommilitoninnen ein konkretes Angebot, wie Sie mit Ihrer Person einen Beitrag zur europäischen Inklusion leisten. Schreiben Sie dieses ganz detailliert auf. Falls Sie dies nicht können oder wollen, begründen Sie dies bitte.

- ***Aufgaben zur Erklärung von Barcelona:***

Erarbeiten Sie *Konkretisierungsvorschläge,* wie die eingegangenen *Verpflichtungen* eingelöst werden können, z.B. die

- Publikmachung der Barcelona-Erklärung
- die Einforderung der Unterstützung durch Gebietskörperschaften
- der Aufbau von Kommunikationsnetzen und die Vereinheitlichung des Sprachgebrauchs
- Übersetzen" Sie die Präambel der Erklärung in eine Sprache, die auch der „Mensch auf der Straße" versteht und nachvollziehen kann.
- Entwickeln Sie konkrete Vorschläge zur Verwirklichung der Vereinbarungen der Ziffern: IV, VIII, XII, XV
- Versuchen Sie, Ihre Stadt zum Beitritt zur Barcelona-Deklaration zu überzeugen; schreiben Sie dazu ein Strategie-Papier!

- ***Aufgaben zur Deklaration von Madrid:***
  - Zeigen Sie *Barrieren* auf, die eine Inklusion derzeit behindern.
  - Zeigen Sie *Barrieren* auf, die ein unabhängiges Leben vieler sogenannter behinderter Menschen derzeit behindern.
  - Machen Sie konkrete Vorschläge, wie *Einstellungsänderungen* in Gang gesetzt werden können.Machen Sie ganz *konkrete Vorschläge*, wie in Ihrem täglichen Berufsleben der 8. Programmpunkt der Vision *„Nichts über behinderte Menschen [sagen, schreiben, tun] ohne behinderte Menschen [einzubeziehen]"* umgesetzt werden kann.Planen Sie eine Gruppenaktion zur *„Bewusstseinsbildung",* wie sie im 7. „Vorschlag für Aktionen" angesprochen wird und tragen Sie das Konzept anschließend im Plenum vor.
  - Schreiben Sie auf, welchen ganz konkreten Beitrag Sie selbst zu Realisierung der „Vision" leisten wollen und wie Sie die Effektivität dieses Beitrages überprüfen werden. (Selbstverpflichtung)

***Aufgaben zu Kapitel 2.5.5***

- Bewerten Sie die beiden Eingangszitate kritisch und begründen Sie diese Kritik.
- Identifizieren Sie grundlegende Unterschiede zwischen Lösungen von sozialen Fragen entsprechend der beiden gesellschaftlichen Haltungen: „nach Bedürfnissen" oder „von Rechts wegen" .
- Erarbeiten Sie Fallstudien, welche die Zugänge zu den sozialen Fragen belegen, die in der Tabelle von Matthijsse / Van Teeffelen aufgeführt sind.
- Erstellen Sie eine Belegmappe / Portfolio, die eine Förderung der Chancengleichheit von behinderten Menschen durch die Gemeinschaftsaktivitäten der EU-Bildungs- und Beschäftigungsprogramme nachweist.
- Stellen Sie sich vor, sie leben im Jahr 2030. Das Sozialsystem ist in einer idealen Form: human und demokratisch. Wie sieht das Leben des Menschen mit Behinderung aus? Visualisieren Sie Ihre Vorstellungen und stellen Sie diese samt einer kurzen Beschreibung dar. Diskutieren sie Ihre und weitere Vorstellungen in einer Gruppe von Studenten.
- A Memorandum on Lifelong Learning" (Commission of the European Communities SEC[2000], 1832; http://europa.eu.int/comm/education/ life/index.html): Diskutieren Sie diese Deklaration und planen Sie eine entsprechende Maßnahme „to build an inclusive society" und to „promoting active citizenship"
- „*e*Accessibility for All" aus dem 6. Rahmenforschungsprogramm der EU, sieht die *e*Technologie als Mittel, alle Bürger dazu zu befähigen, eine uneingeschränkte, volle Rolle in der Gesellschaft zu übernehmen. Lesen und diskutieren Sie diese Deklaration und entwickeln Sie eine „Ideenbörse" zur Lösung konkreter Zugangsprobleme für marginalisierte Menschen.

## 4. BIBLIOGRAPHIE (siehe englische Version am Ende des Buches)

### Hinweis
### Fachbegriffe im Europäischen Kontext

Um sich im Rahmen eines europäischen Studiengangs fachlich gegenseitig zu verstehen und zu wissen, was der jeweilige Gesprächspartner mit seinen Worten meint, bedarf es der gemeinsamen Verständigung über die konstitutiven *Fachbegriffe* der Profession / der Wissenschaftsgebiete und deren *Bedeutungen.*

Die Verfasser aller 10 Modulhandbücher dieses „European Bachelor of Inclusion Studies“ haben sich darauf geeinigt, als gemeinsame *Ausgangs- und Konsultationsbasis* für diesen terminologischen Verständigungs- und Verstehensprozess folgende Werke zugrunde zulegen:

- Bloemers, W. / Wisch, F.-H. (2004): Europäisches Glossar zur Heilpädagogik. Frankfurt am Main.
- Bundschuh / Heimlich / Krawitz (1999): Wörterbuch Heilpädagogik. Bad Heilbrunn.

Die Hinzuziehung weiterer (nationaler) Fachwörterbücher zur reflexiven Vertiefung und grenzüberschreitenden Diskussion ist im Sinne eines europäisch ausgelegten Studiums sehr erwünscht.

Wolf Bloemers / Vanda Hajkova

# Towards Inclusion in Europe

## Contents

# 0. PREFACES

## 0.1 EDITORS' PREFACE

The Bologna Process is one of the responses to the challenging transformation processes faced by a Europe, which, in the sense of cross-border thinking and re-orientation, is growing ever closer together. This was initially agreed by 39 science ministers in 1999 and followed by the agreements of Prague (2001), Berlin (2003) and Bergen (2005) and promoted both Europe-wide cooperation between universities and academic structural reform. This, it was planned should result in the establishment by 2010 of a European university system, which would serve as a supporting pillar of the future "European knowledge society". Such a Europe of knowledge is viewed as an indispensable precondition of social and human development and as a vital component of the consolidation and enrichment of European civil society. The means by which this will be created include the compatibility, harmonisation and comparability of curricula, transparency, international competitiveness and mobility promoted by vocational qualifications acceptable throughout Europe. A key element of this process is a unified system of staged degrees – Bachelor (BA), Master (MA), Doctorate (PhD) – as well as a common credit point system (ECTS), which makes acquired credits transferable and mutually acceptable at all universities.

It is within this context and to support the existing Masters course "European Master of Development Studies in Social and Educational Sciences", that 12 universities from eight European countries – led by the University of Applied Sciences Magdeburg-Stendal – has from 2003 to 2006 developed an innovative European Bachelor of Inclusion Studies. This curriculum development has received financial support from the Socrates-Erasmus programme funded by the European Union. It was classified by the European Commission in 2004 as "best practice" and as a "European model project". The broad aims of the programme are first to qualify students to understand both new scientific findings and European social political targets concerning inclusion, freedom from barriers and the equal participation of disabled people and marginalised groups in a Europe, which is growing together. Second, students who successfully complete the programme should be able to use the acquired knowledge and skills in pedagogic and social professions for the promotion and empowerment of such individuals and groups in a regional, national and European context.

It is intended that the creation of the European BA programme will contribute to the shaping of a European social space by the promotion of intercultural learning and research. The intention is, furthermore, that it creates better opportunities for students and improves their competitiveness in the current future European labour markets in education and social promotion. Finally, it is expected that this project will constitute a step towards the involvement of new EU member states

(Estonia, Czech Republic, Slovakia, Slovenia and also of the Ukraine) in the shared development of teaching and research.

We now stand only at the beginning. Such developing views in human and social sciences as interdisciplinary-ecological understanding, new ideas of man, as, for example, affected by self-determination and self-referential learning and the paradigm change in the theory of special and social pedagogy in non-German speaking areas, have created a significant demand for the revision and reconception of academic qualifications, especially in the area of inclusion of marginalised groups of people. The universities involved in this BA course of studies have tried to address this demand with this programme.

This book is part of this "European Bachelor of Inclusion Studies" study programme that comprises a total of 12 teaching components (10 teaching modules, 1 project module and 1 Bachelor thesis module). For each module of the 10 teaching modules a bilingual (German and English) book has been developed, which should not to be seen as a teaching book, but as a hand book, containing basic material and suggested sources for detailed and extended studies. For the students, they are seen as required reading in order to give a common foundation. Consistent with the concept of the internationalisation of research and teaching, all books have been written by lecturers from at least two different universities and all follow the same structure. This takes the form of an *introduction* with an outline of the area to be covered and the objectives of the module. After the main body of the text comes a series of *advanced tasks* to promote the student's own learning activities or for working in groups. The last section contains the *bibliography* to guide further reading.

It is hoped that by virtue of study, especially in the European Project Module, the establishment of international contacts, exchanges of experience and even meetings (real and virtual) of students and teachers from participating universities, further movement towards a European social community and civil society will be promoted.

Magdeburg, Summer of 2006

Wolf Bloemers
Fritz-Helmut Wisch

Note:
Unfortunately, the limited budget did not allow for proofreading of these ten module books. We ask for your understanding should you find some language "glitches".

## 0.2 AUTHORS' PREFACE

This book is conceived as a hand book and constitutes a part of the teaching material of a European Bachelor curriculum; as the first of a total of 12 modules (teaching components) of the "European Bachelor of Inclusion Studies" it serves so-to-speak as a leading module for the whole study programme. It deals with theories and practices of social endangerments and excluding processes of marginalised people against the background of European history and the current context of massive transformation processes of European states and societies; it confronts these circumstances by the paradigm of self-determination and empowerment as well as the social ethical concept of inclusion, which is based on views and demands of the new social movements as well as on the specific scientific and political discussions and views.

This is done by an overview of theories and connections of *Identity and Ethics* as well as their societal realities in *Europe* (chapter 2.1 and 2.2). It is followed by presentations of theory and practice of *Exclusion and Heteronomy* in the historical context and in autobiographic reflection of persons concerned (chapter 2.3), subsequently remarks on the concept and realisation steps of the paradigmatic change towards *Self-determination* of disadvantaged and disabled people (chapter 2.4). The investigations of the social handling of so far marginalised persons and groups are concluded by an analysis of the social ethical concept related to European politics of *Inclusion and the equal social partner* by outlining theories and corresponding action approaches for a European social community (chapter 2.5).

In the sense of a deepened analysis and as a "*resource bank book*" inspiring own research, users of this volume should explore on their own further examples and other theories and practices of exclusion and inclusion in different European contexts, comparatively reflect and take a critical stand regarding the whole study material. This purpose is served by ideas from chapter three, which offer *advanced tasks*, which arise from the previous chapters one and two.

According to the concept of the handbooks especially written for this course of study, this book serves as a *basis* for the study module; it is a kind of the "common basis camp of an expedition", from which the increase in knowledge should lead the students to the goal via several different common or individual exploration ways. In this respect, the contents are restricted to – from the author's point of view – the foundation, where compromises were necessary regarding choice of material, also because of reasons of scope. However, we assume that we delivered an adequate introduction and a relevant overview of the topic, which motivates to study the contexts extensively and thoroughly.

This module volume was penned by a female and a male lecturer with different European origins (from the Czech Republic and Germany) as well as different professional biographies. This results in different intellectual accesses, manners of presentation and language styles which manifest themselves in the texts and show different approaches – and also some minor overlapping – to a common topic. For the purpose of the diversity of European points of view and the objectives of this course of study, to make visible both the common and the richness of the variations of European social thoughts and actions, this is actually wanted: to not create and shape a homophone whole, but a polyphone commonness.

Magdeburg and Prague, Spring 2006

Wolf Bloemers
Vanda Hajkova

# 1. INTRODUCTION
Wolf Bloemers

## 1.1. Problem Outline

The serious changes of the current societies in Europe with their political, economic, social and cultural transformation processes

- Keywords: globalisation, technocracy, Europeanization, shortage of resources, loss of values, crises of meaning,

their social and ecologic discrepancies and removal of any rules,

- Keywords: performance-oriented society, affluent society, pathologisation and economisation of the social, mass unemployment, ethnocentrism and genocide,

as well as erosions or destabilisations of hitherto existing norms and regulation systems

- Keywords: Deregulation, pluralisation, individualisation, biotechnology, loss of orientation, migration, exclusion

are experienced socio-diagnostically as *endangerments and excluding processes* regarding disabled people and other marginal social groups. In the sense of an advocacy and responsibility for needy and marginalised people, especially anthropology, ethics, special and social pedagogy and social policy critically explore these complex phenomena of endangering life realities and exclusions to outline new ethic-normative and social-structural basic orientations. In other words: the above-mentioned sciences have the task – especially against the background of interconnections of socio-economic, pedagogic, social, ethic and political conditions as well as the re-orientation in the field of science –

- Keywords: changed views in the human and social sciences, change of perspectives (interdisciplinary-ecological understanding, a new idea of man, e.g. affected by self-determination and self-referential learning); paradigm change in the theory forming of special pedagogy; interdisciplinarity

besides the critical-analytical reflection and societal diagnosis of the current politically formed, normative life world, to develop efficient interventions for improving the life circumstances, that is to counter diagnosis by a "therapy".

This "therapy" under the label of "inclusion" not only forms a "normative core of current pedagogy for the disabled" (Dederich 2001, 128), but is already social-ethically normatively postulated in various national and European areas – regarding education policy, societal policy and social philosophy – as a target perspective and it is aimed as a radical and comprehensive draft for change at the – European – society as a whole. That is the radical recognition of heterogeneity, being different, asymmetry and difference, which grants the disabled and marginalised people a position amongst all other people in a society free from exclusion which gives them equal *rights,* equal *safety*, equal *standing*.

This comprehensive reorientation through all social areas (education, training, work, housing, leisure) opens not only opportunities for a full social acceptance and inclusivity, but it brings also major risks; e.g. the requirements / obligations to "actively shape one's own life", "self-organisation of the course of life", "individualising" or "flexibility" are riskier for the people so far excluded from full participation since they bear more risks to fail or fall, for which the individual has to take full responsibility if no responsible support – resources, institutions and persons – or assistance cushions or lowers the risk.

The entire transformation process from exclusion towards inclusion is therefore highly ambivalent; so self-determination is indeed a cardinal concept of special education, but this very self-determination requires "a reasonably stable identity, and according to modern identity theories identity can only be formed, where the individual human being grows up in a quite clearly structured, ordered orientation and family and social living world allow for tensions. Functioning identity work is a process, which is bound to a step-by-step acquisition of competences and the success of which is not free from prerequisites. Amongst others, at present times it must result in the ability to cope with those outlined changes and use them productively for the success of one's own life" Dederich 2001, 131).

In the context of pan-European risks, transformation and disintegration processes on the one hand and the EU guidelines of a regulative, social-ethical and social-political normative reorientation called inclusion on the other hand, therefore *identity formation*, the intersubjective *identity formation process* – especially for the so far excluded – become the most fundamental pedagogic and social task for the success, for supporting and accompanying the changing of people with an "impaired identity" – impaired by exclusion – (Goffman 1967) towards a "successful and stable identity created by inclusion". Likewise this task of an *identity creation process* communicating orientation help and protection becomes one of the central obligations of pedagogic and social professionals for a stable individual and social identity for the "risk biographies" (Beck 1986) of the coming generation in Europe, if possible in a cross-border European association or network. "The collective farewell to the helplessness changes on the one hand the social landscape of the living world (…). On the other hand it also changes the self-concept and the self-identity of the players (…)"(Herriger 1997, 193, quoted according to Dederich 2001, 217).

That's why the complex of topics of this module – "Towards Inclusion in Europe" – is worked on along the images of identity concepts; i.e. questions and phenomena of identity formation run so-to-say like a thread through the different thought blocks of this teaching component, in the centre of which are ethical-normative questions regarding living conditions, development opportunities, social recognition and learning, living and working backgrounds of so-called disabled people and other "risk groups" in the social region of Europe growing-together.

### 1.2. Key Terms

recognition, exclusion, Europe, identity, inclusion, inclusive pedagogy, integration, pathologies of the social, ethics, endangering life realities , bioethics, symbolic interactionism, constructivism, autopoiesis, communitarism, liberalism, system theory, resolution of Salamanca, self-determination, empowerment, resources, human capital, dignity, culture, human rights, civil rights

### 1.3. Learning Objectives

The module is intended to deal with a number of basic objectives regarding the understanding of and impact on matters of societal living together with so-called disabled people and excluded groups in a Europe growing together:

- Developing a body of knowledge regarding selected scientific explanation approaches on the history and life practice of disabled people and other socially endangered groups,
- Realising social problems and power structures causing them and critically reflecting them in the intersection of interdisciplinary examination,
- Identifying and dealing with societal values and norms in their cultural-historical and European context,
- Discovering commitment of pedagogic and social actions to values and developing an ethical basic consciousness through critical analysis of different ethics,
- critically evaluate ethics as a legitimation of specific forms of individual and social acting and developing awareness for specific ethics as an answer to and an protected area for endangered life realities
- Understanding the sense and importance of the European unification and the development of European consciousness elements and identifying them as pedagogic and social tasks,

- Understanding inclusion as a social-ethical European objective overcoming traditional limitations in the context of scientific and political redrafts and developing own positions and action models.

## 1.4 Learning Outcomes:

After working through this module, the students should have acquired the following:

- Knowledge about the historical, cultural and social criteria of exclusion of disabled people and marginal groups
- Insight in the interactions and links of power, norms, values and identities
- Overview of the different ethics and tools for their critical examination
- Awareness of the necessity of own ethical positioning
- Knowledge of European culture, values and social policy
- Understanding inclusion as a social-ethical postulate for a European social community

# 2. FROM "IMPAIRED IDENTITIES" TO "EQUAL SOCIAL PARTNERS"

## 2.1 IDENTITY AND ETHICS: APPROACHES

### 2.1.1 WHAT IS IDENTITY? – AN OUTLINE
**Wolf Bloemers**

*"There is something wrong with him*
*since he would not behave that way*
*if he was OK*
*so he behaves that way*
*since there is something wrong with him*
*he does not believe that there is something wrong with him*
*since*
*what is, among other things,*
*wrong with him*
*is that he does not believe that there is*
*something wrong with him*
*hence*
*we must help him to realise*
*that the fact that he does not believe that something*
*is wrong with him*
*is, among other things, that*
*what is wrong with him."*

The above-mentioned quote is taken from the aphoristic book of the psychiatrist Ronald Laing (1970); it outlines in a – stylistically and linguistically deliberately chosen – apodictic language exemplarily the field of tension of disturbed relations, which is characterised by assumptions, fantasies, perceptions, allegations, projections and attributions about the other person. It concerns the image that someone has of himself and of the other, of a person opposite; it concerns relation definitions regarding persons from the own environment, which are very important for the own survival, since: "we are all at the mercy of the ratifications of our reality by others, who, on their part, demand their own reality explanation from us" (Watzlawick 1989, 44 et seq.). In other words: People must feel socially accepted and acknowledged, socially positioned and involved and reconcile that with their own conception of themselves in order to remain psychically healthy and not to slide into a psychosis which is the result of a resignation and capitulation of a personality to establish a balance between the need of external social demands and internal personal wishes often contradicting each other. So a psychosis can be seen as the result of an unsuccessful alignment of images and ideas from the inner world of own wishes and needs and the perceptions of the outer living conditions and environmental realities (cf. Bleueler 1987, 18).

The images which we form of ourselves and others are constructions, assumptions, interpretations regarding the question of who you are or who someone else is. From the psychological standpoint, these images form – bundled from all details – the mosaic, the construct of our *identity;* that is the sum of the features by which we distinguish ourselves from others as an individual in our uniqueness and are characterised by und by which, at the same time, the others perceive and identify us as distinct entities. Identity – as an answer to the question "Who am I?" – is therefore first the result of a process of social construction, since I comprehend myself – or the other person – in a net of meaning, which has been established by myself as well as by "the others" surrounding myself.

Constitutive for this perceptional and behavioural procedure of identity forming is the double character, which represents the unmistakable, the individual as well as the socially acceptable and always tries to establish a balance between the subjective "inside" and the societal "outside" to reach an individual self-determination and need satisfaction in the scope of socially recognised forms (cf. Keupp 2002). That is why the identity always develops in the tension field of self-determination and heteronomy; so identity as "realness of a person" is always also a compromise between social stipulations and assignments from the outside (the cultural, societal, religious norms, demands of the environment etc.) and adaptations to them and the individual genetic "dowry".

To differentiate this complex of identity, roughly two or three "shares" can be distinguished:

The *personal* identity forms out of the individual features, the biographic uniqueness of a person – in the way it shows itself in an identity card as a "document" of the identity – as well as out of perceptions of oneself.

The *social* identity is influenced by the group affiliation – so as a "student", as "German", as "party member" – as well as the social roles, which a person takes on within a group; here it is decisive how this person is seen and evaluated in the roles by members of this social formation.

The *I*-identity is the result of the balance between parts of personal and social identity; it is a subjective and reflexive matter and aims at measured adaptation and self-portrayal without denial of the associated conflicts (cf. Haeberlin / Niklaus 1978, 41).

For the above-mentioned classifications of identity, there can be found several variations, differentiations or nuances, which depend on different theoretical explanation models or their representatives.

### 2.1.1.1 Identity Theories – A Sketch
**Wolf Bloemers**

The concept of identity is dealt with by several science disciplines, e.g. philosophy, psychology and sociology, which developed different identity theories. In the following a very cursory sketch of some of their basic directions.

From a *philosophical* point of view, e.g. Tugendhat (1979) distinguishes between a *numeric* identity – in the sense of uniqueness and distinctiveness – and a *qualitative* identity, which develops in the socio-historical context of concrete creation forms out of practical, emotional, cognitive aspects as features of human subjectivity. Meant are elements and horizons of different live orientations, which evolve in the course of life out of changing configurations and give meaning and importance to the way of life. "The child is part of social relations from the beginning: to his parents and other important attachment figures. The relations develop in regular, immediate and mutual actions. The infant is not yet able to act in the full sense of the word. However, as an individualised organism, he has the physical and mental abilities hereditary for humankind, which he uses in his behaviour towards other people. In its turn, the acting of the others towards the child is mostly determined by experience and acting patterns, which derive from the meaning reservoir of their society. Step by step the child learns to understand the actions of the counterpart and make sense of it. At the same time it begins to understand the reactions of the others as a *reflection* of its own behaviour. So it can grasp its ways of behaviour as typical actions in light of historically given experience and acting patterns. The child sets itself in relation to the societal contexts. In these processes, it develops bit by bit its own personal identity" (Berger & Luckmann 1995, 20). Thus Berger and Luckmann see the construct of identity in a basic interleaving of anthropologic circumstances, social and individual processes (cf. Borcsa 2001).

The focus of *psychology* on the construct of identity is determined by questions of self-reflection and the feeling regarding the anthropologic determinants continuity and coherence, the life-historical and situation-enduring conditions of the perception of the own persona. So Erikson (1966, 107) defines identity as a basic feeling, which expresses subjective trust into the own competence for maintaining continuity and coherence and which should form in the context of a continuous step model up to the end of puberty as a stabile core and as "inner capital": I-identity is the "increase of personality maturity, which the individual must have gained at the end of adolescence from the abundance of its childhood experiences to be prepared for the tasks of the adult life". In contrast, Simon and Mummendey (1997, 16) understand identity more as a cognitive increase in competency, which they characterise by the concept of self-interpretation as follows: "Self-interpretation is, in the broader sense, a cognitive clearing process, by which a human being brings his own behaviour and experiencing as well as the reactions of his environment towards him into a context. Self-interpretation establishes therefore self-understanding, which in turn functions as an orientation basis for behaviour and experiencing". Erikson's genetic approach of the development of identity as a social function of the self in steps with psychosexual and psychosocial aspects – marked by normative development crises in the interplay of biological maturing, the extension of motoric abilities and the reactions of the environment to that – is opposed by newer psychological findings. They make it clear that the consolidating elements of identity develop during the early stages of socialisation, but that identity is a life-long subjective construction process: "The identity process is, so it is seen by most newer approaches of identity research, not only a means anymore to reach a certain plateau of a save identity at the end of adolescence, but it is the engine of life-long development" (Keupp et al.1999, 190). It has to be added that people have several overlapping (social) identities, which relate to the situational belonging to a social group or class (e.g. I as a son, I as a catholic, I as a manager of a company, I as a hearing-impaired student etc.) and are not static, but are characterised by dynamic processes and diversity.

Contributions of *sociology* to identity theories can be found, amongst others, at Goffman, Krappmann, Thimm and Frey, who especially dealt with difficult identity forming processes of disadvantaged people. Starting from the concept of the symbolic interactionism, they elaborated that the individual is dependent on social relations to others and can only in these relations build up a "self" or gain an own identity as an "instance" for organising own ways of action with the strategy to show himself and the other that he is "unique" as well as "like all the others" and acts accordingly. So the human being always has to prove that he socially categorisable (social identity) – he must adapt and submit to general expectations and let himself be tagged – and at the same time present his own uniqueness (personal identity). According to Krappmann, the simultaneous fulfilling of those contradicting demands is granted by showing a so-called "pseudo-normality" and a "pseudo-uniqueness" (cf. Krappmann 1969, 74 et sqq.). Whereas Goffman (1967) mainly deals with external demands and heteronomy of stigmatised persons and thinks that "stigmatised" individuals are automatically damaged in their identity because of the dominant social attribution of being different, Krappmann assumes in his concept that identity is learnable and can therefore be pedagogically communicated. (Note: more detailed comments will be given in chapter 2.3 on stigma theory and its critiques).

A further development of the concepts of Goffman and Krappmann can be found at Frey, who dealt more intensively with grasping the *inner* aspects of identity, which focus on internal processes of processing foreign perceptions. For Frey, identity is the "integration effort of discrepant self-experience" (1983, 55), consequently the result of an active process to protect the own identity from excessive forming by dominant foreign discrediting, which can be effected by rational processing and by activating of action strategies – identity strategies. Thus this model shows handling opportunities of identity problems – above all for a successful defence against negative consequences of stigmatising for the self-concept – and points to the fact that identity is a continuous, unfinished process.

### 2.1.1.2. CONSTRUCTS OF IDENTITIES IN THE COURSE OF HISTORY
**Vanda Hajkova**

Every historic era and every society and culture type can be characterised by the hierarchy of the values accepted by the society. A large part of the psychological knowledge about the psychosocial identity is based on the idea of an identity of an individual, which is closely connected to the broader social environment, to the development of society and its history, value system and ethics. Erik Erikson – who we already mentioned – interpreted identity as an intersection where personal and social-cultural levels of human life meet.

R.F. Baumeister (1987) intoduced types of self-defining processes, which he brought into connection to the societal value system in the relevant historic era. Recognised values of society influence the importance and changeability of identity components of an individual and determine the extent of the complexity of self-knowledge. The society determines by societal ideology and with the help of societal institutions to what extent and under what conditions identity selection is possible at all. Baumeister sees the forms of identity of an individual as an exclusively internal process in the course of the historic development of humankind, and this "marked" by the meaning, which the concrete society and its culture communicated to him.

Some cultures in the history of humankind prescribed the identity to the individual very strictly, e.g. according to his affiliation to societal class or based on a unique decisive performance (promotion to tribal chieftain, being raised to the nobility), in any case mostly based on material criteria. This gave humans the minimal chance to change the identity in the course of life by own endeavours, to choose an alternative approved by society in the process of self-defining (i.e. to comply to the values approved by society), or to dismiss them and "to swim against the current", i.e. to take one's own choice without societal instructions.

The individual with a disability, for instance, who was born as a member of the higher social classes, enjoyed all privileges associated with this affiliation during the Middle Ages (he was educated, received a special upbringing as well as social prestige), although he was disabled (Richard III.), whereas his contemporary with comparable disabilities from a non-aristocratic family would have pitilessly been pushed to the fringe of society. Also the sex comprised an identity component during the Middle Ages; it determined definitely the direction of human life. There were also strictly determined mile stones for gaining of such identity components, e.g. the identity connected to motherhood, marriage or parenthood.

R. F. Baumeister (1987) points out in his studies that identity was gained up to modern times in a stable or "passive" way and that the person was strongly defined by the outside. The self-defining of an individual depended on his social definition to such a large extent that the emergence of a contradiction between the identity formed by him and the one prescribed by the social environment was practically impossible, since he could not change his social position and could not reach a higher position in society. This identity type, which was formed on the individual level according to fixed criteria (moral and virtue, honour, fame, reputation) and on the societal level based on family background and family affiliation, is called by Baumeister as the relatively *unproblematic* identity (see table).

According to his estimates, complications with shaping of identity were only brought by modern times (16 – 18 century), which are also connected to the cultural diversity in the European area, and which also enabled individuals living here to choose their role in society freely and reach the desired position. The identity development became the decision process in modern times and the selection of several alternatives, what was also connected to the emergence of the so-called middle class. Wealth and property as newly emerged criteria of self-definition replaced gradually the family background and began to determine the social status of an individual. This entailed some concomitants unknown up to this point of time, e.g. uncertainty, change, competition and discontent. The human being was forced to define himself anew during his life time regarding the amount of his wealth as well as his performance. The identity (similar to the self-defining process) became *problematic*.

A completely free identity selection was first brought by Protestantism, which was connected to the decline of the Christian faith in European countries. The individual could choose between it and the Catholicism; he could take on the faith of his parents and family or distance himself from it. In the same manner, he looked for and chose his self-definition and personal identity. During the Victorian time more and more people abandoned Christendom and the question emerged whether morals can survive without religion as an arbitrator deciding what is right and what is wrong. Bit by bit also the Christian human ideal vanished. The phase of adolescence was considered as the time of searching and identity crises, the era put great emphasis on personal authenticity. The self-concept of an individual was strongly individualistic and the self-defining regarding the career became very problematic. Whereas during the pre-modern times the experienced social reality became the basis for an identity consisting of many local, ethnic-linguistic, regional, religious identities, a universal (rational, ethno-cultural) model of human identity was formed, which was realised under the auspices of the state – as a monopolistic identity for the executive force – during the European modern age. Mostly early liberal thinkers postulated the human identity on the basis of the universalistic rationalism, which integrated different goals and interests of people under the patronage of rational, publicly determined rules. So the space was determined, in which the human being of the enlightenment should find fulfilment in – namely in reason. Reason limited retroactively the wanted neutral space by rules, which formed the framework for equity, which the citizens – except from their own personal beliefs – could agree on. Paradoxically, the universal human identity was soon connected to an attitude, which demanded its fulfilment in the framework of divided nation states. They should cover residual clan, regional or religious identities and cause a cultural homogenisation; thanks to it, the universal individual had to identify with a particular (and disjunctively conceived) national identity. The nation state as an expression form of the enlightened rationalism was based on the territorialisation of the identity homogenised by universal reason.

The post-modern criticism of the "unity" (reason, history, life style, language and religion etc.) as dictates of the life reality introduced artificially by the powers, showed the problem of identity in a different light. It led to the conviction that identity represents a kind of subjectivation through identification with a socio-cultural environment or discourse, the validity of which is based on approval of the conditions of the identity constitution.

As a result of dynamic changes of the ways of life in the twentieth century in the so-called European-type post-modern societies, generally the significance of the individual increased and parallel to that also the significance of the awareness of the own value. An integral part of the value system of the value system of the so-called post-modern human being is the complete acceptance of responsibility for oneself. Harter (1997) thinks that the search fort he true "I" became the main motive of human life. The human is forced to think about his own development as self-actualisation, self-fulfilling and self-transcendence (Macek, 2003). In connection to the increasing life quality, the expectation of humans of the second half of the 20th century increased dramatically. As a rule, it is assumed that you reach at least the age of seventy and that the own life will be valuable and meaningful. Humans began to create their own biography and personal perspectives; they learned to anticipate events in life as normative and as such he lived through them. In the post-modern society, the support of all activities of the individual – which primarily lead to self-definition and self-evaluation – became the model of educational impact. The post-modern human of the 20th century makes following experiences during self-definition: Experience of self-regulation (discipline), experience of togetherness in the framework of a group (which enforces the social aspect of identity) and experience of autonomisation (which leads to the awareness of uniqueness).

In the current European society at the beginning of the 21st century it is possible (and most of all absolutely normal) that the individual has several identities seen from the subjective perspective. The German philosopher W. Welsch claims that today identity is only possible as plurality, and the French sociologist G. Lipovetsky adds an explanation on how the plural identification of individuals with marginal, local, regional and sometimes also very bizarre groupings became a characteristic of our current society. In his opinion, the own identity connects to specialised and miniaturised interests of groups (Lipovetsky lists associations of widowers, parents of homosexual students, people who stutter or suffer from bulimia).

| **The historic period** | **Self concept Self-knowledge** | **Self-definition** | **Relations of the individual to society** |
|---|---|---|---|
| **Late Middle Ages** | Unproblematic feeling of the unity of a single life | Individual identity: by fixed criteria (morals and virtue, honour, fame, reputation); Societal identity: defined by social class, family | The individual as part of "a huge chain of people", "I" is identical to the social, public "I" |
| **Early modern times 16.-18. century** | Internal: unproblematic; External: the problem of the true self in contrast to the revealed self, increasing interest in identity, uniqueness | Opportunity of personal development change. Sincerity: unison between inner and outer "I" becomes a virtue. Identity is no longer determined by the family tree | Because of social mobility not stable. A certain detachment of the individual from society – respect for the private |
| **Puritanism** | Interest in self-delusion, self-knowledge is uncertain | Predestination, in principle no self-definition | Work: Success means redemption |
| **Romanticism 18.-19. century** | Need to discover one's fate, and duty to | Individuality is more important than the | The individual in contrast to society; |

| | | | |
|---|---|---|---|
| | fulfil it<br>Hypertrophied "I" | social role; search for opportunities for self-defining.<br>Personality as identity | fight for freedom of the individual. The individual is detachable from society, but without role change |
| **Victorian time 19. century** | Reprisals, pretence. Involuntary discovery.<br>Hypertrophied "I" | Self-confidence, strong individualism. Adolescence as crises of self-definition. | Calm coexistence (transcendentalism); Change of society |
| **The early 20th century** | Self-devaluation. perfect self-knowledge is not possible | Socio-economic status. Existential doubt, authenticity. Personality, social skill. | unkind, critical, scandalous condemnation. |
| **The late 20th century** | Belief in personal uniqueness<br>Importance of self-exploration | Personality.<br>Socio-economic status. | Accommodation. |
| **Begin of 21st century** | ? | ? | ? |

Tab. 1: Interlacement of identity and historic society type – modification according to Baumeister (1987, p. 164)

With the increase of the cultural, ethnic and national diversity in Europe and the increasing opportunities of self-definition, the process of identity formation is becoming again more complicated for Europeans living at the beginning of the $21^{st}$ century. People are given the opportunity to change the home, the citizenship, nationality, the profession, the family, language, the values and ways of life. The pluralisation of social systems increase the complexity of the social world and the opportunity emerges to choose between different systems of social rules. We witness that the life of a person can take place in two or three social worlds because of different reasons; each world guarantees other opportunities of self-realisation and other rules self-evaluation (in ethnically mixed environment, for migrants living temporarily abroad, persons with bisexual orientation). Nowadays a person can fulfil several social role parallel and identify with them, can change them continuously and flexibly. Furthermore, in modern European societies, new, strong and influential social groups (e.g. professional) emerge, which participate in the creation of new value orientations and on the basis of which a new space for individual competition and individual self-affirmation opens up. Social appreciation more and more depends on certain, specific, often exclusive capabilities or qualities of the individual. The person living in a value-pluralistic society feels more often impelled to look for new opportunities of self-fulfilment, whether in dialogue, cooperation in partnership and cooperation with others, often also in very different people (ethnic, cultural, language; in view of the philosophy on life, the hobbies…). By non-respecting of the plural (multiple) identity, society puts the individual into a position, in which he perceives his identity as being threatened and riddled with conflicts. Often we witness that in current societies of European countries conflicts of persons and different power-interest groups are designated as "identity fight". This designation became established in the political dictionary, which mirrors the spirit of our time. In an identity fight conceived in that way, however, it is mostly about social position, influence and power, by which you can determine the rules of living together and recognition in society. Because a just society does not exist so far, there is the fact that society guarantees broader opportunities of defining to certain groups, whereas it practically denies the opportunity of their defining to other groups. The connectedness of social defining and the resulting individual identity constructing, with the problems of discovering societal authority of selected groups and their power in society in post-modern Europe, is a further reason for the researcher in the social sciences to deal with the discovery of processes thanks to which the individual in the contemporary European society can gain powers for the development of his own identity.

### 2.1.1.3 Identity Processes – Identity Work
**Wolf Bloemers**

The transformation processes in society previously shown in the introduction (1.1) as well as the pan-European transformation processes have radically challenged so far safe identities. On the one hand the structural limits are obsolete and system relations with formerly stable norms and orientation guidelines as well as traditional forms of communitisation are partially breaking apart (e.g. private: family; professional: work places and work organisation forms; welfare state: welfare structures), on the other hand the scope of self-development has broadened considerably with larger individualisation components. The "detraditionalisation" (Berger & Luckmann 1995) and the "erosion of stable social relations and identity-guaranteeing life forms" (Eickelpasch & Rademacher 2004, 6) have the consequence that new identity formations are necessary, which come to pass in changed forms and processes and are considered as "identity work", which in a daily process connect experience fragments to meaningful interrelations (cf. Keupp 1999, 60), that is to create a feeling for social appreciation and belonging , a feeling to be "right" and to have found the right role in the changing and fragile communities of the post-modern times.

This identity work is a permanent personal effort as a "risky chance", since the increase of selection opportunities and leeway for shaping one's own life is confronted by a loss of collective security and belonging (loc. cit. 7).

Furthermore, the continuous negotiating and choosing of alternatives not only needs a considerable amount of energy, but it also requires a secure access to respective material, emotional and cognitive resources or requires the development of the necessary knowledge and competences, which cannot be expected, especially, in marginalised people.

In the pluralized and fragmented social world of our post-modern times, at the moment identity formation has become a private matter of the individual, who puts together in a kind of "handicraft-mentality" (Gross 1985) his own "patchwork identity" (Keupp 1989) in a creative process of self-organisation. The "decentring" of identities – through the splitting of greater collective affiliations like nation, culture, ethnicity and sex – results in reconstructions, a new "fight for recognition" in the abandoned space and sense worlds of nation, race, ethnicity and sex, where these identity processes present themselves as life-long "construction sites". Beside the associated danger of mental fragmentation, disorientation and capitulation to this Sisyphean task, however, there are the great chances of reorientations and reconstructions of social worlds creating meaning beyond the so far excluding collective structure, mostly for underprivileged and disenfranchised groups (cf. Eickelpasch & Rademacher 2004, 11-14), which present themselves with the concept of inclusion – meanwhile also of European politics – with the celebration of diversity and difference.

## 2.1.2 ETHICS AND PICTURES OF MAN

**Wolf Bloemers**

### 2.1.2.1 ETHICS AND COMMUNITY

"As long as the fate of the disabled is regarded as deplorable, as 'should-not-exist', the individual disabled person does need a lot of courage to assert himself as a normal person in normal life. The worst thing is that it is made hard for him to simply learn it first. And if he learns it, he can only do it with comparatively high efforts. This is not due to the fact that he is disabled, but to the fact that he is hindered by neglect and personal disregard" (Saal 1992, 77).

In this passage from a biographical essay of a physically severely handicapped (disabled) person, two historically developed, societal phenomena of attitudes and behaviour towards disabled people are transpired – *rejection* and *exclusion*. They can be identified from a historical and sociological point of view as cardinal phenomena of the social reality of persons with disabilities and others deviating from the norms in society that have been effective for centuries and partly are effective today. Furthermore, they can be seen as central problems of ethics and political community.

This has to be displayed to a certain extent in the following section.

If we see ethics – according to Salvater (2001, 49 ff.) – as the attitude, developing from personal reflection, to decide in freedom for a *"right"* and *"good"* acting in life, thereby taking responsibility for the own decisions and comparing them to the morality of other people (the entire attitudes and standards that are regarded as valid by all persons of the area concerned), then this question arises: how the generalised and societal attitude and behaviour of disregard and exclusion of disabled people came about and whether these decisions were or are *right* and *good* for the ways of life. To put it the other way round: Are rejection and exclusion really results of ethical reflection or are they based on other realms of reasoning?

Here we can find – simply speaking – two answers. On the one hand, the above mentioned attitudes and behaviour can be identified as results of historically socialised and internalised ways of thinking and acting. Their motivation lies in the – non-questioned – obeying of orders, habits and moods and they follow traditional routines, respectively are considered as comfortable, rationalised conformities to group opinions and authorities. Their motives are – for their part – supported by fears, superstition and other irrational reasons.

On the other hand – as history has proved so far – the answer to the ethical question, what is "good" for the people, what does a "good way of living" mean, always depends on the interpretation of the conception of "good" and which value decisions are implied in this "good". For example, such decisions have to be made regarding questions like:

- Should people with defects / disabilities be banned from our view as "deficiency beings" or should we treat them in our middle like non-disabled people?
- Is it reasonable for other people to hear the screams of a person suffering from autism or should he be "tranquillised" in order to avoid disturbing others?
- Should ramps for wheelchairs be built into public buildings or should this money rather be spent for a new coat of paint for the facades of the town hall, theatre and museum for the enjoyment of all?
- Should people with mental disabilities have their own flats or is it better and easier for the society to accommodate them in groups and homes?
- Should infants suffering from spina bifida be kept alive with high financial efforts and be an economic burden to the society later on due to high

payments or is it "good" and "right" to let them die and avoid sorrows and costs for the relatives and the state?
- Should children with disabilities be educated in a special institution or is it better if they learn together with non-disabled children?
- Should Roma and Sinti be respected with their own culture or do they have to adapt to rules of the country of residence regarding language, clothing, compulsory education, paying taxes etc.?
- What is in each case "good" and "right"?

Those few questions can be considered as examples for a possible range and the contrasting nature of ethical conceptions and attitudes that trigger action and of values that should be realized. Such values are, for instance, usability, enforceability, capability, freedom from suffering, happiness, usefulness, profit, self-determination and many others more. These values, opinions and attitudes are the subjects of ethics that are – as diverging ideals for human actions – always connected to the view on human kind, to the philosophy of life and to the basics of human existence like, for example, the value and the sense of life, the sense of helping, of illness, suffering, death, impairments and disabilities, the sense of community and of autonomy, etc.

"The struggle for answers to ethical core questions is hard, since there does not exist a consensus regarding the human way of thinking and the philosophy of life in the society. Competing and diverging value systems are placed adjacently" (Haupt 1994, 68). A look into social history shows that persons with defects and detriments were always in danger of being regarded as *inferior* and animal-like, even as *worth* to be drowned (cf. Luther 1919, 8) and as *worth* to be annihilated and that the right of living of disabled persons was discussed and questioned as part of and in the name of dogmatic forms of rationalism, of biologism, of emotionalism and of religious fundamentalism (cf. Haeberlin, 1966, 178).

#### 2.1.2.2 Competing Pictures of Man

In the field of the single sciences, very different basic theories regarding the view on human kind exist, in other words: a gallery of "views on human kind", models and ideas of the character and the behaviour of human beings. As "anthropologic preconception" of investigation theories and research methods, they express whether, e.g., the human being is regarded as a "machine" in functional dependence and externally controllable, as a responsible "actor" with rational objective-related, intended actions, as "narrator" of a personal and social history in the development context of the life course as a significance-giving person (cf. Körner 1997, 11 ff.) or whether being human basically has to be legitimated first by criteria like being a personality, conscience, etc. (Singer 1984). All these – and other – model concepts determine the view on human kind, the idea of "normality" and discrepancies and thereby also the decisions about behaviour towards disabled people and people not conforming to the norm.

Concretised by some examples:

- If the human being is seen as a vastly passive "machine", the attitude towards people with disabilities will orient, to a large extent, by concepts and methods of mechanistic feasibility, reparability, external controllability and calculable determination and it will, above all, prefer natural scientific-physiologic "treatments".

- If the human being is regarded as a "responsible actor", the investigation will endeavour to find solutions, to convey handicapped persons more insight into own, rational problem solutions and to expose unspoken intentions of "inappropriate behaviour".

- If the human being is regarded as a "narrator", the investigation will endeavour to interpret acting and behaviour as symbolic encoding together with the persons concerned and to enlighten the common, societal context for limitations and improvements by hermeneutic understanding.

- If the value of a human being is basically questioned due to his impairments, the investigation abandons a priori ethical standards in favour of technocratic rationality and claims the right of a godlike judge status by questioning the "right of living", the right to exist.

Due to the increasing specialisation of the single sciences as well as to the rapid increase of knowledge, due to the manifold social changes and the connected change of values in the modern societies, the questions about the human being, the life, the entirety and its sense are always harder to be answered, especially since Gadamer's demand for a "meta-science" that tries to unite science and normativity proved to be an illusion (1972, XXX 51), and an integral anthropology is not in sight. The opposite seems to be true, since – like emphasised by, e.g., Speck (1988), Bleidick (1990) and Haeberlin (1995) – ethical standards are exposed to discussion and thereby to disposition, especially for people with handicaps and disabilities. An evolutionary, natural scientific-materialistically based value system, primarily oriented on "increase of living quality", signs of growing neo-social-Darwinist kinds of selection, points of view on macroeconomic values, pathologic education processes and other erosion processes, soften the limits of the traditional ethics in favour of a kind of streamlined ethics. The ethics run into danger of skidding with these "soft" lines: the human dignity of the life of disabled people without reservation is more and more questioned. A significant sign for this development is, among others, the process of the amendment of the constitution of the Federal Republic of Germany, begun in 1994, where the following supplement was added to article 3: "Nobody must have disadvantages due to his disability". This explicit, differentiating (and thereby distinguishing!) mentioning and emphasis of this group of persons expresses a kind of "special status" and indicates a special need of protection, even if this is – according to article 1 – already valid for *all* persons to the same extent.

#### 2.1.2.3 DIFFERENT ETHICS

The questions about what is "good" and "right" in the way of living, which ethical basics are valid and which have to be renewed, are – as history proves – always determined by power positions in the decision processes between different answers. Meanwhile, these originate, above all, from natural scientific-technical and technocratic-financial economic interest groupings that shift more and more to national or supranational institutions. For example, in 1981 a dissertation in economics was honoured by the German federal minister of labour and social order. In a research of the cost-benefit analysis, this dissertation indicated possibilities of preventing the birth of severely disabled infants by intensive genetic counselling, and, so to speak, showed economic efficiencies by "prophylactic disposal" (Bleidick 1990, 10).

In the ethical discussion about questions on sense and value of disabled life, human limitations and disadvantages, the connected value conflicts are more and more decided in favour of an attitude of economic usefulness, the disabled life becomes more and more de*valued.* The facts that the concept pair "worth living" and "not worth living" is discussed as a question at all and that a public orientation on the "right" of health and a "rigid, normative health concept" (Christoph 1990, 29) is always getting stronger, are signals of a "deadly zeitgeist" (Christoph 1990) and "deadly compassion" (Dörner 19933), that are not to be overheard. Here, the value of the existence of every human being without reservations, the unquestionable right of existence of a person with disabilities is surrendered and the fundamental possibility of an ethical landslide is opened. New ethics, a new assessment of human life is announced in a demanding way and many current research approaches are related to it.

So far, the two ethical positions "reverence of life" (Albert Schweitzer) as well as "unimpeachability and sanctity of human life" represented the direction indicators of values for the ethics of living, for a kind of universal ethics as a religious, natural and Christian basis. Now, the new position of determination ethics – determined by selected quality criteria – about "quality of life" with the necessity of self-conscience, ability to communicate and being a personality, gains more and more importance for the investigation and the attitudes of social co-habitation.

Therefore, current priority subjects of the disability investigation are bio-ethics, genetic diagnostics, genetic engineering, genome-analysis and gene-therapy. In 1969 Wagner already spoke about a change from democracy to "genocracy" (quoted according to Klees, 1989, 35) – whose value orientation on a disturbance-free, healthy life free from suffering is, above all, conveyed by the philosophy of utilitarianism. Summarised, the utilitarianism propagates that the avoidance of suffering and the better prospects for a happier life of a non-disabled child absolutely justify the killing of a human being with disabilities: "The core of the subject is evidently obvious: The killing of a disabled infant has not the same moral significance as the killing of a person. Very often it is no injustice at all." And: "If the death of an impaired infant leads to the birth of another child with better prospects to a happy life, the total sum of happiness is higher when the disabled infant is killed. The loss of a happy life of the first infant is compensated by the gain of a happier life of the second one" (Singer 1984, 188 a. 183).

Here it becomes obvious that

- a medical-natural scientific conception of disability is rising again and the entire social scientific discussions and investigation results seem to be extinguished,
- the threat to human life only serves the interests of so-called non-disabled,
- new criteria for living quality are developed considering the "model of disabilities" and therefore, disabled persons can be disposed as deficiency beings,
- by the external determination about value of life and right of living, "a class of self-confident persons with a life worth living" is distinguished from a "race of vegetating beings not worth living" (Rösner 1997, 53),
- by the research approaches resulting from this, persons with handicaps are again reduced to research objects.

This quality oriented power attitude of the important natural-scientific researchers and political decision makers towards the usually powerless persons with disabilities, persons who cannot consent (e.g. comatose persons, senile citizens, children) becomes bluntly visible regarding the investigation concerning the objectives of preventive medicine (genome analysis) and bio-ethics.

Bio-ethics is regarded as ethics for the application of biological sciences to human beings. It is engaged in subjects of rapid medical-biological research results and their application (keywords: gene manipulation / embryo research / cloning / euthanasia / transplantation / coma / foreign-interest research on persons unable to consent / pre-implantation diagnostics PID). However, bio-ethics – in contrast to the old ethics of nature and species right – is not based on the universality of human rights, but on considerations of usefulness. Therefore, they are ethics of goods consideration (Krebs 1998, 65), ethics of selection that e*valua*te the human being as a medical resource and not as a physical-psychic-mental unity any longer. Thereby, certain human forms of existence are de*valued* and exposed to foreign determination. Others have to decide in a carefully weighing way, whether qualities "prescribed" for living (self-reflection, consciousness, personality status, etc.) are existing. Here, Rösner (1997, 47) blames the utilitarianism as a practical philosophy, which "more and more decays to a service business of a hybrid bio-policy" and sells itself out to the natural scientific science-business. That is why the human forms of being / ways of existing like disability / impairment / handicap are regarded as questions of "natural scientific agreements" (Krebs 1998, 67) whose negotiability is justified with the ethical objective to free from suffering (persons concerned as well as their relatives), respectively to do research for prevention, for the prevention of impairments (and presumed suffering). However, this ethical value of "prevention" has an ambivalent, Janus-faced nature, like exposed by Antor: "Prevention has two faces. It promises to wipe out suffering as a consequence of illness and disability at the root. At the same moment it serves a normality of societal ideals like health and intelligence that is streamlined and hostile towards disabled persons. (…) The ethical dubiousness of such prevention has to be seen in the fact that, for example, it might have disastrous retro-effects on the social acceptance of disabled persons already living or disabled persons being born in spite of preventive measures. (…) Prevention will become a danger for integration" (Antor 1989, 21), in fact, it excludes it in the end, since everything that could disable should be prevented by research.

Furthermore, this discrepancy of bio-ethical ways of thinking becomes visible in the area of conflict regarding the intended anti-discrimination law of the Federal Republic of Germany. The objective of the first side is the extinction of "disabilities" by preventive selection; the other side wants to stop the disparagement of harmed, disabled persons by law.

On international terrain, the tendencies of bio-ethical ways of thinking and research interests / -prospects are written down in international documents like, e.g., the Bio-Ethics-Convention of the European Council from 18th November 1996. This convention was already signed by more than 20 European countries. Germany abstained from the vote and has not signed the convention yet. One reason is that there seems to be no majority acceptance of this agreement in

Germany at the moment. Even the Bio-Ethics Declaration of the UNESCO from 1997 designates in article 12 the "Freedom of research as part of the freedom of thought that should be used for and have the objective of soothing the suffering and improving the health of the individual and the whole humankind" (quoted according to Klees 1998, 55). In spite of appeasement and hints to human rights and human dignity, the problematic criteria-related personality concept (minimum of intelligence, self-conscience, feeling of time, ability to communicate with language), the foreign-interest research of persons unable to consent, the permitted embryo research etc. are first legitimised – since specified in international ethical-legal regulations – landslide signals for the hitherto existing social and power structures. They are clear hints of erosion processes of traditional morality in favour of social-Darwinist evolution ethics. The power positions start to shift again – after the programs of euthanasia and Auschwitz – to a new future. Chargaff sees this future – following the American molecular-biologist Ethan Signer (quoted according to Klees 1998, 42) – as a "molecular Auschwitz".

The new ethical attitudes as thinking processes and results of the powerful, the deciding persons, the natural-scientific researchers, the "actors", the "happiness calculators", the "criteria deciders" and "foreign deciders" mentioned so far, were to a large extent developed without participation of the "target groups", without communication / discussion with the "persons investigated", without equal partnership co-operation of the "powerless persons" and decided over their heads. This conduct alone already proves the unbalanced power positions and the power of disposition of the foreign deciders towards the persons concerned by foreign determination.

Therefore, the persons concerned can so far only protest, resign or try to make allies and get advocates representing their interests in order to point to such hybrid, life-threatening, life-despising tendencies of medical, natural-scientific selection ethics and in order to anchor anew dialectic social connections and societal generation of life development and living quality again in the societal conscience: to include themselves equally into the universal conflicts about ethical questions and the value insecurities in crisis.

(The topics bioethics and utilitarianism will be picked up once more and will be eloborated on in chapter 2.3.3 – "Logic of excluders".)

#### 2.1.2.4 The Social-Ethical Postulate for Inclusion

Such requests to speak by the "powerless" are still quite sporadic, although during the last time more and more biographical and autobiographical testimonials could be found. They are intentionally intensified by current, participatory research projects (cf. Bloemers / Wisch 2001). As distinguished contra points in the power poker of the research on the question "What is good and right?" follow two quotations, respectively thoughts of so-called disabled persons who fight against the economised, utilitarian and non-solidary attitude of the selection ethics.

- First example:
  In the book titled "Die Demokratin" (The Democrat), Grond (1995, 219-222) describes an incident at a scientific congress concerning the subject "The foetus as patient" from the view of a companion of a young woman ("neatly dressed, a little nervous, but happy …"). Excerpt from the text:

  *"Silja became uneasy and remarked that she did not understand a thing and asked what that was, a selective operation at trisomy 21. I told her that it has the objective to prevent the birth of persons with the down syndrome, in other words, mongoloids. She was not shocked, since she came with me to hear exactly such things. During the break she went to the chairman and asked him why people like her should not exist. She liked life, had everything in nice order, got along well with other people, helped her elderly mother in the household at weekends, worked every day in a workshop, cared for her one-room flat herself, even made holidays with the only trouble, whether her friend would care well for her guinea pig and she was happy, when others were happy. She even had a boyfriend. "Why do you study so much in order to find out how mongoloids and others could be killed better? Just look at me."*

  *The chairman looked at Siljas red lips and really seemed to be embarrassed for a moment. Then, looking at me, and in the most cultivated German language he said "Who has let you in? You are not invited." And: "Will you please leave this place at once."*

  *We went away. Silja was not enraged. "I will say to my government that these men will not let people like me live. Why do they do that? " "Because they do not know you. " I could not say more.*

  *Will her government listen to her? Which government will be the first that shows a reaction to this killing business due to prejudices and to this inhumane research machinery? Silja wants to invite the government, "since" she declares that "on the election posters is written that the government is there for us all."*

- Second example:
  The discrepancy of the "foreign-image" regarding disabled life and the suffering and burden of this way of existence becomes visible by a "self-image" of a person with athetosis who says about himself:

  *"Let us proceed starting with my own example: I, the author of this programme, Fredi Saal, was born with a spastic paralysis. That means: I cannot walk properly; my hands cannot be used properly; I speak so badly that I am not even able to recite my own reports including this one. As a professional actor and speaker, Olaf Quaiser reads this text for me. Had I been born today, the diagnosis would certainly be: cerebral pareses – that means the boy has to have treatment and therapy at once, in order to possibly rehabilitate him. Nobody easily had the idea that I do not perceive the spastic paralysis as a grievance and therefore really do not need rehabilitation. In 1935, when I was born, disabled persons were no more regarded as complete human beings than today. But, however, nobody wanted to rehabilitate me by diverse therapies, not considered the plaster-bed I had to sleep in for three years as an infant. Nevertheless, I had to be glad that I did not become a victim of the euthanasia program of the Nazis as a medically acknowledged person that cannot be taught. In a cynical way, they were more honest in those times than today. They did not even try to repair the so-called defective body, but they got rid of the mishap and gave it the so-called grateful death. Today, with the courage of despair, the sleeves are rolled up: The mishap of disability must be abolished! Nobody sheds a thought on the fact that we possibly disconcert the child if we give him / her the feeling to be wanted in an entirely different way than it is. The gynaecologist Klaus-Peter Runkel asked in a newspaper article with praiseworthy clarity: "Who gives us actually the right to design a person at a drawing board?"*
  *The disabled person is in fact everything but designed at a drawing board. By looking at the disabled person it can be found out best what human individuality means – the unmistakable uniqueness of each individual. But do we really desire human individuality? Do we not prefer the homogeneous look? So we endeavour with all our might to make a child more acceptable by therapies at all costs and call this integration."* (Saal 1984, quoted according to Vernooij 1998, 51 f.).

The comparison of both value positions (from the perspective of the "actors" and from the perspective of "persons concerned") makes the following obvious: it is *not* the mere fact of impairments, of function detriments and of "disability", but the e*valua*tion, the *value* that is attributed to this phenomena by others respectively the *value* that – if denied – becomes de*value*d.

How can this dilemma be solved? Or asked with words of Kant: "What shall we do?" (and here not only with stress on the "do", but also on the "*we*": we, as all members of a social community). The answer can be as follows:

- First of all, the answer can only be found in a value determining, empirically not provable decision of the conscience that makes the fundamental unavailability of human life in all forms of existence the basis of all actions and research activities in the sense of deontological obligation and *responsibility* ethics. This way it was demanded by Jonas (1980) as an expression of a dialogical existence. This ethics is based on the inadequacy of the human beings and their ethical double valence ("ambiguity"), i.e. the technically explosive development leads to problems that may only be solved by a return to more modest aims. According to Jonas, responsibility in the interpersonal sector is "the care about another being that is acknowledged as obligation and becomes worry if its vulnerability is threatened" (1980, 391). Thereby, a universal, "non-withered humanity" (393) again became the centre of attention of attitude and research prospects. It is only possible by dialogical communication between different ways of thinking, for example as exchange about the sense of suffering, about the *sense* of life of persons with disabilities and not only about "*rights* of living".
- A second, further part of the solution of the aforementioned dilemma is revealed by the reception of the knowledge of the neuro-biologists and the neuro-philosophers Maturana / Varela (1990), who scientifically worked out in a beginning convergence of modern natural sciences and humanities that the course of life of mankind is biologically-culturally intertwined and that we live in a world that is generated by us together in ontological diversity. We only can co-exist if we do not regard our own position and philosophy of life as generalised and if we accept that the existence of the other – may it be as different from our own existence as it might be – is as legitimate and valid as our own. The development of each individual person is imperatively integrated in the development, the exchange and the co-operation with others. Furthermore, conflicts cannot be solved by denial (of the existence) of the other, his devaluation or his exclusion, but only by enlargement of the perspective on a common field of existence: without it there is no socialisation, no humanity. The ethical basics of the generation of a humane world, "this connection of humans to each other is – as a reflection of the right of presence of the other – ultimately the basis of all ethics" (1990, 265), even if the other is very different or strange compared to us.

In these last mentioned results, it is switched from a purely natural-scientific-mechanistic to an interdisciplinary point of view, to a new perception of different human development processes and forms of existence that consider the social conditions and necessities. This new perception regards a physical, psychical, mental psycho-physical "being different" as part of social interwovenness and as social-structural co-ontogenesis. The decisive point is the *mutual* acceptance. A co-existence is not possible without it. Furthermore, the only chance for a co-existence is the search for a more comprehensive perspective, for a field of existence, where *both* (emphasis Bloemers) sides get together in generating a common world. (264)

In a Europe growing together to form a social community, *ethics valid for all people beyond all national origins* are indispensable; a social-ethical charter, where the identity-forming, unconditional recognition of the other as the other takes centre stage, which manifests itself in the fact that every human being gets the chance to make an individual contribution to society – whatever the nature of this contribution may be. Not the societal expectation norms play the decisive role, but the individual capabilities (cf. Dederich, 2001 188f.)

In the sense of its orientation and leading task, the European Union has taken the first decisive steps: it advocated the change of attitudes from the – hitherto partially still regulated and practised – *rejection* and *exclusion of* marginalised people towards the postulate of *recognition* and *participation,* which is based on social-ethical, radical draft for change of an "inclusive European society": That is the radical recognition of heterogeneity, being different, asymmetry and difference and the realisation of socio-structural transformation process, which grants the disabled and other marginalised people a position amongst all other people in a society free from exclusion which gives them equal *rights,* equal *safety*, equal *standing*.

(More details on the concept of inclusion will be given in chapter 2.5.2)

## 2.2 EUROPE AND EUROPEAN ISSUES
**Wolf Bloemers**

### 2.2.1 INTRODUCTION

This component deals with the problem of a European partnership at the social level.

Does such a partnership – often propagated, desired, evoked, doubted – actually exist? Is it a myth, a tradition, a fact or a desideratum? Is it a necessity? If so, for what purpose? What influences might possible 'European' cultural traditions exert upon processes of socialization, and how might answers to these questions contribute to the future development of forms of living more suitable to man?

 

How, specifically, can an internalized European awareness contribute to the emergence of public-spirited forms of cooperation?

In this partial chapter, we will attempt to present an in-depth investigation into aspects of history, politics, culture, social communities and religion – in other words, into manifestations of human life concepts in Europe – and, in doing so, will attempt to look for answers to the question of 'European' identity.

Internationalization, globalization, Europeanization – these international tendencies towards amalgamation and supranational cooperation are developments that can be seen worldwide. Increasingly, they have begun to transform the way we live together and our membership in traditional communities. They also have led to a greater feeling of insecurity. New ideas, ways of life, policies, means of communication, economic alliances, and means of transportation have started to threaten traditional structures and must thereby be approached in new ways. In no small way this applies to marginal groups. The economic-political unification process of Europe and the extended room for manoeuvre for the powerful and sophisticated with the accompanying living qualities and signatures of modernity, like individual liberty rights, growing material wealth, rapid technological and scientific progress, optimal communication opportunities, best education and leisure offers, comprehensive legal protection and broad social safety, are opposed by a structural and social process of disintegration with the characteristics of destabilising current life patterns, growing poverty, increasing unemployment and lack of orientation. This process excludes the losers of modernisation – low-achieving, poor, disabled and other people only partially contributing to the economic production – according to the neo-liberal usability principle and promotes further marginalisation. In addition, there are – after long oppression as revenge for denied living quality, stigmatising discrimination, oppression and exclusion – nationalist fragmentation blind with rage and dissolution of borders, ethno-centric madness and genocidal blood trails as dark signatures of post-modern times.

### 2.2.2 WHAT IS EUROPE? WHO (WHAT) ARE EUROPEANS?

How do you view the following answers?

- 'One becomes a European upon becoming a >civis romanis<' (Curtius 1969, 22)
- 'The idea of the universal unity of man is the idea of European mankind. Europe owes its civilization to this idea; only for this idea does it exist.' (Dostojewski).

- 'Each European consists of a battleground of passions, wills, and characters. In each European, one will find his / her ancestors killing and raping one another.' (Coudenhove-Kalergi, 1949)

These are three views taken from a vast array of views that try to pinpoint what is common to Europeans, the proprium, and typical for being a European. (Do you know of any pertinent definitions that are the same or perhaps different?)

To understand these views, it is necessary to realize that they are based upon fundamental attitudes and contexts (anthropological, political, national, etc.) as well as upon individual preconceptions.

These exemplary quotations of very different origins and intellectual approaches have in common that they reflect or assume *awareness of belonging together* and *value awareness* that characterises the felt social community transcending national boundaries. They are attempts to identify with moral concepts and develop or envision the awareness of belonging to a larger community.

Major political changes occurring on the international scene and the attempts to consolidate economic, political, and social structures have contributed to an emerging awareness of new forms of community. Thus, as regards Europe, we are posed with the challenge of searching for contact points for traditions and values and examining their capability of contributing to a shared set of values – real or imagined – upon which future social communities can be built.

'Without an awareness of Europe as being a historically justified, politically meaningful, and morally legitimized community, a European parliament will merely reflect the continent's national power structures: its economic power, population, the political alliances among its nations, and – owing to the absence of a recognizable and recognized common good in Europe – the constant need to go to Europe's highest court to sue for additional administrative norms' (von Hentig 1993, 73).

Recourse to common European aspects can be approached in various ways. Individuals, social groups, artists, researchers, and politicians tend to uncover and interpret such aspects – actual or felt – by delving into historical constellations, intellectual traditions, symbolic references, social structures, and other roots. They do so according to perspectives based on interests or socialization.

Here is a brief outline of a few examples:

– ***Supranational Cultural Assets That Embrace Europe:***
  The culture of antiquity was disseminated by the Roman emperors. Christianity

spread with the help of monasteries (religion). The rule of Charlemagne in Germany and France, for example, contributed to our understanding of the concept of a dynastic progenitor. Other aspects include the Hanseatic League, the Reformation and Counterreformation, the Latin language, the Crusades, military consolidation against the Turks, artists and scholars as Europeans, scientific thought and the universities, aesthetics, Trias: Regnum, Sacerdotium, Studium.(see Schleicher 1993, 4 ff.).

- ***Philosophical Structures:***
  European human rights (rights of the individual), emergence of democracy, money economy, rule of law, enlightenment, capitalism, universal science, predictability, right to freedom, idea of humanity (cf. Jaspers 1947, 9)

- ***Literary Traditions:***
  "We need not remind ourselves that, as Europe is a whole (and still, in its progressive mutilation and disfigurement, the organism out of which any greater world harmony must develop), so European literature is a whole, the several numbers of which cannot flourish, if the same blood-stream does not circulate throughout the whole body" (Eliot, cited in Assmann 1993, 98).

- ***The Latinate Base:***
  'Latinate means more than a common linguistic identity, such as that found among the speakers of the Roman languages. It is the most succinct designation for a European mode of behaviour that the European way of thinking has tried to create for the last 2000 years – despite all setbacks and relapses' (Eberle 1966, 230).

- ***Basis of Values:***
  'When asked to list the *modes of living and behaviour as well as the set of values* that could be viewed as being specifically . . . European and that have been embraced the most, those questioned in a 1990 survey listed: peace (47%), democracy (38%), culture (33%) and quality of life (28%) ... Similar findings are revealed in a summary of survey results from the year 1989. According to these findings, a respect for basic human rights ...is seen as the common heritage of European political traditions and ideals. 78% of Europeans believe democracy to be the best of all forms of government. 60% believe that the preservation of human rights is a matter worthy of risk and sacrifice' (Eurobarometer of June 1990, p. 3; November 1989, p. 4, 31 ff.)

European culture and identity are based to no small degree 'upon the development of a society founded upon a respect for human rights, upon democracy, upon freedom of speech and thought, upon pluralism, (...) upon an awareness of a common cultural heritage, upon the desire to build the future together (. . .)'. This is the foundation upon which the various European cultures should seek reconciliation and endeavour cooperation (Mulcahy 1992, 46).

Non-Europeans as well have dealt with perceptions of what is typically European:

- *'Typical Associations':*
  Individualism and collective security, humanist traditions, dynamic economies, isolationism with a concurrent limited global responsibility (cf. Schleicher 1993, 2).

- ***American Perspectives:***
  'If asked as an American to describe what Europe means to me, I would start with the concept of liberation – in other words of being liberated from that which passes as culture in America. Diversity, earnestness, demands, the density of European culture create an Archimedic point from which, in thought, I can make the world move' (Sontag 1988, 131 f.).

Divisive elements, however, tend to be a specific characteristic of Europe as much as unifying aspects are. With regard to this, we present a limited selection of facts, developments, and relevant interpretations. These will help to reveal the heavily centrifugal and divergent tendencies that currently mark social and cultural developments on the continent and that show a striking contrast to the present economic and political efforts aimed at fostering unification. (cf. McLean 1993, 264).

Of note are the following:
- Increasing regionalism, such as in Spain or Belgium,
- new national boundaries (Czechia / Slovakia),
- ethnic exclusion and violence / genocide (Serbia, Croatia, Kosovo-Albanian)
- segregation based on religion (Christianity / Islam),
- split between politics and law (bio-ethical convention),
- the widening gap between rich and poor (unemployment)

All of this has led to a Euroscepticism which, in turn, has made a common European identity – often claimed as a 'given' by the European Union – appear invalid. Divisive trends such as those just listed demonstrate that an inherited burden of nationalism, chauvinism, racism, and xenophobia have begun to endanger the creation of a common identity (cf. Bürli 1997, 18). Such a burden has been kept alive by deep-seated fears of anything foreign and by the dark characteristics found in each of us. It has led to inner alienation and has proved capable of preventing the emergence of a feeling of common identity.

 

Thus, we may also regard European identity as being:

> "… the way in which we are situated, geographically, historically, internationally and environmentally. What we once viewed as being barriers – the Vistula and the Rhine, the Alps and the Pyrenees, the North Sea and the Adriatic – have now become links, travel destinations, areas for contact and exchange, but also fatal focal points.
>
> Rivers carry toxic waste from country to country. Countries bordering on a large body of water share its pollution. The windward side of mountains catches the acid rain originating in an area hundreds of kilometres away. National boundaries do not stop radioactive clouds. War, a burden passed along to us through the centuries, and the destruction of our common natural environment, migration of the poor from areas void of a future to areas void of space – all of these phenomena will force us to think in continental terms. They will necessitate agreement on a basic curriculum of European convictions, without which the people(s) of Europe will not make the sacrifices and compromises demanded by today's situation.
>
> Day-to-day political activity in Europe has shown the continent to have limited sensitivity towards its own public welfare, towards the development of a set of principles that serve to distinguish and to unite: we need only to cite the transportation of nuclear waste from one country to another, the use of common laws to control imports; above all, the virtual detachment with which the countries of Europe have been watching the occurrence of genocide in Yugoslavia. I do not wish to pass judgment. I have no conclusive idea of what could have been done. I simply notice the lack of action." (von Hentig, 1993, 79 f.).

What is Europe? Who (what) are Europeans? On having reflected upon the previous outlines, we can join Bürli in observing: 'What has been consistent in the historical *development* of European civilization, culture, and politics have been, according to Künzli (1992) et. al., inconsistency, ambivalence and scepticism. Europe has always been unsure when attempting to determine its cultural identity. Europe even has refused to allow total identification, thus permitting unrest and uncertainty to continue. When threatened from the outside and conscious of its own cultural identity, Europe has tended to question the superiority of its own values, thereby initiating a process of permanent self-criticism. Until now, Europe's educational heritage has been unable to contribute to the emergence of a common European awareness. Consequently, European identity is still characterized by diversity rather than uniformity' (Bürli 1979, 15).

This, however, also means 'that Europe has lost neither the awareness of a common European culture, of mutual ties, and of the mutual dependencies that govern the fate of all European countries nor the awareness of the necessity to cooperate' (Gorbachev 1987, 258). An ethical imperative for the development of a common perspective is, therefore, justified.

### 2.2.3 EUROPEAN IDENTITY?

Theories of identity have shown identity to be a balancing act between a self-image, the assumed perception of us by others and the actual image others have of us, between ego-identity and social identity. They have shown that individuals wish to retain their self-identity, once it has been established, i.e. to resist change. A secured place in a network of social bonds is a factor of particular high value, thus giving special priority to continuity as a basis for the preservation of identity. According to findings in developmental and social psychology, fundamental forms of identity tend, for the most part, to be shaped via processes of enculturation and socialization, particularly in a *regional* context, during the primary and secondary stages of socialization (family and school).

Such processes of identity are characterized
- more by time rather than by space (cf. Schleicher, 1994, 113),
- by the use of adherence strategies to avoid change,
- by the development of awareness and of a set of values during early childhood rather than during adulthood and via a long-term rather than a short-term process,
- by identity needs based upon relatively stable environmental, cultural and communication experiences.

These characteristics clearly illustrate that psychological conditions pose a considerable threat to the search for new transnational similarities, to the search for a (new) European identity (cf. Schleicher, 1994, 7). Moreover, research data in the area of political socialization indicate that basic attitudes towards ethnic and national identity are formed before puberty (Torney-Purta et. al., 1986) and that the phenomena of ethnic experience and shared awareness tend to be older than the awareness of belonging to a nation-state. These phenomena tend to exert a stronger influence on populations than do new European identities created by "others". To the same extent, religious affiliations that have emerged over a long period tend to be more binding and more conducive to the creation of identity than identities created and dictated politically, but which are not communicated.

Enclosed social environments such as local geographical and cultural regions are factors influencing identity, too. They tend to be so, more than anonymous

European superstructures, which are perceived as posing a threat to identity. "The significance of such identity factors can be seen in a *comparison of the various degrees to which Europeans are willing to identify with local, regional, national, and European structures*. According to a 1991 survey, considerably more citizens (85%+) feel a closer link to local, regional, and national structures than to the European Community or to Europe as a whole (47%+). (cf. Eurobarometer, Dec. 1991, p.66).

Apparently, only half as many citizens feel as closely tied to the European Community as they do to their country or region. A comparison of countries indicates that *local and regional ties* are the most pronounced in Greece, Portugal and Spain (local 73%+, regional 69%+). Strong *national ties* can be found in Greece but in Denmark and Ireland (72%+) as well. Generally, ties to the European Community are lower. In Spain, Italy and Luxembourg, they tend to be somewhat noticeable (16%+) (ibid., p. 66 f.)."

These empirical findings of the Eurobarometer convey the existence of a strong degree of attachment to local community structures situated within a small area. They also convey, however, the existence of multi-level, overlapping, double and particularistic identities that are non-static and characterized by dynamic processes and by variety.

The search for and maintenance of identity can be viewed as fundamental processes necessary to emotional well-being.

These processes regarding a self image, balanced between various demands made upon it externally, regarding a view of mankind and of the world, perpetrating a feeling of attachment, of being sheltered, and of being "at home", i.e. a feeling of being united, thrive best in a context of living found in immediate proximity to the self, in vital experience gained from interaction with groups and social constructions. This is particularly true when awareness develops in such a way that it serves to clarify identity through the pronounced self-participation and through varied processes of communication. Self-determined participation, active involvement in the creation of public-spirit convey a feeling of security in dealing with partners and peer groups, a feeling of validity and of having found the proper role in society.

In a pluralistic society – above all, in one marked by fragile, rapid and encompassing changes occurring in Europe today and in one making new demands and producing new groups – the search for identity has been made difficult. The validity of existing identity structures has been questioned. What has emerged in Europe is the all-too-well-known socio-emotional threat posed by a need to adhere to identity structures that confine and isolate, such as those offered by groups marked by racisms, fanatic religious views or by other, similarly radical prejudiced views.

### 2.2.4 WHAT SHOULD EUROPE LOOK LIKE? HOW SHOULD IT DEVELOP?

The economic, political, and communication demands mentioned earlier and their national, supranational, supra-continental, and global dimensions have led to processes of restructuring that possess dimensions equally as great. Until now, however, these processes have been limited primarily to administrative and economic areas, leaving a want of comparable shaping and coping processes at the social and human level.

To what will such developments lead, and who will determine their course?

The economic and administrative unification of Europe is growing markedly at a steady pace and dense networks are formed in these fields; yet competition and a tendency towards separation have led to an ever increasing lack of awareness capable of transcending national boundaries. The preservation of advantages existing at the national level (financial rebates, the policies towards asylum-seekers etc.) and the helplessness – indeed, the failure – marking international crises (Bosnia / Kosovo) have shown how far Europe is still away to embrace an effective common identity on the level of international solidarity and loyalty.

Although Europe has become an economic and administrative unit, can it become a social unit?

Spatial units often remind us of rooms, which, in turn, form a house. In 1987, during Perestroika, Michael Gorbatschow, who at that time was President of the Soviet Union, offered us the image of a 'common European house'. In doing so, he pointed out that this image was not a fairy tale but rather the product of a careful analysis of the situation existing in Europe (1987, 254). This house, described nearly two decades ago, was seen as one in which each family had its own apartment and as one which even possessed various entrances: nonetheless, it offered common safeguards against fire and other catastrophic events. Only with the help of a common effort could this house be kept safe and sound (cf. 1987, 253). This implies a moral imperative, based upon the concept of common, mutual *responsibility*.

The previous section illustrated quite clearly that the majority of Europeans favours transnational goals and decision-making processes, i.e. they identify with objectives and tasks beyond national areas.

 

Only the existence of what Smolicz (1985) refers to as *core values* – in other words, commonly recognized fundamental values embedded in an *overarching system or framework* of values binding two or more cultures – can ensure that a multicultural and multinational society is capable of functioning as a community that offers all of its members true and equal participation and access based on partnership. Anweiler and Kuebart (1987) have related the significance of having a common set of basic values and ideological orientation markers e.g. to the ethnically pluralistic state of Canada. The integration concept of 'Canadian citizenship' is the foundation for the awareness on the part of all Canadians of belonging to a common society. The threat of destabilization will tend to increase when there is a lack of common values serving to bind a multinational community with a common identity. The tragic fate of former Yugoslavia, a community that had been held together by force, demonstrates this point rather painfully.

How does all of this relate to our question regarding Europe's goals, regarding an end to interethnic strife and an ensuing creation of a humane European union – of a European community uniting all of its citizens with an inner awareness of being European? What core, fundamental values can be regarded as being *European* values that bind all European nationalities and the ethnic minorities living among them? The characteristic language, usually given high regard as an ethnic hallmark, cannot serve our purposes on account of the political recognition given to Europe's multilingual status. Thus, what can we use instead?

Sociological research has shown internal orientation and the development of identity to be subject to historical change, thus giving such development the characteristic of an ongoing process (cf. Leontjew, 1982). We refer here to the so-called culture of migrants, normally belonging to two social spheres (cf. Straube, 1987). Sociological research has also shown the emergence of identity to be a historical process of individuation and to be determined by current living conditions (cf. DECS / EGT, 1986, 41). We can use these findings to assert that the *core values* of an emerging European identity are capable of being developed as contemporary attempts to interpret the nature of mutual bonds and as a common search for a common meaning.

What should Europe be like? How should Europe develop? Which fundamental core values – in the sense of "synchronic elements of awareness" (Schmidt 1987, 116) and of an overarching European set of values – can we derive from, for example, the problems related to the Italian state under the rule of law, the British welfare state, the Irish religious state and the French agrarian state? (cf. Schleicher 1993, 302).

We could derive the following, all of equal importance:

- the protection of the biosphere,
- the elimination of poverty,
- the common monitoring of social developments and social property,
- unity not as uniformity but rather as a tolerated, accepted variety of various identities and identity needs,
- making identities complement federal structures,
- making educational systems interchangeable,
- the acceptance of cultural pluralism: preserving, affirming and respecting things foreign,
- multiculturalism: seeing migrants and minorities as an enhancement and advantage to society.

These common, interconnected goals and tasks can be approached from a variety of different world views, cultural, traditions and forms of living.

They would constitute the pillars, the walls and roof of the "common European house". The foundation would be of an ethical nature. It would consist of an "ethic of responsibility" (Weber 1985), a "principle of responsibility" (Jonas, 1984), a "common responsibility found in mutual respect" (Küng 1991, 61), and a "moral code of foresight with empathy" (Mitscherlich, 1977).

From this perspective, we can direct our attention away from Europe's quantitative increase and expansion, which has consisted until now of the removal of frontiers, to the *qualitative* emergence of human qualities, to the search for and expansion of the inner boundaries and experience of individual and social awareness. We can direct our attention to intensifying and utilizing *human resources* – the *human potential.* We can concentrate on discovering, renewing and using mankind's inner wealth and on taking recourse to the epistemological view of man that emphasizes the potential for rationality, for reflection, for autonomy and for communication (Schlee 1992).

The core idea expressed here is that of the paradigm pertaining to subjective, social awareness on a humanistic level (cf. Harman 1978, 57). Its essence was described in 1981 by the president of the Club of Rome Aurelio Peccei, who maintained that the problems with which we are dealing on an individual, European and global level are not caused by external conditions but are found instead within each of us (1981, 153).

How should Europe develop?

Psychosocial uncertainties, structural changes and the dissolutions of traditional values have shown that there is a "need" for Europe. The crisis of confidence, feeling of alienation and serious gaps in educational policy marking current developments in Europe have given these uncertainties and changes the ability to help us search for new goals – above all, goals leading to a reorientation and to new meaning on a social and humane level.

In this spirit, ideas for a "new Europe" are being created. These ideas "are based on democratic principles derived from human rights and basic freedoms. They are based on prosperity produced by a free market, on social justice and on an equal measure of security for all nations" (Council of Europe, 1990).

Article 128, 1 of the Treaty of Maastricht illustrates that unity based on these factors is not viewed as uniformity:

> "The Community will strive to emphasize the cultural heritage common to all of its members while, at the same time, contributing to the development of the individual cultural identity of each member state through the preservation of the community's multi-national and multi-regional diversity" (European Community / European Union, 1992)."

There is a "need" for Europe, yet how far has our "ability" to be European (Schleicher 1993, 306) developed? This question is not only important for "the Europeans" themselves but for non-European nations as well. The world wished to know, for example, what Europe's policy – or, at least, what the European Union's policy – was with respect to the Gulf Wars and to the war-like, genocidal conflict in former Yugoslavia. In other words, the world seems to expect a common European policy and responsibility in the power play of world politics: politically, economically and in humane-social affairs (cf. Pingel 1994, 168f.)

### 2.2.5 (HOW) CAN WE BECOME EUROPEANS?

In sum, our explanations have illustrated the following until now: On the one hand, there seems to be a general acceptance among Europeans of the need for Europe to grow together, for a development of European identity. There also seems to be an acceptance (albeit varying, depending on national differences) of the changes brought about by these new developments. On the other hand, the emergence of Euroscepticism, Eurorejection and Eurofear has become just as apparent. The rejection of the European Constitution at the referendums by the French and the Dutch in May 2005 are a clear evidence for this. The discrepancy, contradiction and ambivalence inherent in the concurrency of acceptance and rejection should provoke us into asking two questions:

1. What are the reasons for this discrepancy?

2. How could / should this discrepancy be overcome? That is, how is Europe to continue?

Let us begin by concentrating on finding answers to the first question.

There are two causes for these contradictory trends, both causes being mutually dependent:

a) psychosocial conditions found in existing or emerging social groups and groups of citizens,
b) political-administrative directives of organizations and political bodies.

As regards a):
There is fear owing to the dissolution of and changes in the communities and forms of living that, until now, have offered the protection, security and sense of belonging comprising traditional identities but that are now being penetrated by "foreigners," "persons not belonging to it" and "the others". This phenomenon can best be seen in the various forms of interethnic strife.

Migrant labourers, asylum-seekers, refugees, immigrants from eastern Europe, indigenous minorities in all European countries, immigration and the vast search for living space on the part of individuals and groups that feel threatened have led to large-scale change. The mobility endorsed politically in Europe, the freedom to work and live where one pleases, will probably lead to a considerable increase in the ethnic and cultural mix. The problem, however, does not exist in actual occurrence but rather in the awareness, on the part of all concerned, of this occurrence. This awareness is determined by several factors, consisting of the *function* of immigrants, their *distribution*, their *dynamics*, their *outward appearance*, the strength of their *ethnic, cultural, religious and political self-confidence* and the respective *host country* (cf. Hentig 1993, 82).

A determining factor is the system of values found in a society. Other important factors are the mutual value judgments and feelings that ignite, cause insecurity and evoke alienation when traditional, culturally acquired, patterns of perception are forcibly confronted with elements that are different. In his 1987 essay on racism, the Tunisian-born sociologist Memmi found that "the perception of something different is a disquieting element. The perceived difference consists of the unknown. The unknown is perceived as harbouring danger. Something perceived as being different even has the ability to cause discomfort in those rare cases when it possesses a seductive quality" (1987, 35). The feeling of exposure to threat can lead to reactions in the form of xenophobia and nationalistic obstinacy. It can lead to fundamentalism, occultism, autonomous chaotic behaviour, political terror or even to total apolitical attitudes. All of these occurrences can be seen as the irrational expressions of relevant fears, of mental, economic, political, intellectual and existential distress used to construct new barriers by means of physical, emotional, economic and structural force. They serve to illustrate the feelings of helplessness, of anger and of being a victim of lies. Feelings that emerge in times of strain.

These are not the best preconditions for European unity. This is especially true if frontiers are removed to facilitate economic and individual mobility but if, at the same time, the unleashing of economies helps unleash irrational, uncontrolled emotional behaviour that is allowed to transcend the laws of human rights and human dignity. The war in the Balkan states, terrorist attacks by the ETA, the IRA and the RAF, ruthless egocentric attitudes and a disregard for public well-being reflect in an ugly manner our inner limitations, disruptions, contradictions. According to modern psychoanalysis, we tend to repress the unloved, the dark aspects and the differences in itself, project these aspects onto our own external concepts of an enemy and attempt to resist fear by forcibly violating the boundaries separating us from the "other."

Differences cause feelings of discomfort; change and upheavals cause fear. Individuals as well as groups tend to resist and repress the knowledge most needed to overcome this problem. Modern psychoanalysis refers here to neurotics who attempt to ward off those aspects of self-knowledge and human relationships, which they consider threatening to their inner security, but who do so with such extremity that they suffer a nervous breakdown once environmental tolerance has been exhausted. According to Harman (cf. 1978, 25) there might be an analogy in the form of a "social nervous breakdown," caused by uncontrollable feelings of insecurity in the face of possible alienation and isolation, of a fragmentation of identity, of a feeling of hopelessness for an ever increasing number of unemployed, homeless and otherwise disenfranchised individuals. A breakdown of this order, however, is *not* perceived as being yet another reason for lamentation fuelled by cultural pessimism. Rather, it is seen as a great opportunity and challenge to go beyond the false solutions arrived at to date, beyond all failures and concealments, to find ultimate causes and to make important, basic decisions leading to constructive, transitional solutions; for deep down we know that the current situation is intolerable and that the current disruption and destruction is the "psychosocial costs" (Hurrelmann) exacted by our present way of living.

In sociology and in the humanities, we can find explanations, interpretations, and research findings as regards the complex cause relationships and the problems of the psychological-social realities that influence the adversity of social majorities towards social minorities and that mark the lack of social awareness in multiethnic and multicultural societies involved in the transformational processes leading to a united Europe (?). Relevant and quite new areas of research worthy of mentioning here are the areas of "foreigner pedagogic," "multicultural education," "éducation interculturelle", "migration research," "ethnic heritage studies," and "comparative educational research." Their contexts of meaning differ respectively. The following table, based on an overview by Heitmeyer (1993) and dealing with the multi-layered problem of interethnic strife in Europe, may prove useful towards understanding the types of confrontation with foreign cultures and the experiences of foreignness. Such understanding is a precondition for overcoming interethnic strife.

| syndrome | core argument | dominant emotional base |
|---|---|---|
| racism (anti-semitism) | degradation of others on account of biological differences, alleged superiority / inferiority | belief |
| ethnocentrism | self aggrandizement by claiming a higher cultural and economic achievement (differences in development) | pride / overbearing behaviour |
| xenophobia | competition with foreigners and with foreign culture (resources, cultural "foreign infiltration") | fear |
| heterophobia | deviation from "norm" (rejection of others within one's own ethnic group: homosexuals, disabled etc.) | fear |
| rights of the established | priority for those groups who "were here first" (this includes resident aliens rejecting new immigrants) | egoism, self-assertiveness |

Common to all of these attitudes are the various ideologies and deceptive visions of *inequality* that are used to legitimize violence. As can be seen, the various attitudes and forms of behaviour given in this general overview are in need of different pedagogic treatment. The deciding factor can be seen in the fact that differences are *judged negatively* from various interest perspectives.

Research findings in the social sciences have brought one very important aspect into focus: differences in attitude and behaviour are compounded by differences of social structures in that marginalization and minority status are brought about by social disenfranchisement in education, remuneration, and housing. In other words: *social structures and the social realities of poor living conditions* are the actual causes of the social and socially induced emotional state of minorities (see Griese 1980 and 1984). According to Galtung, socioeconomic discrimination can also be referred to as *structural violence* (1975). All of us participate in this violence "by engaging in activities that increase the wealth of the northern hemisphere and poverty of the southern hemisphere. The neutral term usually employed here is "terms of trade," the law of world economy. Since all of us are responsible – albeit in varying degrees – for maintaining this disproportion, our interest in effecting an appropriate change is minimal" (Gamm 1993, 56).

We are thus confronted with a "circulus vitiosus" (vicious circle), which consists of different forms of violence and which perpetrates disastrous processes in education. Human inequality is perceived as being natural rather than a product of historical social processes. It leads to attempts at securing hegemony. Differences thus unjustly determined to be of an ethnic quality appear as social differences and contradict interpretations of conflict that are influenced by culturalistic elements.

In his "Studies on Authority and Prejudice," Adorno describes ethnocentrism as being a relatively constant, rigid mental structure from which debasing reactions directed against anything foreign originate. By referring to the theory of psychoanalysis, he conveys how we deny those aspects of the self which upbringing has taught us to view negatively and how we then project those aspects onto members of foreign cultures. The weakness of so-called ego-functions leads to a tendency on the part of an ethnocentrist to identify solely with his / her own group. An ethnocentrist is incapable of individualised experience (see Adorno, 1968).

The various causes outlined above illustrate that interethnic strife is largely a product of socially predetermined conditions and structures and of individual psychological-social attitudes shaped by social upbringing. However, as social realities are determined by society, they are capable of being changed.

The undeniable increase of "structural violence" and mutual exclusion has led us to the conclusion that the above-mentioned findings in the fields of social science have hardly affected political processes.

We now turn to b.):
Nearly all critical analyses of official European policies to date convey unanimously that the development of European policy has occurred at the government and organizational level with disregard to grassroots needs and participation of the citizens and of their social groups. A top down policy of this nature has neglected, forgotten, or (for fear of conveying unpleasant truths and thus forfeiting re-election chances), may even have served to suppress public opinion as an essential instrument of democratic social identity. It has thus supported – even intensified – the mechanisms of fear that are aimed against

foreign cultures and has programmed European citizens to accept Europe without affording these citizens the necessary preparation and leadership.

Many Eurocratic policies and regulations – such as those governing the length and curvature of bananas to be sold in Europe – are seen by many EU citizens as being alien and non-responsive to the actual needs and problems of Europeans. Considered a characteristic of forced unity mandated from "above," such policies have created feelings of apathy or anger about Europe.

The "emotional preconditions for a selective perception of Europe on a rational basis" (Schleicher 1994, 95) have not been afforded enough consideration. A public agreement on common European goals has not been allowed to emerge. ... "How can Europe's citizens develop a sense of being responsible Europeans and how can a European sense of public mindedness arise, if these citizens are denied the possibility of participating in the creation of a united Europe?" (Schleicher 1994, 79).

We must point out that, in addition to the top-down-policy perceived as being undemocratic, there has been a fundamental lack of programs designed towards educating the public on the creation of European unity. Such a lack must be viewed as an example of political failure – especially if we remember that this lack has contributed towards the new psycho-social fears and processes of exclusion that have marked the attitudes of established social groups towards a new Europe.

After having offered some answers to question 1, we will now attempt to treat the second question ("How can an awareness of Europe be developed on a scale that is adjusted to citizens' needs and that can be accepted and experienced by the majority of citizens?") In doing so, we will try to find constructive solutions for future perspectives.

Critical analyses of Europe that have been made from various perspectives have all come to a vital conclusion:
- The core values, described in the previous section as consisting of visionary but realizable transformational goals, great ideas and thoughts, inner images leading to the emergence of a new awareness of social responsibility and a new respect for multicultural diversity can be achieved only and
- the social segregation, exclusion and fear of the difference described in this section can only be overcome

by means of *vast processes of re-education.*

Such processes must involve all aspects of educational policy – though recognized in 1988 as forming the "heart of European integration" (EC Commission 1988), they have focused only on vocational training before –

 

which are actually responsible for encouraging the growth of a European awareness and for the creation of a truly united Europe. The educational system will thus become a primary factor in social and economic progress and in the preservation of peace (see Bürli 1997, 189). Educational policies must be developed with a view towards expanding knowledge of Europe, overcoming the limitations of nationally determined forms of perception, encouraging intercultural communication, mobilizing the grass roots and adopting measures to alleviate alienation.

## 2.3 "Impaired Identities" – Or: Exclusion / "Excluded" and "Treatment Objects" Wolf Bloemers

### OUTLINE

**"During the night, the child-slave Gökhan was tied up to a cow"**

*A Turk living in Germany made a scandal public: Slave traders sell mentally disabled to Turkish big farmers.*

<u>*From our correspondent Susanne Güsten, Istanbul*</u>

*"When the 15-year-old Gökhan (name changed) rolled down his socks and showed his scars, even the police men were shocked. Deep weals have formed around his ankle joint and are black from the ingrown dirt.*

*These scars come from a rope with which Gökhan was tied up to a cow at night so he could not escape from the cowshed where he was held as a slave. During the day, for one year, the mentally disabled boy slaved away for the big farmer without being paid in the South Turkish province of Adana, in whose cowshed he was locked till the police freed him. During a raid in the district of Kozan the authorities discovered a total of 19 mentally disabled children, adolescents and adults who had been held as slaves for several years.*

*The authorities got onto the slave holder's trail through a desperate father from Germany, whose mentally disabled son disappeared in the city of Adana during a holiday in Turkey in August. During the search for the 13-year-old Kaan, Ahmet Sik followed the hints of residents and witnesses till he lost track of the boy at the Kalekapisi Square of Adana – a place which, as Ahmet Sik learnt, allegedly is a trading place for slave traders. Disguised as a potential buyer, the father got in touch with three presumed slave traders and let them guide him to Kozan, from where the disabled slaves were apparently resold. Ahmet Sik did not find his own son here but a conspicuously high number of mentally disabled working in the fields. Sik went to the police.*

*Disguised as cattle dealers and tax collectors, the police investigated in the villages of the district till they had enough evidence for a search warrant; then they cracked down on them. 400 police men searched during a large-scale raid the barns, sheds and stables of the district and found 19 miserable wretches. After several years in slavery, some of them even forgot their names. An elderly man was amongst them, who had been held as a slave for 40 years.*

*"What is the problem? This is a 350-year-old tradition here," one of the accused big farmers justified himself. So far the authorities did not object to this practice, said the farmer Halil Topaloglu. But even if that is true; those times are over now. 20 suspected slave traders and holders were arrested by the police.*

*Gökhan, whose family lived in close proximity, was brought home as one of the first. When the father entered the room, Gokhan kissed his hand respectfully and put it to his forehead, like it is the custom in the country in Anatolia – then he flung his arms around his father's neck and cried. The little Kaan Sik, whose father initiated the liberation action, has still not been found – and together with him perhaps more slaves" (Braunschweiger Zeitung, 23 September 2004).*

This news paper report does not come from prehistoric times but from the beginning of the 21st century. The facts told are derived from a line of traditions of ancient organising patterns of our feeling and thinking which – despite enlightenment, humanism, idealism and critical theory – reach into our current "knowledge society". Again and again – meanwhile only sporadically appearing and officially condemned for reasons of the internalised knowledge canon and democratic socialising history – they articulate in different forms the fears of the foreign, which sedimented in the depth of our human soul. The historic line of these attitudes and the resulting behaviour patterns of the exclusion of people can be traced back and documented by manifold evidences; for that purpose, subjectively selected examples (quotations) from different eras are given as follows:

- *"A Down's not a person."* (Fletcher 1973, cited in Stolk 1988, 120) 20th century.

- *"We want people to be healthy, friendly, emotionally stable, likable and smart. We do not want idiots, imbeciles, paupers and criminals."* (judge Oliver Wendell Holmes; in: Paul, 1995, 2, cited in Fukuyama 2001, 125). 20. century.

- *"Even some years ago the rural population in several areas of Germany believed that the parents of a heavily disfigured newborn have the right to decide whether the child should live or die. Amongst others, in the area of Wrocław a doctor was called to a newborn born without arms and legs in order to act as an executioner of the child since the general opinion was that disfigured children have to be killed"* (Ploss 1876, 173). 19th century.

- *"Almost everyone considered these unfortunate people as machines that one can use like the animals serving people. That is why certain spectators are really surprised when they attend lessons of deaf-mutes for the first time and see that deaf-mutes also have a mind"* (Sicard 1800, 183). 18. century.

- *"It was an angular, very movable lump which was in a sack. Only the head peeked out ... a misshaped thing"... "It is a real monster of atrociousness, this so-called foundling"..... "I believe, it is an animal; the bastard of a Jew and a sow; it is certainly something unchristian"... "You should throw it into the water or into the fire"* (Hugo 1977, 14 f.). Depiction from the Middle Ages.

- *"We kill mad dogs, we knock down a wild and unbridled ox, und we stab to death ill cattle so that it cannot infect the herd; disfigured newborns are killed, also children if they are born frail and misshaped are drowned by us. It is not wrath but reason to separate the unusable from the healthy"* (Seneca 1828, cited in de Mause 1982, 48). In ancient times.

Even if today officially an atmosphere "more friendly to the disabled" prevails – documented in law, in concepts of institutions or technical requirements of buildings and more subtle forms of exclusion are practised – "... behind the foreheads, yes, in the eyes of those <<unaffected>> the suspicion is still there, which urges avoidance and demands distance" (Müller 1996, 63; cf. also Cloerkes 1985, 35 & 179).

The following section (2.3.1) will give an overview and answer questions like why it is such as it is, according to what – unconscious, *irrational* – "grammatical rules" this is happening and what it means for the personality, the identity of the affected.

After identifying this "grammar", some "impaired subjects" from different European countries will give short statements on their own on their psycho-social state, on their identity (2.3.2) in order to

- comply with the request of Frey (1983) to consider the "inner aspect" for the identity construction, which is often neglected or not covered by the identity research ("How do I see myself"), that is to explore the *processing* of the attribution processes and external perceptions,
- and to take into account the principle of the participative research, to let the people researched have their say, to integrate them into the survey as actively involved cognition *subjects*.

Furthermore, the last block of thoughts in this section (2.3.3) contains in a sketchy form arguments / theories, which then as now try to legitimise exclusion scientifically and form the *rational* breeding ground for the reification of humans, for their identity impairment or the circumvention of their existence.

### 2.3.1 GRAMMAR OF EXCLUSIONS

The term "impaired identity" goes back to Goffman (1967), who in the scope of his stigma theory – stigma is a feature, a characteristic of a person "that is deeply discrediting" (1976, 11) – thinks that at the final point of a discriminating stigmatisation process stigmatised human beings are impaired in their identity, that is through the negative evaluation and attribution of the environment they became (changed) personalities, which are so weak in their self-image and self-confidence that

- they adapt themselves to the evaluation through the external world,
- they retreat to a group of "their peers",
- they submit themselves to the existence of their marginal group
- they live an *externally determined* life instead of a self-determined one,
- they are isolated, excluded, without contacts and "disintegrated" (cf. Cloerkes 1997, 176).

This state is the result of an interaction process between people who stood initially at the beginning of a social discourse, of coexistence. Such a social coexistence does not come about because one person has a feature, a *stigma*, which the others cannot withdraw their attention from because it deviates from the perception of the "normal" and does not comply with the anticipations of normative expectations of the environment. It is *undesirably different*, is negatively evaluated or negative features are *attributed* to it with the result that persons affected are stigmatised, are excluded from the social acceptance because of the social prejudices. They do not "fit" into the perceptions of the group; they are not part of it because their differentness is valuated in a negative way as *inferiority* or as a *threat* (cf. Hohmeier 1975). One has to distinguish between stigma as a *fact* and stigmatisation as *behaviour,* as the after-effect of the acquired stigma.

#### 2.3.1.1 STIGMA TYPES

Defence, negative reactions or stigmata causing ambivalences – features, behaviour patterns and characteristics – depend on the respective values in a culture. Ubiquitously according to scientists representing behavioural biology, these are deviations in the physical, psychic and / or mental area, primarily those of large visibility since they have a high stimulus quality, that is send strong optical signals and provoke reactions. That is why they are the differences *phenomenologically* to be identified, the *optically* perceptible differentness of the body and its functions – e.g. stature, the motor functions, the vision (squint)

– which attract attention and become a stigma. Sociologically, Goffman distinguishes three types of stigmata (1967, 12 f.):

- physical deformations (e.g. physical impairments)
- individual character flaws (e.g. addiction, aberration)
- phylogenetic stigmata (e.g. features of race, nation, religion),

which Müller subsumed ethnologic-anthropologically under the heading of abnormal "deformity" (1996, 9-29) and contrast it to anticipations and value concepts of the "normal" on beauty and regularity – as the embodiment of order and the longing for it, as their aim and fulfilment – with the terms "comeliness" and "shapeliness".

#### 2.3.1.2 MOTIVES AND ATTITUDES – SOCIAL REACTIONS TO THE DIFFERENT

Research on the motives and causes of these orientations towards "comeliness" and "shapeliness" and the (mostly) negative valuation of the "deformity" or the measure which led to this classification and its value assessment have uncovered a series of causes which can mostly be assigned to the deep layers of the irrational, the unconscious and the phylogenesis.

Beauty, health, integrity of the body as a well-proportioned, well-ordered reflection of an artfully designed, well-"measured" cosmos were and are the model for human looks and prestige. An observant glance at the current world of advertising discovers that beauty has been made the central point of human attractiveness and recurring topic not only by cosmetics, clothing, hair care etc. – with a huge psychological-economic success! – but also that it is staged by "flawless", "beautiful", young and dynamic, energetic, successful "ideal types", glamour stars and jet-set-society types and advertised for post-modelling . The (global) value which is (symbolically) attributed to physical beauty in public as embodiment and expression for living quality, flawlessness and perfection is still very high as it has been for millenniums. This is made clear by the newest poverty report of the UN development program UNPD, which cut to the chase: Humanity spends, for instance, 66 billion on cosmetics, whereas the all poor countries of the world receive only 46 billion dollars development aid per year.

Beauty in the traditional sense with its aesthetic features of *order, regularity (symmetry), clarity* and *harmony enables* commonness and universality since its orientating and structuring composition lets perception figures be grasped as entities (consensus-harmonising average "measure") and "idealises" the value systems of the group, the community: Everyone has a part in it and you share the common; something deviating from this entity of regularity "disturbs", "irritates" the feeling and is rejected as something not belonging to it (cf. Müller 1996, 113). This phylogenetic heritage of the longing for regularity and beauty and the irritation by differentness (= disturbing the regularity, like limping, the unproportional nanism, the hunch, squint), these aged orientation coordinates of our perception and feeling are expressions of a fear-led dealing with the disturbing as something not belonging to it, as the alien. The disturbing, the unbeautiful (= unproportional, the „ugly" leaving the average "measure") with the belonging to that what deviates from the average measure and, therefore, from the community, what breaks the "rules" as a stigma and causes fear: equal looks, equal behaviour signalise belonging to the "entity"; something deviating, differing is "alien", does not belong to it, it is rejected. This is a congenital behavioural pattern, quasi a biological-natural behaviour, a creaturely rejection. This can be clarified using the example of the first, spontaneous and usually rejecting reaction upon the not expected birth of a physically very impaired child, which is followed by the nursing instinct and later by morally-reflecting (rational and socialising) behaviour of accepting (cf. Schaefer 1994, 71 f.).

But what causes – besides the discomfort through the aesthetical non-fitting – the *fear* of the disturbing, the alien, the different and generates the different forms of defence? On this the results of mythology and ideology research give us relevant information. In addition to the *biological roots* of the primary, creaturely rejection of people physically and psychically not conforming to expectations in being and acting, against persons who do not conform to the physiognomic, aesthetical, moral and cognitive standards, there is the body of rules of *socially inherited, emotional* behaviour, which forms in the canon of prejudices and protection mechanisms regarding fear of foreign infiltration and is culturally handed down as a persistent stigmatisation potential. This "body of rules" created out of the pool of the collective previous knowledge and historically grown common myths – e.g. also passed down in fairy tales! – contains a specific body of knowledge of perceptional and interpretive patterns, which are anchored in encounters with "alien", stigmatised people and therefore do not reflect ontological or natural features (cf. Dederich 2001, 108). That is the valuation processes generated by culture and society are imaginatively charged, they transport affective meaning, valuations and views and impose them as a burden and verdict on the persons being assessed (l.c.).

Among other things, following views belong to this canon that

- ugliness expresses internal discrepancies,
- the external is an imprint of the soul,
- encounters with people being different "infect" and "contaminate",
- a "deformity" expresses a "folded soul" (cf. Müller 1996, 69),
- ugliness is equated with stupidity and maliciousness,

- physical ailments are "an expression of a lower level of being, of a subordinate entelechy, of a defective harmony of the creation structure disturbed by demonic forces" [they meant the blind and old, ill people and >cripples<] (Hergemöller 1990, 30),
- demoniacs are the symbol of the evil and are animalic ( = turned into an animal again) human beings
- ailments and other stigmata are features of sins and the punishment by God
- people infer mental qualities from the physical, infer mind and soul from the physical constitution according to the old but naive dogma >mens sana in corpore sano< (cf. Müller 1996, 54),

and that the people loaded with these *negative attributions* are to be denied the social recognition with all resulting consequences (education, contact, housing, rights etc.).

The creation and the perpetuation of devaluing views regarding stigmata has, as already mentioned, grown and was passed on through socialisation processes, that is it is predominantly formed by the socio-cultural values of the respective culture. According to the basic assumptions of the Symbolic Interactionism (cf., amongst others, Cooley 1922, Thomas 1928, Mead 1934/1968) that

- society and culture exists *before* the existence of every individual,
- values are imparted in a historically and socio-culturally *formed context*,
- human beings – fundamentally dependent on social relations – attribute interpretation regarding *themselves* to other people and through that they gain a "self", an "identity",
- human beings *"interpret"* all social phenomena of their environment and give them social meaning and consequently
- our reality is constructed through society (cf. Berger / Luckmann 1970),

attitudes and attributions regarding stigmata are also *differing* and are formed by *ethno-centric* and cultural views. Thus corpulence and physical opulence are considered in agrarian societies, e.g. in Africa, as an ideal of beauty, as a symbol of wealth and fertility; in Europe, however, these body shapes are more of a blemish since it is perhaps evidence of gluttony, lack of self-control or compensation of mental deficits. While from the Christian point of view, illnesses and ailments, bedevilment and "madness" were also interpreted as a punishment for moral guilt and as reason for purging, these phenomena meant social inferiority in the Hellenistic culture, which were to be eliminated.

Thus these negative attitudes and the deducted ways of behaviour are manifestations of *symbolic orders,* of a symbolic environment constructed by humans and forming the consciousness, by which the alien, the different, the disturbing (= the unwanted and feared different) can be handled and controlled using different practices and by which the order system conveying psychic clarity and security can be kept "pure": from aesthetic or from other "pollution". Keeping the "norm" pure – analogous to the Darwinist species-specific way of behaviour – seems also to be a predominant *fear and power motif* of humans through the times. This can result from the socially-imparted fear of the unfamiliar phenomena based on the assumption of endangerment of the own physical integrity (e.g. fear of mentally disabled people as "sexual debauchees" [cf. Walter / Hoyler-Herrmann 1987, 137f]). Furthermore, the mighty keeping pure of the norm can be motivated by socially very highly valued functional performances (like today contact and communication ability, mobility and flexibility), which the stigmatised persons *supposedly* cannot perform because of their lacking physical or psychic integrity. Not least the motivation for keeping the norm pure can result from projections of own feeling of guilt on the stigmatised (scapegoat and villain function).

Further motives for stigmatisation lie in concrete power interests of persons and / or institutions – politics, economy, church (cf. Hohmeier 1975, 20 ff.).

These and similar attitudes and social reactions on people being different are also reflected as artistically processed live patterns in the world literature; they comprise ubiquitously social basic constellations, everyday human live realities and draw pictures of complex social live with all contradictions of the human psyche on the literary-aesthetic level. We find such literary evidence e.g. in the works of Victor Hugo (1977) in his novel "The Hunchback of Notre-Dame", in the works of Fyodor Dostoevsky (1989) in "The Demons" or Friedrich Hebbel (1906) in his work "My Childhood". Also the newer sophisticated contemporary literature has tackled the topics of stigmata and of dealing with differentness and stigmatisations. "A personal matter" by Kenzaburo Oe ($1994^2$) should be mentioned here, in which the author turns his own biographic experiences into a novel.

Attitudes and discrimination motives as a social reaction to stigmata vary – like sketched before - considerably; their common denominator is the assumption and the attribution of inferior qualities in order to keep the undesired different literally "at arm's length". For that during the course of history, very different *forms* of social exclusion were practised, which will be shown in the following overview.

#### 2.3.1.3 Forms of Exclusion

Processes of exclusion of social participation are always based on a power or force relationship, on an *asymmetric* relation constellation between people, where the power side determines, orders and acts, the powerlessness side obeys, follows and executes. "Power is first and primarily: action, initiative, having one's will and impressing it on others against their resistance; and it is also the elementary experience of being at the mercy of someone, purely being an object, realising of alien interests in the medium of the own acting. Power is assumed and suffered from, it is made by people and it happens to them" (Paris 2005, 19). That means that power as own will and *acting* prevails over resistance and *suffering* (at least *having to endure*) of the other. To get one's will, manifold forms are used; in turn their usage – like the motives and social reactions to differentness – depend on socio-cultural and socio-historical contexts. The power forms mostly known in sociology are the legitimating power, the punitive power and the rewarding power (cf. Paris 2005, 20); no clear dividing line can be drawn between them and they also show different forms in their respective functional areas.

Following Hanks / Hanks (1948), Cloerkes distinguishes six gradual (power) forms of social reactions to those being different (cf. 1997, 101 f.):

a) active killing,
b) passive killing or expulsion from the group resulting in the physical or social death,
c) isolation,
d) participation restriction,
e) modification of participation and
f) laisser faire.

As an extreme form, the *active killing* (infanticide, genocide) is to be mentioned, which is not only practised by primitive people because of *irrational and archaic* fears and reason of creaturely perceptions of preserving purity; likewise it was and still is being practised by people in ancient advanced civilisations and new civilisations on the basis of rational, ethical-philosophical argumentation figures and ideologisations, like for instance

- by the Greek and the Romans with getting rid of a weak and misshaped child by throwing it into a deep abyss at the mountain Taygetos, legitimated by the ideal of Kalokagathos,
- in the Third Reich of National Socialism with the genocide, with the mechanised annihilation of the Jews, Roma and other "subhuman beings" like mentally disabled persons on the basis of Social Darwinism and Eugenics,
- or today with the murderous measures of the so-called "ethnic cleansing" in Bosnia-Herzegovina, Kosovo, Sudan or in Uganda on the basis of nationalism and ethno-centrism.

On the "descending" scale of reaction forms, the *passive killing* (e.g. the "letting lie", that means not providing medical care for children impaired by Spina Bifida) or the *expulsion* / excommunication from the social fabric – resulting in the social death – like, for instance, the locking into sheds or stables (as described in the introductory news paper report of this chapter); in addition to the local marginalisation, they were visually marked by labels to isolate and avoid contamination: The *leprous* had to wear bells, rattles and a special costume, *fools* a long robe with a hood and bell stick, *Jews* had to indicate themselves by stars and *demoniacs* (mentally disordered) had to be identifiable by a cross tonsure. "The optical marking corresponded to the social stigmatisation and a lasting scar in the inside of the persons concerned" (Müller 1996, 56). Mostly these optical labels and mental bruises were connected to before-mentioned local isolations, typographical abandonment and marginalisation, like ghettoisation of Jews, placement of "mentally disturbed and mad people" in closed psychiatric wards, locking up of the possessed and fools in "madhouses" or "fool's towers", lodging of the poor, of disabled people in hospitals – "being kept under lock and key": all this at the outmost periphery, at the outskirts of "normal" society. Corresponding to the mental spatial order structures, visiting the city centre was only allowed during the day – and this under restrictions – but not during the night. For instance, in the Middle Ages in Paris, all people excluded from society lived together at the outskirts of the old town in an area called "Miracle Court"; Victor Hugo describes this secluded place in his book "Notre-Dame de Paris" as a disgusting wart in the face of Paris, a sewer teeming with "cripples, blinds, lames, one-armed, one-eyed and leprous pitted with wounds" creeping and limping around (Hugo 1977, 100f.).

This depiction is from the Middle Ages, but the attitudes and exclusion forms reflected in it are by far not things of the past. One only needed to go to Romania in the 80ies of the 20$^{th}$ century to recognise the same attitudes and power forms excluding from human-social community in the homes for the "Irecuperabili" hidden in the remote woods – like e.g. in Cighid. "Cighid" is considered the embodiment of Romanian children's homes hidden outside of towns and villages during the Ceaucescu era, in which till 1989 "disabled" children and social orphans were locked, segregated and kept away from society without any stimulation of development under untold hygienic and spatial conditions and vegetated under conditions degrading in every aspect. "Irecuperabili" was the Romanian designation for (mentally) disabled children living in the children's homes as being "not rehabilitable", "unproductive and not worth living", resulting in the lack of any promotion, total neglect and a 50% annual mortality rate (cf. Hofsäss 1990, 162 f.).

Several isolated dormitories still in existence or work shops for people with disabilities and other special facilities at the outskirts of towns as successor facilities of the formerly closed institutes give still evidence of such separated and remote "custody places" established to keep the distance to "normal citizens": for people who better should be "hidden". Local separation and marginalisation is therefore also today visible and is still being practised.

The reaction forms remaining on the scale – "restriction of participation" and "modification of participation" – are considered as loss of the role and special roles in the social community, which – rationalised – should have the significance of protection functions *for* the excluded, insofar as they are attributed less social rights and obligations. However, de facto these were and are mostly self-protection functions of the excluding people and "definers", since they protect themselves from sharing their power, from the active, equal participation of the "protected" in all societal goods by means of restrictions, curtailing of rights and paternalism, which they powerfully inflicted on the protected.

Belonging to these forms of restrictions and modifications of participation, one can name the "labelling", which makes people – by designations and terms – *objects* of treatment, care, taking into custody and deprivation of rights, too. With this instrument, ridiculing designations and stigma terms used in the Middle Ages with cold contempt like "devil's face", "limp foot", "hunchback" or "cripple" as verbal attacks and rude vulgar remarks – which then and today are emotional rebuffs and relieve the feeling of fear caused by the disgust – are revived today: if current insults like "Turk bastard", "Spasti", "Small Mongolian" or "wog" should hurt the souls of the persons given those designations. Through these definitions, not only the defined themselves should know about their inferior differentness and abnormality in a sadistic way, but at the same time they are pilloried acoustically for all other listeners. In "civilised" communication constellations, similar things happen in a more subtle way by jokes.

Furthermore, through terms and dictions – as shown in the example of disability and disabled people – external control of people is legitimised, since they have to endure help imposed on them and authoritarian structures because of attributed incompetence. Significant for that is the diction used up to the eighties of the 20th century – indeed still today partially found – which in a generalising way speaks about the "disabled" and expresses therein conceptually the differentness and power structures reflected in language. This was / is characterised by uncritically determined terms like: the physically disabled, the mentally disabled, the hearing disabled etc. In these terms, however, only weaknesses and deficits are perceived from a selectively narrowed angle only focusing on performance. Details are arbitrarily generalised and perceived as a label characterising the person according to a constructed feature for the whole. The entire abundance, the whole richness of feelings, skills, capabilities, symbols, forms of expression etc. are faded out, suppressed in these formulas, in such concepts reflecting centring on deficiencies, deficit orientation and over-generalisation and therefore they are considered as non-existent. With these reductions to individual function areas at the expense of holistic view and with the diffuse hodgepodge thinking in the everyday usage of language, which assumes the existence of groups of people, who differ only in deficit features (the blind, the mentally disabled etc.), people are pigeonholed, classified by deficits and defined, excluded and 'marked off' by the power of the language: by non-disabled. Here it is to be stated that the views of the so-called disabled are imparted by the so-called non-disabled and their attitudes (cf. Bleidick 1988, 34). The parting of human community clearly pronounced in this language, which marginalises and divides into the privileged and subordinates, in defining and defined, in strong and weak, in involved and excluded, reveals principally the model of oppression (cf. Buchkremer 1982, 41) or proves also the phenomenon of *structural violence* based in the societal system as indirect influencing of people, i.e. their current physical or mental realisation is lower than their potential realisation; there is a gap between the really existing life conditions and alternative opportunities for self-development (cf. Galtung 1975, 9 / Schirp 1993, 14).

Insofar, a view oriented at selective description of features, excluding categorisation, diagnosing focus on norms and the corresponding attitudes reflected in terms can be characterised as repressive and inhumane, although this happens unconsciously in the unthoughtful everyday language. The individual image of the individual person, the subjectivity in the abundance of being person and human totally perishes through these labels. So the generalising designation of the "disabled" is the result of the historical-traditional understanding of disability, in which an ontologisation on the level of knowledge gained through perception takes place: "... that what we notice in a *first step* as a classifiable appearance (as psychologising character-istics) of persons (that is our perception of the others), is made their >inner essence< in a *second step* by us; we interpret it – pars pro toto – as their 'features', as their 'nature'... (Feuser 2000, 151).

Using the example of racism, Singer (1997, 45 ff.) reveals that the asymmetric definition practice generating the difference between "us" and "the others" (generalising!) is not only the result of culturally deeply founded perception and attribution processes, but that the determination of differences between groups of people establishes a relation of superiority and inferiority. It is considered as a significant feature of asymmetric relation practice "that the designating introduce themselves not as something measurable and as something relative – like, for instance, the designated – but as the standard itself, which is not to be measured" (ibid. 49). So the second unit in the distinction of non-disabled and disabled – like in every binary, bivalent distinction, e.g. Christian and non-Christian (heathen), Greek and barbarian – is always only the marked *other* of the first, the degraded and suppressed side of the first. The dominant, the *defining* group is unmarked, "normal". With this classification practice of *the construction of differentness,* the definers put themselves into the centre through their definition power and push the others, the "marked" onto the sidelines, marginalise them (cf. Hall 1999, 93). That's why such an asymmetric designation process can be seen as a sign of *structural violence* by which the others are symbolically expelled from the originally belonging social world and there is a tendency to pathologise them.

The evaluation contained in terms – as *constructs* of realities! – can also lead to discriminations, labelling, stigmatisation and exclusions by degrading accentuation of specific features and corresponding attributions and therefore, according to Bourdieus (1998, 141), can become tools of "*symbolic violence*", especially if the "marked" and defined persons cannot fight against the negative attributions contained in the definitions and the resulting exclusions. The grammar of such violent figures of speech and their consequences are, amongst other things, to be found in the historical evidences of psychiatry (hospitalism), the ghettos of the Middle Ages and modern times as well as currently in the "unlawful" mechanisms in Guantánamo: as frightening proofs for the *structural* and *symbolic* violence connected to asymmetric, binary definitions. *Diagnostics* also belong to this field of danger of asymmetric designations, especially if their terminological system, their "depth grammar" orients itself at the binary code of distinction. Usually, the defined can only face the power of these definitions of socially powerful persons and organisations by their powerlessness. This is often added by very low economic status of the defined, which does not enable them to flee the attributing instances; furthermore a lower socio-economic life condition generates the further stigma of poverty.

As a last form of exclusion from social community, *prevention* of disturbing stigmata through biogenetic and biomedical procedures should be mentioned briefly, which prevents the "being different" in an unwanted way before it takes shape – prenatally – it does not allow it to develop. Keywords on that are measures of PID, genetic manipulation, abortion etc. If one considers these forms of exclusion against the background of the above-motioned underlying gradation logic of social reaction to person being different, so it could be subsumed – depending on the ethical point of view regarding the determination of the beginning of human life – under the heading of the first group of "active killing".

Despite all the differences, the *forms of exclusion* described here consistently show similarities: They aim at

- an *objectivation* of people,
- *generalising* of a feature onto the whole person,
- the *deprivation of rights* of people for disempowerment, restriction of autonomy and heteronomy,

- the *control* over persons,

the results of which normally lead to "impaired identities" of the defined, stigmatised, discriminated, marginalised and excluded people.

#### 2.3.1.4 Impaired Identity

Following Goffman's thesis of "impaired identity" (cf. Goffman 1976) as a result of stigmatisation processes, Eickelpasch / Rademacher understand impaired identity as a personality state of "non-autonomous shaping of one's own life" (2004, 118 f.), in which the stigmatised individual heteronomously adapts his or her self, his or her "I" to the demands of the persons excluding him or her. Or – lacking orientation and being helpless, as "vagabonds" and "nomads" without participation in social life – they are pressed into a new casing without any resistance from their side.

Although there are some contradictory research result on the question of an automatic setting-in of an identity disruption of stigmatised people (cf. Wocken 1983, Grohnfeld 1976) – see also in the following under 2.3.2 the shown examples of non-impaired identity despite stigma and stigmatisation processes – the majority of the studies on stigma-identity thesis assumes that stigmatising attributions of negative personality features inevitably lead to massive endangerment or change of the identity of stigmatised persons, to a disturbance of the self-identity.

Such endangerments, changes or impairments can manifest themselves, amongst other things, in:

- Insecurity of behaviour, ambivalences and fears in interactions (inferiority feeling, depression, avoidances, contact disturbances, loss of contact),
- Conformism / over-adaptation (cf. Thimm 1975),
- A negative self-image.

Following Dederich (2001, 186-191), who refers to the remarks of Meier-Seethaler (1997, 270) for the thoughts mentioned in the following, we can understand these identity disruptions as results of a *denial* of satisfaction of mental and social basic human *needs*; they are

- *the need for devotion and care*: compassion, responsibility, solidarity and loving devotion,
- *the need for autonomy*: self-determination and self-determined lifestyle,
- *the need for recognition* (of the individual being-so and social recognition): estimation, benevolence, being pleased for someone, reassurance

- *the need for justice*: fairness, responsibility, sincereness and transparency, equal treatment.

The basic need for *recognition* is especially important for the topic to be dealt with here since recognition plays a central role in the generation and stabilising of the individual and social identity of the person. Similarly, Buber sees recognition and reassurance as core elements of well-balanced relatedness and humaneness: "In all social classes, people confirm each other [...] in their human characteristics and skills; and a society can be called humane to that extent to which their members confirm each other" (1957, 97 ff.). Also Taylor (1993, 13 f.) points out the special importance of recognition for a healthy self-identity by saying: "that our identity is shaped partially by recognition or non-recognition, often also by *mis*judgement by the others so that a human being or a group of people can really suffer damage, suffer a real deformation if the environment or society reflects a restricted, degrading or disdainful image of themselves. Non-recognition and misjudgement can cause sufferings, can be a form of oppression, can lock up the other into a false, deforming existence."

Ultimately, for Fukuyama the violation of the social-ethical postulate of recognition is the reason for the fact that abuse of power, omnipotence fantasies and grandiosity of the powerful with their stigmatisations of "the others" lead to the signatures of oppression, of excluding and the impairment of human identity: like the massacres of Pol Pot in Cambodia, the genocide of the Hutus in Rwanda, the anarchy in Somalia, the bomb assassinations of the ETA and the IRA, the wars in Kosovo and in Chechnya, September 11, 2001 in New York and Washington, the 11 March, 2004 in Madrid, the Intifada in Israel, Al Qaida in Afghanistan (and in the meantime on all continents), the war in Iraq and the resulting terror, and the now looming genocide in Sudan; all these cruelties are based on the non-recognition of the others. According to Fukuyma, since time immemorial, this happens only because people do not feel accepted by other people or are demonstrably not accepted with their peculiarities, are not respected and treated equally. It is exactly this ancient human need for recognition: We can also say in accordance with the Chilean neuro-philosophers Maturana and Varela (1990): the need to have an equal place beside someone else, the granting of which they also call "love". This motive to be recognised as a human being, as a being with value and dignity, who demands recognition of the value – what we call self-respect – as well as the terrible results as *reactions* to its non-consideration run through the whole history of mankind with the signatures of prosecution, oppression and termination. Degradation, "making someone look small", submission and annihilation are the means to force the respective other person to "recognise" the own human dignity and identity or gain recognition through violence and strength. Here it is to be stressed that these means nowadays are mainly only used if really non-recognition, domination and submission happened; so fight and annihilation comprise reactions to conquer back the denied own dignity while risking one's own life. If one considers the findings of depth psychology that the culprits have usually been victims before, who were denied love and recognition and later brutally take revenge on the others for their suffered insults and devaluations, then a lot of the unspeakable appearance forms of power abuse become more plausible. Seen in this light, many cruelties do not gain any legitimation, but they inspire reflections regarding joint guilt of those against which the avenging annihilation is directed, against their arrogance, presumptuousness and violation of self-respect. The quest for recognition is the central problem of politics since it is the origin of tyranny and imperialism and causes the urge to dominate others and cut their honour, their dignity; this is the dark side. At the same time, the pursuit of recognition forms the psychological basis of political virtues of courage, public spirit and justice (cf. Fukuyama 1992, 22): The last mentioned is an eminently important moment for the emergence and propagation of the socioethical-normative concepts of inclusion, which is to be elaborated on in the following. Also important for the development of the social inclusion concept is the fact that the fulfilment of the previously mentioned four main needs (*devotion and care, autonomy, recognition, justice*) has a socio-ethical dimension in the sense of a intersubjective and solidary responsivity, since the satisfaction of the needs is always bound to the cooperation, to the help of interaction partners, what was not the case in the attitudes, ways of stigmatisation and identity impairments elaborated so far .

As shown above, the reflection of the others, of the interaction partner is indispensable for the construction of the self-identity, for the process of self-fulfilment: on the one hand, to form the own self-image; on the other, to develop the skills for building up a balanced identity between the external expectations and the perceptions of self-identity. If the others permanently reflect the "non-values" constructed and discredited by them in communication, disregard, lacking respect, disdain, exclusion or annihilation, the identity is "impaired"; that means the concerned human being feels hurt, devalued inside, in his self-instance, because he believes to be a completely normal person, like all the others, too; because the experienced stigma – on which the refusal of recognition and the exclusion is based – is not part of his nature. I and I-ideal are split, unbalanced; the personality in its oneness and uniqueness (the identity), the own norm system, the *self-concept* are disturbed. Whereas sociologists use the concept of "identity", many development psychologists prefer the term self-concept instead; for them self-concept is a multidimensional construct, which causes in its material, social and mental references a system of attitudes against the own person (cf. Schmetz 1999, 139).

## 2.3.2 CRITICISM OF EXCLUDED

Supplementing other identity concepts, Frey (1983) added to his identity model an aspect, which was not considered enough from his point of view: the *processing aspect* of external social attribution – the *inner perspective* – of the negatively attributed, which is invisible to the observers, since they always judge behaviour based on their own lifestyle, as it was already established by Jaspers in his diary notes (1976, 140). Frey understands the internal aspect of the "self" of humans as a *reflexive* self-experience process, which firstly absorbs perceptions about how one is seen by the *other people* – presumed external image – and secondly contains the *self-interpretation*, like one sees oneself – self-image (cf. Frey 1983, 43 ff.).

External view and self-view as different perceptions and interpretations of world and reality are not only central contents of identity theories, but also cardinal topics of *constructivism*, the basic conviction of which is that we can only know about reality what the respective observer experiences himself and considers real and that perceptions of reality are always subjective (cf. Glaserfeld 1996, Watzlawick 1989, Bateson 1981, Maturana / Varela 1990, Luhmann 1999). Thus, if we construct our reality according to our perceptions and views ourselves, then it is indispensable for a mutual understanding and for a better coexistence of people to disclose the thinking and feeling about oneself (and about the other), so to speak allow access to the internal side in order to not be fooled by our vague speculations about the other and his differentness, about his "assumed" so-being corresponding to our views, which is imputed on him by us.

Such a conduct could perhaps advance to a theory "from the inside out" (cf. Eggert 1999, 58), on the basis of which it would be possible to "walk in the shoes of the other" (Rogers 1978), to make the empathic "experience of the opposite side" (Buber 1960, 41) and to come to an understanding coexistence of people. For such a way leading to each other, the explanations of epistemology of constructivism not only provide the relevant reasoning, but also possible tools (cf. Palmwoski / Heuwinkel 2000).

Whereas explanations of so-called objectivity assume that people and things (skin colour, mental abilities etc.) can be objectively recognised through perception or thinking and differentness therefore *is* individual, real features of a person, that means that differentness and the resulting unequal value must be seen as inevitable facts, the way of explaining of constructivism heads into a completely different direction, namely "that every observation or cognition is the result of an activity constructing reality". Statements of the observer about objects, entities, relations depend on biological, senso-motoric, affective-cognitive as well as social operations. According to it, there is – instead of one universe – the possibility of the construction of so many multiverses as operations of observing exist. The skin colour, the cultivation, the sex, the state of development, mental abilities, physical-emotional-mental impairments as aspects of differentness are from this perspective differentiation operations or reality constructions, which we produce as the observer living together with other observers. Also in the social handling of these aspects of differentness, the valuation of people we observe as being different is generated: as equal or non-equal" (Balgo 2000, 148).

Based on these constructivist explanation approaches of subjective perceptions, reality constructions and valuations, not only an extended understanding horizon can be derived from the following examples of self-image, of persons excluded by criticism, of impaired identities or people who in their reflections resist the negative attributions and stigmatisations, i.e. resist the valuation of others that they are unequal, but from them two ethical desiderates can be derived:

- the postulate for more, for a fundamental "double view", perceptions and valuations of both interaction partners about each other, and
- the postulate for reflection, responsibility as well as acceptance of plurality and appreciation of difference.

### 2.3.2.1 Self-Images and Self-Perceptions of Stigmatised Persons – Selected Examples

The following – subjectively selected – text pieces emanate from two types of text material. In the first group people have their say who express in already *published* autobiographical self-testimonials their thoughts and emotions regarding feeling of self-worth and their relations to society. In the second part of the documentation, sections of not published interviews with so-called disabled people follow, which I held in winter 2001 / 2002 on the occasion of a research project on the "social realities of disabled people in four central and eastern European countries from an autobiographical point of view", in the centre of which stood the exploration of the assessment of these people regarding their societal acceptance and their feeling of belonging to it, their societal involvedness as well as their social participation. Two short sections of interviews with German disabled persons – conducted by two students in 1999 – supplement these texts. The examples of these self-images are entitled *"Voices of excluded people"*.

2.3.2.1.1 Sections from Published Autobiographical Self-Testimonials

**Christopher Nolan: Under the eye of the clock (1993)**
*"And so a petty war broke out between a crippled, mentally healthy boy and a normal, hostile, secretly brutal, if sometimes also merciful world. Can I climb on artificial mountains (…). Can I overcome barriers established by society? (…) What can a crippled, worthless boy do (…), my disability cuts my social conscience, cancels my voice, invites to mock my smile and destroys my chance to be accepted to be normal" (1993, 12 f.).*

**Jürgen Knop: Let me be as I am (1995)**
*"The biggest obstacle to natural life development of a person with severe physical disabilities is, in my opinion, the lacking chance to develop self-confidence. Yes, looking back to my life so far, I would like to claim that I have searched for my identity only for the last couple of years. (…)But because of my experience of being dependent, the knowledge of constantly needing help, my ability to criticise developed minimally; I identified too much with my non-disabled helpers. In occasional outbursts of fury, I tried to compensate my held-back aggressions. (…) This process of awareness forming >normally< continues and leads to identity. Persons like us with severe physical disabilities only perform it to that extent care persons are not able to gain total control and keep it" (1995, 8 f.).*

*"That this <keeping incapacitated> is not contributing to building up a feeling of self-worth, is clear" (76).*

**Christy Brown: My left foot (w / o year)**
*"They looked in my direction, but – it was a* look of compassion. *I experienced then how bitter and crushing a look of compassion can be for a person like me, for someone who needs something else than compassion – a strengthening force which only real human affection can give the weakest hearts. (…) Now the self-delusion was over. But the most bitter finding was that I tricked myself into believing that my pitiful state had no importance, my >peculiarity< was only a personal preoccupation, which nobody else paid attention to.(…) I came to the belief except in my own perception there was no >difference< between me and other people" (75).*

*"My suffering was eventually not >incurable<. But something else could not be bettered – the lack of really >normal< human understanding and relatedness. No matter how well I could master my ailment, I would never be a normal individual, who lives a normal life. The old >difference< would exist forever. (…) If I could never be like other persons, then I wanted to be at least myself and make the best out of myself" (139 f.).*

*"If you let the perception of your – in comparison to normal children – >being different< take hold of your soul, it will continue to grow together with you till adolescence or eventually to manhood, so that this growing-up person will look at life with a soul, which is as disfigured as his body. Life becomes for him a reflection of his own >wrongness<, his own emotional pain" (158).*

**(R. Crossley) / Anne McDonald: Annie – Light behind walls (1994)**
*"A person is being judged by the things he says. Being restricted to words which are chosen by others deprives the severely disabled of the only means that remain to them to express their individuality. (…) Someone else has to jump to a new level of communicating with disabled people, since the speechless himself cannot do that. Failure to act is no sin. But the failure to let the doubt speak in favour of the disabled person is a crime" (82).*

*"I was totally devastated when Rosie's relative said that I would have been hit on the head if I were a puppy. I was used to rejection, but never before something has injured me so deeply. I myself wished very often that someone would kill me, but I thought that the others were not entitled to wish me death. I was especially hurt by the knowledge that people outside thought the same way about the disabled as the nurses in St. Nicholas. Today I know that most of the other people do not have such extreme views as Rosie's relative. They simply do not like it if we show up on the street" (90).*

**Franz Christoph: Deadly zeitgeist – self-defence against euthanasia (1990)**
*"My personality developed through perceiving everything as a disabled person. Why should I throw away over thirty years of my life, only to become something I do not know what it is. This would be an adventure for the adventure's sake. On the contrary, I do not want to adapt to>normality<, which I experience at the moment as being more and more aggressive and dangerous" (11).*

*"Normality, however, does not have to be defined at all. It is determined through selection" (131).*

**Birger Sellin: I do not want to be an "in me" anymore (1993)**
*"I really want that you know how it looks like inside of autistic children without touching on writing we have let's say such a fear which is incomparable can you imagine how it is to live in a social system which declares you insane forever it is the incarnation of such excrescences of elementary viciousness so that there is no description …" (81)*

*"I really want to be included into the lovable human society again that all can accept me (…) rubbish I am autistic the others are they are narrow-minded through massive education measures disgusting moral laws und concepts" (152).*

**Birger Sellin: I deserter of a well-behaved autistic race (1995)**

*„… I imagine a film in a way that it films the crappy facilities how we are kept like a herd of donkeys without brains and human dignity like non-humans opponents of society like leprous like enduring extraordinary felons I also want to show the autistic nonsense ways but I will interpret them and explain it to the people because every nonsense has a deeper sense like everything has sense with us …" (61).*

*„nonsense is nature like I am different we are also really angry mad types again excluded this time because we are so angrily extraordinary …"(87).*

**Donna Williams: I could disappear if you touch me (1992)**

*"I was stupid, retarded, spastic. I flipped out and I could behave normally. >Look at her, look at her<, they said about a child that was in their eyes either >retarded<, if I was namely in my own world, or >stupid<, if I was in their world. I couldn't win." (29)*

*"I had created an ego, apart from the self, which still was bound by crippled feelings. It became more than simple playing theatre. It became my life, and because I had to reject every admission of an emotional self, I also had to reject every admission that Donna existed. (…) At the age of twenty-three, searching for my self, I crept into this cabinet and closed the door" (40).*

**Donna Williams: If you love me, stay away from me (1996)**

*"For every memory they said to me that it was not my own life that I remembered. I was >insane in the brain<. I was >obsessed<. I had to >keep my mouth shut, or they make me shut up<. Eventually, I mistrusted my own perceptions, and the fear to express it as me myself became ever bigger. At the same time, this fear justified the compulsion to be everyone but not myself." (82)*

**Fredi Saal : Why should I want to be someone else? (1992)**

*"My disability has never been something questionable for me. I was it, and so basta! Equally, I could ask myself whether I want to be ME. Of course, I want to be ME – and my disability belongs to me." (23)*

*"Though that the environment planted a feeling of inferiority in me. Though it claims that this is the immediate consequence of disability; a mistake which was certainly not put in circulation by the disabled! Because that I cannot run, grasp, speak like other people, that's normal to me. No, I learnt the feeling of inferiority. The disabled are told from early age on that a lot of things are not their business.(…) In short, he finds out because of his being-so he is a human of lesser value. The poison of inferior valuing is so long given to the person concerned in homoeopathic doses, till he himself is fully convinced of his*

*inferiority. (…) The poisoned subconsciousness mocks his rational arguments." (233)*

*"But do we give the disabled the chance to grow and mature? Certainly not as long as we consider his fate as something terrible, sorrowful and pitiable. As long as we erect the ideal of the intact body and the healthy mind before him, we force him to the suicidal evidence that he is capable as the non-disabled other. All that remains to him is to pursue the absurd thought having to be someone else in order to be accepted. Since he needs recognition, not compassion which degrades him." (236)*

#### 2.3.2.1.2 VOICES OF EXCLUDED PEOPLE

**Voices from Romania**

**a) Discrimination**

*"Do you believe that society discriminates all disabled?*

On the one hand, *yes*. It discriminates. The *most unfortunate way* to discriminate the disabled is not caring about them. And society *does not care about them.* I believe that nobody cares about them in this country. That someone can live on a pension of 800,000 Lei, persons who do not work; that tells it all, doesn't it? Ah, that they grant them reductions for phoning or public transport, *that's politics.* You grant a person who cannot move reductions for public transport, *let us be earnest!* If we had a level like at the place of Mister [she meant Professor X, who participated in the interview], then it would be different, but so?"

**b) Disrespect**

"everything became infected, and they didn't heal me, also not the eyes, no eye drops, nothing, they treated me like spawn of hell, and that has left a deep, very deep mistrust in me, of, should I call it respectability, of, humanness, or should I call it professionalism, against, at some doctors, //erm// because they have let *me go blind*, only because I couldn't give them enough money, (…) I consider them criminals //erm//, I couldn't call them anything else, //yes// and after that the struggle with life began, //erm// what hurt me the most, 1951, when the authorities sent me to Focsani, they wanted to send me to an old people's home although I was only 16 then, and my parents refused to send me to the old people's home //erm//."

**Voices from Poland**

*"I understand, so, if it is about the state as an organisation or, or our local authorities, well, then one can only say that, that ...*

they left us to our own devices."

*"So in your opinion the state should do more concerning help for the disabled?"*
"Yes, and regarding hiring of disabled persons, well, because at the moment, well, because of the taxes all disabled collectives which provide protected jobs go bankrupt. And what chances do we have on the free market having such a high unemployment? Especially, when, well, it is clear that they treat us differently, don't they? Yes, we have no chances. It is clear if a healthy person and I come, well, then the employer will decide in favour of the healthy, doesn't he? Perhaps I would be a better employee because of ambitions of some kind, because I want to do it, if someone gives me a chance, then I want to use it. Well, but the non-disabled part of society doesn't have the view that often the disabled could bet he better and more thorough worker. Well, but because of one's disability, one is often worth nothing in the labour market (other persons are hired)."

**Voices from the Ukraine (1)**
"But to explain that is impossible. You only see a wall. And concerning authorities, I have talked to the mayor of the city, with one person or the other. I have asked to help me: with the curing, with university. The same wall again. We don't have places for healthy people, and now *you* want one, too? Only once a year there is financial help, and that is 10 hryvnias. That is about 2 US dollars. They thought that I need *that.* I tried to get in touch with the disability union. Some have dissolved themselves. Others have directors how are also disabled, but it appeared to me that those people did not hear me, to stick to the image of the wall. If people say to me: "You want to study, but we have people here who have no shoes," "Hey, what are we talking about? I understand that it's of course terrible. If they need this help I can help. I have used clothes at home." But they won't listen. You see, one not only needs material things in one's life. But they won't listen. According to them, the most important thing is to have something to eat and a roof over one's head. But I don't want to be a log of wood…"

*"All right, do you think that there is discrimination against people with restricted possibilities / with disabilities in society?*
Yes. I think so. Society has such an attitude."
*"In what way?*
They try not to see such people and not to help them. They think it is better to help the healthy, because they can bring more profit. And we stand somewhere on the side. The principle is: It is already bad without you and now you come, too. But we are ready to help. Normally we are thick-headed. Do you understand? Society doesn't want to see us. You say: "I am willing to help." I am a secretary, I work on documents, I can help you. The one thing is to bring work home to me. But what for? There are thousands of people who have lost their work, but those people can find other work. But we can't do that. If they don't listen to us. But they don't want to listen to us. And *that* is the discrimination. They don't beat us, don't insult us. They simply don't want us."

**Voices from the Ukraine (2)**

*"Please state if you feel like a person with restricted abilities or like a disabled person? How do you assess yourself?*

Actually, I don't assess myself at all. Only in this moment, I feel, as it is said, as a adequate human being.*//hm//*, that is no repression; but I know about all problems, know the full extent of what is connected to seeing, with disabled, with stereotypes in society *//hm//*. Sometimes I meet them, but now less *//hm//*. Actually, my status is much better than before, *//hm//* because I do a doctorate, people don't ask such stupid questions anymore, *//hm//* as if I still were in school. I feel as an adequate human being because I have friends. *//hm//*. I have my favourite occupation, ehm *//hm//* I have been working with clients for years. Ehm...I have worked in the basis centre of social service for young people, for the state, so to speak, but then I let it be. I also have a girl-friend, I have, i.e. I feel in this moment, how can I express it with words...*//ah so//*."

*"Good. Zenja, please tell us if other people consider you a disabled person or a person with restricted abilities? Do they consider you as a person with handicaps? What do you think?*

No, in this stage I can say that all people consider me as equal, and sometimes even higher than equal *//hm, hm//*. Why? Because the whole life..., so, as I saw I was granted concessions (bonuses), I have, I can say, stopped it, sometimes very strictly. That was at the university and in the family, and in relations, relations with friends and girl-friend. That was...that is not right, the way I did it. It was so that I was too brusque. I understand that the complex to "live on the expense of others" does exist and that it develops quite well. If you get "reductions", if they say that you cannot do everything, you get used to it, adapt to it and live that way. And in society they live that way actually and society itself, too. But this is bad for the people, and also for society. No matter from what side you look at it, it is better for society, especially economically, if people work somehow and do something. That's why I interrupted all those privileges. In my relations, too: "You cannot, cannot cook." "Good", say I. "I invite you today to, let's say, lunch!" So. So she came and I backed e.g. an apple cake by myself. She became wide-eyed. *//aha//*"

**Voices from Hungary**

"And there *aren't any* possibilities. The switch boards are almost entirely eliminated. If there still is a *big telephone exchange* somewhere, blinds are not hired anymore. Although it would be much better fort he companies, since the blind would do their job and wouldn't read novels. So: that is discrimination."

*"What's your impression, do politicians on the local and state level care enough about disabled people?*

"(laughs)...perhaps not, perhaps they don't know them well enough. I don't say that they haven't heard about it. But having heard something and to spend some days amongst us – I don't say to live, because when should they fulfil their tasks – that is something different. And by amongst us I not only mean physically disabled, but every kind of disability – that is something completely different than to know something. The physically disabled need e.g. a barrier-free environment and bigger WCs and hand rails. But how it should be barrier-free, how big a WC should be, and where the door should be placed and the handle: the poor politicians, how should they know if those who don't live amongst us, don't deal with us, either personally or through representatives. *//mhm//* Only if someone sees it really, or tries it personally, yes, really, so it works, then you can really do it. But if the representative has never sat in a wheel chair ...Well, so the politicians don't have time. But perhaps a *representative*. But as long as they don't make the experience – if only indirectly – they can't want the things. They hear that the (disabled) exist, and that they need barrier-free environments *//mhm//* but how, they have no clue. And perhaps it doesn't matter that they don't want it. They can't do that *//mhm//*".

**Voices from Germany (1)**

*"Because you said you are disabled many times – how would you describe your disability?*

That I can't tell. I was talked into it. I had to go to the EEG several times, before the wall came down, as a child in that hospital. There they wanted to analyse what caused my impairment – through lack of oxygen, because my mother lay 36 hours long. I was stuck too long with my head in the pelvis minor, and a small part of me, my nervous system, suffered oxygen deficiency. A part of my brain was squeezed and the natural oxygen could not pass and so it happened."

*"Do you feel yourself as disabled?*

Well, so...well, I am... actually I don't feel ...no, nowadays you say actually; mentally disabled is normal. I mean every person has positive features. Every person also has its weak points. I have to accept my weak points, clear. By the way, I don't feel disabled. I don't dare to say it, because I think that it is egomaniac or so. Actually, I don't feel disabled. But others make me disabled, e.g. my parents. You know, they make me disabled, because over decades they instilled it in me again and again. Only because my EEG findings told that, supposedly. I have already made up my mind there. Only, you can't write it down in your report, what I tell you now. That my doctor, that she just could have fantasised that, my neurologist. Because, before the wall came down, the motto was amongst doctor colleagues: Dog does not eat dog."

**Voices from Germany (2)**

*"What was it like in school? You went to school till last year. Please tell us about your time in school, graduation from school and also the contacts, friends etc. Then you were in a boarding school. Please tell us, e.g. how long?*

In the Sweden school, I was – that's near Freiburg. And the hearing really discriminated me. I was really sad about that.
*Why were the hearing there?*
No, school for the deaf. But my teachers, or other people... So, it was really a hard time for me. It wasn't a nice time in school for me. A lot of people discriminated me and said nasty things about me and I also had very few contacts and that was a pity. And I always preferred to stay at home with other hearing. With deaf, I didn't like that in a way."

**SUMMARY**
Most of these records of self-perception and self-valuation document elements of identity impairments or characteristics of massive identity endangerments, as they have been described above regarding specific symptoms.

In the remaining text sections, also clear identity strategies became visible – mostly through objections against external valuations (cognitive level) and through resistance actions, which question the plausibility of the external attributions (action level) – through which apparently non-impaired identities could develop despite stigmatisations, that is which made the preservation of a positive social self and a stabile private self possible. Here, an example for authentic identity seems to have succeeded because of a successful balancing act, a successful mediation between the "images": the self-image, the assumed external image as well as the real external image of the others. However, it must be pointed out that all previous written identity presentations not necessarily show the "true" self reflected in them, since this descriptions a re not exact image of identity. But they may well be regarded again as expression of self-protecting identity strategies, e.g. through covering up of unpleasant experiences, through blurred perception or through over-stressing of special own qualities or achievements etc. Regardless of these problems, the findings of Grimm are valid: "In people who we declare as disabled, we are often confronted by personalities who can deeply impress us by their intensity of living, will power and social abilities. They make us aware that the human being is not only his body, but has a body he deals with and which he can embrace to a lesser or larger extent, comparable to a musician, who plays an instrument. That's why our own live condition does not belong to us as a passive given fact, but it proves to be an individual sense orientation, as a starting point for our biographical task" (2002)

### 2.3.3 LOGIC OF EXCLUDERS

Whereas in ancient times the philosophical teachings of Kalokagathos – represented by e.g. Aristotle – and in the Middle Ages the Catholic-theological views of God's order and their sanctions or the protestant predestination teaching delivered the scientific-rational legitimation of exclusion and segregation of "persons being different" and "differing persons", so in modern times scientific movement of Social Darwinism and Eugenics, and in post-modern times the biomedicine, the gene technology and the preference utilitarianism took over these functions of explaining social restriction and exclusion processes or normative settings and justifications for living together in society (see also chapter 2.1.2.3).

#### 2.3.3.1 Social Darwinism

In the 19th century Charles Darwin found out that only those creatures who adapt best to the living conditions in nature have the best reproduction opportunities and they displaced the worse adapted. In his evolution theory "On the origin of species by natural selection", he concluded in 1859 that selection as a fight between the strong and the weak over millions of years was always won by the biologically strong – that is the creatures with the strongest health, high powers of self-assertion and strongest vitality – and most of all that their genetic make-up was passed on to following generations.

In the zeitgeist of the 19th century oriented towards natural sciences, this descendants teaching fell on a fertile ground regarding social and societal politics, especially since Darwin himself applied his evolution theory in his work "The Descent of Man, and Selection in Relation to Sex" (1861) to human society. The thoughts of the philosophical movement developing from it of Social Darwinism were also shared by Friedrich Nietzsche, who massively attacked Christianity because it was an advocate for the weak, ranking low in social class and impaired people; this he castigated in his work "The Antichrist": "The weak and the misshaped should perish: the first sentence of *our* philanthropy. And one should even help them in it. What is more destructive than some vice? – The compassion with all the ill-bred and weak – Christianity…" (1969, 1166). With the thoughts of Social Darwinism, one could perfectly distinguish between the "valuable" individuals and those worth supporting on the one hand, and "the inferior" and weak people on the other hand. Additionally, the later are a "genetic" burden to the power of society and they also cost a lot of money.

Based on these thoughts, it was not a big step to the consequences to be drawn from these valuations of help reduction for the weak or their elimination under the heading of social hygiene, above all regarding the aspect of economic burden taking more and more shape. So the representative of social hygiene, Prof. Kaup, wrote a paper in 1909 entitled: "What are the costs of inferior elements for the state and society", in which he criticised the financial funds for 75,000 inferior cripples (Kaup 1913) and was only one example for multiple publications, which made the economic harm though benefits for underachievers an issue and denounced it massively referring to Social Darwinist thoughts.

In connection to the teachings of Eugenics developed in 1883 by Francis Galton – a cousin of Darwin – which aimed at the targeted intervention into evolution in favour of promoting the most desired genetic dispositions and eliminating the negative ones – i.e. to breed people – Social Darwinism must be seen as the breeding ground for theory and practice of "race hygiene" of the National Socialists in the Third Reich. By these theoretical constructs, the Nazis got their scientific legitimation first for restrictions of social services and later for the annihilation of so-called "non-Arians", by which they could sentence people to "death because of insufficient ability for social life" (cf. Thomann 1994, 20).

This body of thoughts already propagated by, amongst others, Platon and Thomas Morus of biologistic utopias of genetic health through artificial selection or disposal of genetically deviating "degenerated" (that means not corresponding to the socially defined type) individuals (cf. Bayertz 1987 and Grassi 1979) seems not to have been overcome completely even today. There are a lot of intellectual efforts in philosophy and natural sciences, where the right to live is questioned and denied, e.g. for severely impaired persons, or the financial and social caring for the "weak" and "those in need of help" in the sense of economising the social is questioned.

#### 2.3.3.2 Biomedicine, Biotechnology, Gene Technology

The fast further development of molecular biology as well as the enormous progress of genetics and the gene technology to decode and map the human genes let – in a new form – reappear two old dreams of mankind:

- on the one hand, the eugenic breeding utopias of selection and control of human recreation existing since the times of Ancient Greece and the connected ideology of "healthy" life in form of capable, fit people,
- on the other, the realising of general "makeability" of life by humans, which through e.g. cloning and other new biomedical procedures are close at hand now.

On the basis of a changed scientific-empirical line of justification of molecular-biological knowledge and procedures now – in contrast to the way of thought of race hygiene of Ploetz (1895) – through the back door an eugenic thinking "cleaned" from national-socialist thoughts gains adherents again regarding population politics, this time established as "wealth and progress eugenics" (cf. Altner 1991, 22).

These genesis and omnipotence fantasies are favoured through the increasing detachment from religious norms and the formerly closely connected orientation towards ethical bonds – like e.g. "Sanctity of Life" ethics of Albert Schweitzer – as well as through the nations-spanning dimension of eugenic way of thought and research procedures. They take shape in the Human Genome Project, the European research program on predictive medicine and some thoughts of the bioethics convention of the European Council from 1995 (Convention for the Protection of Human Rights and Dignity of the Human Being with regard to the Application of Biology and Medicine) regarding the research opportunities on persons not able to give their consent.

Even if this convention according to its title puts the protection of rights and dignity of human life into its centre, still – despite very large restrictions – extensive interventions into human life are basically made possible, which eventually are legitimised by genetic hygiene and motivated by population politics and want to prevent ill and deviating genes by negative eugenics. This can be done by prenatal diagnostic procedures like in-vitro fertilisation or through gene diagnostics via amniocentesis by which genetic deficiencies can be determined. The ethical consequences connected to this technologies of a decision of parents pro or against the birth of a child with "genetic flaws" as well as the economic and socio-political consequences also connected to that again and more drastically put into the centre of discussion the ethical dimension and legitimation of prevention and selection, of availability of life, of human dignity and of a financial allocatability of human life. Meant here is the resulting neo-eugenic cost-benefit debates documented e.g.

a) in dissertation on economic cost saving by Stackelberg granted 1982 the health economy prize of the Federal Minister for Work and Social Order, who recommended in it to carry out genetic counselling and prenatal selection to prevent the resulting burden of annually DM173.3 million for the life-long caring of disabled children (cf. 1980),

or

b) in the proposal of public servants of the Bavarian justice department to introduce mandatory examinations for pregnant women to save DM7.3 million for every non-born organ-impaired (disabled) child. If it is diagnosed, the community of all health insured would then contemplate whether they are still ready to – in case of "own fault" of the parents letting happen the birth – to finance the "avoidable luxury" of a child suffering from a hereditary disease (cf. Hirsch / Eberbach 1987, 345 f; Klee 1990, 49 ff, cited after Mattner 2000, 124).

The panels established for the discussion of these problems of prenatal diagnostics and its broad individual and societal consequences, e.g. the human-genetic counselling centres in Germany (since 1972), the German ethics council, the enquete commission "Chances and risks of gene technology" (1987) and other groups have prepared differentiated position papers on that, which are discussed controversially.

Also the unsolved question of handling of not needed foetuses generated through insemination technology as well as the valuation of the artificial production of stem cells belong to the ethical question of the biomedical and gene-technologic working fields growing rapidly reminding of Goethe's "The Sorcerer's Apprentice": Is the human having the corresponding knowledge power of post-modern times now "the master of death and life"? Are humans allowed to take the "empty place" created by them, which formerly took God, in order to fulfil their omnipotence fantasies as the creator of their reproducing self?

Bitter opponents of the biologisation of social questions are not only representatives of theology and congregations, but also those researchers, who think that the causal explanation of genes as cause and single reason for social weakness, physical, intellectual and mental "inferiority" or disability has not been proven. They attribute more importance and effects to environmental influences (interaction, ecology, society) as influencing factors for the human development as to genes and stress the coexistence and interleaving of *maturing of dispositions* and *socially imparted learning processes* as a source of successful individual and social development. Representatives of such a *biopsychosocial* view regarding successful human individual and social genesis and balanced identity are, amongst others, system theory, the cognition sciences, the pedagogy as well as neurosciences, which reject from an professional and ethical point of view the utopias of molecular-biological research interpretations and of human genetics – the creation of a genetic-qualitatively perfect human by optimising the biological disadvantages of the body. They are against the influencing of and interventions into human life, since they are aligned to quality criteria and quality requirements like "free from suffering", „ability to perform", genetic risk avoidance and finally the reproduction of the ideal human being. The fact that biomedicine and gene technology is in addition about international billion-dollar deals makes the (secret) power struggle for the "resource human" even harder or lets the question about the (real?) motives of research and their political and economic protagonists regarding the eugenic direction of fighting illnesses and their legitimation for control over the body appear even more radical and see the "bio power" (Manzei 1997, 49) more critically. (on this thought, see also chapter 2.1.1.3)

 

### 2.3.3.3 PREFERENCE UTILITARIANISM

Beside the previously explained natural-scientific legitimation concepts of exclusion or killing of people non-complying to the norm, the philosophical position of preference utilitarianism of the Australian representative of bio ethics Peter Singer gained importance recently, mostly regarding the exclusion of somatically and genetically impaired and intellectually handicapped people.

On the basis of the classical utilitarianism established by Bentham and Hill in 18th century, which bases moral decision on reason, impartiality as well as the principle of reducing displeasure, maximising pleasure and utility and on the "principle of the biggest luck of the biggest number" (Bentham 1988), Singer developed in his book "Practical Ethics" (1984) the variant of preference utilitarianism. This philosophy bases the interest considerations for action decisions regarding the *live worth* on certain categories and criteria, by which people who correspond to these criteria are preferred, have priority, i.e. get *preference* against those who do not fulfil these quality characteristics. The consideration is done according to the principle to consider the interests of all stakeholders under the aspect of the "best consequences" for all persons concerned (cf. Singer 1984, 24).

As quality criteria, Singer determines the categories "ability to suffer" and "value of life", but the latter he basically does *not* see answered by the general and irremovable dignity, the holiness of life and the argument of belonging to the species human, but he establishes specific quality criteria for being human. This is above all the *person* status which is only attributed to humans, in whom self-aware, self-control, ability to relate and communicate, reason, ability to select and autonomy can be recognised (ibid.104 and 115), i.e. intelligent, self-aware individuals. On the other hand, non-self-aware beings are for Singer *no* persons; they are beings without personal characteristics, non-persons, who are not granted preference regarding their life existence, their right to live in comparison to *persons*. He denies the "non-person" the right to live, since it has no inherent value. The consequences resulting from this argumentation are found in following core statements:

> "So it seems that the killing of a chimpanzee is worse than the killing of a severely mentally deficient human who is no person." (ibid.135)
>
> "The core of the subject is evidently obvious: The killing of a disabled infant has not the same moral significance as the killing of a person. Very often it is not wrong at all." (ibid.188)

This hedonistically oriented ethics

- considers human feeling as objectively off-settable,
- operates with a arbitrarily determined person concept,
- ignores completely human subjectivity,

- does not consider that all what society stigmatises as pathologically ill or as deviating from the norm is really a societal-socially produced phenomenon (cf. Foucault 1999),
- bounds granting of dignity to the corresponding ability to experience

and claims for itself the power to deny people the right to live who according to their definition have no corresponding "person certificate" in case of conflict of "consideration of goods and interests of being happy" for negative prognoses of the expected living qualities in favour of the privileged, preferred "persons".

How far this argumentation reaches or how big the randomness and relativity of the interpretation of "happiness" and increasing of the total happiness is shown by Singer's thoughts of legitimate killing of a suckling with so-called negative prognosis in order to get the chance for the birth of a "replacement child" with perhaps better constellations for a happy life for the new child and the parents: Meant here are parents of a child with haemophilia (1984, 185). With this further preference-utilitarian legitimation figure, with this "replacement argument", a kind of replaceability of life is seen as a given fact. The mentioning of this medical impairment image as an argument for euthanasia makes visible the huge danger of a "breach of dams" regarding a life availability, especially euthanasia recommendations are fuelled through cost-utility-thinking and an economisation of the social is abetted: "Because we do not think that new-borns have an inherent right to live, we consider it right if a community decides to use the existing funds for tasks, which are more urgent than care of disabled new-borns whose parents are not willing to care for them." (Kuhse / Singer 1993, 246)

### 2.3.3.4 Conclusion

The borders between the humane concept of help and therapy for weak on the one side and the omnipotence insanity striving for perfection on the other seem to be dissolved in the latent and also manifested (under)ground lines of the previously outlined scientific positions; the philosophical delimitation option makes it possible to discuss the "disposal of the social question" (Mattner 2000, 152) by interventions into human life or its prevention or annihilation. The philosophies / ethics of Social Darwinism, the bioethics and the Preference Utilitarianism do not serve as a general protection area of inalienable human dignity, they do not include all beings with a human face anymore, but they select, segregate and exclude on the basis of normatively charged quality criteria and negotiable consideration of goods and correspondingly legitimate the research of natural sciences like biomedicine and gene technology. They exclude and make humans objects of disposition and treatment by the powerful:

of the knowing and of the economically ruling. This can only be stopped by political-democratic and socio-ethical-normative measures by basically equal and participative involvement (inclusion) of all citizens.

## 2.4 "Recognised Subjects – Or: Acceptance" / Resource Orientation And Self-Determination

**Vanda Hajkova**

### 2.4.1 RETHINKING PROCESSES

The roots of different self-determination movements of physically and mentally disabled people can be found in the 1960ies. At this time people with disabilities in western European countries started to demand self-determination; they resisted exclusion and discrimination. Criticised was also the restrictions of the opportunities of self-determination of disabled persons, which resulted from the dependence relations of institutional provision structures of disability help.

At the same time there was a change in the perception and in dealing with disabled persons in the field of disability pedagogy, special education and special pedagogy. The old practice of custody and promotion was questioned. New conceptional guide lines based on scientific findings were expressed in paradigms like normalisation, integration, deinstitutionalisation and self-determination. All this led to an improvement of the living situation of disabled people and to increasing opportunities of their self-determination.

The "cultural revolution" of 1968 also brought the changes in the conditions for identity forming of people. During neoliberalism, individuality, plurality and liberality stressing a generalising entitlement were demanded. During the time of late modernism, the importance of social practices increased. The societal development influenced also the situation of disabled people. People with disabilities were not denied access to the body of ideas of the neo-liberal society anymore; they began to organise themselves and fought against discrimination and societal segregation. The self-determination movements were accompanied by paradigm changes in the field of pedagogy and psychiatry. New scientific findings contrasted heavily the dogmas of "endogeneity", "being uneducable", "non-intelligibility" and questioned them.

Following Hähner (1998), we can describe this change by a transition from "custody" over "promotion" up to "self-determination" (cited after Bartuschak, 2002). While the new "pedagogic optimism" boosted "rehabilitation", promotion and therapy, in which the passing through a "chain of promotion" should adapt the disabled persons to "normal" society and enable integration and acceptance for them, the self-determination movements of disabled persons strongly pointed out that this process was the real basic problem of disability. Because of this reason, this practice was rejected.

The problem of so-called 'isolation careers', which begin with entering the early support and are continued via special kindergartens and special schools up to work shops for the disabled, is also perceived by the professional public. In this connection, self-determination of disabled people gradually gains importance. This development can be visualised by means of the chart of Hähner:

| Model | Time | Common image of man | Professional orientation | Methodical orientation | Corresponding institutions |
|---|---|---|---|---|---|
| **Custody** | 1945 up to 70ies | "biologistíc-nihilistic" image of man; equating mental disability and illness; the disabled person is a patient | Primacy of medicine | Caring, protection, keeping | Institutions and psychiatric hospitals |
| **Support** | from the 60ies on | Humans with disabilities as defective beings – deficit orientation: human as the sum of motoric, cognitive, social and emotional capabilities | Medical-(functional)-therapeutic trends like remedial gymnastics, ergotherapy etc., special education, pedagogy for the mentally disabled | Support, therapy | Special facilities |
| **Self-determi-nation** | from the mid of the 80ies | Humans have the ability of self-regulation (humanistic view); humans in their social and environmental relatedness (eco-systemic view) | "Depedagogisation" ; social-pedagogic orientation extended by new curricula | Empowerment, dialogic accompaniment, Adult education | Integrative kindergartens, schools, ambulatory help (forms of assisted living), open help |

Fig.: From custody via support to self-determination (Hähner in Bartuschak, 2002)

### 2.4.1.1 THEORETICAL FOUNDATIONS

One of the first definitions of the concept of self-determination, which is to be found in the dictionary, is "possibility and ability of the individual, society or the state, to act freely according to the own will and design laws, norms and rules of acting self-responsibly" (Lüpke / Voss, 1994, 1-10). In the following we introduce the most important theoretical schools, which have influenced the development of the concept of self-determination and the self-determination movements in Europe. They are *liberalism*, *communitarism* and the *system theory*.

*Liberalism* was an important school of thought in connection to the emergence of new notions of responsibility of the individual for the realisation of individual interests under the conditions of market economy and the forming democracies in Europe in the 70ies and 80ies of the 20th century. Liberal principles were taken over into social policy from economic liberalism (A. Smith), in which they have taken more or less radical forms in the balance regarding the determination of the limit for the possible interventions of the state into market economy and civic society. In the most extreme branch of liberalism, the task of the state was reduced to the role of the guarantor and "supervisor" of the general wealth, which can be best guaranteed if every individual is allowed to pursue his own needs without restrictions. Any state intervention into the functioning of the market or society was rejected by this extreme school of thought. The more moderate liberalism stressed that the state should support the endeavours and the freedom of the individual and of social groups and at the same time admitted that the state can intervene positively if it helps persons who are not able to care for themselves, what serves the public good.

The classical liberals saw the market as a means of emancipation of the individuals, which leads to the improvement of their characteristics, mostly of his endeavours, industriousness, self-responsibility and of relying-on-oneself. Without negative state intervention they say, the market leads to the fact that the individual who takes part in it develops an inner self-regulating mechanism. At the same time the market is the most adequate opportunity for the advancing of every individual in society, and if the individual is faced by a difficult situation, it is not the fault of the market system, but of the individual himself. Liberalism has not denied that in society there are ill, old and – concerning work – disadvantaged people. According to the liberal theory, the family should provide social security and it should compensate the lack of non-working on the labour market. A way out for low-income families, liberalism sees in the help for the poor, provided mostly by communities and the church. In hindsight, the liberals became aware of the necessity of at least a minimal social protection of the individual in society while respecting the principle of general wealth. An important concept in liberal theory is the notion of justice. The liberal justice concept and the social role of the state, which controls social equity, totally diverge here. For the liberals, the free market is the tool of justice, the inequality of people themselves is not unjust for them. It is simply the result of what different people have achieved to gain from their freedom. Inequality is right if it contributes to economic growth, which then also guarantees the increase of the living standard also for the weakest. Through that, productive and rich members of society can indirectly care for the needy and the poor – also without an existing social state, which practically would devalue the market principles through social corrections. Based on the justice concept and the task of the welfare state, two schools of thought have developed in the scope of modern liberalism after World War II: *orthodox* liberalism and *moderate* neoliberalism. The most known representative of *orthodox* liberalism is F.A. Hayek (1899-1992), important economist, but also social scientist of Austrian origin, received the Nobel Prize for economy, who emphasised in his works the emancipatory character of liberal individualism – respect for every individual human being, recognition of his individual views, preferences, gifts and talents and his freedom and autonomy. Even the economic basic security, which Hayek regards as important for the individual, has no higher value than the value of human freedom and autonomous choice. He is a decisive opponent of socialist ideas, especially of the concept of "social", smacking of distributive justice. In the question of rejecting of the "presumption of equity" and in the question of social policy and the redistributive role of the state, also other representatives of liberalism – Nozick and Buchanan – had the same views as Hayek. Beside the liberalistic orientation in the 80ies (period of the so-called crisis of the welfare state) the thoughts of the *moderate* neoliberalism began to take hold, the followers of which were willing to compromise in the question of evaluating state interventions into market economy of individual countries in an effort to keep in touch with reality. They interpreted social justice more broadly, not only in the context of functioning in market economy and of services, but also in the context of equal opportunities. As representatives of these liberal thoughts, John Rawls and Ronald Dworkin are to be mentioned. Rawls justice theory met broad response in social sciences in Europe also outside of the Anglo-Saxon counties. Rawls formulated the basic conditions for justice as follows: equal freedom for all citizens, non-partisan equality of chances in the public sphere and equality of richness, whereas inequality is only permitted if the poorest receive a contribution for reaching the minimal standard of life. Rawls calls justice the basic virtue, which must be respected by all institutions in society. Similar to him, Dworkin understands justice as the equality and respect for the individual's rights. His main idea requests the state to have the same respect for all citizens and to indiscriminately respect their individual rights. For the self-determination movement, the "trend wave" of liberalism at the end of the 20$^{th}$ century brought an activating orientation to own just objectives (amongst others, implementation of the rights of disadvantaged persons to participate in the labour market) and to processes leading to social recognition.

Under *communitarism* we understand a school of thought, which developed in the 80ies of the 20$^{th}$ century mostly based on its dealing with liberalism. In contrast to some liberal views, human beings are not considered as isolated individuals, because they are born into society and therefore depend on it. So the representatives of that movement, which did not form a uniform or limited group, emphasised the dependence of the individual on society, they were against too strong an individualism and egoism. In the scope of this school, individual interests were pushed to the background, stressed was society and corresponding community values. Furthermore, it was postulated that most people wish for a turning away from ways of behaviour dictated by the market, the general happiness was more important.

The evolvement of the individual was not completely frowned upon, but it should not endanger the community. Inequalities amongst people in the different fields are acceptable, but they should not lead to inequalities in other fields. This goal – although difficult to reach in practice (because e.g. economically privileged gain more influence) – should be strived for intensively. The communitarists are convinced that the principles of justice are established only through certain, commonly shared societal moral views and traditions. The community with its language, culture, religion and other values provides the basis that the principles of justice can be negotiated at all. Representatives of communitarism are, amongst others, Walzer and Etzioni.

A lot of theoretical starting points for the creation of the concept of autonomous living of disabled people in the context of their environment can also be found in the *system theory* of Niklas Luhmann. Luhmann's starting point is systems, he sees the whole society and also the social groups as well as relationship between two people as a system. The individuals are elements of this system. Luhmann talks about self-regeneration of systems, their self-socialisation and self-reproduction. According to him, there is no certainty regarding the behaviour of the elements in a system; every interaction is different and therefore diverse, that is non-predictable. The single elements within a system must constitute the togetherness; they must make sure that the system does not break apart. A certain stability, a unity, must be accomplished. The elements themselves achieve that through self-socialisation and self-regeneration. That means the elements are constantly in a process of self-regeneration, they constitute the entity and are constituted through the entity. Every system has an environment and it must cope with the environment. Regarding time, social systems come before elements. They are there, the individual comes always into them and therefore has to find his place in the respective system, has to act there and react. A social system consists always of actions and the subject enters the system through his actions. The development of the components or the development of an individual can only be understood in coping with his environment, in living together with other people. Regarding the process of self-determination movement, it is clear that, of course, every disabled person is part of the systems (of a society, a family, a school class). These figures develop their own quality by involving every one of their elements in setting up rules, interaction and communication forms; all components are equally important and meaningful for the entity. Here nobody is segregated, but the disabled person is part of the system. Since if you segregate someone, then he is indeed discredited or stigmatised. This is unthinkable for Luhmann: The parts constitute in the entity and through the entity. And the entity is always normal and disabled at the same time (cf. Eberwein, 1996). In this sense, the self-determination movement of disabled people is not only a question of humanity or of equal rights, but it is fundamentally necessary for a society as a system.

### 2.4.2 CONCEPTS AND DEMANDS

#### 2.4.2.1 NORMALISATION PRINCIPLE

In connection to this change, new practice models were developed. In 1959 Bank-Mikkelsen formulated the basic idea of the *normalisation principle*. Normalisation means to enable mentally disabled people to have an existence as normal as possible or, according to Nirje (cf. Bürli 2004), to enable for them forms and conditions of everyday life, which are as close as it is possible to the ones of broad society. According to later interpretations, the normalisation principle characterises the situation if for all people with mental or other handicaps life patterns and everyday life conditions are created which correspond to the usual conditions and life situations of their community or our culture or come as close as possible to them (cf. Nirje in Bürli, 2004). The normalisation principle can have different objectives and effects on different levels (of the individual, community, society etc.), for instance: respect for the individual, acceptance of self-determination and of personal property, rejection of the disability categories, support of social networks, social participation through education, integration in and outside school, decentralisation and deinstitutionalisation, choice and participation opportunities for disabled people, self-help movement, adequate laws etc.

#### 2.4.2.2 INTEGRATION

Beside the normalisation principle, in the 80ies the concept of "Integration" was developed, which strived for the abolition of the societal exclusion of disabled people. It would be misleading to understand integration as the setting-in of disabled persons into inherently excluding conditions. Following Feuser (1996), we can define integration as follows:

„[…] the unrestricted participation in all regular education, school and training offers in such a way that every person is allowed to learn everything its way and receives the help which is considered as required for that in the cooperative togetherness of disabled and non-disabled people. No type and no degree of severity of a disability can be a criterion for excluding a human being from that legitimately" (Feuser 1996, p.28).

Although Feuser expresses his basic understanding of integration regarding the education system, this view can be extended to all fields of society.

A decisive role in this development played the psychiatry reform in Italy, which started at the beginning of the 60ies. The abandoning of the practice of institutional segregation was supported especially by Basaglia, who pilloried psychiatric institutions as "institutions of violence". Their societal function, he criticised as an instrument of segregation; he questioned their effect on the inmates as well as the position of the psychiatrist. The latter becomes a "satisfaction criminal" by blurring – as "technician" serving the ruling class – the function and the effects of the institutional segregation, attributes both to the defect of a person and justifies and explains that. Depsychiatrisation and dehospitalisation endeavours existed also in other European countries. At the beginning of the 80ies self-determination as the guiding idea in work of disability pedagogy gained more and more importance in the western European countries; disability became a topic as social dependency. These successes are also owed to the engagement of disabled people.

#### 2.4.2.3 INDEPENDENT LIVING

In the 60ies and 70ies of the $20^{th}$ century, at the same time, self-determination movements of disabled people developed in several European countries. In the scope of this development, disability and restrictions of self-determination opportunities were not considered as an individual but as a social phenomenon, what could be seen in their activities. *The Independent Living Movement* (in the course of the 70ies in the USA) set itself the goal to enforce basic civil rights also regarding self-determination of people with disabilities, where the conditions in society necessary for that had to be created. Furthermore to be changed were the attitudes and ways of thought of the public, of the concerned themselves as well as of the professional aides. Dejong (1982) contrasts ways of thought of traditional "rehabilitation" with those of the Independent Living Movement:

| | *Rehabilitation paradigm* | *Independent Living Paradigm* |
|---|---|---|
| *Problem definition* | Physical restrictions, lacking ability for vocational training | dependence on specialists, relatives etc. |
| *Place of problem* | the individual person concerned | environment, rehabilitation process |
| *Problem solution* | specialist treatment by doctor, physical therapist, occupational therapist, careers adviser etc. | Counselling by people also concerned, legal counsel<br>self-help, control through disabled "clients", reducing architectural barriers |
| *Social role* | Patient / client | "customer" |
| *Who is in charge* | Specialist | "customer" |
| *Desired outcome* | most possible abilities regarding activities of everyday life, professional life | Independent Living<br>( = autonomous living) |

Fig.: Contrasting paradigms of rehabilitation and Independent Living (Dejong after Bartuschak 2002).

Rehabilitation in the outlined sense was rejected by the Independent Living Movement. The movement considered not the physical handicap as the actual restriction of self-determination but the dependence on inadequate social and spatial conditions. In contrast to that, the defect-oriented thinking in rehabilitation was the result of the fact that specialists attributed the problem only to the person concerned. The self-determined, complete participation in societal life should be achieved by the abolishment of the (physical) deficit clearly to be defined. In contrast to this attitude, Walther (1998) emphasises that disability only refers to a corresponding service need and is not to be understood as a personal feature. Self-determination cannot be equalled to autonomy. This motto should point out the necessary changes of environment, above all, the necessary changes of the objectives of the professional help system are meant here. So if we talk about self-determined life of disabled people, it is not important how many activities a disabled person can perform without external help, but the quality of life which they can lead with personal assistance plays the decisive role (Miles-Paul 1992). If we want to prevent that disabled people become dependent on the value system of others or that those dependencies are kept as small as possible, the opportunities of shaping those assistance services must left to the disabled persons themselves. After all, they are the real experts in their field.

The matching piece to the Independent Living Movement in the USA was the Live Self-determinedly Movement in Europe; however, the latter got the first impulses from the former. The two approaches feature the same principles, objectives and structures. Mostly in the mid 80ies, both trends had good contacts to each other. However, Steiner (1999) stated that the European movement can also rely on the own history, since striving for a self-determined life for disabled people already existed earlier. Already in 1968 mostly younger disabled persons and non-disabled began to organise themselves to articulate their discontent with the former structures of help for the disabled. In 1974 in Germany, Steiner and Klee began to give adult evening classes in which disabled as well as non-disabled persons dealt with discriminating conditions, what led to several public protest actions. Afterwards different groups formed which started an argument with each other. These associations were inconsistent regarding the question whether the equal cooperation with non-disabled in these groups made sense or not. One fraction, which called itself "cripple group", rejected such cooperation. First, an own self-image and political awareness set apart from the normality of the non-disabled should be formed. Participation of the non-disabled could cause that existing problems are covered up, since the societal structures towards disabled people are brought into the groups through non-disabled persons. That way the existing problems would not be recognised.

The covering-up of problems was also perceived as a danger in other fields. For instance, protests happened in 1981 at events celebrating the UN year of the disabled at the Rehabilitation exhibition. Members of the "action association against the UN year" took over the speaker's tribune, their motto was: "No speeches – no segregation – no violations of human rights". At the end of the year, a "cripple tribunal" took place, which again expressed criticism against the year of the disabled and disability policy as part of the covering-up of the real problems of the disabled people.

Although the concept of self-determination for disabled persons gained importance in many fields of help for the disabled and politics, we must not underestimate certain risks. According to Miles-Paul (1992), there is the danger of "softening the concept" of self-determination up to instrumentalising it against the interests of disabled people. Even if mostly people with physical disabilities took part in the Living Self-determinedly Movement, they understood themselves as an organisation of all people with disabilities.

#### 2.4.2.4 FURTHER CONCEPTS AND MOVEMENTS

The groups of mentally disabled people which fight for the right of their self-determination are called Self *Advocacy Movement* in the literature. Beside this commonly used term, such groups have manifold designations in different countries – e.g. *"People First"* and *"Advocacy in Action"* in Great Britain, Canada and in the USA, *"Self-defenders"* in the Czech Republic, *"Onderling Sterk"* in the Netherlands, *"Grunden*" in Sweden. The Self Advocacy idea comes from Sweden. According to Rock (1997), this idea owes its birth to the deinstitutionalisation of large facilities, which was preceded by the opportunities of participation in activities of the Independent Living Movement and the change of attitude happening there towards disabled people in politics, science and practice. Knust-Potter (1994) sees the continually growing number of self advocacy groups as one of the most important achievements of the so-called mentally disabled people. Those people founded their own organisations and selected their own boards, which after some time associated on the national and international level.

#### 2.4.2.4.1 People First and Self Advocacy

1971 the first conference took place in Great Britain. However, it took more than ten years till these groups gained more political engagement and self-understanding. According to different authors, in this connection the year 1984 played a great role, in which the People First group was founded in London. In September 1988 in London, for the first time an international Self Advocacy Conference was held, in which almost 300 participants took part. At the 3rd international conference of the People First Movement, organised in June 1993 in Toronto, already 1400 persons took part. On the international level, these groups organised in the "Committee Self-Advocacy" of the "International League of Associations for People with Mental Disabilities" (Rock 1997). The basic principle in the organisation of the individual groups was autonomy. Knust-Potter (1994) describes different organisation forms of the Self-Advocacy groups, which distinguish themselves by the degree of involvement into the different organisations of disability help. To be found are completely independent groups as well as groups which act in the scope of institutional structures. In such a constellation, in the end we deal with financial, time-related and spatial dependencies, which take shape in the interest situation of the entire organisation. Institutionally involved models can be an important pre-step. It can also be proved that the influencing opportunities of the group tend to increase the higher the independence is. Beside this factor, independence is made more difficult by a second factor. That is the fact that in such Self-Advocacy groups so-called "Advisors"" (Rock 1997) take part as assistance. Because of that, these associations distinguish themselves from the groups of the self-determination movement of physically disabled people which principally exclude the non-disabled.

Knust-Potter (1994) points out that self-determination and autonomy are two different issues. Support and assistance are considerably important within the mentioned groups (p.320) The self-advocates, however, want to guarantee that the support does not take the shape of a patronizing behaviour, but it should compensate unequal life chances based on an equal relation of two persons. Regarding content, the work of the self-advocacy groups relies on the basic right of self-determination. According to Rock (1997, 354), self-advocacy means mainly that "persons with mental disabilities recognise and express their own wishes, needs and rights and represent those by themselves". Self-advocacy is against segregation and discrimination, they not only advocate individual and political interests, but they also fight for those people who cannot speak for themselves so far. Self-advocacy criticises the current deficit-oriented interaction structures towards mentally disabled people; they are against institutional and societal conditions. The Committee Self-Advocacy of the "International League of Associations for People with Mental Disabilities" created in June 1993 in Utrecht following basic statements:

*First I am a human being!* Top priority has that we are treated as humans and as persons.
*We decide!* We do have to take our own decisions.
*We have a right to learn!* We have to bear our own risks and learn from our mistakes.
*We have our own identity!* We are different and unique.
*We have names!* The term "mentally disabled" degrades us and does not describe us.
*We have something to say!* You have to listen to us if we convey our meaning.
*We want equal chances in life!* Independent of the degree of the disability, all people must have the same opportunities and must be supported optimally. And they must be heard, too.
*We are worth something!* Every human is valuable and is to be treated correspondingly.
*We have the right to take part in the life of society!* Nobody should be written off or excluded from the common life, so that he or she can be a human first.
*We wanted to be treated like everyone else in society!*

The work of the Self-Advocacy Movement involves much more than verbal demands for self-determination. They actively fight against existing service offers and life conditions. The Self-Advocacy Movement's objective is to take actively part in a process of change. Rock (1997) stated that the Self-Advocacy Movement successfully strengthened the own position and by doing so influenced theory and practice as well as caused changes on the political, societal and institutional level.

The Self-Advocacy Movement in the European countries, among other things, paved the way for claiming the right to self-determination.

### 2.4.3 LEGAL GROUNDS AND POLITICAL PROGRAMMES

"Self-determination", "normalisation", "solidarity", "integration" were keywords, which not only led to in the 70ies and 80ies of the 20$^{th}$ century to the comprehensive movement programmes, but they also influenced the social policy, the legislation and the rights in the European in favour of disabled people. From a strongly individually and nationally centred view, the development in those years moved continually towards society-centeredness and internationalisation. In 1971, the first international conference on European soil on the legislation regarding disabled people was a clear expression of this trend. It was organised by *Rehabilitation International*. Here it was decided that the governments of the individual states take main responsibility for the quality and the extent of the services for disabled people. Every country should guarantee the rights of its disabled people and enable them to fully enjoy their rights, to use their capabilities to full extent in the field of education and labour market. The general human rights were transferred to the disability sector in specific announcements of the UN. In the 70ies, mostly the situation of mentally disabled people was analysed from the standpoint of human rights. That is why already in 1971 the UN declaration of the rights of mentally disabled people and later (1975) the declaration of the rights of physically disabled people was adopted. Through it, all disabled people were awarded the right to all services which enable them to optimally develop their abilities and skill and speed the process of their social integration. The disabled people were granted the right to economic and social security as well as the right to live in their families as well as to take part in all creative and leisure activities. In the declaration, the right of the disabled people was especially emphasised to receive a work corresponding to their abilities and to keep it and the right to conduct productive work. On this right, also the *European Social Charter* has statements. In its first part, in article 15, it was concluded that people with disabilities have the right to vocational training and to occupational and social readaptation without considering the character of their disability. In the second part, obligations of the signing countries were stated, which had to grant the necessary guaranties and to take measures for the efficient implementation of these rights.

The European Social Charter, which was formulated by the states of the EC, listed in Art. 26 concretised measures regarding occupational activity and the relating mobility of disabled people. The striving of the UN to secure the conditions for a self-determined choice and for an autonomous life as well as an entire sequence of concrete solutions of these problems by the UN had a very positive influence on the self-determination movement of the disabled people in Europe in the 80ies.

The year 1981 was declared *International Year of the Disabled* by the general assembly of the UN. It was its goal to contribute to the implementation of the thought of complete participation of disabled people in life and in the development of society and to stand up for their equal rights regarding human basic rights and freedom. In its evaluation the general assembly could contentedly state that several countries in Europe succeeded to win those states for the solution of the problems of disabled people and to involve into this endeavour several NGOs, self-help associations and national organisations of the disabled. Rehabilitation International proclaimed in 1981 the *Charter for the 80ies*. This Charter dealt with the priority in the field of rights of disabled people, the implementation of those rights, amongst others, the necessity to integrate them, as well as the need to minimise the negative consequences of their disability. Beside the goal of participation of disabled people in a wholesome life, also public information in the national and international context became one of their goals.

The *World-wide Action Program of the UN* (1982) was a document, which followed in its content and its objectives the ideas of the international year of the disabled. The demand for the equality of disabled persons regarding other persons was defined here as "Equality of Chances" of all people to be able to take part in the improvement of life conditions in a common living space. This view of equality had to be followed in all countries regardless of the degree of their economic development. The following *decade of the disabled* (1983-1993) was an action declared by the UN, which set the goal to support the protection and respecting of human rights and freedoms of disabled persons. After its end, the UN released its first official study which informed about the restrictions of disabled people in the field of economic, social and cultural rights. This report demanded corresponding legislations from the member states of the UN and recommended to deal on the national and international level with such topics, e.g. integration of disabled people into society, equal opportunities for all, reducing physical and mental barriers etc. Amongst others, the EU adopted in the scope of the Decade of the Disabled also the *European Council Recommendation* from 1986 which dealt with the attitudes towards people with disabilities in the EU and with the abolishment of discrimination of those people. Also adopted were the programmes aimed at supporting the integration and an autonomous life of disabled persons *HELIOS I* (1988-1992) and *HELIOS II* (1993-1996). After the end of the decade in 1993, the UN published its first official study on the violation of economic, social and cultural rights of disabled people, which was made in cooperation with international organisations of the disabled, mostly with *Disabled People International*.

The *Standard Rules regarding Equal Opportunities for People with Disabilities* (1993) are considered a new milestone in the development of a modern international policy on the problems of disabled people. This document was worked out based on the experiences during the mentioned decade of the disabled; its political and moral basis, however, was the General Declaration of

Human Rights of the UN from 1948 and the agreements on children's rights, which were adopted on the soil of the UN 1989. The standard rules wanted to guarantee the same rights for the disabled persons as the other people have. Because of that reason, it was recommended to take measures which should remove barriers which prevent persons with disabilities fully to be integrated into all sectors of societal life. Disabled people should be able to enforce their rights. The declaration furthermore contained an appeal to all states to take concrete measures for the prevention of disabilities, for rehabilitation of the disabled and for levelling the chances. Especially important was Rule 18 and that's because here the role of the organisations of the disabled was motioned again in representing the rights, interests and needs of people with disabilities on the international, national and also local level. It was also pointed to the counselling function of these organisations, which they fulfilled in deciding matters regarding disability. The standard rules were no legally binding documents from the standpoints of international law, but it was clear from the beginning that – if they should be adopted by many states in Europe – they had the potential to massively influence international European law regarding the life of disabled people.

In contrast to the United Nations, the European organisations (especially the European Council and the European Union) have rarely published trend-setting declarations on the topic of human rights. Their engagement focused on the areas of rehabilitation as well as the economic integration of disabled employees. Despite this fact, the European parliament took some steps towards securing human rights of disabled people. In 1996 – following the corresponding UN Standard Rules – the EU Council adopted a *Resolution on equality of opportunity for people with disabilities* within the European Union. The European Commission published a European guideline for recommendable practices on the way to establish equal opportunities of disabled persons. In February 1993 – initiated though a resolution of the EU Council – amongst others, *HELIOS II* (Handicapped people in the European Community living independently in an open society) was started. In this programme, European integrative offers for the support of the disabled should have been compared and analysed. Also thought was given to their practical implementation. A central role within the HELIOS activities played the transfer, concretely formulated, it was: 1. the individual transfer through observation, information and exchange; 2. the transfer of information to authorities; 3. a transfer towards raising awareness in the public. Starting from this basis, HELIOS II comprised the functional rehabilitation, over integration into the educational system, economic integration of disabled people up to their social integration and their independent life. In the field of education, all levels of education belonged to the content of HELIOS II, form early support to later phases in life.

 

In November 1996 HELIOS II was concluded by the *Charter of Luxemburg*. 1997 "HELIOS II – European Guideline for recommendable practices – On the way to equal opportunities for disabled people" followed. Its content was key concepts of recommendable practices. It dealt also with the possible implementation of social, educational and occupational integration of disabled people. This document made clear how important it would be to create a European integrative network. In the scope of the programme, the European Commission appointed the society *Mobility International* as the coordinator for the sector Independent Living, which as an international non-government organisation (NGO) and non-profit organisation of disabled people (NPO) had been founded to support autonomous living of the disabled and to support their equal opportunities in 1982. The society Mobility International, which had from the beginning a legal status at the UNO, European Council and at the EU Commission, at the same time took a counselling role for the institutions of the EU in matters of disabled persons and was a member in the European Disability Forum (EDF). As an organisation consisting of individual and collective members from among disabled people, in which European members were the majority, it actively advocated the implementation of the Standard Rules of the UNO. Like other movements for human rights too, Mobility International learnt to negotiate with governments and authorities, which were responsible for the violation of the rights of the disabled in the single countries.

In the last years of the previous century, also other international organisations dealt with the question of equal opportunities for disabled people. Amongst them are the United Nations Educational, Scientific and Cultural Organization (UNESCO). Very important was the *"World Conference on Special Needs Education: Access and Quality"*, which took place in Salamanca. The so-called *Declaration of Salamanca,* which was adopted by it, emphasised the right that children, adolescents and adults with special educational needs should receive educational opportunities in the scope of the regular systems. So the main principles of education without exclusion on the legal or political level were expressed in the Declaration of Salamanca and the action frame of the UNESCO (1994).

How complicated the development of self-determination movement in Europe was, is shown by the examples shown below from the practice of some European countries. In the following sections, the beginnings of selected self-determination movements in Europe are shown.

 

### 2.4.4 EXAMPLES OF EUROPEAN PRACTICE

#### 2.4.4.1 EXAMPLE FROM GREAT BRITAIN

In 1991 the BCODP (British Council of Disabled People) – the supra-regional, representative and democratic organisation of disabled people in the United Kingdom – began its campaign for the implementation of an antidiscrimination act. The adoption of the antidiscrimination act by the government became the priority of the disability movement, the achievement of which was strived for in cooperation with different associations of disabled people. The antidiscrimination act campaign was supported by the publishing of an important research work entitled "Discrimination and people with disabilities in Great Britain", which was executed by the BCODP. This groundbreaking study was followed by further research projects of disabled people (cf. Evans, 1998). Only this study delivered undeniable evidence for a systematic discrimination of disabled people, which the government had denied so far. Given this evidence, the government had publicly to admit such discrimination. Although this happened in 1992, the government was not willing to adopt a law for the equalisation of disabled people drafted by the Labour Party in cooperation with the associations of disabled people. The main argument of the government was the cost connected to the adoption of this antidiscrimination act, which were estimated as too high, what was shown in the following years. Furthermore the government stressed that the reduction of discrimination could only be achieved through a better education policy.

#### 2.4.4.2 EXAMPLE FROM SWEDEN

An important centre for matters of disabled people was the Stockholm Institute for Independent Living (STIL). It was founded by the severely disabled social scientist Adolf Ratzka, who brought the principles of the American Living Self-determinedly Movement to Europe. Ratzka fought for the recognition of their rights under the unseemly motto (cf. Ratzka, 1996) "the disabled are experts in their own field". But also the disabled people themselves have to rethink a lot. They should not lose any time in their fight for political and societal power. The disabled people should represent themselves, also they should have power in society. Individuals must act proactively; they should not be passive objects of care in large homes anymore. This population group is also disadvantaged through the fact that they cannot cover their needs financially. Ownership of money in a capitalistic society is namely connected to independence and power. The precondition can only be fulfilled if disabled people earn money through their own work, in other words, that they have a paid job and by that they disrupt the limits of a care facility. This population group should not be locked up and put away from society, but they should participate in public life and dispose of the needed money. These demand lead to conflicts; relevant institutions did not want to give up their power over their nurselings and the funds and jobs connected to it. The goals of the Swedish disability movement were therefore the adoption of the elements of the Independent Living Movement while keeping – to a certain extent – the support of the welfare state. So civil rights for the disabled were strived for without changing the existing system completely.

#### 2.4.4.3 EXAMPLE FROM GERMANY

Already in 1995 the forum of disabled lawyers in Germany had presented the first proposals for an equality law, which were further worked on in many groups of disabled people. Thanks to this cooperation, the forum of disabled lawyers could present a new draft of this law in 2000. This draft of the equality law contained modifications of already existing laws as well as new regulations. This way there would be no additional work which is connected to the change of all respective laws. The law contains six articles, where the first article forms the actual core (antidiscrimination law). This new regulation defines the objective of the law; the reader is introduced to the topic by new definitions. Further items are e.g. the recognition of the sign language; amongst others, it deals with the special discrimination of disabled women and it determines a federal government's obligation to report. The second article contains individual changes in the federal law on avoiding discrimination in civil law, e.g. tenancy law, labour law and liability law. The third article proposes changes of federal laws to achieve architectonic and technical freedom from barriers. The fourth article introduces further details on the recognition of sign language. The fifth article deals with further changes in federal law and refers mostly to education law, to telecommunication services and criminal law. The last article contains no concrete proposals so far, but is intended for necessary transformation and concluding regulations. The draft of the law covers many, but not all fields. Social law is not included here; the focus of this draft is human rights. New regulations in other fields regarding people with disabilities have yet to be prepared. The federal government wants also to reform the rehabilitation law based on the new Social Security Code IX (SGB IX).

## 2.5 SOCIAL PARTNERS WITH EQUAL RIGHTS – OR: INCLUSION / CODETERMINATION AND PARTICIPATION

### 2.5.1 CHARACTERISTICS OF THE PLURALISTIC SOCIETY CONSIDERING EUROPE AS AN EXAMPLE

**Vanda Hajkova**

From ancient times on, Europe has been a continent of diversity. Multi-ethnic and multinational states and empires were a common appearance in the distant and recent past of Europe (the Ottoman Empire, the Habsburg monarchy); and most countries of middle and Eastern Europe had their minority groups from the beginning. Roma, Sinti and Nomads (today they constitute in Europe about nine million people) as well as some indigenous people – the Sami in Scandinavia and the Tatars in Russia and in the Ukraine – are considered minorities which historically developed throughout Europe. A cultural, national, lingual and ethnic diversity is still mostly characteristic for Europe, it is not only an essential feature of the European area as an entity, but also of the individual countries, regions and cities. The globalisation process extends the diversity through the foundation of a global culture; through it regional cultures and group cultures are confirmed and new minorities are generated. Culturally determined customs and ways of behaviour can cause a mutual feeling of alienation between the members of different cultures who live in the same neighbourhood, and they can also lead to the fact that the differentness of members of the minority culture can be perceived as a deficit in the scope of a certain demographic entity. Highly modern forms of communication and traffic even increase the potential for the exchange of people and the cultural exchange, for international mobility and migration. The policy of the governments in the individual countries has to concentrate on the creation of an environment in which on the one side, the national identity, the cultural-historical values, the national language and the past-on way of living are upheld; on the other side also plurality is valued, cultural and lingual differentness is recognised and social exclusion and all discrimination forms for different groups and individuals are overcome.

An inspiration for the migration policy of European countries was the report "Community and ethnic relations in Europe" published by the European Council in the 90ies, which served as the foundation for further similar reports and inspired international political debates about the importance of the cultural and ethnic diversity in Europe. Cultural plurality was evaluated as a process in this report, which has developed in Europe over the centuries and in which immigrants and minorities play an important role. These people are from the ethnic, religious, lingual and cultural standpoint a heterogeneous group and they enrich the European society with great importance, since they prove through their existence and their origin the Greek-Jewish, Roman and Byzantine-Christian as well as the North-African-Ottoman and Ottoman-Islamic roots of

European civilisation. They also remind us of the fact that only the shifting of the centres of power from the Mediterranean Sea towards the Atlantic made Europe a mostly Christian continent. Despite the important influence of Christianity, the Jewish Diaspora lead to in some European countries to the development of Jewish communities with a large number of members and in some areas of Europe Islam kept its dominant position up to today. The Christian tradition led to different courses and churches – Roman Catholicism, the Orthodox Church and Protestantism, which are broadly spread in Europe. The Christian belief became a world religion and influenced also European values, which based on rationalism and secularity, on freedom of the individual and on democracy, which over the time gained general acceptance and embodiment in international law.

Europe was not always able to live according to own standards. In the last century the democratisation process on the old continent was interrupted by left- and right-wing extremist dictatorships. Furthermore, cultural and ethnic incompatibleness caused the oppression of minorities and local ethnic conflicts. Against the background of these appearances, a unified "global" European culture formed only with difficulties. On the contrary: Europe flourishes mostly thanks to the deepening diversity. Migration movements have an important influence on keeping diversity. There is certainly no European country which is not influenced by it. In most European countries already regulations on the admission of immigrants and refugees and programmes for their integration have been introduced. In many European countries the integration process, which takes here more than a generation, is successful. But this does not mean that this process is without conflicts and tensions between the arriving and some groups of the host population.

International law distinguishes clearly between refugees and different migrant categories (cross-border workers, migrant workers, workers bound by international law to the work abroad etc.) The agreement on the legal status of refugees from the year 1951, which was ratified by a large number of European countries, defined for the first time the term "refugee". The agreement on the protection of migrant workers and their family members from 1990 defined different migrant categories. These definitions formed the basis for the migration and refugee policy in Europe during the entire last decades; however, at the moment they need several amendments which have to account for the changing reality and above all the changing factors – as one of the reasons for migration. The voluntary migration in Europe has a different form today; also the migrant structure is different. The new phenomenon is e.g. migration of highly qualified employees, service workers and scientists. These new factors, forms and reasons supplement and replace the more traditional ones (violation of human rights, poverty, impossibility to lead a dignified life, general violence and threatening, social suffering, natural catastrophes, war conditions). In contrast to traditional perceptions, the migration movements in Europe do not run exclusively into the direction of the most developed countries anymore: also the migration direction changes. Heterogeneous groups are also formed by the repatriates, who returned to the country of their origin, where in the past a part of them had been deported using force. Some come back after a previous change of the border or they got outside the borders of their original nationality area because of the creation of new states in the aftermath of wars. At the beginning of the 90ies millions of people changed their nationality in connection with the creation of new states replacing the perished federal states (e.g. Czechoslovakia, the Federal Republic of Yugoslavia).

Also regarding language, Europe becomes more diverse. European languages e.g. English, Spanish, Portuguese and French became world languages, and there are more people who speak those languages outside of Europe than Europeans, what eventually leads to the fact that immigrants who come from different continents settle in Europe; so it comes here to an intercontinental, cultural and lingual exchange. On the lingual map of the European continent itself, there is an abundance of languages and dialects. Especially languages are carriers of national, regional and local cultures and therefore also the expression of national, regional and local identities. Clearly heterogeneous are also the populations of individual peoples of Europe, where we can observe differences in the connection to life, to social and economic positioning in urban and rural areas. Also the high, middle and lower social classes have their own culture. Especially in connection to the characteristics of the last-motioned class, European social sciences coined the concept of "socio-cultural discrimination", which designates a specific type of culturally unwanted, socially determined differentness. As there is a culture of the rich in Europe, here also exists a culture of the poor. For these cultures, there are striking similarities and common features throughout Europe.

The course of the European globalisation in the economic, cultural and political area as well as its accompanying phenomena nowadays bring new impulses for the European diversity: among them emerging culture-specific groups within Europe (migrant workers, students, artists, tourists, entrepreneurs …) – which we cannot describe yet –, i.e. the existence of different forms of so-called temporary migrations, transits, cultural exchange via satellite etc. For that new forms must be developed, which enable us to also emphasise solidarity between the newly emerged societal groups, which lose their social cohesion because of the economic fragmentation. Traditional solutions of problems of people who have a different performance in the social and professional area because of their health disadvantage must give way to another system in a transforming Europe: – for instance, the social security or the care for the needy in the individual countries have to be replaced by the model of the social contract or personal assistance.

The facts elaborated above show clearly that the inhabitants of Europe need new knowledge and a distinct feeling of social responsibility in order to orient themselves well and commit themselves in a changing social area of Europe, which is very diverse regarding its people. This results in the necessity of targeted research and systematic education, which also has to focus on the intercultural context (i.e. in the context of exchange and interactions between the cultures).

The reinforcement of specific identities is a common reaction to the homogenisation of cultures or religious differences. Whether these occurrences evolve into antagonistic attitudes, depends on economic and political factors, but also on the execution of conceptions of social integration of members of minority cultures into the broader community and on the extent of belonging to the global culture and to the larger community. In this sense, current terrorist acts of extremist groups, nationalist and xenophobic movements in different places in Europe make visible the clear lack of a systematic concept for a social coexistence. The governments of the European countries have the obligation to contribute by their policies to an environment, in which cultural diversity and human heterogeneity are valued. Cultural plurality meets response in an area, which we call education towards a common European awareness and cultivation of the relations to Europe. It is not only about being informed about Europe, but also the ability of people must be developed so that they can live in a diverse European society.

***"The happiness of the individual is based on the differentness of every individual, on the differentness of the one compared to the other, it is not based on sameness."***
*(Friedensreich Hundertwasser, Centum Aqua Exhibition Magdeburg 15 July 2005)*

## 2.5.2 DIVERSITY AS A VALUE – THE SOCIETY MODEL OF INCLUSION

**Wolf Bloemers**

### 2.5.2.1 TRANSFORMATION PROCESSES

The emergence of the global functional systems in the last decades has drastically changed the social structures and relations, the conditions of nations, of economy, of generations, of cultures, of organisations, in short: the entire social structure has changed. This is expressed by the moving closer, rapid increase of personal and professional contacts, by the creation of diverse and countless exchange networks and not least by changed political constellations. So globalisation as the opening of the world horizon for actions, decisions, social relations and live styles, which formerly were locally bound, has different dimensions, in which disembeddedness and delimitation take place: economic, political, information-technological, cultural and social (cf. Eickelpasch / Rademacher 2004, 57 f.). This globalisation of social relations not only results in large restructuring of current social structures and communities with new cultural, ethnic, national compositions and in decreasing collective belonging, but also in an increase of individualisation surges with a rising diversity of life concepts, which can be destabilising because of their delimitation or lead to creative eruptions from so far excluding limitations of preset social living forms.

Diversity, pluralism, heterogeneity are therefore the new, post-modern signatures of the new social structures, in which hitherto monolithic orientations of individual as well as social identity, of personal as well as collaborative self-interpretation, like nation, ethnicity, sex or social class, are outdated and require new explorations and orientations. The traditional power patterns aligned to "normality", by which individuals were hierarchically assigned to classes and estates, evaluated accordingly and were also spatially "sorted", are not sustainable anymore because of the structural uncertainty of flexible and changing relations as well as the increasingly larger leeway of individuality and freedom. The hitherto "dominance culture" – by which the entire way of life, the self-interpretation as well as the images, which we develop about the other, are categorised in super- and subordination (cf. Rommelspacher 1995, 22), and by which the authorisations for the access to shaping resources were distributed as well as discrimination patterns were constituted – has got some cracks. Normality – according to the hitherto valid binary code – always used to be confronted by the "other" established and attributed by (value)features and "alien" as a discrimination construct, and the societal expectations were targeted to exclude everything alien and uncertain. But these implicit evaluations of life patterns and their segregating consequences in the context of previously mentioned transformation processes and increasing plurality become more and more fragile.

Against the background of the before-mentioned complex changes and moving out of the "rock-hard casing of belonging" (Nassehi 1997, 177), science and politics are faced by new questions on the social dealing with each other, questions on the social-ethical foundations for the dealing with ever new individual differences. Here lies the big chance to newly reflect the social relation patterns hitherto legitimised by the modus of *hierarchisation* of difference and to overcome them. At the same time there is also the danger that through "fragmentation and erosion of hitherto collective identities" (Eickelpasch / Rademacher 2004, 13) only shortly effective identity patterns with ambivalences, insecurities and contingencies are developed (cf. L.c., 43) and through the "risky freedoms", the "deroutinisation of everyday life" (Beck 1994, 10 ff.) and the urge to individualisation of life because of functional requirements of society to be totally overstrained by own biography constructions and flexibility impositions and to be atomised "in the sanddrift of individualisation" (l.c, 33).

#### 2.5.2.2 Diversity as a Value

Current philosophical and social-scientific thinkers identify a world view for post-modernity, which they describe as a "constitution of radical plurality" (Welsch 1987,4), as the "culture of diversity and difference" (Eickelpasch / Rademacher 2004, 43) or as "pluralism of tradition, values and ideologies" (cf. Bauman 1995), which consciously *recognises* the diversity of life concepts, traditions and cultures (by the latter not interpretations of culture reduced to ethnicity or nations are meant, but individual and common, dynamic life patterns and action concepts in a comprehensive meaning). These views are based, amongst others, on the findings of neurobiology, constructivism and system theory that all phenomena (physic, biological, mental, societal, cultural) are basically connected to each other and depend on each other (cf. Capra 1988, 293) and present themselves as autopoietic systems and as integrated entities, which always regenerate and organise themselves in interactions and social structural interconnections. On that Maturana and Varela (1990, 266) worked out in their researches that only unconditional acceptance and recognition of the other (which they call love), the encounter with an alien as an *equal* comprises the indispensable precondition for a social process: "Without love, without accepting others and letting them live beside us, there is no social process, no socialisation and therefore no humanness. Everything what undermines the acceptance of others – from the competitiveness over possession of the truth up to ideological certainness – undermines the social process, because it undermines the biological process, which generates it." Here from a perspective of natural sciences, the philosophical-anthropologic cognition of the elementary being-dependant-on-each-other-based-on-mutuality of humans is complementary clarified, that is the existentially anthropologic dimension of human responsibility for the other from the perspective of a different academic discipline is confirmed.

Against the background of these theories, differences, being different, differences do not appear as something *dividing*, as hierarchically to be selected against each other, but as something *of equal value* in the diversity, i.e. as phenomena and characteristics with *equal* valency. Therefore, the old mechanistic world view of social homogenisation is obsolete. But what can takes it place in highly individualised societies, what can emerge instead as the social basic entity to create social orientation, social coordinates for cohesion, which is indispensable for finding identity?

It is the current perceptions of an acceptance and care of social heterogeneity, of diversity of values, equality and differentness in life style and indeterminableness and a pool of ideas, concepts, symbols and style elements, which have manifested themselves in *ethics of recognition*, in a social-ethical postulate of *inclusion* as well as new social policies of *inclusion and participation* and strive for a new value integration for social cohesion, for a struggle for new community basis.

### 2.5.2.3 Ethics of Recognition

The ethical implications of this new integral view of biological and social reality and their perception of an equivalence of human differentness and diversity are nurtured by values of freedom and equality. Equality is not thought of as a levelled absence of differences, not as reciprocal and symmetric relation between different subjects in the sense of a purely universalistic ethics, not as an objective measure of measured sameness, but equality is understood as recognition of the uniqueness, the individual feature as being different or the difference, the being different of the other, which requires a non-contractualist, a non-utilitarian respecting and responsibility (cf. Dederich 2001, 206 f.). According to this view, equality is here a *complex* equality, which can constitute a new recognition relation for a successful, good individual life in the context of increasing individualisation tendencies and more and more fragile social connections: ensuring and recognition of new freedoms and life concepts of the "non-identical others" – not following the traditional equality principle, but in the orientation and appreciation of "a justice towards the 'infinity of the concrete other" (Honneth 2000, 159) as well as the recognition of uniqueness of every human being. These ethics aligned with the difference, being different, the undeterminedness and non-fixability of the other, with an asymmetric relation in the sense of Gamm (2000) and Lévinas (1995) are seen by Dederich as a chance to integrate the central controversy between liberalistic and communitarian ethics positions – prioritising *individual freedom rights* in the sense of Kant on the one hand, against prioritising *normative solidary common welfare values* in the spirit of Aristotle on the other – while *ethics of recognition* based on Hegel connect (cf. Dederich 2001, 208 f.) plurality, the individual freedoms and diverging living forms with solidarity and care as "being for the other" (Bauman 1995). In this regard, an ethics model with different interaction spheres and recognition patterns and types by Honneth (1994) connects an *ethics of care* based on difference, a universalistic *justice ethics* based on equality as well as a communitarian *social ethics* focusing of solidarity on the basis of which a culture of heterogeneity could be successful: A culture, in which people can receive and use totally different life concepts and value orientations, capabilities and skills, origin and form of appearance as complex equalities based on positive evaluations of diversity, diversity and opportunities to shape one's life.

### 2.5.2.4 Inclusion as Vision

"Inclusion" and "exclusion" describe as sociologic basic concepts social differentiation processes; because of the world-wide tensions and polarities of poverty and wealth, of deprivation and integration, of immigration and admission as well as the fundamental societal transformation processes in Europe, these terms have become topics of the era. Since these transformation processes reach into all fields of life, the concept of inclusion more and more finds its way into them and receives – corresponding to the respective reference field – concretised interpretations in the sciences dealing with these life fields, e.g. in sociology, pedagogy, theology or social policy.

**Sociological and social-political aspects of inclusion**
Sociological-system-theoretical, "exclusion" – as the opposite concept of inclusion – replaces a concept, which formerly connected social inequality to stratification classifications, and it also supersedes the poverty concept of the medieval European character, which primarily did not express economic impecuniosity, but a structurally weak social position, a being excluded from local relations and therefore was to be understood as a term mainly indicating powerlessness (cf. Stichweh 1997, 126 ff.). Therefore, "inclusion" means the opposite of "exclusion", i.e. a structurally strong position, a being involved into the communication of all societal functional systems and the right to participated in them and their goods, so a fundamental social belonging to it and plural embeddedness in all functional contexts.

Facing the transition to the functional differentiations of societal sections, the phenomenon of plurality and heterogeneity and structural undeterminedness of people as well as the fact that less people will have their "fixed place" in a world, which is not hierarchically structured (cf. Huf 2004), there emerges the question about a social place, which every individual in society can or should take. Taking as a basis the previously referenced facts and perceptions, the Europe-political answer is the imperative of inclusion. This means that all societal functional systems must be open to all members of society and that also all members are available for each other. From a system-theoretical perspective, which assumes a co-evolution of psychic and social systems and understands the creation of community through exchange of the members of social systems in form of interpenetration (cf. Luhmann 1999, 299), the self-production of the system is enabled through the structures of exchange. Interpenetration leads in so far to inclusion as the complexity of the system contributing to the exchange is also used by the accepting systems. Since autonomous functional systems do not automatically guarantee inclusion, but often cause exclusion through functional differentiations and make people superfluous who are not needed anymore, it needs state interventions to bridge the gap between ethical-visionary pretence and reality of society and to enable and realise the inclusion of all citizens.

In other words: Inclusion is a societal-political postulate for full societal participation in all goods; the objective is not a homogenised adaptation to existing systems of a social community – in the sense of the old integration model – but the basic involvement of all individuals (systems) as they are, and therefore at the same time a structural transformation of the community so that all individuals can participate, have a share and are actively involved according to their abilities. Therefore, inclusion aims at the development of systems, which reflect the natural "diversity of species" of people structurally and not only welcome differentness, but support it. In order to accentuate that: Inclusion focuses not on individual, on special, on disabled children, adolescents an adults, on migrants, on previously "defined" or "categorised" persons with special needs; inclusion means full belonging to it, the involvement of *all* in the heterogeneity of *all* social groups. It is about systematic changes from the *inside out*: Differentness is welcomed and "celebrated, independently of gender roles, nationality, race, language of origin, social background, ability to perform or disability" (Mittler 2000, 359). In other words: Inclusion means being involved, the belonging to a community as a full member ("full membership", Lipsky / Gartner 1999, 13), independently of abilities or disabilities, all "without ifs and buts". In so far inclusion is a radical postulate, which challenges a change of attitudes, views and images of humans of entire social communities / institutions and which understands the being different as dialectics of equality and difference (cf. Hinz 2002, 357). Further sources of this inclusion philosophy are to be found in ideas of "social justice" again world-wide increasingly actualising, the concept of which runs directly and indirectly like a thread through philosophy and social history of Europe since it is based on the credo of the occidental foundations of democracy: social justice and freedom. Social justice assumes a just distribution or an equality of opportunities of all for all social goods, to which above all belong education, health and work. Inclusion does not simply tolerate the different, but it supports specifically differentness and individuality in the sense of complete equivalence of every individual; that is in this frame it also creates structures and solidary help for the participation of those who were excluded before. Since participation is considered as a right on community and its goods, every form of excluding special institutions is contrary to this right: Inclusion is therefore connected to the deinstitutionalisation of segregating facilities.

**Pedagogic aspects of inclusion**

The concept of "inclusion" appeared for the first time in political discussions in Europe in the 90ies in the context of education policy of the Resolution of Salamanca. In a world conference hosted by the UNESCO and the Spanish government in 1994 in Salamanca on the topic of "Pedagogy for special needs" and with the goal "Education for all", all 92 governments signed this resolution, in which a fundamental political and pedagogic change for the development of an inclusive pedagogy was propagated and fixed as an objective, i.e. a pedagogy and a school for all children (Salamanca Statement 1994). The "inclusive education" developing from it did not focus anymore – as in "integration" – on learning and development problems of single pupils correspondingly "defined" before or on the extent of the being different, but on the community, on the group, the class, on the structure of the system, in which the learning conditions and the participation in the resources in a heterogeneous learning group are organised by all together. Participation means to learn together with others and to cooperate with them in common learning processes (cf. Booth / Ainscow 2003, 11). So the focus of inclusive education is directed on the *system*, which needs changes regarding an effective learning arrangement of richness of individual differentness, not regarding adaptation strategies for the individual. The organising support is not directed anymore solely at the handicaps of the individual, but essentially at structural abolishment of institutional, education-political, constructional, social and economic barriers. So e.g. *disability is understood as a dimension of differentness* – amongst the other dimensions! – and not as a minus variant of normality which has to be changed. In order to comply with this differentness, school should be transformed fundamentally in its teaching, learning and organisation forms (cf. Biewer 2005a, 102). Inclusion therefore does not explicitly refers to disabled children or adults, but (first) to all persons, which were marginalised and excluded so far because of their deviation from the "old normality", their "being different" regarding sex, ethnic origin, sexual orientation, belief, income or ability. Ultimately, inclusion means the involvement of *all* people in a system and the social togetherness without any special labelling or defining categorisation of individual persons. In other words: Inclusion means changing of the system for all and through all and not adaptation of the individual to the (old) system created by few, a system with defined "normality". According to it, there is no fixed normality declared generally valid anymore (cf. Sander 2003).

**Theological aspect of inclusion**

Referring to religious-ethical reasons for the equality of all people, also theology had its say on the concept and on the realisation of inclusion as "recognition of the normality of differentness" (Sander 2004, 17). So Nipkow arguments (2005, 122 ff.) with a equality concept, which is oriented at the biblical thought that man was created in the image of God and implicates a equalisation of difference "up" (become perfect as God) as well as "down" (to the persons in need in the life on earth). Theologically it is not an equality regarding the equal "nature", but about the category of "relation" between God and the human beings, so it is a universalistic ethics, which embraces all people. Also here the axiomatic "recognition of the other" is in the centre of the ethical-theological reasoning, in which equality of all is seen as an equality in the same *finiteness in principle*, frailty, need for help, as a totally normal ontological entity, which in turn manifests itself very differently in detail. The theological reasoning for equality of dignity through equalisation downwards is done by referring to the death of Christ at the cross: "God showed solidarity with the suffering God's serf and becomes in Jesus himself a disabled person at the cross as the most radical religiously thinkable equality 'downwards'"(l.c. 126).

As in sociological and pedagogic approaches, inclusion from an theological perspective sees equality not as a lack of differences or standardisation, but as a togetherness united in diversity in "equivalence and difference" considering the individual differences and the resulting, necessary support according to the principle that everyone can be and should be as he or she is.

## CONCLUSION

Inclusion is a social-ethical concept and a social-political approach for a society in which

- everyone is valued and respected,
- every individual person is recognised in its individuality, has equal rights and access to all functional fields of society,
- supporting resources are coordinated and are continuously reflected (cf. Boban / Hinz 2003).

This is true for all fields of life like education, housing, work, leisure, family and media, as shown by a current reader with many individual examples from theory and practice (Biewer 2005b).

Formulated in a condensed definition:
*"Inclusion; this term results from the perception that a society consists of individuals who all differ more or less from each other. To live up to this fact, society must ensure that all citizens are guaranteed access to institutions and services in consideration of their individual abilities. The principle of integration strives for the integration of disabled people into the existing society; however, inclusion wants to change existing structures and attitudes so that the differentness of the individual human beings becomes normality. Every human being should receive the support and help which he or she needs to participate in the life of society" (Lexikon Wissenswertes zur Erwachsenenbildung 1999).*

Or formulated even more briefly:
*"Inclusion is ... being able to access activities, take part, make choices and be valued. To be able to join in and to be listened to"* (Barnardo´s 2004, 30).

### 2.5.3 SOCIAL PARTNERSHIP AND CIVIC SOCIETY AT THE BEGINNING OF THE THIRD MILLENIUM

**Wolf Bloemers**

#### 2.5.3.1 STEPS TOWARDS REALISING INCLUSION

The claim to full inclusion in the sense of a potential inclusion of all persons in all functional systems of society is confronted by current realities of exclusion within society from many functional systems (cf. Stichweh 1977, 5 ff.). There are needed societal-political concepts and realisation procedures, which support inclusion processes and manifest inclusion relations, i.e. to create mechanisms and structures which enable the *inclusion* and *participation*. While inclusion from a system-theoretical perspective characterises the involvement of persons into the system-specific *communication*, participation refers to the specific *partaking* in communication through more or less formal memberships in organisations (cf. Bollmeyer 2005, 2). So it is *about the articulation* of needs and requests of so far excluded, but also about *involvement* in decisions, which they take for themselves. For that it is necessary to create structures (and rights!) for the access to the partial systems and the partaking in services of the functional systems; in other words: necessary are *political concepts and legislative decisions*, which negotiate inclusion as superordinate objectives and enact for that e.g. anti-discrimination laws as well as *civic initiatives of social partnership* and *action concepts and organisation procedures* by the politically postulated equivalence of the individual diversity can be implemented into everyday practice.

#### 2.5.3.2 CONCEPTS IN EUROPEAN POLICY

Exemplary for the former (*political concept*) is the policy of the European Union, which on the basis of the Treaty of Amsterdam in 1997 (in article 13) and the Treaty of Nice in 2000 (article 21) codified the right to measures against discrimination and made the creation of an inclusive society of the social action programme of the European Commission for the years 1998 – 2000 a main topic. The strategy consisted of the support of a policy for a healthy society, for a modernisation and increase of social protection, for further efforts towards social inclusion and in reaching of equality in the fight against discrimination.

By the resolution of the European Council of Lisbon (2000), bulletin of the Commission of the European Communities from March 2000 entitled "Building an inclusive Europe" as well as through setting priorities of "Investment in human capital" on the social-political agenda for the years 2000-2005, in which the European-oriented social policy for the first time stopped its restriction to the immediate work environment, the goal of the development of an inclusive society and the "modernisation of the European model of society through investing in people" was once again confirmed as the top priority objective: "People are Europe's most important good and must be in the centre of the policy of the Union. Investments into people and the development of an active and dynamic welfare state will be decisive for Europe's place in a knowledge-based economy as well as for guaranteeing that the emergence of this new form of economy does not aggravate the already existing social problems of unemployment, social exclusion and poverty" (European Council 2000, 9). Also the "Joint Report on Social Protection and Social Inclusion" of the European Commission from January 2005 points out that "the fight against poverty and social exclusion is the central challenge for the European Union and their member states" (Commission of the European Communities 2005, 5), especially because there are still "deeply rooted exclusion factors which often are passed on over the generations" (l.c., 6).

Being aware of its clear ethical foundations of the ensemble of democracy, rule of law and civil society and its civilisatory values – the freedom of the individual, the common codex of human and civil rights as well as responsibility towards the community with the commitment to tolerance, humanity and fraternalism – the European Union has initiated relevant policies and programmes facing the challenges of encumbering economic, political and social-structural transformation processes – which put the community of values of Europe as a living and social community to the test. Step by step, they should lead to a solidary distribution of tasks, resources and wealth between all parts of Europe and through that create a new type of human society – an inclusive one – which equally involves *all* citizens in forming its federal and humane shape. Meant here is a Europe of citizens, which all take part in the European unification process and therefore should actively be included into all fields of politics.

In accordance to the slogan of the European Union *"United in Diversity"*, European citizens – in contrast to the USA – should not evolve in a melting pot of cultures from the many to a unity ("E pluribus unum"), but should develop a formation of society, which following Etzioni can be characterised as a "community of communities", for which he uses the fitting image of a "mosaic", which symbolises *diversity and pluralism within an entity* (within the enclosure of a solid frame) (cf. Etzioni 1997, 256 f.) For that not only the preservation of the enriching autonomous subcultures is necessary, but also the development of new social organisation forms of participation, since the state and the economy with their means alone cannot establish the necessary conditions of participation of all. By the latter, the so-called non-governmental, non-profit, "third sector" – the *civic society* – is meant, which creates conditions for the participation of all people in public life through voluntary organisations, in which common interests are articulated, combined and help is organised targeted at realising those interests on the level of solidarity.

The Treaty of Amsterdam, which became effective on 1st Mai 1999, strengthens the rights and role of citizens, without which "in the future no progress in building Europe will be possible" (European Commission 1999, 5). The Union therefore advocates the strengthening of the position of non-governmental organisations as well as the fundamental cooperation with all groups in civic society. Consequently, the political guidelines and programmes of the EU orient themselves at the ethical maxim of equal participation of all qualitatively equal citizens as well their equal, active contribution in shaping this new European social community as a join-in society.

### 2.5.3.3 Civic Initatives of Social Partnership

Against the background of drastic, structural transformation processes and the connected increasing gaps in justice, the demand for social security and justice increases more and more. Neither the current welfare-state systems correspond to the demands for solutions nor is the state itself – or its representatives – in the position to solve the problems alone. In the struggle of ideas on the most effective solution approaches, it becomes more and more clear that the obsolete pattern of reaching social partnership and justice

- by government decree
- by distribution and granting of financial funds
- by legal regulations and administrative procedures as well as
- by extension of state powers

are not working, but that social justice and social partnership are a main issue of the *society* and less of the state.

In this field of tensions of societal modernisation processes and with the increasing understanding of the overstretching of the etatistic-welfare-state arrangements, the "rediscovered" concept of "civic society", "citizens' society", "civil society" developed; it claims for itself to regulate the social interests of all individual citizens and all societal groups on the basis of social-ethical ideas of *freedom* and *pluralism* and participation and inclusion.

The historic background of the concept of civil society is formed by the contract theories of the 17th and 18th century (Locke, Hobbes, Rousseau, Kant) against absolutistic monarchies, in which society was defined as a relation of economic citizens existing *before* every political structure, of owner societies, which traded goods with each other. Here the trading individuals fenced off their personal, economically defined private sphere against the public power of the state and thereby created a civil, at first apolitical sphere. The modern redevelopment of the *sphere of society* in contrast to the *sphere of the state* is to be understood as an emancipation movement, in which the *political* determination elements of a civil society form with a view that a society distributes power among many independent bodies, which reach into areas of state politics (cf. Nothelle-Wildfeuer 1999, 96) by an entire network of self-governing authorities and associations (e.g. self-help groups, NGOs, initiative groups etc.)

The current revival of the emancipative civil society concept came by the peaceful revolution in 1989; Eastern European dissidents proved by building and activating a network of associations independent from the state – in which the interests of all citizens oppressed so far by the state were reflected – the efficiency of civil society ideas and ways of working, which brought down the authoritarian state powers. Mobilising broad class and the bundling of all forces of societal life as resistance against paternalism or against exclusion from decision and participation processes by the state as well as making public manifold, alternative perceptions and their negotiations "at the round table" – as a symbol of equality based on partnership – were features of a democratising, civil society, from which formerly unpopular and other people not conforming to the homogenous norm were excluded.

The concept of civic society re-imported from and rediscovered in Eastern Europe (also found as the synonymous terms "citizens' society" and "civil society") as a counterpart to the state or as its equal partner is highly valued in the media; the term is very often used; there are more and more examples of civic-society activities, or those activities are brought more often to our attention. Despite some lack of clarity and also contradictions in content, all variants of this reform idea of civic society have two social-ethical normative value features as the common, constituting pillar. They are on the one hand

- the *freedom of the individual* as being free from the power monopoly and the paternalism by the state, as freedom in the sense of freedom rights / human rights with inviolable private zones as they were proclaimed by the United Nations in 1948 (www.igfm.de/mrerkl.htm) as well as the freedom to participate; on the other hand
- the *pluralism* of political, economic and cultural perceptions and interests, which is realised in society – only in the context of freedom as a counter-

concept of state monopolism and heteronomy – by forming an ethical basic consensus in the community, "bonum commune", a "common welfare" via negotiated agreements.

Despite all the different concepts all disputants – advocates and opponents of the idea of civic society activities – agree that the centre of attention of every civil society initiatives is not primarily the economic questions, but the focus is on the *ethical* question. It is about the problem of participation, of *qualitative* equality, enabling equal membership in a society, and it is about equal *active* involvement of *all* in accordance to human rights and civil rights. These have to be considered as "morally binding core values, which have priority to the state and the positive law enacted by it" (Baumgartner et. Al. 1997, 166). This fascinates and activates mostly so far disadvantaged, excluded groups; they see in this extended concept of civil society based on civil rights a chance to create political institutions beyond the state in order to claim and enforce their civil rights in them in a strong community. Amongst them, there are the granting of personal freedom rights and political and social involvement and participation rights in order to get away from the externally determined roles assigned by the state in the "spectator democracy" and take over a self-determined, active part in a "activity-oriented society" (cf. Nothelle-Wildfeuer 1999, 248). So the idea of civil society contributed to the development of a collective self-confidence – especially in "losers of modernization": Affiliations and relationships are anew absorbed into consciousness as common ethical values and inclusion, activation and the creation of new identities with new responsibilities are initiated, completely without any dirigiste orders by the state. "Civic society is a world, which offers the individuals opportunities in life, without the state playing a major role. It is a world, in which a large part of life can take place in free societies, a world, which actually does not need the state, and which supports the democratic state indirectly at best. Insofar it relieves the state and offers people opportunities in life, for which they do not need the state" (Dahrendorf 1993, 80).

- In the relation to the state, civic society therefore represents a separate entity. The relation between both organisation forms of an ordered living together is characterised by tensions and mutually conditional. According to Walzer, it has to orient itself at the subsidiarity principle regarding the question of responsibility for the tasks and their solutions (cf. Walzer 1994).

According to Taylor, *participation* is *indispensable* and *specific* for the civic society, understood as common deliberation, codetermination, and decisions in political institutions on the questions which are important for all. The answers to these question found together must be binding for all.

To avoid a purely decorative and apolitical character of civic-societal action compared to the action of the state, e.g. Beck (in: Süddeutsche Zeitung 23 June 2001) and Münkler (in: Frankfurter Rundschau 16.01.2001) argue that voluntary, civic-societal commitment and self-organised citizens' work should become an obligation and should also be paid. First, to guarantee accountability of measures and of provisions of services (Münkler); second, as a qualification opportunity to bring back so far non-activatable to gainful employment, i.e. to reintegrate the "drop outs", the "excluded" into society in accordance to the spirit of inclusion.

In the view of the Czech cardinal Vlk (cf. Vlk 1999, 2), the politically and *socially active* citizens is the key to building up a civil society also for the successful post-communist transformation processes in the new member states of the European Union. In his view, this requires a basic change of mind, the rethinking of former "subjects" (in the sense of subordinates) from the fixation on the formerly patronising and controlling state as the assumed body "providing for all" and justly "regulating everything" towards a position of risk taking, towards solidary commitment and passion to perform of self-confident, active citizens organising themselves in order to take part in the political decision process and take responsibility in shaping of social justice.

That's why the centre of the ethical concept of the citizens' or civil society is the readiness to cooperate and show solidarity, the disregard of own interests in favour of the community as well as the mutual considerateness and tolerance in order to unite in manifold forms against the atomisation of the social and the economically determined exclusion processes of society and fight actively for changes.

### 2.5.4 DECLARATIONS AND ACTIONS TO PROMOTE INCLUSION OF MARGINALISED PEOPLE

**Wolf Bloemers**

Since changes of the law alone cannot lead to a mental change, many broadly based, long-term supporting measures of the state as well as of civil society are needed to establish the readiness to relearn and change attitudes regarding inclusion of so far excluded persons. Amongst other things official announcements, *declarations* serve that purpose, i.e. statements which contain something *fundamental* for the social community. Declarations are ethically founded volitions, statements of purpose and requests to act. They are not legally binding, but they include the highly moral obligation to act correspondingly, especially then if communities almost unanimously agree on the contents. Depending on the duration and the intensity of information, discussion and involvement of as many participants as possible and persons affected by this topic, many *actions* and processes develop on the basis of these declarations which lead to the wanted process of change. A first example for that is the previously mentioned *Resolution of Salamanca* from 1994, which start up inclusive education in many countries of Europe and of the world, even if it proceeds in a different speed and has different (partial) results. The following chapter gives a short overview of some principles declaration and action for promoting inclusion of disabled people based on European initiatives or designed for Europe.

#### 2.5.4.1 THE DECLARATION OF BARCELONA

On occasion of the European Congress on the 23 and 24 Mach 1995 in Barcelona, the cities of Birmingham, Bologna, Leeds, Lisbon and Barcelona committed themselves to decrease discrimination and the exclusion from education and access to social goods by signing the declaration *"The city and the disabled"*, (www.netzwerk-artikel-3.de/wsite/barcelona.htm). Referring to the UN Declaration on Human Rights and other position papers of the United Nations as well as on the basis of a preamble which codifies "that the disabled have a right to equal treatment as citizens in a pluralistic society, which respects the diversity and differentness of individuals which the society consists of, a right to partake without restrictions in the social dynamics of the community as well as to share the wealth which was brought by the development of this community" (l.c. 1), in 17 separate articles measures to abolish access barriers were agreed on as well as actions were listed, which are to contribute to guaranteeing participation in all decision processes and in all goods of the communities (e.g. information campaigns for getting rid of clichés, establishing help services, research projects, training measures, co-operations, mobility help etc.). Especially important is the agreement of all signers in the introducing principles that disability is seen as the result of the interaction between individual ability and influences caused by the environment – which in turn shape the ability. Consequently the community and the social system are responsible for creating the best conditions for the personal development of persons and "that the limits between normality and disability are almost not determined by concepts. Therefore the differences between the citizens are to be understood as part of the diversity which makes up society …" (l.c.).

It was this idea from 1995 that sparked it all off so that on 5 May 2002 in the scope of the "European protest day for the equality of treatment of disabled people" nine German cities agreed bindingly to create a barrier-free city and joined the "Declaration of Barcelona". Meanwhile the number of the officially joined cities and local communities has risen in many European countries to several hundred.

### 2.5.4.2 TOWARDS A BARRIER FREE EUROPE FOR PEOPLE WITH DISABILITIES

A programme of the EU from 2001 has the motto "inclusion", which especially deals with problems of exclusion of disabled people. Its goal is the full inclusion of them. "People with disabilities are the most disadvantaged group in our society and they are confronted by considerable barriers regarding the access to all aspects of the social life" (Commission of the European Communities COM 2000 – 284 final –, 3). This sentence is at the beginning of the report from 12 May 2000 of the European Commission to the European Council, the European Parliament and diverse committees which deal specifically with the difficult life situation of disabled people in Europe. Under the heading "Towards a barrier-free Europe for people with disabilities" the report demands by clearly defined objectives and actions a new policy and tries to kick off new political initiatives on all levels of government. The considerations focus on the reduction of all kinds of access barriers (discrimination, transport, new technologies, employment, education, leisure and also mental ones), the promotion of equal opportunities regarding unlimited participation in all fields of societal life, the right to mobility, safeguarding of unrestricted civil rights and the consolidation of the concept of the *"Union citizenship for disabled people"*. By it the transnational, Europe-wide access of disabled people to all fields of life (learning, working, housing, and relaxing) is proactively made a subject of discussion in a European living area beyond national borders.

According to estimates of the EU, 37 million people in Europe are affected by disability in one form or the other. Despite some improvements of the living conditions of disabled people during the last decade of the old century, Marie-Therèse Hermange, as the former vice chairperson of the Committee for Employment and Social Affairs of the European Parliament, made it clear that nice words and promises are not enough. She quoted a representative of the European Parliament who said "that the politicians responsible for these topics in Europe are the really disabled person of today since they are deaf, mute and blind to the problems of disabled people" (Hermange [w / o year], 2 ).

The Barrier-free Resolution was confirmed with all its working proposals contained in it by the parliament. It complied also with the request to set a good example as a European institution for freedom from barriers by translating the resolution draft into Braille writing and interpreting the plenary debate into sign language.

 

### 2.5.4.3 THE EUROPEAN YEAR OF PEOPLE WITH DISABILITIES AND THE DECLARATION OF MADRID

As further step towards European inclusion, the European Union declared 2003 the *"European Year of People with Disabilities"* (www.eypd2003.org/eypd/about/index_de.jsp). For that the European Parliament demanded to raise public awareness in the member states for disability and above all to involve the future member states into the European policy of equality and the citizenship of disabled people. A special point about this year was the fact that it was wished for by the disabled people themselves. They planned the contents and the forms on their own responsibility and lead the activities using the slogan." "Nothing about us without us". "2003 is primarily not about people with disabilities, but it is about barriers, violation of rights and exclusion of participation, which discriminate disabled people. The topic is the society which discriminates" (Frehe 2002, 13). That's why the objectives of this European Year were to make society sensitive to the *rights* of disabled people and make those rights clear: namely the safeguarding of their full civil rights, total equality, the unrestricted access to education and vocational training and to all social goods as well as the implementation of the antidiscrimination guideline of the article 13 of the Treaty of Amsterdam. The European Year was therefore mostly a campaign of citizens with disabilities themselves to change their future with partners of all groups in society, with new alliances to be formed and Europe-wide networks towards their goals: Realise participation, implement equality and enable self-determination (cf. www.bma.de/print).

In March 2002 in Madrid in the run-up to this initiative, which was designed as a further step of the further development of Europe towards a solidary community, 600 participants propagated their views for an inclusive Europe by the *"Declaration of Madrid"* drawn up by them at the European Congress on Disability. On the basis of six theses supported by theory and empirics:

1. Disability is a human rights issue
2. Disabled people want equal opportunities not charity
3. Barriers in society lead to discrimination and social exclusion
4. Disabled people: The invisible citizens
5. Disabled people form a diverse group
6. Non-discrimination plus positive action(s) = social inclusion

The participants of the congress expressed their concepts for the future by the – also called expressis verbis – "vision" as follows:

**"Our vision**

1. Our vision can be described best as a contradiction between this new and the old vision, which is to be overcome:

a) *Away from* disabled people as objects of charity … and *towards* disabled people as rights-holders.
b) *Away from* people with disabilities as patients … and *towards* people with disabilities as independent citizens and consumers.
c) *Away from* professionals taking decisions on behalf of disabled people … and *towards* independent decision-making and taking responsibilities by disabled people and their associations on issues which concern them.
d) *Away from* a focus on individual impairments … and *towards* removing barriers, revising social norms, policies, cultures and promoting a supporting and accessible environment.
e) *Away from* labelling people as dependents or unemployable … and *towards* an emphasis on ability and the provision of active support measures.
f) *Away from* designing economic and social processes for the few … and t*owards* designing a flexible world for the many.
g) *Away from* unnecessary segregation in education, employment and other spheres of life … and *towards* integrating disabled people into mainstream.
h) *Away from* disability policy as an issue that affects special ministries – … and *towards* inclusion of disability policy as an overall government responsibility.

**2. Inclusive society for all**
Implementing our vision will benefit not only disabled people but also society as a whole. A society that shuts out a number of its members is an impoverished society. Actions to improve conditions for disabled people will lead to the design of a flexible world for all. 'What is done in the name of disability today will have meaning for all in the world's tomorrow.'" (www.madriddeclaration.org./dec/MADRID_ DECLARATION _EN-final.htm).

The visions listed in detail above under item one focus more on the needs and rights of the disabled people themselves. Item two stresses the "added value" of social inclusion of people with disabilities for society. Therefore it puts the Declaration of Madrid into the context of the superordinate overall vision and programme of the European social inclusion and the European social model of solidarity.

In order to implement this declaration step by step, it is concluded by concrete programme items and proposals for action for the European Year of People with Disabilities (e.g. legal measures, supporting services, help for families etc.), which are to promote and accelerate the process of actual equality and full European civil rights for disabled people.

A special priority has the education system since education plays a major role for the personal, professional and social future of every person. Equal opportunities regarding education are seen as the first steps towards an inclusive society.

### 2.5.4.4 Implementation Instruments of Inclusion

All declarations contain many concrete proposals for implementing steps towards inclusion, which are already used successfully in many places. Also several practical examples show the way from the vision towards the realisation of inclusion. From the field of the inclusion of disabled people, there are e.g. the instruments of the "index for inclusion", the "supported employment", the "personal budget", the "target agreements", the model of the "work shop hotel" in Hamburg and many more. Further procedures are the "participative research" and the instrument of "managing diversity" coming from the USA.

The latter turns the anti-discrimination regulation into something positive and its objective is to create conditions in organisations which enable all persons to emphasise their competencies, their creativity and their potential to perform, independently of socio-cultural and physical differences (cf. Döge 2004, 12). This happens through a *multi-cultural* organisation development by practices like equality approaches with quotas for underrepresented groups, making visible and discursivation of invisible norms and values and making the leading value patterns transparent. Heterogeneous teams develop approaches for the solution of problems. The central aspect – as a cross-sectional task for all field of action – is the *interculturality*, generating intercultural competency (i.e. a culture in the sense described above) and diversity trainings connected to it.

Such inclusion approaches and learning processes practised in corporations like e.g. Lufthansa, Ford, Telecom (l.c. 12) or in inclusive schools, which break up exclusion starting at the (artificial) homogeneous structure, are a model for the fact that inclusion as concept of equal diversity

- can be learnt,
- is effective,
- proves that only individualisation gives space for social matters – against all collective trends (cf. Fuchs 2005, 1).

The creation of the necessary mental, communicative, structural and material preconditions is the core task of a future social Europe, which involves all as persons of equal value = includes them.

So that the already started process of social inclusion for designing the new, humane, common Europe in the intensified conflict with the opposing forces of economisation, gene technology and decreasing solidarity continues to be successful, it will be necessary to activate the "human resources" of all citizens – and most urgently of those persons so far excluded and marginalised. These are, for instance, the development of the ability to relate, communicate and to negotiate, competency to design creatively, demanding solidary support and sufficient material security (cf. Eickelpasch / Rademacher 2004, 29). Furthermore, they should be enabled to increasingly cooperate beyond former dividing lines and territories.

Mobilising these integration forces is not least a challenge and task for professionals working in the field of education and social services, and mostly for those who see beyond their own nose, beyond their national perspective and feel an obligation towards the European social community.

### 2.5.5 EUROPEAN AND GLOBAL PERSPECTIVES OF INCLUSION **Vanda Hajkova**

*"To think inclusively means to dig to the roots of our thinking, our design of education and world construction searching for elements which enable us to overcome the deficit-oriented views of man."*

(DREHER, W. in BINTINGER 2001, 53)

*»Vision without action is merely a dream. Action without vision just passes time. Vision with action can change the world!«*

(BINTINGER 2001, 47)

Despite many positive examples of non-segregation and self-determination of so-called disabled people, we are still far away from inclusion in the current society. In the scope of inclusion processes, disability is not seen as something special, but as a normal state of being of people. It is based on the view that all people, irrespective of their demands and needs, can receive a common education which fits them and perform work and all life activities in their regional environment. "A fundamental change of the image of man, thinking and lingual designations – only that would be *inclusion***.** Inclusion in this sense is still a vision. This vision would become reality if the concepts and designation 'disability', 'the disabled' would disappear, if we would not need them anymore," writes W. Dreher (Bintinger, 2001).

What do perspectives of a change of the European society towards an inclusive state look like today? The scientific progress and the development of the European society in the $20^{th}$ century contributed to a better understanding of the uniqueness and inviolability of every life. It was shown that technical expertise is able to increase the accessibility of all sources in society – of the physical, social and cultural environment, transportation, information and technologies, judicature, health care system, public services, work opportunities, recreation, sports, the arts, election processes and worships. We enter the third millennium convinced that European society must recognise and protect the rights of every person, that the access to all sources and full participation in society's life must be guaranteed for all and not only for a selected group. Therefore, the concepts of social issues in the European area are increasingly characterised by the protection of the rights of every individual.

This concept is motivated by the need to change European society in a way so that every individuality is respected – irrespective of the individual abilities, their potential, their performance and their contribution to society. That's why it is probable in a cultural-civilisatory sense that we come to a certain global European social model which is based on concrete historical experiences with the previous social models of the Euro-American civilisation (the liberal, conservative, social-democratic, communist, real-socialistic). Furthermore it follows Christian humanism, the basis of which is formed by the following three postulates: 1. life of very individual is valuable, 2. every person has the right to live in humane conditions, 3. society is obliged to at least guarantee a basic standard in the social area for every one of its members by creating the equivalent conditions and by social redistribution.

The governments of the EU countries are very quick nowadays – in regard to accepting declarations which are to lead to the creation of a similar social model. An example is the "Charter for the third millennium", which was adopted during a meeting of Rehabilitation International in September 1999 in London and which contains the key strategy for social inclusion. The creation of legal grounds for social projects has proved to be an effective way to implement the declared human rights in individual countries faster. Such an attitude is based on the conviction that rights affect all aspects of human life. They are not only "civic" rights in the narrower sense, but also economic, political, social and cultural rights. All those rights are relevant for guaranteeing such a quality of life which enables all people to live in dignity and securely. Reaching a life on a high level of quality for all could create the basis for realising the individual opportunities of all people: this is on of the basic postulates of an inclusive society. To realise the concepts based on human rights with the goal to guarantee the desired quality of life for all, it is necessary to follow following principles:

- human rights are universal: so it is necessary to concentrate on the issue in its diversity including the most remote aspects;
- rights depend on each other: a holistic view is necessary;
- the bearer of rights are subjects: equality and participation of all are consider as preconditions;

- for a concrete subject, the rights result in the obligation to observe them: rights need support; at the same time they constitute a challenge for the statutory representatives, especially for the individual countries.

The existence of legal grounds for social projects does not mean that an organisation becomes a typical subject fighting for human rights, which is inclined to condemn any violation of these rights. It is necessary to take a legal standpoint on social projects, that is to develop a holistic view. It can create an equilibrium of the articulated demand and granting social services in the practice, strengthen the structures and mechanisms and constitute the group of representatives and clients. The strengthening of the structures and mechanisms concerns the development of the legislation, the political, administrative and societal structures as well as the practical mechanisms in the EU countries which give a boost to the support and safeguarding of rights. The initiatives of the EU countries (like e.g. commission of users, ombudsman, constitutional / legal reforms, user budgets, local or state development plans) give a fresh impetus to changes in the scope of the entire EU.

The support and the responsibility of society for solving social issues, educational and employment issues in the European area is in the future to be found and to be designed on all levels – i.e. on the level of the individual governments, the media, the private sector and also on the level of key groups which are endangered by social discrimination. This should be achieved e.g. by extensive enlightenment, through inclusion in education or through participative research. International projects of the EU can play a major role thanks to the fact that they change behavioural mechanisms and the ingrained practice; namely in areas of the Europe far away from each other and so the projects lead to the creation of a common European area – an area characterised by highest education, employment, research, freedom from barriers and social inclusion.
In an inclusive society, the solutions of social issues, of education and employment must be founded on principles which result from abandoning the attitude "according to the needs of certain selected individuals (groups)". These principles, which concern the "rights" of all people, are to be found in the following table:

| **Key characteristics of both concepts** | |
|---|---|
| ***Perspective: "according to needs"*** | ***Perspective: "having rights"*** |
| - individuals, target groups deserve help<br>- governments are obliged to do something, but principally there is no subject which eventually has the obligation to implement it | - individuals, target groups are entitled to receive help<br>- governments have binding and moral obligations |

| | |
|---|---|
| - individuals can actively take part in providing and improving the quality of services | - the rights of the individual to actively participate in services is safeguarded |
| - in view of limited resources, some individuals are left out | - all have the same right to use their full potential |
| - every part of the activities has its own goal, there is no unified common project | - there is an intermediate target, the entire action leads to achieving this target |
| - certain groups have technical opportunities and experiences to satisfy the needs of the target group | - all supporting groups can play a role in enforcing the rights of the individual |
| - the specific current situation is accounted for | - analyses help to remove the causes |

Table: Matthijsse / Van Teeffelen – Towards a rights-based approach, CNF Quarterly Journal, May 2004

Promoting equal opportunities is the declared objective of all common activities of the EU, including education and employment programmes, already today. The programmes EQUAL, SOCRATES and LEONARDO DA VINCI, for instance, which deal with the access to the labour market and to the systems of education and vocational training, include all persons including disabled people. Labour offices provide information on opportunities of education, study and employment in the member states of the EU, in the European Economic Area (EEA) or in the candidate countries e.g. by European career counselling centres. Eures counsellors (EURES) inform and provide jobs beyond borders in the entire European labour market. The common initiative EQUAL promotes the development of models which help to realise equal treatment of all disadvantaged persons or groups of persons in the labour market. The support refers to:

- easing access to the labour market for all who have problems to be integrated in the labour market,
- easing the foundation of companies and strengthening the social economy especially regarding improvement of the quality of jobs
- promoting life-long learning
- supporting the adaptation to the economic and technological change.

EQUAL displaces the common initiatives ADAPT and EMPLOYMENT and can build on the gained experiences and knowledge. The EU programmes SOKRATES and LEONARDO DA VINCI serve the exchange of experiences, removing obstacles to mobility and easing access to the educational and to the vocational training system in Europe. Examples for the programme objectives of these action fields are: Cooperation of vocational training and educational facilities, recognition of years of study, promotion of language study, development of innovative education concepts, utilisation of new information and communication technologies in the educational system, further education, building up networks etc.

The general priorities of the programmes are fighting social exclusion, promoting equal opportunities as well as the special support of disadvantaged persons.

For the creation of a common education area in Europe at the beginning of the third millennium it is important to guarantee an access as broad as possible to education without any exclusion of any persons. A new form – creating opportunities to study also for disabled people – is distance learning. In distance learning, students can decide on mostly their own where, when and how fast they study. In distance learning, modern IT technology is used. Disabled people who cannot or do not want to take part in campus-based studies for various reasons are given the opportunity to achieve different educational objectives through distance learning or to complete a full study.

An important dimension of equal opportunities, which are strived for with the goal to reach the inclusive society, is the field of research. In the 70ies of the 20th century the concept of the action, acting and participation research developed within the social sciences in the European area. The aim of this research was and still is to bring theory and practice into a closer relation to each other and above all to pay more attention to the knowledge and the interests of the persons concerned. Participatory research approaches are consistent with the idea of equal opportunities. Traditional, purely medically and natural-scientifically oriented research is essentially targeted on healing and or avoiding disabilities by which the research issues are strongly restricted. Concrete issues of shaping everyday life or coping with life of persons with a handicap are not touched by it. Participatory research approaches which give the persons concerned room for shaping the issues and approaches in the research process as well as in the use of the results can fill this gap. Doe and Whyte (1995) demand that research on persons with disabilities must be useful for persons with disabilities or must be meaningful to them. Beside the participation of persons concerned in the very research process, one aims to distribute the research results better and more widely, also to those disabled persons who usually have no connection to scientific research. According to the extent of the participation of the persons concerned, we distinguish different dimensions of participation: Participation concerning the content of the research (participants as interview partners inform about an issue, interpret by analysing and commenting on the results in the accompanying research groups; they plan changes by taking up and implementing suggestions from a research project), participation concerning the research process itself (the person concerned support the process of data gaining and interpretation, they conduct e.g. interviews in the local dialect and are therefore more accepted by the target group, also shape the research process, are researchers or co-researchers), or also participation concerning the content, the research process or both (the person concerned are informed about the research process and its consequences, e.g. they receive information on the status of the research project in regular information meetings).

### 2.5.6 PROSPECTS

**Wolf Bloemers / Vanda Hajkova**

We gave this leading module of the course of study "European Bachelor of Inclusion Studies" the title: "Towards Inclusion in Europe"; by the word *towards* we mean a mental orientation, an ethical, pedagogic and social-political *focussing* on a goal of which we are convinced that it is meaningful and can be reached.

"Towards" also implies that for reaching this goal distances, a long way and obstacles have to be overcome by individual and / or common efforts, activities, procedures and cooperation which are your tasks as students – who in the future are to take a leading role in society.

If and how you want to go this way towards inclusion and social growing together in Europe and take part in shaping it, that is your decision. We explicitly want to encourage you to go this way towards a Europe, which involves all individuals in the sense of the philosophy of inclusion in all societal processes on an equal footing, and to invite you to get involved in this adventure, to bear the "risk" relying upon your rational, emotional and social competencies.

In this sense, we join the thoughts of Beck regarding his proposal to refill the orientation vacuum created through the collapse of the East-West order by "reflexive modernisation", and we conclude this module with his words providing inspiration:

*"In the context of globalisation, individualisation and fabricated insecurity, there is here and today a word for it, an arena, a goal: Europe badly neglected by the intellectuals. Not (or not only) the Europe of institutions and bureaucracy, but the Europe of individuals.*

*Individualisation in itself seems to repel all ideas creating social identity. The opposite is – also – true. The fight for their own life >connects< the French with the English, the Polish with the Italians, German with Finns and Portuguese, and not imposed from the top and from the outside, but in the core of the own self-conception. The expression >connects< has a special meaning here. It is not about a European national awareness in the sense of the 19th* *century, but its dissolution: the (collective) struggle for an individual life in an inextricable diversity. One could also speak of a >Europe of individuals< as the non-identity of the national.*

*By all means, this struggle for an individual life (which meanwhile has become a global one) distinguishes the European way from that of other cultures. It refers, often broken, to the beginning of Europe in Ancient Greece, the Italian Renaissance, the Reformation, the English and the French Revolution, the American Declaration of Independence, yes it connects the Critique of Pure Reason with the collapse of the Eastern block, even with the everyday struggle of people – through partnerships without being married, divorce, remarrying, through several parenthoods – to readjust the own and to the social life. In this often unnerving fight pro and against the everyday individualism – in family, youth, work, politics – Europe is alive. The European issue which really concerns people is the question: How can the historically grown claims to an own life be connected to the antiquated guidelines of the social issues in the institutions?*

*I must admit: this Europe of individuals is a risk, too. However, to use an image of Niklas Luhmann: We must kiss the frog, even if we do not know whether it will become a prince by doing so" (Beck 1994, 480).*

## 3. ADVANCED TASKS

***Tasks on 2.2***

- Identify either three visual artists, three writers, three musicians or two art-historical styles of European importance / dimension / format and give reasons for your choice using concrete examples and their classification into superordinated value and awareness concepts.
- Identify further examples for the plurality and for the diversification of European circumstances.
- Critically evaluate the quotations given in the text and explain your criticism.
- Identify several examples for current trends of increased ethnic identity processes / separation procedures and explain them in a political-historical context.
- Reflect on your own identity(-ies), write it(them) down as a noun(s) and give reasons why you feel comfortable with them – or not.
- Compile a list of European-political institutions and committees and state their main tasks in note form.
- Create an overview of European education programmes and state their objectives, target groups and forms of work in note form.
- Prepare together with your fellow students a collage on the topic: "How should Europe look like according to our views?"
- Prepare together with your fellow students a wall newspaper out of current print media (newspapers / magazines / brochures) on the topic: "Europe should be like that!"
- Read critically parts of the Maastricht Treaty on education and social policy and compile from it a planned-actual table.
- Prepare a portfolio from print media on the issue "xenophobia", search for and explain the structure of the found documents and prepare theses for solution approaches.
- Discuss in the group the quote of Gamm in this partial chapter and prepare theses for solution approaches.
- Interview 5 foreign workers from different countries and ask them about their feelings regarding acceptance and integration in their German living areas (work / flat). Write down what you personally could contribute to change, improve such feelings.
- Make 3 concrete proposals for an education policy raising public awareness for the European integration process in your town.
- What values are important for you? Group discussion, value scale, responsibility for "control"

***Tasks on chapter 2.3***

- Case studies: Victor Hugo: the Hunchback of Notre Dame, Helen Keller, Fredi Saal, persons from literature und real persons, history and present of different European countries: Relate these lives to the descriptions of chapter 2.3

- Interviews with persons from marginal groups regarding expectations towards themselves and the national and European society.
- Ask ten fellow students each of technical and social-scientific courses of study about their views on gene technology, prenatal diagnostics and the Singer theses and compare the results.

***Tasks on chapter 2.4***

- Search for and verify examples of new forms of living
- Plan political actions with …
- Essay: basic positions of liberalism and communitarism
- Discuss in the group the concrete societal consequences of the normalisation principle and the integration principle.
- Visit an education institution of your choice and analyse your observations according to following points: Can orientations towards the principles "normality" and "interaction" be determined? Document your observations and discuss them in the group.
- Find documents of different forms of the self-determination movement in Europe and prepare a presentation on that.
- Analyse the development of the self-determination movement of disabled people in your country and document it.
- Interview several professionals in care and education institutions about their understanding of self-determination.

***Tasks on chapter 2.5***

***On chapter 2.5.1***

- Characterise based on the texts the pluralistic society in current Europe.
- Collect empirical material on the reality of multiculturalism and multilingualism in the extend European Union.
- Contact NGO`s of disabled and other marginalised people and compare the countries.
- Research the EU documents regarding inclusion.
- Check the definitions of "inclusion" in different European countries: in party programmes, NGOs, in scientific literature, in state announcements.
- Essay: Comparison Integration – inclusion
- Research practical examples for inclusion of formerly marginalised people in leisure, housing, work, media etc.
- Personal budget: Comparison of the regulations in NL, SE, DE
- Write life portraits of disabled persons who fight for inclusion (Frehe, Degener).
- Barcelona Declaration: ask local politicians for their opinion on this issue.

- "Disabled people as equal customers and consumers": develop (together with a group of disabled people) an advertising campaign for the apparel industry.
- Search for arguments for the thesis: "Right to difference: long live the difference!" (together with a disabled person) and sketch a flyer on that.
- What is missing for an "inclusive Unions citizenship for disabled people? Write a five point programme and forward it to politicians.
- Write a declaration, in which you commit yourself to contribute to the establishment and (support) of a European-oriented, transnational partnership between disabled and non-disabled people, and how you would guarantee that.
- Make yourself and your fellow students a concrete offer on how you would personally contribute to European inclusion. Write it down in detail. If you cannot or do not want to do this, please explain why.

- ***Tasks on the Declaration of Barcelona***
  Work out *concretising proposals* on how the *obligations* committed to can be met, e,g.
  – making the Barcelona Declaration public
  – demanding support from the local authorities
  – building up communication networks and unifying the use of language
  - Translate the preamble of the Declaration into a language which can be understood by "people on the street" and which they can follow.
  - Develop concrete proposals for the realisation of the agreements of the figures: IV, VIII, XII, XV.
  - Try to convince your town to join the Barcelona Declaration; write a strategic paper!

- Tasks on the Declaration of Madrid:
  - Show *barriers* which prevent inclusion at the moment.
  - Show *barriers* which obstruct an independent life of many so-called disabled people at the moment.
  - Make concrete proposals how *changes of attitude* can initiated.
  - Make very *concrete proposals* how you in your everyday professional life can implement the 8$^{th}$ programme point of the vision *"[To say, write, do] nothing about disabled people without [including] the disabled people"*.
  - Plan a group action on *"raising awareness"* as it was addressed in the 7th "proposal for actions" and present the concept afterwards in a plenum.
  - Write down how you precisely will contribute to the realisation of the "vision" and how you will check the efficiency of this contribution. (Self-commitment).

***Tasks on chapter 2.5.5***

- Critically evaluate both introducing quotations and explain your criticism.

- Identify the fundamental differences of solutions for social issues according to both attitudes of society: “by needs” or “by rights”.
- Prepare case studies which substantiate the approaches to social issues which are listed in the table of Matthijsse / Van Teeffelen.
- Create a document folder / portfolio which proves the promotion of equal opportunities for disabled people by common activities of EU education and employment programmes.
- Image you live in the year 2030. The social system is in an ideal condition: humane and democratic. How does life of disabled people look like? Visualise your imagination and illustrate it including a brief description. Discuss your and further visions in group of students.
- A Memorandum on Lifelong Learning” (Commission of the European Communities SEC[2000], 1832; http://europa.eu.int/comm/education/life/index.html): Discuss this declaration and plan corresponding measures “to build an inclusive society” and to “promote active citizenship”.
- “*e*Accessibility for All” from the 6th framework research programme of the EU sees *e*Technology as the means to enable all citizens to assume an unrestricted, full role in society. Read and discuss this declaration and develop a “brainstorming forum” to solve the concrete problems of access for marginalised people.

# 4. BIBLIOGRAPHY


Adorno, Th.: Erziehung nach Auschwitz. In: Erziehung zur Mündigkeit. Frankfurt o. J., S. 88-104.

Altner, G. (1991): Gefahren der Biopolitik. Diskriminierung der Behinderten durch Gendiagnose und Genetik. In: Sonderschule in Baden-Württemberg. Sonderheft 1991, Oberndorf, 18-25.

Antor, G. (1989): Betroffene und Stellvertreter. Zu Ethik und Fragen in der Sonderpädagogik. In: Thimm, W. u.a.: Ethische Aspekte der Hilfen für Behinderte. Marburg.

Antor, G. / Bleidick, U. (Hrsg.) (1995): Recht auf Leben – Recht auf Bildung. Heidelberg

Anweiler, O. / Kuebart, E. (1987): "International 'ne vospitanie" und "multicultural education" – Aspekte eines Vergleichs zweier politisch-pädagogischer Konzepte. In: Erz.i.d. multikulturellen Gesellschaft. VE-Info. Nr. 17, 1987, S. 128 ff.

Assmann, A. (1993): Arbeit am nationalen Gedächtnis. Eine kurze Geschichte der deutschen Bildungsidee. Frankfurt / New York .

Bachmann, W. (1985): Das unselige Erbe des Christentums. Die Wechselbälge. Giessen.

Balgo, R. (2000): Es ist (nicht) normal, verschieden zu sein. In: Palmowski, W. / Heuwinkel, M. (2000): Normal bin ich nicht behindert! Wirklichkeitskonstruktionen bei Menschen, die behindert werden – Unterschiede, die Welten machen. Dortmund. 135-170.

Barnardo´s (2004): I want to play too. Barkingside, Ilford. UK

Bartuschat,U. (2002): Perspektiven für die Selbstbestimmung behinderter Men-schen im Kontext gesellschaftlicher Diskurse und Praktiken ihrer Ermög-lichung und Beschränkung. Diplomarbeit, Institut für Behindertenpäd-agogik, Bremen

Bateson, G.(1981): Ökologie des Geistes. Frankfurt am Main.

Bauman, Z. (1995): Ansichten der Postmoderne. Hamburg.

Baumeister, R.F. (1987): Problémy „já“ a historická období.In: Bačová,V. Spoločenská a kultúrna podmienenosť osobnej identity. Přehledová studie, Spoločenskovedný ústav SAV Košice

Baumgartner et.al.(1997): Menschenwürde und Lebensschutz. Philosophische Aspekte. In: Rager, G. (Hrsg.) Beginn, Personalität und Würde des Menschen. München, 161-242.

Bayertz, K. (1987): Gen-Ethik. Reinbek bei Hamburg.

Beck, U. (1995): Vom Verschwinden der Solidarität. In: Keupp, H.(Hrsg.): Lust an der Erkenntnis: Der Mensch als soziales Wesen. Sozialpsycho-logisches Denken im 20. Jahrhundert. Ein Lesebuch. Piper, München

Beck, U. (1986): Risikogesellschaft. Frankfurt

Beck, U. (1994): Neonationalismus oder das Europa der Individuen. In: Beck. U. / Beck-Gernsheim, E.(Hrsg.): Riskante Freiheiten. Individualisierung in modernen Gesellschaften. Frankfurt am Main, 466-480

Beck. U. / Beck-Gernsheim, E.(Hrsg.): Riskante Freiheiten. Individualisierung in modernen Gesellschaften. Frankfurt am Main.

Bentham, J. (1988): The Pinciples of Moral and Legislation. Amherst: Prometheus Books.

Berger, P. L. / Luckmann, T. (1970): Die gesellschaftliche Konstruktion der Wirklichkeit. Frankfurt am Main

Berger, P. L. / Luckmann, T. (1995): Modernität, Pluralismus und Sinnkrise. Die Orientierung des modernen Menschen. Gütersloh: Bertelmann Stiftung

Bidok (1994): Salamanca – Erklärung und Aktionsrahmen, http://bidok.uibk.ac.at/texte/salamanca3.html

Biewer, G.(2005a): „Inclusive Education" – Effektivitätssteigerung von Bildungsinstitutionen oder Verlust heilpädagogischer Standards?. In: Zeitschrift für Heilpädagogik, 3/2005, 101-108. München

Biewer, G. (2005b): Inklusion. Reader erstellt im Rahmen des Seminars: Integrative und inklusive Konzepte der Erziehung, Bildung und Entwicklungsförderung. Universität Wien, Institut für Bildungsforschung.

Bintinger, G. Wilhelm, M.(2001): Inklusiven Unterricht gestalten. Behinderte in Familie, Schule und Gesellschaft. Nr. 2/2001; Reha Druck Graz, S.41-60

Bleidick, U. (1988): Betrifft Integration: behinderte Schüler in allgemeinen Schulen. Konzepte der Integration. Darstellung und Ideologiekritik. Berlin.

Bleidick, U. (1990): Die Behinderung im Menschenbild und hinderliche Menschenbilder in der Erziehung von Behinderten. In: VdS, LV NW Hrsg.): Mitteilungen 4/90, 3-29

Bleueler, M. (1987): Schizophrenie als besondere Entwicklung. In: Dörner, K. (Hg): Neue Praxis braucht neue Theorie. Gütersloh (18-25).

Bloemers, W. / Wisch, F. H. (eds.) (2000): Handicap – Disability – Learning and Living Difficulties: Policy and Practice in Different European Settings. European Module, Frankfurt / Berlin / Bern / Bruxelles / New York / Oxford / Wien

Bloemers, W. / Wisch, F. H. (eds) (2000): Quality of Life Research and Disabled People: Ways to Research in Different European Settings. European Module, Frankfurt / Berlin / Bern / Bruxelles / New York / Oxford / Wien

Bloemers, W. / Wisch, F. H. (eds) (2001) : Voices of Europe: Comparative Studies of Disabled People. European Module, Frankfurt / Berlin / Bern / Bruxelles / New York / Oxford / Wien

Bloemers, W.(2003): Ethics and Social Justice. Frankfurt am Main, Berlin, Bern, Bruxelles, New York, Oxford, Wien.

Boban, I. / Hinz, A. (Hrsg.) (2003): Index für Inklusion – Lernen und Teilhabe in der Schule der Vielfalt entwickeln. Halle

Bollmeyer, H. (2005): Tagung des SFB 584 „Politische Inklusion und Partizipation: Strukturen und Semantiken" 8 bis 9. Mai 2003 im IBZ der Universität Bielefeld.

Booth.T. / Ainscow, M. (2003): Index for Inclusion. Developing Learning and Participation in Schools. Bristol 2000. Deutsch: Index für Inklusion – Lernen und Teilhabe in der Schule der Vielfalt entwickeln; übersetzt und bearbeitet von Boban, I. / Hinz, A. Halle 2003

Borcsa. M. (2001): Selbstthematisierung als Alterität. Identitätskonstruktionen blinder Menschen aus der Generationen: Eine rekonstruktive Analyse. Dissertation. Freiburg im Breisgau

Bourdieu, P. (1997): Die verborgenen Mechanismen der Macht. Hamburg.

Bourdieu, P. (1998): Praktische Vernunft. Zur Theorie des Handelns. Frankfurt.

Brockhaus (1998) – Die Enzyklopädie: in 24 Bänden. B.20.Leipzig; Mannheim

Brown, Ch. (o.J.): Mein linker Fuß. Gütersloh

Brumlik, M.(1992): Advokatorische Ethik. Bielefeld

Buber, M. (1957): Distance and Relations, Psychiatry 20/1957, 97-102.

Buber, M. (1960): Reden über Erziehung. Heidelberg.

Buchkremer, H.(1982): Einführung in die Sozialpädagogik. Darmstadt 1982.

Bürli, A. (1997): Sonderpädagogik international. Luzern.

Bürli, A (2004): Sonderpädagogik in Europa: Anspruch und Wirklichkeit. In: Sasse, A.,Vitkova, M., Störmer, N.:Integrations- und Sonderpädagogik in Europa. Professionelle und disziplinäre Perspektiven. Bad Heilbronn

Bundeszentrale für politische Bildung (Hg.) (2002): Grundgesetz für die Bundesrepublik Deutschland.

Capra, F. (1988): Wendezeit. Bausteine für ein neues Weltbild. München.

Christoph, F.(1990): Tödlicher Zeitgeist – Notwehr gegen Euthanasie. Köln

Cloerkes, G.(1995): Einstellung und Verhalten gegenüber Behinderten: eine kritische Bestandsaufnahme der Ergebnisse internationaler Forschung. Berlin

Cloerkes, G.(1997): Soziologie der Behinderten – Eine Einführung. Heidelberg.

Commission of the European Communities (2000): Proposal for a Council Decision on the European Year of People with Disabilities 2003, Brussels Commission of the European Communities (2000): Towards a Barrier Free Europe for People with Disabilities. Brussels 12.05.2000 / COM (2000)284 final

Commission of the European Communities (2000): A Memorandum on Lifelong Learning. Brussels, 30.10.2000. SEC (2000) 1832

Commission of the European Communities (1998):EC News, LexisNexisdatabase, 29.04.1998, p. 24

Commission of the European Communities (2000):EC News, LexisNexisdatabase. 2000

Commission of the European Communities COM 2000 – 284 final –, 3

Cooley, C.H. (1922): Human nature and the social order. New York

Coudenhove-Kalergi, R.: Ein Leben für Europa. Kampf um Europa. Aus meinem Leben. Zürich 1948.

Crossley, R. / McDonald, A. (1994): Annie – Licht hinter Mauern. München.

Curtius, E.R. (1969): Europäische Literatur und lateinisches Mittelalter. Bern 1969.

Daniels, H. / Garner, P.(eds) (1999) : Inclusive Education. World Yearbook of Education . London (Kogan Page) 1999

Dahrendorf, R. (1993): Die Zukunft der Bürgergesellschaft. In: Guggenberger B. / Hansen, K. (Hrsg.) : Die Mitte. Vermessungen in Politik und Kultur. Opladen.

Darwin, Ch.(1859): Die Entstehung der Arten durch natürliche Zuchtwahl oder Die Erhaltung der begünstigten Rassen im Kampf ums Dasein. Neuausgabe Stuttgart 1963.

Darwin, Ch. (1861): Die Abstammung des Menschen und die geschlechtliche Zuchtwahl. 1. Teil. Neuausgaben Stuttgart 1971.

DECS / EGT, Directorate for Education, Culture and Sport (1986): The education and cultural development of migrants. Project No. 7. Final report of the project group. Council of Europe. Strasbourg.

Dederich, M. (2001): Menschen mit Behinderung zwischen Ausschluss und Anerkennung. Bad Heilbrunn

DeMause, L.(Hrsg.) (1982): Hört Ihr die Kinder weinen. Frankfurt am Main.

Dejong, G. (1982): Independent Living: Eine soziale Bewegung verändert das Bewußtsein. In: Vereinigung Integrationsförderung (Hrsg.): Behindernde Hilfe oder Selbstbestimmung der Behinderten. München: VIF

Döge, P. (2004): Managing Diversity – Von der Anti-Diskriminierung zur produktiven Gestaltung von Vielfalt. In: Theorie und Praxis der Sozialen Arbeit. Nr. 3/2004, 11-16

Dörner. K. (1993): Tödliches Mitleid, Gütersloh, 3. Auflage

Dostojewski, F.M. (1989): Die Dämonen. München und Zürich

Eberle, I. (1966): Lateinische Nächte. Essays über die lateinische Welt. Stuttgart.

Eberwein, H. ( Hrsg.)( 1996): Einführung in die Integrationspädagogik. Deutscher Studien Verlag. Weinheim

Eggert, D. (1999): Psychologische Theorien der geistigen Behinderung. In: Neuhäuser, G. / Steinhausen. H.C. (Hrsg.): Geistige Behinderung, Grundlagen, Klinische Syndrome, Behandlung und Rehabilitation. Stuttgart.

EG-Kommission der Europäischen Gemeinschaften (1988): Bildungspolitik – ein Herzstück der europäischen Integration. In: Perspektive '92 der Kommission

Eickelpasch, R. / Rademacher, C. (2004): Identität. Bielefeld.

Erikson, E.H.(1966): Identität und Lebenszyklus. Stuttgart.

Ermert, J.A. (Hrsg.): Akzeptanz von Behinderung. Frankfurt am Main, 63-83.

 

Etzioni, A. (1997): Die Verantwortungsgesellschaft. Individualismus und Moral in der heutigen Demokratie. Darmstadt

Eurobarometer (1987-1994): Public Opinion in the European Community. Commission of the European Communities, Brussels, 1987-1994.

Europarat / Council of Europe: Recommendation No. R(90/5.

European Commission (2001): 6th Framework Programme. TRI: “eAccessibility for All”. Brussels,13.03.2001 / INFSO/B2 6FP consult.doc

Europäische Kommission (1999): Der Vertrag von Amsterdam: Was sich in Europa geändert hat. Brüssel.

Europäische Gemeinschaft (1992):Die Vertragstexte von Maastricht. Bonn

European Union (2000): Presidency Conclusions. Lisbon European Council 23 and 24 March 2000. Paper of the Commission, Brussels

Europäischer Rat (2000): Europäischer Rat 23. und. 24.März 2000 Lissabon. Schlussfolgerungen des Vorsitzes. www. file://E:\EU_Inclusion-Lissabon-et.al\Europarat_Lissabon_März2000.htm

European Commission: Attitudes of Europeans towards Disability, Eurobarometer 54.2/2001); http://europa.eu.int/comm/employment_social/news/2001/jul/eurobar_en.html

Feuser, G. (2000): „Geistige Behinderung“ im Widerspruch. In: Greving, H. /

Gröschke, D. (Hrsg.): Geistige Behinderung – Reflexionen zu einem Phantom. Ein interdisziplinärer Diskurs um einen Problembegriff. Bad Heilbrunn, S. 141 –165.

Foucault, M.(1999): Wahnsinn und Gesellschaft. Frankfurt am Main.

Frehe, H. (2002): „Das Thema ist die Gesellschaft, die behindert“. In: Aktion Mensch – Das Magazin. 3/2002 (12-14). Bonn

Frey, H.-P. (1983) : Stigma und Identität. Eine empirische Untersuchung zur Genese und Änderung krimineller Identität bei Jugendlichen. Weinheim / Basel.

Fuchs, D. (2005): Inklusion / Exklusion als Epochethema. www.dekomnetz.de Zugriff 11.06.2005

Fukuyama, F.(2002): Das Ende des Menschen. München

Gadamer, H.-G. (1972): Theorie, Technik, Praxis – die Aufgabe einer neuen Anthropologie. In: Gadamer, H.-G. / Vogler. P.(Hrsg.): 1972, Bd 1, IX-XXXVII

Galtung, J. (1975): Strukturelle Gewalt. Reinbek bei Hamburg 1975

Gamm, H.J.(1993):Fremdenfeindlichkeit und Erziehung. In: Pädagogik 10/1993, 55-57.

Gamm, G. (2000) : Nicht nichts. Studien zur einer Semantik der Unbestimmtheit. Frankfurt.

Glaserfeld, E. von (1996): Radikaler Konstruktivismus. Ideen, Ergebnisse, Probleme. Frankfurt am Main.

Goffman, E.(1967). Stigma: Über Techniken der Bewältigung beschädigter Identität. Frankfurt.

Gorbatschow, M. (1987):Perestroika. Die zweite russische Revolution. München

Grassi, E. (Hg.) (1979): Der utopische Staat. Reinbek bei Hamburg.

Griese, H.M. (1980):Wider die Pädagogisierung der Ausländerprobleme. In: Materialien zum Projektbereich „Ausländische Arbeiter". 1980, Nr. 30.; S. 41 ff.

Griese, H.M. (1984): Kritisch-exemplarische Überlegungen zur Situation und Funktion der Ausländerforschung und einer verstehenden Ausländerpolitik. In: Ders. (Hrsg.): Der gläserne Fremde. Opladen 1984.

Grimm, R. (2000): Anthroposophische heilpädagogische Konferenz für Heilpädagogik und Sozialtherapie www.khsdornach.org/Fileadmin/PDF/ Zugriff 2.06.2004, 13:02 Uhr

Grohnfeldt, M. (1976): Zur Sozialpsychologie sprachbehinderter Schüler. Rheinstetten.

Grond, J. (1995): Verletzungen. Zur Sozialisierung des Sozialen. Zizers.

Gross, P. (1985): „Bastelmentalität": ein >postmoderner< Schwebezustand? In: Schmid, Th. (Hg): das pfeifende Schwein. Berlin, 63-84

Güsten, S. (2004): Nachts war Kinder-Sklave Gökhan an eine Kuh gefesselt. In: Braunschweiger Zeitung, 23.09.2004

Habermas, J. (1992): Faktizität und Geltung. Beiträge zur Diskurstheorie des Rechts und des demokratischen Rechtsstaats. Frankfurt am Main.

Haeberlin, U.(1995): Zur Berufsethik von Heilpädagogen. In: Antor, G. / Bleidick, U. (Hrsg.) (1995): Recht auf Leben – Recht auf Bildung. Heidelberg, 116-153

Haeberlin, U.(1996): Heilpädagogik als wertgeleitete Wissenschaft. Bern, Stuttgart, Wien

Haeberlin, U.(1996): Gesellschaftliche Entsolidarisierungsprozesse: Braucht die Heilpädagogik neue ethische Grundlagen? In: Opp, G. / Peterander, F. (Hrsg.): Focus Heilpädagogik. München / Basel. 172 – 184,

Haeberlin, U. / Niklaus. E (1978): Identitätskrisen. Theorie und Anwendung am Beispiel de sozialen Aufstiegs durch Bildung. Bern / Stuttgart 1978

Haehner (1998): Von der Verwahrung über die Förderung zur Selbstbestimmung. In: Bundesvereinigung Lebenshilfe e.V. (Hrsg.): Vom Betreuer zum Begleiter. Marburg: Lebenshilfe-Verlag

Hajkova, V. (2005): Integrativni´pedagogika. Praha: IPPP CR

Hall, S. (1999): Ethnizität: Identität und Differenz. In: Engelmann, J. (Hg.): Die kleinen Unterschiede. Der Cultural Studies Reader. Frankfurt am Main, 83-98.

Hans, M. / Ginnold, A.(Hrsg.) (2000): Integration von Menschen mit Behinderung – Entwicklungen in Europa. Neuwied, Berlin

Hanks, J.R. / Hanks, M. (1948): The physically handicapped in certain non-occidental societies. Journal of Social Issues 4 (1948), 11-20

Harman, W.W.(1978): Gangbare Wege in die Zukunft? Darmstadt .

 

Haupt. U. (1994): Ethische Fragen. In: Hansen. G. / Sein. R. (Hrsg.): Sonderpädagogik konkret. Bad Heilbrunn, 68-73

Hausotter, A.(2000): Integration und Inclusion – Europa macht sich auf den Weg. In: Hans, M. / Ginnold, A.(Hrsg): Integration von Menschen mit Behinderung – Entwicklungen in Europa. Neuwied, Berlin 2000, 43-83.

Hebbel, F. (1906): Meine Kindheit. Hamburg.

Heitmeyer, W. (1993): Pädagogik und Fremdenfeindlichkeit. In: Landesinstitut für Schule und Weiterbildung (Hrsg.): Aktuelle Gewaltentwicklung in der Gesellschaft. Soest , 33-41.

Hentig, H. von (1993) :Die Schule neu denken. Eine Übung in praktischer Vernunft. München, Wien.

Hergemöller, B.-U.(1990): Randgruppen der spätmittelalterlichen Gesellschaft: Einheit und Vielfalt. In: ders. (Hg.): Randgruppen der spätmittelalterlichen Gesellschaft: ein Hand- und Studienbuch. Warendorf, 1-51.

Hermange, M.-Th. (o.J.):„Für ein barrierefreies Europa für Menschen mit Behinderungen". In: The European Agency (pub): Euro News on Special Needs Education issue no. 7, 1-3

Herriger, N. (1997): Empowerment in der Sozialen Arbeit. Eine Einführung. Stuttgart

Hinz, A. (2002): Von der Integration zur Inklusion – terminologisches Spiel oder konzeptionelle Weiterentwicklung? In: Zeitschrift für Heilpädagogik 9/2002, 354 – 361.

Hirsch, G. / Eberbach, W.(1978): Auf dem Weg zum künstlichen Leben. Retortenkinder – Leihmütter – programmierte Gene. Basel, Boston, Stuttgart.

Hitzler, R. / Honer, A.(1994): Bastelexistenz. Über subjektive Konsequenzen der Individualisierung. In: Beck. U. / Beck-Gernsheim (Hg.): Riskante Freiheiten. Frankfurt/M. 307-315.

Hofsäss, Th.(1990): Sonderpädagogik auf rumänisch heißt auch: „Cighid". In: Geistige Behinderung 3/1990, S.162 – 166

Hohmeier, J. (1975): Stigmatisierung als sozialer Definitionsprozeß. In: Brusten, M. Hohmeier, J. (Hg.): Stigmatisierung. Neuwied, 5.25

Honneth, A.(1994): Kampf um Anerkennung. Zur moralischen Grammatik sozialer Konflikte. Frankfurt

Honneth, A.(2000): Das Andere der Gerechtigkeit. Aufsätze zur praktischen Philosophie. Frankfurt

Hugo, V. (1977): Notre-Dame von Paris. Frankfurt am Main.

Huf, St. (2004): Inklusion und Exklusion als Leitbegriffe einer Theorie moderner Wohlfahrtsstaatlichkeit. www.uni-goettingen.de/en/sh/3701.html

Jaspers. K. (1967): Schicksal und Wille. München

Jaspers, K. (1947): Vom europäischen Geist. München 1947.

Jonas, H.(1980): Das Prinzip Verantwortung. Frankfurt

Keupp, H. et.al (1999): Identitätskonstruktionen. Das Patchwork der Identitäten in der Spätmoderne. Reinbek bei Hamburg.

Keupp, H. (2002): Lexikon der Psychologie (CD_ROM). Heidelberg

Keupp, H. (1989):"Auf der Suche nach der verlorenen Identität". In: Keupp, H. / Bilden, H. (Hg): Verunsicherungen. Göttingen, 47-69

Kaup, I. (1913): Was kosten die minderwertigen Elemente dem Staat und der Gesellschaft? Arch. Rassenbiol. 19, 1913, 723-748

Klee, E. (1990): Durch Zyankali erlöst – Sterbehilfe und Euthanasie heute. Frankfurt am Main.

Klees, B. (1998): Die Bioethik-Konvention des Europarates und die UNESCO Bio-Ethik Deklaration. In: Vds, LV Niedersachsen (Hrsg.): Sonderpädagogik in Niedersachsen 4/1998, 34-60

Knop, J. (1995): Laßt mich wie ich bin. Bonn.

Knusst / Potter, E. (1994): We can change the future. Self-Advocacy-Gruppen in Großbritannien. In: Geistige Behinderung, 33

Kobi, E. (1993): Grundfragen der Heilpädagogik. Bern, Stuttgart, Wien.

Körner, J. / Ludwig-Körner, Ch.(1997): Psychoanalytische Sozialpädagogik. Breiburg i.Br.

Kohlberg, L.(1995): Die Psychologie der Moralentwicklung. München

Kommission der Europäischen Gemeinschaften (2005): Gemeinsamer Bericht über Sozialschutz und soziale Eingliederung. KOM(2005)14 endgültig. Brüssel

Kowalsky, W.(1999):Europäische Sozialpolitik. Ausgangsbedingungen, Antriebskräfte und Entwicklungspotentiale, Opladen.

Krappman, L. (1969): Soziologische Dimensionen der Identität. Strukturelle Bedingungen für die Teilnahme an Interaktionsprozessen. Stuttgart.

Krebs, R. (1998): Im Zeichen der Bioethik. In: Z.Heilpäd. 2/98, 64-68

Küng, H. (1991): Projekt Weltethos. München, Zürich.

Künzli, R. (1992): Herkunft und Zukunft oder inwiefern Europa ein vernünftiger Bezugspunkt für Bildungsprozesse sein kann. In: Bund-Länder-Kommis-sion für Bildungsplanung (Hrsg.):Lernen für Europa. Köllen Verlag, 8-20.

Kuhse, H. / Singer, P.(1993): Muß dieses Kind am Leben bleiben? Das Problem schwerstgeschädigter Neugeborener. Erlangen.

Laing, R.D.(1970): Knots. New York, Pantheon Books. (Deutsch: Knoten. Reinbek 1973)

Lenzen, D. (1994): Bildung und Erziehung für Europa? In: DGFE (Hrsg.): Bildung und Erziehung in Europa. Weinheim und Basel 1, 31-48.

Leontjew, A.N. (1982): Tätigkeit, Bewußtsein, Persönlichkeit. Köln .

Lévinas, E. (1992): Ethik und Unendliches. Wien

 

Lévinas, E. (1995): Zwischen uns. Versuche über das Denken an den Anderen. München und Wien.

Lexikon Wissenswertes zur Erwachsenenbildung (1999)

Liebsch, B.(1999): Moralische Spielräume. Menschheit und Anderheit, Zugehörigkeit und Identität. Göttingen.

Lipsky, D.K. / Gartner, A. (1999): Inclusive Education: A Requirement of a Democratic Society. In: Daniels / Garner 1999, 12-23.

Luhmann, N.(1997): Die Gesellschaft der Gesellschaft (2 Bände). Frankfurt.

Luhmann, N.(1999): Soziale Systeme. Grundriss einer allgemeinen Theorie. Frankfurt.

Luther, M. (1919): Kritische Gesamtausgabe. Tischreden. Nr. 5207 (Band 5). Weimar

Lüpke, H. / Voß, R. (Hrsg.) (1994): Entwicklung im Netzwerk: Systemisches Denken und professionsübergreifendes Handeln in der Entwicklungsförderung. Centaurus-Verlagsgesellschaft, Pfaffenweiler.

Manzei, A. (1997): Hirntod, Herztod, ganz tot? Von der Macht der Medizin und der Bedeutung der Sterblichkeit für das Leben. Eine soziologische Kritik des Hirntodkonzepts. Frankfurt.

Matthijsse, K. / Van Teeffelen, M.(2004): Towards a rights-based approach, CNF Quarterly Journal

Mattner, D. (2000): Behinderte Menschen in der Gesellschaft – Zwischen Ausgrenzung und Integration. Stuttgart.

Maturana, H.R. / Varela, F.J.(1990): Der Baum der Erkenntnis. Die biologischen Wurzeln des menschlichen Erkennens. Bern und München

Mead. G.H.(1968): Geist, Identität und Gesellschaft aus der Sicht des Sozialbehaviorismus. Frankfurt am Main

McLean, M.(1993): Das europäische Curriculum. In: Schleicher (Hrsg.), S. 261-276.

Meier-Seethaler, C. (1997): Gefühl und Urteilskraft. Ein Pädoyer für die emotionale Vernunft. München.

Memmi, A.(1987): Rassismus. Frankfurt/Main.

Miles-Paul, O. (1992): Wir sind nicht mehr aufzuhalten. Behinderte auf dem Weg zur Selbstbestimmung . München

Mitscherlich, A.(1975): Versuch, die Welt besser zu verstehen. Fünf Plädoyers in Sachen Psychoanalyse. Frankfurt.

Mitscherlich, A.u.M. (1977): Die Unfähigkeit zu trauern. München.

Mittler, P.(2000): Working Towards Inclusive Education. Social Contexts. London (David Fulton) 2000.

Möckel, A. (1988): Geschichte der Heilpädagogik. Stuttgart.

Müller, Klaus E.(1996): Der Krüppel. Ethnologia passionis humanae. München.

Münkler, H.(2001): Selbstbindung und Selbstverpflichtung. In: Frankfurter Rundschau vom 16.01.2001

Mulcahy, D.G. (1992): Auf der Suche nach der Europäischen Dimension im Bildungswesen. In: Pädagogik und Schule in Ost und West 1 (1992), S. 43 ff.

Nassehi, A. (1997): „Das stahlharte Gehäuse der Zugehörigkeit. Unschärfen im Diskurs um die ‚multikulturelle Gesellschaft'". In: Ders. (Hg): Nation, Ethnie, Minderheit. Beiträge zur Aktualität ethnischer Konflikte. Köln. S.177-208

Neubert, D. / Cloerkes, G.(1987): Behinderung und Behinderte in verschiedenen Kulturen. Eine vergleichende Analyse ethnologischer Studien, Heidelberg

Nietzsche, F. (1969): Der Antichrist. Fluch auf das Christentum. Werke III Frankfurt am Main.

Nipkow, K.E. (2005): Menschen mit Behinderung nicht ausgrenzen! Zur theologischen Begründung und pädagogischen Verwirklichung einer „Inklusiven Pädagogik". In. Z.Heilpäd. 4/2005, 122-131.

Nirje, B. (1974): Das Normalisierungsprinzip und seine Auswirkungen in der fürsorgerischen Betreuung. In: Kluge, R. B.; Wolfensberger, W.: Geistig Behinderte – Eingliederung oder Bewahrung? Stuttgart: G.T.Verlag

Nolan. Ch. (1993): Unter dem Auge der Uhr. München

Nothelle-Wildfeuer, U.(1999) : Soziale Gerechtigkeit und Zivilgesellschaft, Paderborn

Nussbaum, Martha C. (2000): Vom Nutzen der Moraltheorie für das Leben. Wien.

Oe, K. (1994²): Eine persönliche Erfahrung. Frankfurt am Main

Palmowski, W. / Heuwinkel, M. (2000): Normal bin ich nicht behindert! Wirklichkeitskonstruktionen bei Menschen, die behindert werden – Unterschiede, die Welten machen. Dortmund.

Paris, R. (2005): Normale Macht. Soziologische Essays. Konstanz

Paul, D.B. (1995): Controlling Human Heredity: 1865 to the Present. Atlantic Highlands: Humanity Press.

Peccei, A. (1981): Die Zukunft in unserer Hand. Gedanken und Reflexionen des Präsidenten des Club of Rome. Wien.

Pingel, F. (1994): Europa – Nation – Region: Historisch-politische Bildung in europäischen Schulbüchern. In: Schleicher / Bos (Hrsg.) 1994, 153-170.

Ploetz, A. (1895): Die Tüchtigkeit unserer Rasse und der Schutz der Schwachen. in Versuch über Rassehygiene und ihr Verhältnis zu den humanen Idealen, besonders zum Socialismus. Berlin.

Ploss, H.H. (1876): Das Kind in Brauch und Sitte der Völker: anthropologische Studien. Band II. Stuttgart

Rawls, J.(1979): Eine Theorie der Gerechtigkeit. Frankfurt.

 

Rock, K.(1997): Selbstvertretung von Menschen mit einer geistigen Behinderung. Die angloamerikanische Self-Advocacy-Bewegung. In: Behindertenpädagogik 36

Rösner, H.M. (1997): Selbstsorge und Sorge für den Anderen. In. Z. Heilpäd. 2/97, 46-54.

Rogers, C.R. (1978): Die klientenzentrierte Gesprächspsychotherapie. München.

Rommelspacher, B. (1995): Texte zu Fremdheit und Macht. Berlin.

Saal, F. (1984): Ruhe-Störung. Die Normalität des Behinderten. Ein Plädoyer für die Würde des Menschen. Unveröffentlichtes Rundfunkmanuskript WDR 1984

Saal, F. (1992): Warum sollte ich jemand anderes sein wollen? Gütersloh

Salamanca-Statement (1994): The Salamanca Statement and Framework for Action on Special Needs Education. Adopted by the World Conference on Special Needs Education: Access and Quality, Salamanca, Spain. Paris (UNESCO) 1994

Salvater, F. (2001): Tu, was du willst. Ethik für die Erwachsenen von morgen. Weinheim und Basel

Sander, A. (2003): Über die Integration zur Inklusion. St. Ingbert

Sander, A. (2004): Inklusive Pädagogik verwirklichen – zur Begründung des Themas. In: Schnell. I. / Sander. A. (Hrsg.): Inklusive Pädagogik. Bad Heilbrunn, 11-22

Schaefer, H. (1994): Soziale Aspekte der Bewältigung von Behinderung. In: Ermert, J.A. (Hrsg.): Akzeptanz von Behinderung. Frankfurt am Main.

Schirp, H. (1993): Schule und Gewalt. Gestaltung – Öffnung – Reflexion. Soest 1993.

Schlee, J. (1992): Förderung und Unterstützung von Relexivität. In: Schulamt für die Stadt Aachen (Hrsg.): Beiträge zur Bedeutung des Forschungs-programms „Subjektive Theorien" für Schule und Lehrerbildung. Aachen

Schleicher, K.(Hrsg.) (1993): Zukunft der Bildung in Europa. Darmstadt.

Schleicher, K. / Bos, W.: (Hrsg.) (1994):Realisierung der Bildung in Europa. Darmstadt.

Schmetz, D. (1999): Identität. In: Bundschuh, K. / Heimlich, U. (Hrsg.) Wörterbuch Heilpädagogik. Bad Heilbrunn. 137-139.

Schmidt, U. (1987) :Interkulturelle Kommunikation und interkulturelles Lernen. In: Jahrbuch „Pädagogik: Dritte Welt" 1986. Kulturelle Identität und Universalität. Frankfurt/Main.

Schnell. I. / Sander. A. (Hrsg.) (2004) : Inklusive Pädagogik. Bad Heilbrunn.

Sellin, B. (1993): ich will kein inmich mehr sein. Köln

Sellin, B. (1995): ich deserteur einer artigen autistenrasse. Köln

Seneca (1828): Moral Essays (dt.: Werke, übers. v. J.M. Moser, Stuttgart 1828, 1. Bändchen,

Sicard, R.-A. (1800) : Unterrichtsgang eines Taubstummen von Geburt, ein Hilfsmittel zur Erziehung der Taubstummen und Vollsinnigen. Paris. In: Wollermann , R., O. und E. (1912) : Quellenbuch zur Geschichte und Methodik des Taubstummenunterrichts, Band 2,179 – 240. Stettin.

Simon, B. & Mummendey, A.(1997): Selbst, Identität und Gruppe: Eine sozialpsychologische Analyse des Verhältnisses von Individuum und Gruppe. In: Simon, B. & Mummendey, A.(Hrsg.): Identität und Verschiedenheit. Zur Sozialpsychologie der Identität in komplexen Gesellschaften. Bern

Sennett, R. (2000): Der flexible Mensch. München

Singer, M. (1997): Fremd. Bestimmung. Zur kulturellen Verortung von Identität. Tübingen.

Singer, P. (1984): Praktische Ethik. Stuttgart.

Smolicz, J.J. (1985): Multiculturalism and an overarching framework of values: Educational responses to assimilation, interaction and separatism in ethi-cally plural societies. In: Bildung und Erziehung, Beiheft 2, Mitter / Swift 1985.

Sontag, S. (1988): Noch eine Elegie. In: Literaturmagazin 22. Sonderband. Ein Traum von Europa. Reinbek b. Hamburg, S. 131-136.

Speck, O.(1996): System Heilpädagogik. Eine ökologisch reflexive Grundlegung, München, 3. Auflage.

Stackelberg, H.H. Freiherr von (1980): Probleme der Erfolgskontrolle präventivmedizinischer Programme, dargestellt am Beispiel einer Effektivitäts- und Effizienzanalyse genetischer Beratung. (Dissertation) Marburg.

Steiner, G.( 1999): Selbstbestimmung und Assistenz. Erschienen. In: Gemeinsam leben – Zeitschrift für integrative Erziehung. Neuwied.

Stichweh, R. (1997): Inklusion / Exklusion, funktionale Differenzierung und die Theorie der Weltgesellschaft. In: Soziale Systeme 3, 1997, 123-136

Stolk, J. (1988): Euthanasie und die Frage nach der Lebensqualität geistig behinderter Kinder. Viertelj.schrift Heilpädagogik (VHN) 57 ,1988, 2,118-131

Straube, H. (1987): Türkisches Leben in der Bundesrepublik. Frankfurt, New York.

Taylor, Ch. (1993): Multikulturalismus und die Politik der Anerkennung. Frankfurt

The European Agency (pub): Euro News on Special Needs Education issue no.8

Thimm, W. (1975): Lernbehinderung als Stigma. In: Brusten, M. / Hohmeier, J. (Hg.): Stigmatisierung. Neuwied, 125-144.

Thomann, K.-D. (1994): Medizinhistorische Aspekte zur heutigen Auffassung von Behinderung. In: Ermert, J.A. (Hrsg.): Akzeptanz von Behinderung. Frankfurt am Main, 4-26.

Thomas, W.J.(1928): The child in America. New York

Torney-Purta, J. / Schwille, J. (1986): Civic Values Learned in School: Policy and Practice in Industrialized Countries. In: Comparative Education / Review 1 (1986).

Tugendhat, E. (1993): Vorlesungen über Ethik. Frankfurt.

Tugendhat, E. (1979) Selbstbewußtsein und Selbstbestimmung. Frankfurt / Suhrkamp

 

Vernooij, M. (1988) : Heilpädagogik 2000 – ein Auslaufmodell? In: Merz. H.-P. / Herzog. F. (Hrsg.): Wende statt Ende. Blickwinkel sozial- und heilpädagogischer Haltungen um die Jahrtausendwende. Luzern, 41-59.

Vlk, M. (1999): Wie weit reicht Europa? In: Die neue Ordnung, 53 Nr. 6/1999, 1-9; http://die-neue-ordnung.de/nr. 6 1999/MV.html.

Vojtova, V. (2004): Kapitoly z etopedie I., Pristupy k poruchám emocí a chováni ´v soucasnosti: 1.vyd. Brno

Wagner, F. (Hrsg.) (1969): Menschenzüchtung. München

Walter, J. / Hoyler-Herrmann, A. (1987): Erwachsensein und Sexualität in der Lebenswirklichkeit geistigbehinderter Menschen. Heidelberg.

Walzer, M. (1994): Die kommunitaristische Kritik am Liberalismus. In: Honneth, A. (Hrsg.): Kommunitarismus. Eine Debatte über die moralischen Grundlagen moderner Gesellschaften. Frankfurt am Main, 157-180

Watzlawick, P. (1989): Münchhausens Zopf. Oder: Psychotherapie und <Wirklichkeit>. Bern

Weber, M.(1958):Politik als Beruf. In: Gesammelte politische Schriften. Tübingen 1958, S. 505-560.

Welsch, W. (1987): Unsere postmoderne Moderne. Weinheim.

Williams, D. (1992): Ich könnte verschwinden, wenn du mich berührst.Hamburg

Williams, D. (1996): Wenn du mich liebst, bleibst du mir fern. München.

Wocken, H.(1983): Untersuchungen zur sozialen Distanz zwischen Hauptschülern und Sonderschülern. VHN 52 (1983), 467-490.

www.netzwerk-artikel-3.de/wsite/barcelona.htm

www.madriddeclaration.org./dec/ MADRID_ DECLARATION _EN-final.htm).

www.eypd2003.org/eypd/about/index_de.jsp

www.bma.de/print

www.igfm.de/mrerkl.htm

**Note:**
**Technical terms in the European context**

In order to understand each other within the scope of a European course of study and to know what the respective dialogue partner means with his words, a mutual agreement about the constitutive *technical terms* of the profession / the fields of science and their *meanings* is needed.

The authors of all 10 module handbooks of the "European Bachelor of Inclusion Studies" have agreed to take the following works as a common *starting- and consultation basis* for this terminological process of communication and understanding:

Bloemers, W. / Wisch, F.-H. (2004): Europäisches Glossar zu Heilpädagogik. Frankfurt am Main

Bundschuh / Heimlich / Krawitz (1999): Wörterbuch Heilpädagogik. Bad Heilbrunn.

The enlistment of further (national) special dictionaries for the reflexive deepening and the transnational discussion is much desired in the sense of a study designed on a European basis.

## AUTOREN

**Wolf Bloemers,** Dr. der Pädagogik, ist Professor für Heil- und Sonderpädagogik an der Hochschule Magdeburg-Stendal – University of Applied Sciences –, Deutschland, Ehrendoktor sowie Ehrenprofessor der National Universität Zaporizhzhya, Ukraine, und Koordinator mehrerer europäischer Socrates-Erasmus-Programme. Arbeitsschwerpunkte: psychoanalytisch, biographisch und interkulturell ausgerichtete Fragen von Behinderung und Benachteiligung und Internationalisierung pädagogischer und sozialwissenschaftlicher Studiengänge.

**Vanda Hajkova,** PaedDr. und Ph.D., ist Hochschullehrerin an der Karls Universität in Prag, Tschechische Republik, mit den Schwerpunkten „inklusive Pädagogik" und "inklusive Lehrerbildung", Mitarbeiterin in EU-Projekten zur Curriculumentwicklung und zur Lehrerfort- und -ausbildung (INTEGER, EUMIE, ODL:Inclusive, DEW-BLAM) und die Vorsitzende der Somatopädischen Gesellschaft in der Tschechischen Republik .

## AUTHORS

**Wolf Bloemers,** PhD in pedagogy, is professor for special education and rehabilitation at the University of Applied Sciences Magdeburg-Stendal, Germany, honorary doctor as well as honorary professor at the National University Zaporizhzhya, Ukraine, and coordinator of several European Socrates/Erasmus programmes. Major fields of work: psycho-analytically, biographically and interculturally oriented questions regarding disability and discrimination and internationalisation of pedagogic and socio-scientific courses of study.

**Vanda Hajkova,** PhD in pedagogy and PhD, is a university teacher at the Charles University in Prague, Czech Republic; focusing on "inclusive pedagogy" and "inclusive teacher training", co-worker in EU projects on curriculum development and training and continuing education of teachers (INTEGER, EUMIE, ODL:Inclusive, DEW-BLAM) and the chairperson of the Somatopedic Association in the Czech Republic.